DIE PERSÖNLICHKEIT DES HERRENLOSEN SKLAVEN

Ein Stück aus dem römischen Sklavenrecht

Von

DR. IUR. FRIEDRICH AFFOLTER

a. o. Professor der Rechte an der Universität Heidelberg

LEIPZIG

VERLAG VON VEIT & COMP.

1913

Druck von Metzger & Wittig in Leipzig.

Vorwort.

Die vorliegende Abhandlung ist ein Ausläufer meines Institutionen-Systems, das als eine Einleitung zu umfassenden Darstellungen der drei Rechtselemente: der Tatbestände, der Rechtsverhältnisse und der Rechtsordnungen gedacht ist. In ihr wird insbesondere das objektive personale Rechtsverhältnis verständlich, aber auch die Lehre von den Tatbeständen kommt nicht zu kurz. Es gelangen die Entstehungs- und Untergangstatbestände objektiver Rechtsverhältnisse einerseits und die freiwilligen und notwendigen Erwerbstatbestände subjektiver Rechte andererseits zur juristischen Erkenntnis.

Leider war es mir bis jetzt nicht möglich, eine umfassende Darstellung des Tatbestandes zu veröffentlichen, obschon meine Vorarbeiten dazu bis in das Jahr 1896 zurückreichen. In meinem intertemporalen Privatrecht II habe ich aber in den §§ 20—34 eine zwar kurze, aber erschöpfende systematische Darstellung des Tatbestandes gegeben. Sie ist in dem beabsichtigten Werke nur zu erweitern, zu vertiefen und mit einer literarhistorischen Einleitung auszustatten.

Ein glücklicheres Schicksal war meiner geplanten umfassenden Darstellung der Rechtsverhältnisse beschieden. Sie ist zum größten Teil vollendet und bereits von der Verlagsbuchhandlung Veit & Comp. in Leipzig in ihren Verlag aufgenommen worden.[1] Sie erscheint voraussichtlich im Jahre 1914.

Auch die beabsichtigte umfassende Darstellung der Rechtsordnung ist bis jetzt noch nicht im Druck erschienen. Stücke davon sind aber bereits veröffentlicht, so in meinem intertemporalen Privatrecht II §§ 44—53 und in den Verhandlungen der ersten Hauptversammlung der internationalen Vereinigung für vergleichende Rechtswissenschaft und Volkswirtschaftslehre.[2] Diese Bruchstücke sind zu ergänzen und zu erweitern. Ich hoffe, daß auch dies Werk in einigen Jahren das Licht der Welt erblicken werde.

---

[1] Der Anfang ist in Grünhuts Zeitschrift für privates u. öffentliches Recht, Bd. 36, S. 545 fg. bereits erschienen; vgl. auch meine Abhandlung: Über das objektive Rechtsverhältnis im Archiv für Rechts- und Wirtschaftsphilosophie VI. Bd. Heft 1, Oktober 1912, S. 108 fg.

[2] Franz Vahlen, Berlin 1912, S. 55 fg. Vgl. auch meine Abhandlung in Grünhuts Zeitschrift für privates u. öffentliches Recht 1903, Bd. 30, S. 125—138.

In der vorliegenden Abhandlung gelangt nicht nur die Persönlichkeit des herrenlosen, sondern auch die des gewaltunterworfenen Sklaven mit ihren zahlreichen rechtlich erheblichen Fähigkeiten und ihrer rechtlichen Stellung im Strafrecht zum Ausdruck. Sie beweist, daß die Römer auch in der Schöpfung eines Sklavenrechtes Meister der Rechtskunst waren, wie kein anderes Volk, das den Sklavenstand anerkannte oder noch anerkennt.

Zum Schlusse möchte ich Herrn Dr. iur. A. Bölte in Rostock meinen Dank aussprechen für die mannigfachen Anregungen in bezug auf den Inhalt des Werkes und für die Unterstützung in der Korrektur und in der Anfertigung der Verzeichnisse.

Heidelberg, im Dezember 1912.

Friedrich Affolter.

Inhaltsverzeichnis.

Einleitung.

Seite

§ 1. Die Persönlichkeit des herrenlosen Sklaven in der bisherigen Literatur 1

Erster Abschnitt.

Die Entstehungstatbestände der Persönlichkeit des herrenlosen Sklaven.

§ 2. Die Entstehungstatbestände nach der bisherigen Literatur 10

§ 3. Die wirklichen Entstehungstatbestände. Übersicht 18

Erste Abteilung.

Der Tatbestand verwandelt die Persönlichkeit eines Freien unmittelbar in die eines herrenlosen Sklaven.

§ 4. Die erste Strafnorm 19

§ 5. Die zweite Strafnorm 23

§ 6. Die dritte Strafnorm 30

§ 7. Die Entstehung der Strafnormen. Ihr späteres Schicksal 37

Zweite Abteilung.

Der Tatbestand verwandelt die Persönlichkeit eines gewaltunterworfenen Sklaven in die Persönlichkeit eines herrenlosen Sklaven.

I. Die Dereliktion eines Sklaven.

§ 8. Übersicht 46

§ 9. Die Dereliktion eines Sklaven im jugendlichen Alter 46

Seite

§ 10. Anhang. Der Handel mit freigeborenen Kindern nach römischem Kaiserrecht . . . 54
I. Vorjustinianisches Recht . . . 55
A. Der Kinderhandel im engeren Sinne . . . 55
B. Der Kinderhandel im weiteren Sinne; Aussetzung und Aufnahme . . . 61
II. Justinianisches Recht . . . 65

§ 11. Die Dereliktion kranker, alter oder invalider Sklaven . . . 68

§ 12. Die Dereliktion eines sonstigen Sklaven . . . 70

II. Die übrigen Entstehungstatbestände.

§ 13. Übersicht . . . 73

Zweiter Abschnitt.

Die personalen Rechtsverhältnisse des herrenlosen Sklaven.

§ 14. Das personale Rechtsverhältnis des herrenlosen Sklaven im allgemeinen 79

§ 15. Die personalen Rechtsverhältnisse des gewaltunterworfenen Sklaven im bürgerlichen, sakralen und prozessualen Recht . . . 81
I. Erwerbsfähigkeit durch freiwillige Tatbestände . . . 83
II. Erwerbsfähigkeit durch notwendige Tatbestände . . . 85
III. Verpflichtungsfähigkeit durch freiwillige Tatbestände . . . 85
IV. Verpflichtungsfähigkeit durch notwendige Tatbestände . . . 87
V. Vermögensfähigkeit im Verkehr . . . 87
VI. Passive Deliktsfähigkeit . . . 88
VII. Beschränkte aktive Partei- und Prozeßfähigkeit im Zivilprozeß . . . 89
VIII. Beschränkte aktive Partei- und Prozeßfähigkeit im öffentlichen Strafprozeß . . . 91
IX. Passive Partei- und Prozeßfähigkeit im öffentlichen Strafprozeß . . . 91
X. Vermischte Fähigkeiten . . . 92
A. Beschwerderecht . . . 92
B. Fähigkeit zum Erwerb einer öffentlichen Belohnung . . . 93
C. Zeugnisfähigkeit . . . 94
D. Das Recht der Selbstverstümmelung und des Selbstmordes . . . 94
XI. Personale Rechtsverhältnisse im Familienrecht . . . 94
XII. Sakrale Rechts- und Handlungsfähigkeit . . . 97

§ 16. Die Persönlichkeit des gewaltunterworfenen Sklaven im Privatstrafrecht . . . 101
I. Allgemeines . . . 101
II. Privatstrafverfahren . . . 114
A. Duktionsverfahren . . . 114
B. *Iudicium noxale directum* . . . 116
Verzeichnis der *actiones noxales directae* . . . 122
C. *Iudicium noxale praetorium* . . . 125

Seite

III. Miteigentum am Täter 127
IV. Abwesenheit des Täters 130
V. Vererblichkeit der Noxalklagen 131
VI. Verjährung der Noxalklagen 132

§ 17. Die Persönlichkeit des gewaltunterworfenen Sklaven im häuslichen und öffentlichen Strafrecht 132

I. Die Hausgerichtsbarkeit 132
A.—C. Züchtigungsrecht 133
D. Kastration 136
E. Prostitution 136
F. Verpflegung 138
G. Willkürliche Tötung 138
H. Rechtmäßige Tötung 143
II. Die staatliche Strafrechtspflege 145
A. Im allgemeinen 145
B. 1. Offizialverfahren 146
2. Anklageverfahren 147
C. Verteidigung 150
D. 1. Staatliche Rechtshilfe 152
2. Häusliche Rechtshilfe 153
E. Schutz gegen falsche Anschuldigung 157

§ 18. Die Persönlichkeit des herrenlosen Sklaven im bürgerlichen, sakralen und prozessualen Recht 157

I. Im bürgerlichen Recht 157
II. Im sakralen Recht 162
III. Im privaten Strafrecht 163
IV. Im öffentlichen Strafrecht 164
V. Passive Deliktsfähigkeit 166

Dritter Abschnitt.

Die Untergangstatbestände der Persönlichkeit des herrenlosen Sklaven.

§ 19. Übersicht 167

Erste Abteilung.

Der herrenlose Sklave tritt in die Gewalt eines neuen Herrn.

§ 20. Infolge eines Privatstrafverfahrens 168

§ 21. Die *manus iniectio* des Fiskus. Der Stand der Bewerber (Petitoren) und Angeber (Delatoren) 169

§ 22. Die Delation und Petition herrenloser Sklaven 174

§ 23. Kann der herrenlose Sklave okkupiert werden? 176

§ 24. Die Aufnahme ausgesetzter neugeborener oder jugendlicher Sklaven . 183

§ 25. Der gerichtliche Zuspruch eines bettelnden, herrenlosen Sklaven. Der Stand der Proditoren 187

§ 26. Öffentlicher Verkauf herrenloser, zur Fesselstrafe verurteilter Sklaven 189

Seite

Zweite Abteilung.

Der herrenlose Sklave erwirbt die Freiheit.

§ 27. Erwerb der Freiheit durch Erlöschen des Nießbrauchs 190
§ 28. Erwerb der Freiheit durch staatliche Verleihung 191
§ 29. Erwerb der Freiheit durch gerichtliche Entscheidung im Freiheitsprozeß 192
§ 30. Erwerb der Freiheit durch Ersitzung 196

Wort- und Sachverzeichnis 200
Verzeichnis der behandelten Quellenstellen 213
Verzeichnis der angeführten Schriftsteller und Werke 222
Verzeichnis benutzter Ausgaben von Klassikern, Wörterbüchern und Sammelwerken 224

Einleitung.

§ I. Die Persönlichkeit des herrenlosen Sklaven in der bisherigen Literatur.

Gaius hat im ersten Buche seiner Institutionen zur Darstellung der personalen Rechtsverhältnisse nicht weniger als sechs verschiedene Einteilungen gemacht, und zwar in den §§ 9, 10, 12, 48, 49 und 142. Dies hat ihm den Vorwurf eingetragen, er mache von der logischen Form der *Divisiones* einen übertriebenen Gebrauch.[1] Der Vorwurf ist aber nur dann gerechtfertigt, wenn die Einteilungen in keinem inneren Zusammenhange miteinander stehen. Dies ist in der Tat die Ansicht SAVIGNYS, denn er meint, Gaius mache die Einteilungen nur, um einen Übergang zur Darstellung bestimmter Rechtsverhältnisse zu erzwingen.[2] Nach diesen abfälligen Äußerungen des großen Juristen ist es wohl angebracht, den Sinn und Zusammenhang der gajanischen Einteilungen einer gründlichen Untersuchung zu unterwerfen. Es ist das Verdienst BÖCKINGS[3], erkannt zu haben', daß in den sechs Einteilungen sich zwei Haupteinteilungen mit je zwei Untereinteilungen verbergen. Nach der ersten und wichtigsten, der *summa divisio* in § 9[4] sind die Menschen entweder Freie oder Unfreie; nach der zweiten in § 48[5] sind gewisse

[1] SAVIGNY, System I § 59, S. 404 r. Er fügt noch hinzu: „welche Einseitigkeit der Behandlung auch manche andere sehr gezwungene Übergänge veranlaßt hat."

[2] A. a. O. Daß dies die wirkliche Überzeugung SAVIGNYS ist, geht, abgesehen vom oben angeführten Satz, noch aus folgenden Sätzen hervor: „Die erste Erwähnung (der Sklaven) (er meint die in I, § 9) ist nämlich nur scheinbar, und dient nur als Übergang zu den verschiedenen Klassen der Freigelassenen (d. h. also der Patronatsverhältnisse), oder mit anderen Worten: „die *divisio* der *liberi* und *servi* steht nur da als Vorwand für die *subdivisio* der *Ingenui* und *Libertini*, auf die es an dieser Stelle allein abgesehen ist." Von der „dritten Einteilung" (er meint die in I, § 142) sagt er: „Auf ähnliche Weise könnte man die Darstellung des Kaufkontrakts so einleiten: Alle Menschen haben entweder Kaufkontrakte geschlossen oder nicht (oder auch: alle Rechtsgeschäfte sind entweder Kaufkontrakte oder nicht), demnach wollen wir jetzt von den Kaufkontrakten handeln."

[3] Pandekten, Bd. I. Anhang VI. S. 22 fg.

[4] *Et quidem summa divisio de iure personarum haec est, quod omnes homines aut liberi sunt aut servi.*

[5] *Sequitur de iure personarum alia divisio, nam quaedam personae sui iuris sunt, quaedam alieno iuri sunt subiectae.*

Personen eigenen Rechts, gewisse Personen einer fremden Gewalt unterworfen. Vergleichen wir die beiden Haupteinteilungen miteinander, so fällt uns zunächst ein Unterschied in der Ausdrucksweise auf. Die erste bezieht sich auf die Menschen: *homines*, die zweite dagegen auf *personae*. Die erste ergreift also die Träger der personalen Rechtsverhältnisse, die Menschen, *homines*, die andere dagegen die personalen Rechtsverhältnisse selber, die *personae*. Wie ist dieser Unterschied zu erkären? Von großer Bedeutung für seine Erkenntnis ist der Parallelismus zwischen der Einteilung der personalen und derjenigen der realen Rechtsverhältnisse. Diese teilt Gaius in II, 12 ein in *res corporales* und *res incorporales*. Die Eigentumsverhältnisse nennt er *res corporales*, die übrigen realen Rechtsverhältnisse *res incorporales*.[1] Wie nun Gaius in I, 9 die Träger der personalen Rechtsverhältnisse der *personae*, die *homines*, so nennt er in II, 13 die Träger der Eigentumsverhältnisse, der *res corporales: fundus homo, vestis, aurum, argentum*[2], und wie er in I, 48 die personalen Rechtsverhältnisse selber auftreten läßt, der *personae sui iuris* und *alieno iuri subiectae*, so bezeichnet er in II, 14 die *res incorporales* selber: *hereditas, ususfructus, obligationes*.[3] Wie also in I, 9 der Mensch nicht in seiner Eigenschaft als lebendiges organisches Wesen, als „Krone der Schöpfung", genannt wird, sondern nur in seiner Eigenschaft als Träger des personalen Rechtsverhältnisses, so werden in II, 13 Grundstück, Sklave, Kleid, Gold und Silber nicht als Gegenstände des Anschauungsunterrichts aufgezählt, sondern in ihrer Eigenschaft als Träger des Eigentumsverhältnisses, wie in IV, 48 nur in ihrer Eigenschaft als Gegenstand der Eigentumsklage.[4]

Kehren wir zu den beiden Haupteinteilungen der *personae* in I, 9 und I, 48 zurück. Jene blickt auf alle Menschen, *omnes homines*, diese nur auf *quaedam personae*. Woher kommt diese Verschiedenheit des Ausdruckes? Der Grund ist wohl im Rechte zu suchen, aus dem die Einteilungen stammen. Die erste Einteilung ist ein Ausfluß des *ius gentium*[5], welches alle Völker und daher alle Menschen umspannt. Die zweite hat Rechtsverhältnisse zum Einteilungsprinzip, welche nur im *ius civile* vorkommen, nämlich die *patria* und *dominica potestas*, das *mancipium* und die

---

[1] Vgl. mein Institutionen-System Kap. VIII B, S. 373 und meine Abhandlung „Das System des *Code civil*" in der Rheinischen Zeitschrift für Zivil- und Prozeßrecht, 1. Jahrg., S. 479—481 und mein „Fruchtrecht" in Fischers Abhandlungen zum Privatrecht XXI, 1, S. 32—35.

[2] Vgl. auch Gaius IV, 48.

[3] Vgl. mein Institutionen-System Kap. VIII B, S. 374.

[4] Ein Hauptunterschied zwischen den objektiven Rechtsverhältnissen und den subjektiven Rechten besteht darin, das jene keine Subjekte und Objekte haben, sondern Träger, diese dagegen haben Subjekte und Objekte, vgl. meine Abhandlung „Wesen und Arten der objektiven Rechtsverhältnisse im römischen Recht und im deutschen bürgerlichen Gesetzbuch" in Grünhuts Zeitschr. 1909, S. 507.

[5] Gaius I, 52 J. 1, 3, 2.

manus. Sie gehört also allein dem *ius civile* an.[1] Daher die einschränkende Ausdrucksweise in § 48 *[quaedam personae]* gegenüber der schrankenlosen in § 9 *[omnes homines]*. So ist denn im Ausdruck schon klar angedeutet, aus welchem Rechte die Einteilung stammt. Wiederum ein Beweis, wie sorgfältig dieses Elementarbuch verfaßt ist.[2] Daß aber die erste Einteilung personale Rechtsverhältnisse nicht nur vom Standpunkt des *ius gentium*, sondern auch vom Standpunkt des römischen Zivilrechtes aus betrachtet, namhaft macht, wird fein angedeutet durch die einleitenden Worte: *Et quidem summa divisio de iure personarum haec est.* Das *ius civile* hat diesen Teil des *ius gentium* rezipiert. Man werfe nicht ein, die erste Einteilung rede deswegen nicht von *personae*, sondern von *homines*, weil sie sich auch auf die Sklaven beziehe und diese seien keine Personen, denn auch die zweite Haupteinteilung, welche nur von *personae* spricht, schließt die Sklaven in sich.[3] Es unterliegt daher gar keinem Zweifel, daß der Sklave von Gaius als Träger eines personalen Rechtsverhältnisses, als *persona* aufgefaßt wird. Jeder Widerspruch ist unbegründet.

Aus diesen Erörterungen ergibt sich auch der Grund, warum Gaius jene Einteilung als *summa divisio* bezeichnet. Er gibt ihr deswegen den Vorrang, weil sie alle Völker, die ganze Menschheit umspannt, während die zweite nur nationalrömische Rechtsverhältnisse berücksichtigt. Immerhin ist es ein schönes Zeichen für die Vorurteilslosigkeit, man könnte sogar sagen für den Kosmopolitismus des römischen Juristen, daß er das *ius gentium* über das *ius civile* stellt.

Die erste teilt nun die Personen ein ohne Rücksicht darauf, ob sie in der Gewalt einer anderen Person stehen oder nicht, die zweite erhebt dieses Merkmal zum Einteilungsprinzip; jene hat also einen absoluten, diese einen relativen Charakter. Bei der ersten ist es gleichgültig, ob die Freien einer Gewalt unterworfen sind oder nicht, ob die Sklaven unter der Herrschaft eines Herrn stehen oder nicht, mit anderen Worten, ob sie *servi in potestate dominorum* oder *sine domino* sind. Damit ist festgestellt, daß die Persönlichkeit des *servus sine domino* gleich von der ersten Einteilung mit umfaßt wird. Daß auch die zweite, die relative Einteilung, ihn ergreift, wird sich aus den folgenden Erörterungen ergeben.

Die zweite Haupteinteilung hat, wie gesagt, zwei Untereinteilungen. Die eine in § 49[4] gliedert die in der Haupteinteilung § 48 zuletzt ge-

---

[1] S. auch Böcking, a. a. O. Vgl. auch meine Abhandlung in der Rheinischen Zeitschr. S. 477.

[2] Das Lob dürfte wohl nicht Gaius selbst, sondern dem Urheber der älteren Vorlage zuzusprechen sein, vgl. mein Institutionen-System Kap. I. Daß eine solche existierte, wird wohl jetzt nach den trefflichen Untersuchungen von Jörs allgemein zugegeben; siehe Pauly, Realenzyclopaedie, verbum Domitius 88, III C, S. 1449, Z. 56 fg.

[3] Es sind in der Regel *personae alieno iuri subiectae*, vgl. Gaius I, 48, verb. mit I, 52 fg.

[4] *Sed rursus earum personarum, quae alieno iuri subiectae sunt, aliae in potestate, aliae in manu, aliae in mancipio sunt.*

nannte Klasse von Personen, nämlich die Gewaltunterworfenen, in solche, die in der *potestas,* in der *manus* und im *mancipium* stehen; die andere in § 142[1], die in der Haupteinteilung § 48 zuerst genannte Klasse von Personen, nämlich die Personen eigenen Rechts, die Gewaltfreien in solche, welche in der *tutela* oder in der *cura* sich befinden oder von diesen beiden Rechtsschranken frei sind. Dieser Zusammenhang der drei Einteilungen in den §§ 48, 49 und 142 ist von manchem Schriftsteller, so auch von Savigny, übersehen worden.

Will nun Gaius mit der zweiten Haupteinteilung auch die Sklaven umfassen? Wir können die Frage mit gutem Grunde bejahen, denn die erste Untereinteilung bezieht in § 52 die Sklaven ausdrücklich in die Gliederung ein; die *servi* werden zu den einer Gewalt unterworfenen Personen gerechnet und zwar zu derjenigen Unterart, welche in *potestate* stehen. Bezieht sich aber die erstere Unterabteilung auf die Sklaven, so muß dies folgerichtig auch die zweite tun, wenn sie es auch nicht ausdrücklich sagt. Fallen die *servi in potestate dominorum* unter die erste Untereinteilung, so gehören die *servi sine domino* zu der zweiten und zwar zu derjenigen Unterart von Personen, welche von den beiden Rechtsschranken, nämlich von der *Tutela* und *Cura* frei sind: *quae neutro iure tenentur.*[2]

Stammbaum der personalen Rechtsverhältnisse nach Gaius I.

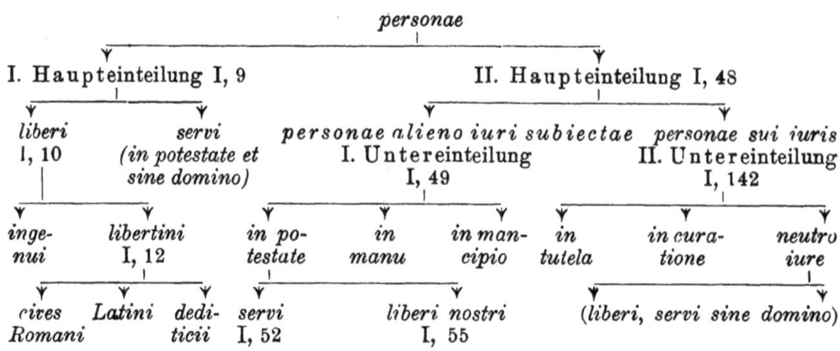

Daß die zweite Haupteinteilung sich auf die Sklaven bezieht, ist soweit ich sehe, von allen Schriftstellern, die sich mit der Frage beschäftigt haben, anerkannt worden. Manche von ihnen erheben aber gegen die gajanische Gliederung schwere logische Bedenken. So bemerkt Arnold Vinnius[3], daß die zweite Einteilung nicht aus der *summa divisio* folge,

[1] *Transeamus nunc ad aliam divisionem; nam ex his personis. quae neque in potestate neque in manu, neque in mancipio sunt, quaedam vel in tutela sunt vel in curatione, quaedam neutro iure tenentur.*

[2] Um dem Leser die Übersicht über die Einteilungen zu erleichtern, füge ich eine graphische Darstellung dem Texte bei.

[3] *Commentarius Institutionum imperialium, Editio postrema, Norimbergae* 1726. Lib. 1, Zit. 8 *ad principium pag.* 48: *Proponitur hic ex Caio l. 1, hoc tit. alia personarum divisio; sed non sine vitio. Primum quia haec ex summa illa, quae sup.*

auch wisse man schon aus den früheren, daß die Sklaven alle *alieni iuris* seien. Es sei überflüssig, dieselbe Sache noch einmal einzutrichtern. Die Verfasser (der kaiserlichen Institutionen) hätten besser daran getan, wenn sie bei der zweiten Einteilung die Sklaven weggelassen und nur die Freien eingeteilt hätten. Aus diesen Bedenken geht hervor, daß VINNIUS meint, die zweite Einteilung müsse in einem Abhängigkeitsverhältnis zur ersten stehen. Ihm ist es also entgangen, daß die erste dem *ius gentium*, die zweite aber dem *ius civile* entstammt, daß jene eine absolute, diese eine relative ist. Wäre ferner die Behauptung von VINNIUS richtig, daß alle Sklaven dasselbe personale Rechtsverhältnis besitzen (*omnium eadem condicio est*), dann würde in der Tat der Verfasser des Institutionen-Systems unlogisch gehandelt haben, die Sklaven auch in die zweite Haupteinteilung aufzunehmen. Aber das ist eben nicht der Fall. Die Sklaven ohne Herrn besitzen eine ganz andere Persönlichkeit als die Sklaven mit Herrn. Das wußte der Verfasser des Institutionen-Systems und darum nahm er die Sklaven auch in die zweite Haupteinteilung auf. VINNIUS aber scheint die *servi sine domino* nicht gekannt zu haben; jedenfalls hat er sie bei seiner Äußerung übersehen.

SAVIGNY[1] nimmt im ersten Teile des Institutionen-Systems nur drei Einteilungen wahr. Dazu rechnet er unsere beiden Haupteinteilungen in I, 9 und I, 48 und als dritte betrachtet er die Einteilung in I, 142, welche wir als zweite Untereinteilung der zweiten Haupteinteilung kennen gelernt haben. Diese „dritte“ Einteilung beziehe sich nicht auf die Sklaven, nur bei der ersten und zweiten Einteilung kämen die Sklaven vor und keine verschiedene juristische Bezeichnung rechtfertige dieses Verfahren.

Aus diesen Bemerkungen SAVIGNYS geht zur Genüge hervor, daß auch er der Anschauung huldigt, die gajanischen Einteilungen befaßten sich nur mit den *servi in potestate dominorum* und nicht mit den *servi sine domino*, obschon ihm diese bekannt sind.[2]

In neuerer Zeit hat R. A. SCHMIDT[3] die gajanische Gliederung der Personen angefochten. Er behauptet, es liege ihr ein wesentlicher Fehler zugrunde. Da nämlich die Sklaven nicht Personen seien, sondern Sachen, *res mancipi*, so gehörten sie nicht in das *ius quod ad personas*, sondern

---

tit. 3, tradita est, non deducitur; deinde quia de servis iam ante intellectum est, eos omnes esse iuris alieni, ut nihil necesse fuerit rem eandem inculcare. Rectius fecissent Compositores, si hic omissis servis, quorum omnium eadem conditio est, liberorum hominum differentias, sicuti instituerant § alt. dict. tit. 3. porro persecuti essent, eosque subdivisissent in eos qui sui, et qui alieni iuris sunt, aut potius in patres fam. et filios fam. et Ulp. l. 4. hoc tit. Excusantur tamen, quod cum de vi et effectu dominicae potestatis adhuc cognoscendum erat, secretas superiore divisione personas in unum iterum coegerint.

[1] System I, § 59, S. 404 r.

[2] Siehe unten § 2.

[3] Das Hauskind *in mancipio* S. 2. Programm zu der von der Juristenfakultät zu Leipzig veranstalteten Feier des hundertjährigen Geburtstags FRIEDRICH CARL VON SAVIGNYS.

in das *ius quod ad res pertinet.* Daraus, daß die Sklaven *res mancipi* seien, ergebe sich die Möglichkeit der *servi sine domino* von selber. Diese habe Gaius I, 50 ganz vergessen, denn nach dem, was er hier auseinandersetze, wären sie *homines sui iuris.*[1] Diese ungeheuerliche Ansicht scheint aber SCHMIDT Gaius nicht zutrauen zu können. Wie könnte er in herrenlosen Sachen Personen erblicken?

KARLOWA[2] macht demgegenüber geltend, daß Gaius nur den *in potestate* stehenden Sklaven in einem gewissen Sinne zu den Personen rechne; der herrenlose Sklave sei Sache. Darin liege der Schlüssel der gajanischen Einteilung. KARLOWA sucht also Gaius vom Vorwurfe, er habe die *servi sine domino* vergessen, zu reinigen, aber er kann das nur um den Preis, daß er ihm unterschiebt, er erblicke in den *servi sine domino* Sachen und nur in den *servi in potestate dominorum* in einem gewissen Sinne Personen. Der wohlüberlegte Ausdruck in I, 52: *in potestate itaque sunt servi dominorum* deutet aber darauf hin, daß die *servi sine domino* zwar nicht in diese erste Unterabteilung zu stellen sind, wohl aber in die zweite. Außerdem verlangt es die Logik, daß die zweite Unterabteilung sich auch auf Sklaven bezieht.[3] Die personale Rechtsstellung der *servi sine domino* ist zum Teil keine schlechtere, im Gegenteil eine günstigere, als die der *servi in potestate dominorum.*[4] Eher sind die *servi cum domino* zu den Sachen zu zählen, als die *servi sine domino.*

In der älteren juristischen Literatur wird von einigen Schriftstellern die Existenz eines *servus sine domino* im römischen Recht überhaupt geleugnet. JOSEPH FINESTRES et DE MONSALVO behauptet, daß es rechtlich nach der Legaldefinition keinen Sklaven ohne Herrn geben könne; ohne Herrn könne niemand Sklave sein.[5]

Er stützt sich auf MARTIANUS CAPELLA, der bei Erörterung der Relativen sagt:[6] .... *servus esse non potest, nisi cum esse coeperit dominus et cum dominus esse desierit, servus esse desinit* .... Er hätte sich auch auf AUGUSTINUS stützen können, der sich ähnlich ausdrückt.[7]

---

[1] A. a. O. n. 6.

[2] Röm. Rechtsgeschichte Bd. II, S. 100, 101.

[3] Siehe oben S. 4.

[4] Siehe unten § 18, § 30.

[5] *Commentarius in Hermogeniani iuris epitomarum libros VI, Cervariae Lacetanorum* 1757, Tomus I, *pag.* 318: *Sed haec magna me difficultate premunt: qui enim poterat servus sine domino esse, quum qualitas illa servitutis, ex qua servus aestimatur, ad dominium alterius referatur, secundum servitutis definitionem* in § 2, *Instit. de Jur. Person. et L. Libertas* 4, § 1, *de Stat. hom. Juris constitutio, qua quis dominio alieno contra naturam subjicitur.*

[6] *De nuptiis philologiae et mercurii* lib. IV, 376; vgl. Martianus Capella, FRANCISCUS EYSSENHARDT *recensuit Lipsiae* 1864, *pag.* 115, *v.* 10.

[7] *Decem categoriae, cap.* 11B: *tunc ergo et vere et proprie ad aliquid dicitur cum sub uno ortu atque occasu et id quod jungitur et ad cui jungitur invenitur; ut puta servus et dominus utrumque vel simul est vel simul non est, etenim cum dominus dixeris, necessario existet et servus: cum vero dominum tuleris, nec servus apparet. Operum tomi primi appendix pag.* 29B—C. *Parisiis* 1689.

Die Existenz des *servus sine domino* leugnen aus demselben Grunde Anton Faber[1] und Georg d'Arnaud.[2]

Im Gegensatz dazu erkannten die Existenz des *servus sine domino* im römischen Rechte an Bartolus[3], Cuiacius[4], Julius

---

[1] *Jurisprudentiae Papinianeae scientia, Lugduni* 1607, *lib.* I, *tit.* 3, *princ.* 3 *pag.* 103, 104: *Non potest dici nullius esse servum qui sit hereditatis. Unde fit, ut ex persona domini defuncti possit institui l. non minus* 31, § 1 *D. hered. instit. Cumque eo tempore, quo hereditas esse desinit, id est ex instanti secutae aditionis succedat alia iuris fictio quae facit, ut hereditas quandocumque adita iam inde ab instanti mortis adita esse intelligatur l. heres quandocumque 54 de acq. hered. eaque retrofictio aditae hereditatis secum trahat cetera omnia quae pendent ab aditione l. omnia 193 De reg. iur. apparet nullum instans dari posse quo videatur nullius fuisse servus, quamdiu fuit hereditarius.*

Adeo autem impossibile est, ut qui servus est, nullius sit, ut nec libertus quisquam dici possit, quin alicuius libertus sit. Sunt enim ista etiam libertus et patronus correlativa, sicut et illa servus et dominus. Quamquam ut ad propositum redeamus multo facilius est, ut libertus aliqui sit sine patrono, quam ut servus sine domino. Libertus enim dicitur habito respectu ad id non quod nunc est, sed quod ante fuit, scilicet quia fuit antea servus, et talis esse desiit. Servus autem dicitur habito respectu ad praesentem statum, quia dominum habet. Itaque fieri non potest, ut quo instanti quis servus est, eodem instanti non sit alius dominus.... at ut quis sui ipsius servus sit aut esse intelligatur nullo unquam casu evenit. Recte igitur in servitutis definitione adiecta sunt verba illa „dominio alieno".

[2] *De iure servorum cap.* XIII, *Leovardiae* 1744, *pag.* 68: *Verum enimvero modo, mihi tantillo maximis nominibus contradicere liceat, Cuiacium, Schultingium, ipsumque adeo Barbeiracium, lapsos esse, me ostensurum existimo, Servus et dominus vocabula sunt relativa, ut ita dicam, ad se invicem, si nullus sit dominus nullus etiam servus, et vice versa. Cum Jureconsulti definiunt servitutem, quod sit constitutio iuris gentium qua quis contra naturam alieno dominio subiicitur, manifesto indicant ablato illo dominio, ad statum naturalem, qui est libertatis, redire eum qui modo in servitute fuerat. Res equidem aliae a domino derelictae, et itidem ad statum suum naturalem redeuntes, cuiuscunque in dominium recidere possunt, et fiunt occupantis; non aeque homo, quem semel derelictum a domino, ut sibi serviat, invitum, nemo cogere potest. Proinde nec servus a domino derelictus est servus sine domino, nec fiet occupantis.*

[3] *Quaestiones aureae disputatae. Bartoli a Saxoferrato omnium iuris interpretum Antesignani Commentaria Tomus decimus folium* 85. (*Venetiis* 1602) *quaestio XII* nr. 4 *in fine* und nr. 5: *Tertio si servus est nullius, stipulando non potest acquirere, imo stipulatio est nulla, ut ff. de stip. serv. l. quod servus. Sed ista sunt paria, servum non habere dominum vel eum habere, cui quaeri non potest, ut ff. de hered, institu. l. non minus, de leg. I l. si mihi et tibi § regula. C. de here. inst. l. neq. per servum. cum simi.* Vgl. auch Bartolus, *tom.* IX, *fol.* 37, *l.* III *de agricolis et censitis* 11, 48: *hic appellari servos vagos, licet insistant terrae, quando dominus eorum est vagabundus, quia terram deseruit.*

[4] *Commentar. in lib.* 22 *dig. Salvi Juliani ad l.* 38, § 1 *de noxal. action.; in lib.* 18 *respons. Julii Pauli ad l. ult. pro derelicto; in Institutiones Justiniani lib.* I *tit.* 3 *de iure pers. not.* 7. *Jacobi Cuiacii Juris Consultorum Nostri Saeculi Principis opera omnia, Lugduni* 1614, *tomus primus Inst. lib.* I, *cap.* III *de iure personarum pag.* 8, *not.* 7: *Nam et servi poenae non magis sunt servi quam qui in potestate domini sunt nec minus qui servi sunt sine domino ... in lib.* 18 *Respons. Julii Pauli tomus primus pag.* 1682 A—B: *Ex qua intellegitur, servum a domino habitum pro derelicto, non ideo liberum fieri, sed ait servum fieri eius:*

Pacius[1], Johann de Solorzano Pereira und nach seinem Zeugnis Forcatulus und Morla[2], Jean Barbeyrac[3], Anton Schulting[4], Arnold Diederich a Vossen[5], Franciscus Ramos del Manzano[6], Oswald

sed ait, servum esse sine domino, quod plerisque aliis casibus contingit, aut eius servum fieri, qui occupatione dominium eius acquisierit, atque adeo manumitti ab eo posse.

In Lib. 22 *Digest. Salvii Juliani ad l.* 38, § 1 *de noxal. act. pag.* 2013B—C: .... *Et qui servum pro derelicto habuit, statim (ut ait etiam l.* 1 *pro derelicto) eius servi dominus esse desiit, et servus esse coepit servus sine domino. Eius autem nomine, qui sine domino est, non potest esse noxalis actio; quia non est, in quem ea actio dirigatur. Servus ἀποφρόνητος, sic vocat idem, pro derelicto habitus, male interpretes. Harmenopulus debuit interpretari pro derelicto habitus hic, inquam, servus, antequam ab alio apprehendatur, servus sine domino est ....*

[1] *Isagogicorum in Institutiones lib.* I, *tit.* III *de jure personarum. Opera theorica Lugduni* 1567, *pag.* 3 (hauptsächlich aber in *enantiophanon seu legum conciliatarum centuriae decem, editio novissima, Lugduni* 1643, *centuria* I *quaestio* 21.): *Sunt etiam quidem servi sine dominis, ut servi hereditarii D. quod vi aut clam l. denique* 13, § *quaesitum, qui sunt nullius. D. de rer. div. l.* 1 *in pr. et servi poenae, ut damnati in metallum. j quib. mod. ius potest. solu.* § *poenae. nempe quia ipsa hereditas dominum defunctum repraesentat. d. l. denique* § *quaesitum, J de heredib. instituend.* § *servus etiam, et de stipul. servor. in princ. Similique ratione poena subit vicem domini.*

Eine andere Ausgabe: *Jul. Pacii J. C. ΕΝΑΝΤΙΟΦΑΝΩΝ (sic), Seu Legum Conciliatarum Centuriae* X, *centuria* I, *quaestio* XXI, *pag.* 16: *Solutio: servi nomen capitur duobus modis, interdum enim significiat relationem, id est, servus accipitur relatione habita ad eum cui servit: interdum vero significat qualitatem, seu ius, id est, ille dicitur servus, qui utitur iure servorum, non iure libertatis; quem ad modum dedititii liberti dicuntur, non qui se dediderunt in bello, sed qui deditiorum iure utebantur vide* § *ult. et ibi Theophil. Instit. de libert. qui igitur sine domino servi dicuntur, quia non habent iura libertatis, immo servis comparantur, et servorum iure utuntur, quanquam quod attinet ad servum fructuarium, illud quoque dici potest, usufructuarium quodam modo haberi loco domini, sicut in multis quoque aliis casibus habetur l.* 4 ff. *de usufructu.*

[2] *De Indiarum iure sive de iusta Indiarum occidentalium Inquisitione, Acquisitione et Retentione. Editio novissima Lugduni* 1672, *Lib.* II, *caput* VII, *nr.* 81—84, *pag.* 177, *n.* 82: *Atque ita ubi diffusi per agros, et sine certo Rege, aut Principe, vel forma Reipublicae reperti sunt; merito tanquam servi sine domino ab Hispanis occupati, et imperio suo subiici potuerunt, l. quod servus, ubi Bartol. ff. de stipul. servor. l. si usumfructum ubi glossa ff. de liberal. causa, circa quas plura notat idem Bart. et Baldus in l. si servus ff. de noxal. act. Forcatul. in rub. ff. de servit. num.* 6 *et Morla in emptor. iur. tit.* 6 *in rub. num.* 18. (Die Werke von Forcatulus und Morla waren mir unzugänglich).

[3] *Le droit de la guerre et de la paix par Hugues Grotius. Nouvelle traduction à Leide* 1759 *tome premier liv.* II, *chap.* 9, *n.* 4, *pag.* 374, 375; vgl. auch die 1. Auflage Amsterdam *chez Pierre de Coup* 1724, *pag.* 374, 375 und Amsterdam *chez Pierre de Coup* 1729, *pag.* 432, 433: .... *Mais si un Maître témoignoit abandonner son Esclave, celui-ci étoit au premier occupant, selon la règle générale touchant les choses abandonnées. Voyez Digest. Lib.* XLI, *Tit.* VII, *Pro derelicto, Leg.* I *et Leg. ult.* ....

[4] *Jurisprudentia vetus anteiustinianea, Lugduni Batav.* 1717, *ex corpore Ulpiani tit.* 1 § 19 *not.* 76 *p.* 568.

[5] *Juridicum inaugurale de servis sine domino Lugduni Bat.* 1760.

[6] Meerman, *Thesaurus iuris civilis et canonici Hagae-Comitum* 1753, *tom.* VII, *pag.* 204. *De venditione liberi hominis.* Er schließt sich eng an Pacius an, ohne

HILLIGER, der sich auch an PACIUS anlehnt, ihn aber nennt[1], endlich R. J. POTHIER.[2]

Es ist nun unsere Aufgabe, zu untersuchen, ob und wie nach römischem Rechte die Persönlichkeit des herrenlosen Sklaven entstehen konnte, welche rechtliche Stellung sie einnahm und ob und auf welche Weise sie wieder untergehen konnte.

Schon jetzt sei, ohne unserer Untersuchung vorzugreifen, bemerkt, daß die Persönlichkeit des herrenlosen Sklaven ein objektives personales Rechtsverhältnis ist.[3]

Die objektiven Rechtsverhältnisse aber entstehen und gehen unter, die subjektiven Rechte dagegen werden erworben und gehen verloren. Jene haben also ihre Entstehungs- und Untergangs-, diese ihre Erwerbs- und Verlusttatbestände.[4]

Unsere Abhandlung zerfällt daher in drei Abschnitte: Der erste behandelt die Entstehungstatbestände der Persönlichkeit des herrenlosen Sklaven, der zweite ihre rechtliche Stellung und der dritte ihre Untergangstatbestände.

---

ihn jedoch anzuführen, wie aus folgendem Zitat hervorgeht: .... *Neque adquisitione hac ususfructus supposita insolens inauditumve est, quod dicitur servum effici propter usumfructum et manere sine domino; quia quamvis servi nomen quatenus relationem habet ad eum, cui servitur, non possit considerari sine domino. l. 4 ff. de statu hominum l. 4 ff. de just. et jure. tamen quatenus respicit qualitatem et ius servitutis, sive privationem libertatis, convenit etiam ei, qui jure servitutis non libertatis utitur, quamvis sine domino sit. l. si postulaverint* 27 § *de eo ff. ad leg. Jul. de adulteriis. sicut dedititius vocatur, qui in statu deditiorum est, quamvis ipse se non dederit.* § *ult. ubi Theophilus inst. de libertinis. Ideoque et ab initio (quamvis renitantur nostrates post Fabrum in iurisprud. Papin. titulo* 3 *principio* 3.) *servus quis interdum efficitur sine domino, et quidem propter usum fructum, ut in nostra l.* 23 *et in eo, qui servus poenae fit, l. sunt quidam* 17 *ff. de poenis. l.* 3 *ff. de his quae pro non scriptis. et multo magis servus iam effectus potest ex postfacto manere sine domino, veluti iure antiquo is, quem proprietarius manumisit invito fructuario. Ulpianus in fragm. titulo* I § *servus* 19 *l.* 1 *C. comm. de manumission. et omni iure is quem dominus pro derelicto habuit. l. quem ad modum* 38, § 1 *ff. de noxal. l. quod servus* 36 *ff de stipul. servor. docent post Bartolum in rubr. de servit. num.* I. *Cuiacius lib.* 30 (sollte heißen *lib.* 50) *Pauli ad Edictum in nostra l.* 23. *Hillig. ad Donell. lib.* 2, *cap.* 9, *litera K. Solorzano de Indiarum iure tom.* I, *lib.* 2, *cap.* 7, *num.* 83.

[1] *Donellus enucleatus auctore Osvaldo Hilligero, lib.* 2, *cap.* 9, *litera K. Jenae* 1610, *pag.* 69: *Nunquam inquit A. Fab.* I, *Jurisp.* 3, *pr.* 3, *ullo casu servus est, quin sit alicuius. Etiam in hereditario servo nullum instans, quo videatur nullius fuisse. Et tamen quod servus esse possit sine domino videntur textus in l.* 23, *pr. de lib. caussa et aliis l. l. ibid. a Goth. adnotatis. item* § 19, *tit.* I, *Ulpian. fragm. Pac.* I, *quaest.* 21, *disting. Verb. servi vel significat relationem et nunquam est sine domino, vel ius et qualitatem, et esse potest, qui tamen non vere servus, sed iure servitutis utitur, libertatis caret.*

[2] *Pandectae Justinianeae Lugduni* 1782, *lib.* 45, *tit.* 3, *Art.* 1, § 1 (c), *tom. tertius pag.* 321: *Eius enim factus est servus, qui eum pro derelicto habitum occupavit.*

[3] S. unten § 9.

[4] S. meine Abhandlung in GRÜNHUTS Zeitschr. 1909, S. 550fg.

Erster Abschnitt.

Die Entstehungstatbestände der Persönlichkeit des herrenlosen Sklaven.

§ 2. Die Entstehungstatbestände nach der bisherigen Literatur.

Obschon Savigny bei der Kritik des ersten Teiles des Institutionen-Systems der Persönlichkeit des *servus sine domino* nicht zu gedenken scheint, so ist sie ihm doch genau bekannt. Ihm verdanken wir eine, wenn auch unvollständige, Aufzählung der Fälle ihrer Entstehungstatbestände.[1] Als ersten Fall führt er den *servus poenae* an, wohl unbewußt Ramos del Manzano[2] und Theodor Marezoll[3] folgend. Seinem Vorgange schließen sich eine Reihe von Schriftstellern an, so G. F. Puchta[4], W. Scheurl[5], Rudorff[6], Hölder[7] und Kuntze.[8] Man kann es also wohl als herrschende Meinung im 19. Jahrhundert bezeichnen, daß der *servus poenae servus sine domino* sei.[9] Nach der herrschenden Meinung bildete also die Verurteilung eines Freien zum Tode[10], zum Bergwerk

---

[1] System I, § 55, S. 359a.

[2] A. a. O. Auch Finestres, a. a. O., der zwar grundsätzlich die Existenz des *servus sine domino* leugnet, gibt zu, daß die *servi poenae* nicht unzutreffend *servi sine domino* genannt werden können. Sie hätten weder Kaiser, noch Fiskus, sondern die Strafe selbst zum Herrn. Eine ähnliche Auffassung vertritt Böcking, Pandekten I, S. 184, n. 16.

[3] Über die bürgerliche Ehre, Gießen 1824, S. 30, n. 2. Er hebt als Bestätigung seiner Auffassung hervor, daß ein *servus poenae*, welcher mittelst vollständiger Begnadigung aus der Servitut heraustritt, nicht *libertinus* wurde, sondern *ingenuus*, *Paul. sent.* IV, 8, 24. Dies läßt sich aber auch so erklären, daß die Ingenuität durch die Gnade des Kaisers wieder hergestellt wird: *si per omnia in integrum indulgentia principis restituetur.*

[4] Kursus der Institutionen Bd. 2. Leipzig 1842. S. 475, n. cc.

[5] Lehrbuch der Institutionen. 8. Aufl. Erlangen 1883. S. 69, Ziff. 4.

[6] Römische Rechtsgeschichte Bd. 2. Leipzig 1859. S. 407, n. 18.

[7] Institutionen des römischen Rechts. 3. Aufl. Freiburg i. B. 1893. S. 140.

[8] Cursus des römischen Rechts. Leipzig 1869. § 373, S. 275 g. E.

[9] Die abweichende Meinung Max Cohns werde ich unten S. 13 zur Darstellung bringen.

[10] *Fr.* 8 § 4 *qui test. fac. poss.* 28, 1; *fr.* 6 § 6 *de iniusto r. i. f. t.* 28, 3; *fr.* 25 § 3 *de adquir. vel omitt. hered.* 29, 2; *fr.* 12 *de poenis* 48, 19; *fr.* 29 *eod.; fr.* 5 *pr. de bonis damn.* 48, 20.

(*metallum*) oder zur Bergwerksarbeit (*opus metalli*)[1] und zum Kampfe mit wilden Tieren (*in ludum venatorium*), auch wenn der Richterspruch nicht ausdrücklich auf den Tod lautete[2], einen Entstehungstatbestand der Persönlichkeit des herrenlosen Sklaven. Ist aber der *servus poenae* wirklich *servus sine domino?* Sicher ist, daß der zu den genannten Strafen Verurteilte mit der Rechtskraft des Urteils Sklave wird.[3] Im Gegensatz zur herrschenden Meinung behaupten wir nun, daß der Verurteilte als Sklave mit seinem ganzen Vermögen an den Fiskus fällt. Daß sein Vermögen an den Fiskus fällt, ist direkt bezeugt.[4] Es ist daher höchst wahrscheinlich, daß auch die sklavische Persönlichkeit des Verurteilten an den Fiskus fällt; denn das Vermögen ist nur der wirtschaftliche Ausfluß der Persönlichkeit und bildet mit ihr eine Einheit. Es gibt nur einen Fall, wo nur das Vermögen des Verurteilten an den Fiskus fällt und nicht auch die Persönlichkeit, nämlich den, wo die Verurteilung zur Strafe nur den Verlust der Zivität und nicht auch den Verlust der Freiheit zur Folge hat, der Verurteilte also seine freie Persönlichkeit behält, der Anfall seiner Persönlichkeit an den Fiskus daher ausgeschlossen ist.[5]

Der Strafsklave ist also Staatssklave, nicht herrenloser Unfreier.[6]

Ist der Satz richtig, daß ein Freier infolge der Verurteilung zu jenen Strafen Staatssklave wird, so muß auch ein Sklave, der zu jenen Strafen verurteilt wird, Staatssklave und nicht herrenloser Sklave werden. Während nun unser erster Satz in den Quellen nicht direkt bestätigt wird, finden wir für unseren zweiten ausdrückliche Belege. So in *l.* 2 § 5: *C. Th. si vagum petatur mancipium* 10, 12, einem Gesetze Valentinians und Valens aus dem Jahre 368? Hier werden ausdrücklich zwei Entstehungstatbestände der Persönlichkeit des *vagum mancipium* angeführt mit einer *clausula generalis: postremo in universis, de quibus iniectio manus fisco rite praebetur.*[7] Der zweite, namentlich angeführte Tatbestand ist folgender[8]: Ein Sklave wird zu einer jener Strafen verurteilt, die ihn zum *servus poenae* machen. Nachträglich wird ihm vom Staate die Strafe erlassen; er wird *servus sine domino.* Denn, wie das Gesetz Valentinians und Valens ausdrücklich bemerkt, mit der Rechtskraft des Strafurteils verlor er seinen bisherigen Herrn: *iudicialibus dominos amisere sententiis.* Er wird aber nicht etwa jetzt schon herrenloser Sklave, sondern erst,

---

[1] *Paulus sent.* III, 6, 29; *fr.* 8 § 4 *qui test. f. p.* 28, 1; *fr.* 25 § 3 *de adqu. vel omitt. hered.* 29, 2; *fr.* 3 *pr. de his quae pro non script. hab.* 34, 8; *fr.* 8 §§ 4, 8 *de poenis* 48, 19; *fr.* 17 *pr. eodem; fr.* 36 *eod.; fr.* 12 *de iure fisci* 49, 14; Tertullian, *Apologeticum* 27, *in fine.*

[2] *Fr.* 8 § 11 u. 12 *de poenis* 48, 19; Mommsen, Römisches Strafrecht. Leipzig 1899. S. 947, n. 3.

[3] Vgl. bes. *fr.* 6 § 6 *de iniusto r. i. f. t.* 28, 3; und *fr.* 12 *de poenis* 48, 19.

[4] *Fr.* 8 § 4 *qui testam. fac. poss.* 28, 1; *fr.* 1 *de bonis damn.* 48, 20.

[5] *Fr.* 1 *pr. de bonis damn.* 48, 20.

[6] So auch Mommsen, a. a. O. S. 947, 948, n. 3.

[7] S. unten § 8.

[8] Der erste wird uns später in § 13 beschäftigen.

wenn der Staat ihn von der Strafe befreit *ac postmodum liberati.* Also stand er unterdessen im Eigentum und in der Gewalt des Staates. Wenn die Quellen sagen: *nam poenae servus est non Caesaris*[1] .... *magis poenae quam fisci servus*[2], so leugnen sie durchaus nicht, daß er im Eigentum des Staates steht.[3] Sie stellen damit nur fest, daß der *servus poenae* eine niedrigere personale Stellung hat als derjenige *servus fisci*, der es nicht zur Strafe geworden ist.[4] Die höhere personale Stellung eines Sklaven, der *servus fisci*, aber nicht zugleich auch *servus poenae* ist, zeigt sich darin, daß er des Pekuliums fähig ist und über die Hälfte desselben die *testamenti factio activa* besitzt.[5] Wird er im Testamente zum Erben eingesetzt, so ist die Einsetzung wirksam und auf Befehl des Prokurators des Kaisers tritt er die Erbschaft an.[6] Eine Freigeborene verliert ihre Ingenuität nicht, wenn sie mit einem *servus fisci* ein *contubernium* eingeht, gleichgültig, ob sie es mit oder ohne ihr Wissen und ihren Willen tut.[7]

Der *servus poenae* dagegen ist unfähig, ein Pekulium zu haben, besitzt weder aktiv noch passiv die *testamenti factio.*[8] Wird er im Testamente zum Erben eingesetzt, so erteilt ihm niemals der Prokurator des Kaisers den Befehl, die Erbschaft anzutreten, um sie dem Fiskus zu erwerben. Der Fiskus hält es unter seiner Würde, *per huius modi personam* etwas zu erwerben. Daher ist die Einsetzung wirkungslos *pro non scripto hoc habebitur.*[9] Gleichgültig ist dabei, ob er vor oder nach der Verurteilung als Erbe oder als Legatar eingesetzt wurde.[10]

Der Wirksamkeit eines ihm vor oder nach der Verurteilung hinter-

---

[1] *Fr.* 3 *de his quae pro n. script.* 34, 8.

[2] *Fr.* 12 *de iure fisci* 49, 14.

[3] Dies geht meines Erachtens klar aus *fr.* 17 *pr. de poenis* 48, 19 hervor: *quasi non Caesaris servo datum, sed poenae.* Die testamentarische Zuwendung an ihn ist nicht erfolgt in seiner Eigenschaft als Sklave des Cäsars, sondern in seiner Eigenschaft als Strafsklave. Darum ist sie unwirksam *pro non scripta est.*

[4] S. auch Mommsen, a. a. O. S. 968, n. 1.

[5] *Ulp. fr.* 20, 17.

[6] *Fr.* 25 § 2 *de adquir. vel omitt. hereditate* 29, 2.

[7] Die aus dieser Geschlechtsverbindung hervorgehenden Kinder aber gelten als *spurii Latini* und sind an das Patronatsprivileg gebunden; *l.* 3 *C. Th. ad Sc. Claudianum* 4, 12: *Cum ius vetus ingenuas fiscalium servorum contubernio coniunctas ad decoctionem natalium cogat nulla vel ignorantiae venia tributa vel aetati, placet coniunctionum quidem talium vincula vitari; sin vero mulier ingenua vel ignara vel etiam volens cum servo fiscali convenerit, nullum eam ingenui status damnum sustinere, subolem vero, quae patre servo fiscali, matre nascetur ingenua, mediam tenere fortunam, ut servorum liberi et liberarum spurii Latini sint, qui, licet servitutis necessitate solvantur, patroni tamen privilegio tenebuntur ....*

[8] *Fr.* 8 § 4 *qui test. fac. poss.* 28, 1; *fr.* 6 § 6 *de iniusto r. i. f. t.* 28, 3; *fr.* 25 § 3 *de adqu. vel omitt. her.* 29, 2; *fr.* 3 *pr. de his quae pro non scr. h.* 34, 8.

[9] *Fr.* 12 *de iure fisci* 49, 14 in Verbindung mit *fr.* 25 §§ 2 u. 3 *de adqu. vel omitt. h.* 29, 2.

[10] *Fr.* 3 *pr.* u. § 1 *de his quae pro non script.* 34, 8.

lassenen Alimentenlegates aber stehen solche Bedenken nicht im Wege; es ist gültig.[1]

Es scheint auch vorgekommen zu sein, daß der *servus poenae* durch teilweise Begnadigung oder auf sonstige Weise in die höhere personale Stellung eines *servus publicus* hinaufrückte.[2]

Eine eigenartige Auffassung des *servus poenae* finden wir bei MAX COHN.[3] Nach ihm ist der *servus poenae* „nichts als eine Sache, die der privatrechtlichen Beherrschung und dem Rechtsverkehr entzogen ist, wenn auch der Staat an ihr gewisse Gebrauchsrechte genießt, darum aber den Regeln der Sklaven durchaus nicht unterworfen ....“ „Ist sonach der *servus poenae* kein *servus* im Rechtssinne“[4], „So bleibt nichts anderes übrig, als in der Phrase *servitus poenae* in *servitus* lediglich einen *tropus* zu erblicken.“[5] „Man könnte daran denken, die Verurteilten als *servi sine domino* zu qualifizieren. Doch ist dies ohne jeden Anhalt in den Quellen und tut dem Begriff des herrenlosen Sklaven Zwang an.“[6]

Wenn nun COHN hier behauptet, daß die *servi poenae* keine herrenlosen Sklaven, sondern Sachen seien, so ist er wohl im Gegensatz zu SCHMIDT und KARLOWA der Meinung, daß die herrenlosen Sklaven Persönlichkeit besitzen. Dem ist zuzustimmen. Aber so wenig wie die *servi sine domino* entbehren die *servi poenae* der Persönlichkeit. COHN räumt ein, daß die Möglichkeit des Alimentenlegates ein Bruch des Prinzips sei.[7] Damit gibt er aber auch zu, daß durch die Möglichkeit des Alimentenlegates ihre Persönlichkeit anerkannt ist, mag dies nun, wie er meint, gleichmäßig aus Humanität wie aus fiskalischen Gründen geschehen sein. Die Persönlichkeit des *servus poenae* zeigt sich aber nicht nur in der Fähigkeit, ein Alimentenvermächtnis zu erwerben, sondern auch in der

---

[1] *Fr.* 3 *pr. de his quae pro non scrip.* 34, 8. RUDORFF, a. a. O., scheint anzunehmen, daß nur das Alimentenvermächtnis, welches vor der Verurteilung errichtet wurde, auch nach der Verurteilung noch fortbesteht. Diese Ansicht ist jedoch mit den ang. *fr.* 3 *pr.* verbunden mit *fr.* 3 § 1 unverträglich. Marcian spricht in § 1 *cit.* von letztwilligen Zuwendungen, welche vor dem Zeitpunkte der Verurteilung errichtet worden sind, also müssen die im *pr.* genannten letztwilligen Verfügungen und darunter auch das Alimentenvermächtnis nach diesem Zeitpunkt errichtet worden sein. Es ist aber selbstverständlich, daß auch das Alimentenlegat, welches vor diesem Zeitpunkt errichtet wurde, seine Gültigkeit behält.

[2] PLINIUS, *Epistolae ad Traianum* 31, 40; s. auch MAREZOLL, a. a. O. S. 29, n. 5. — Sie verrichteten dann die Dienstleistungen eines solchen und empfingen wie dieser einen Jahresgehalt (*annuum*).

[3] Beiträge zur Bearbeitung des Römischen Rechts. Heft II. Berlin 1880. Die Lehre von der *capitis deminutio* S. 63 fg.

[4] A. a. O. S. 65.

[5] A. a. O. S. 64, n. 2 u. 65.

[6] A. a. O. S. 63, n. 1.

[7] Im Gegensatz dazu behauptet RUDORFF, a. a. O. II, S. 407, n. 21, daß das Alimentenvermächtnis keine Persönlichkeit voraussetze, ohne diese sonderbare Ansicht näher zu begründen. Er scheint also den *servus poenae* auch nur als Sache anzusehen, obschon er ihn zu den *servi sine domino* rechnet.

Möglichkeit, durch teilweise oder gänzliche Begnadigung eine höhere personale Stellung zu erwerben.[1]

Cohn[2] weist auch darauf hin, daß Gaius in seinen Institutionen die *servitus poenae* nicht unter den Capitisdeminutionsfällen anführt und verwertet diesen Umstand für seine Ansicht. Aber könnte man ihn nicht daraus erklären, daß die ältere Vorlage, die Gaius benutzte, diesen Fall nicht enthielt, weil der Verfasser ihn nicht kannte und Gaius es für nicht notwendig erachtete, die Vorlage hierin zu ergänzen? Waren doch seine Institutionen nur ein Lehrbuch für Anfänger, das noch viel wichtigere Materien, wie z. B. das ganze Pfandrecht, stillschweigend übergeht. Das älteste positive Zeugnis für die Existenz der *servitus poenae* ist ein Erlaß Hadrians.[3]

Als zweiten Fall eines *servus sine domino* führt Savigny den Römer an, der in die Gefangenschaft des Feindes kam, „denn", sagt er, „der Feind war rechtlos, konnte also auch keine *potestas* und kein *dominium* haben." Das römische Recht erkannte aber an, daß der gefangene Römer nach *ius gentium* in Sklaverei fiel[4], daß der Feind über ihn *potestas* und *dominium* besaß.[5] Die Anerkennung dieser Sklaverei beruhte auf Gegenseitigkeit der Staaten untereinander[6], begründete also ein Stück internationalen Rechtes.[7] Man könnte nun einwenden: gut, der gefangene Römer ist *servus in potestate domini* nach *ius gentium*, nach *ius civile*

---

[1] Plinius, *Epist. ad Trai.* 31, 40; *l.* 2 § 5 *C. Th. si vagum pet. manc.* 10, 12; *fr.* 8 § 12 *de poenis* 48, 19; *Paulus sent. rec.* 4, 8, 24.

[2] A. a. O. S. 62.

[3] *Fr.* 6 § 6 *de iniusto r. i. f. t.* 28, 3, der zum Tode Verurteilte wird *servus poenae.* S. Mommsen, a. a. O. S. 947, n. 4. Auch *fr.* 28 § 6 *de poenis* 48, 19 enthält einen Erlaß desselben Kaisers, daß die *in metallum* Verurteilten ihre Freiheit verlieren; ebenso *fr.* 18 *de statu hom.* 1, 5: der zum Tode Verurteilte verliert die Freiheit. Sollte nicht Hadrian die *servitus poenae* auch dem Namen nach eingeführt haben? Cohn meint, daß Antoninus Pius der Sache den Namen gegeben habe, a. a. O. S. 61, n. 3; er übersieht aber das in *fr.* 6 § 6 *de iniusto r. i. f. t.* bezeugte Reskript Hadrians. Nach Mommsen, a. a. O. hängt sie zusammen mit Tiberius' Einführung der Bergwerksstrafe. Damit wäre aber nicht ausgeschlossen, daß erst Hadrian das Institut der *servitus poenae* auch dem Namen nach einführte und ganz ausbildete.

[4] § 4 *J. de iure pers.* 1, 3 und hauptsächlich *fr.* 6 § 5 *de iniusto r. i. f. t.* 28, 3: *puta si civitatem amittat per subitam servitutem ab hostibus verbi gratia captus* . . . .

[5] *Fr.* 22 *pr. de captivis* 49, 15: *Bona eorum qui in hostium potestatem pervenerint.*

[6] *Fr.* 5 § 2 *de captivis* 49, 15: . . . . *quod autem ex nostro ad eos pervenit, illorum fit et liber homo noster ab eis captus servus fit* (*et*) *eorum: idemque est, si ab illis ad nos aliquid perveniat.*

[7] Man könnte sagen, ein Stück des Kriegsrechtes, des *ius belli*, von dem Gaius III, 94 spricht, wenn nicht der Rechtssatz auch dann gegolten hätte, wenn kein Krieg zwischen den Staaten geführt wurde, aber unter ihnen auch keine Freundschaft und kein Freundschaftsvertrag bestand; vgl. das ang. *fr.* 5 § 2 *de captivis.* Oder meinten die Römer, daß in diesem Falle zwischen den Staaten formell der Kriegszustand herrschte, wenn auch materiell kein Krieg geführt wurde?

aber *servus sine domino*. *Servus sine domino* im Sinne des Zivilrechts kann aber nur der sein, der sich in zivilrechtlich anerkannter Sklaverei befindet, in *iusta servitute*.[1] Die Sklaverei beim Feinde war aber keine *iusta servitus*.[2] Selbst in dem Falle ist er kein herrenloser Sklave, daß der nachfolgende Friedensschluß zwischen den Römern und dem feindlichen Staate die Rückgabe des Gefangenen ausschließt. Er steht dann anerkanntermaßen in der Gewalt des Feindes, hat also anerkanntermaßen einen Herrn.[3]

Zum Schlusse dieses Falles wollen wir noch eine interessante Bemerkung MOMMSENs anführen, die mit unserem Gegenstand im Zusammenhange steht. Er sagt[4]: ;„Darf man die spätere zivilistische Terminologie auf die für das juristische Denken doch einmal unentbehrlichen Urzustände übertragen, so ist der Bürger jedes nicht konföderierten Staates nach ältestem Recht *servus sine domino* und die Freiheit rechtlich gebannt in den Kreis des *nomen latinum*."

Diese Auffassung hat mit derjenigen SAVIGNYs nichts zu tun. SAVIGNY behauptet, daß der kriegsgefangene Römer *servus sine domino* sei, MOMMSEN aber der Bürger eines mit Rom nichtkonföderierten Staates. Aber auch MOMMSENs Behauptung ist unzutreffend. Der Bürger eines nicht konföderierten Staates war zwar in den Augen der Römer im Zustande der Sklaverei. Ein *servus sine domino* im Sinne des römischen Zivilrechts ist er aber trotzdem nicht; denn er befindet sich nicht in *iusta servitute*. Außerdem sind die Bürger eines nichtkonföderierten Staates nur vom römischen Standpunkt aus betrachtet, rechtlos, vom Standpunkte des eigenen Staates und der mit ihnen konföderierten Staaten dagegen frei. Schließt der römische Staat mit ihnen ein *foedus* ab, so sind sie auch in den Augen der Römer freie Bürger, ausgestattet mit der Rechtsfähigkeit des *ius gentium*. Eine derartige Erhöhung der Rechtsstellung ist bei einem zivilrechtlichen *servus sine domino* selbstverständlich ausgeschlossen.[5] Außerdem

---

[1] So nennt Gaius die zivilrechtlich anerkannte Sklaverei in I, 11.

[2] So schon MORITZ VOIGT, Das *ius naturale*, Bd. 4, 2. Abteilung, Leipzig 1858 Beil. X. Über den Begriff vom *iustum* S. 37fg., BECKER, Handbuch der römischen Altertümer II, 1, S. 108, Not. 251 und COHN, a. a. O. S. 68, n. 1. Wenn aber VOIGT und mit ihm COHN behaupten, daß kein Jurist dem in Gefangenschaft geratenen Römer eine *capitis deminutio* beimesse, so haben sie wohl *fr.* 6 § 5 *de iniusto rupto i. f. t.* übersehen. Hier ist als ein Fall des Verlustes der Freiheit und der Zivität in erster Linie die Gefangenschaft beim Feinde genannt. Wenn nun auch ULPIAN nicht ausdrücklich diesen Fall eine *capitis deminutio* nennt, so wird doch zugegeben werden müssen, daß er ihn als solchen betrachtet und daher das Testament *irritum* werden läßt, um so mehr, als er in § 7 die *deportatio* wirklich als eine *capitis minutio* bezeichnet.

[3] Vgl. MOMMSEN zu *fr.* 12 *pr. de captivis* 49, 15 in Verbindung mit *fr.* 20 *eod.* Bürgerlicher und peregrinischer Freiheitsschutz im römischen Staat. Festgabe für GEORG BESELER S. 257, n. 5.

[4] A. a. O. S. 255, n. 1.

[5] *Fr.* 17 § 1 *de poenis* 48, 19. S. auch SCHMIDT von Ilmenau in der Zeitschr. f. geschichtl. Rechtswissenschaft. 14. Bd. 1818. Der Freiheitsprozeß der Virginia. S. 79, n. 8g. E.

kann ein erwachsener *servus sine domino* im Sinne des römischen Zivilrechts in der Regel nicht okkupiert werden[1], wohl aber wird ein Bürger eines nichtkonföderierten Staates nach Kriegsrecht durch Gefangennahme zu Eigentum erworben.[2] Der Bürger eines nichtkonföderierten Staates ist *servus sine domino* nach römischem Kriegsrecht und hat mit dem *servus sine domino* nach römischem Zivilrecht nichts zu tun.

Als dritten Fall nennt SAVIGNY den Freigelassenen, an welchem vor der Freilassung ein anderer den Nießbrauch erworben hatte. Dieser Entstehungstatbestand der Persönlichkeit des *servus sine domino* wird von der Mehrheit der einschlägigen Schriftsteller anerkannt.[3]

Als vierten und letzten Fall des *servus sine domino* hebt SAVIGNY den derelinquierten Sklaven hervor. In der älteren juristischen Literatur wird er aber lebhaft bestritten.[4]

Weitere Fälle finden sich bei JULIUS PACIUS. *Servus sine domino* wird, wie er bemerkt, auch der Freie, an welchem jemand im bösen Glauben einen Nießbrauch verkauft. Dieser Fall wird in der Literatur mit Recht zu den dunkelsten Problemen gerechnet.[5] So meint er ferner, daß man als *servus sine domino* auch den *servus hereditarius*[6] bezeichnen könne. In der Tat sagen die Quellen vom *servus hereditarius*, daß er in keiner Gewalt stehe.[7] Schon bei den Römern war aber die Auffassung verbreitet, daß die Erbschaft selbst die Herrin des Sklaven sei und die Stelle des Erblassers vertrete.[8] Aus diesen Stellen hat man geschlossen, daß die Römer in der *hereditas iacens* eine juristische Person erblickt hätten, so auch BRINZ.[9] Die Konstruktion, daß der Tatbestand des Todes

[1] Vgl. unten § 23—25.

[2] *Fr.* 5 § 2 *de captivis* 49, 15. Vgl. auch Gaius I, 15: .... *et si* (nämlich die *peregrini dediticii* § 14) *pleno iure dominorum fuerint.*

[3] S. unten § 9.

[4] S. unten § 8.

[5] *Centuria* I, *quaestio* 21; vgl. *fr.* 23 *pr. de liberali causa* 40, 12. S. unten die §§ 4—7.

[6] *Isagogicorum in institutiones lib.* I, *tit.* 3 *de iure personarum* und *enantiophanon (sic), centuria* I, *quaestio* 21. Ihnen schließt sich FINESTRES a. a. O. an, obwohl er grundsätzlich die *servi sine domino* leugnet.

[7] *Fr.* 3 *pr. de peculio* 15, 1; vgl. *fr.* 1 *pr. de rerum div.* 1, 8; *fr.* 13 § 5 *quod vi aut clam* 43, 24; *fr.* 65 *de hered. instit.* 28, 5. Insbesondere war nach Labeos Auffassung der *servus hereditarius* herrenlos und darum handlungsunfähig, vgl. PERNICE, Labeo, Bd. I, S. 145.

[8] Vgl. *fr.* 31 § 1 *de hered. instit.* 28, 5: *Hereditarium servum ante aditam hereditatem ideo placuit heredem institui posse, quia creditum est hereditatem (dominam esse) defuncti locum optinere.* Vgl. noch *fr.* 34 *de adqu. rer. dom.* 41, 1: .... *hereditas enim non heredis personam sed defuncti sustinet; fr.* 116 § 3 *de leg.* I (30): .... *quia hereditas personae defuncti vice fungitur* .... § 2 *J. de hered. instit.* 2, 14: .... *nondum enim adita hereditas personae vicem sustinet, non heredis futuri, sed defuncti; pr. J. de stip. serv.* 3, 17: .... *sed hereditas in plerisque personae defuncti vicem sustinet.* Auf diese Quellenstellen gestützt leugnet insbesondere ANTON FABER, daß der Erschaftssklave herrenlos sei, vgl. oben S. 7[1].

[9] Pandekten II[1], S. 981 fg. Vgl. dagegen mein Institutionen-System S. 511.

des Erblassers eine juristische Person erzeuge, es sei denn, daß dieser *heredes necessarii* hinterlasse, ist aber unhaltbar. Wo steckt die Willenspotenz, die die Grundlage einer jeden Person, auch der juristischen, bildet? Sie ist bei der *hereditas iacens* einfach nicht vorhanden; also kann von einer juristischen Person keine Rede sein. Aber, wie ist es zu erklären, daß die Vermögensstücke der Erbschaft zurückgehalten und zusammengeschlossen werden? — Es drängt sich mit Notwendigkeit der Gedanke auf, daß der Tatbestand des Todes des Erblassers, aus dem weder eine juristische Person, noch ein subjektives Rechtsverhältnis hervorgehen kann, abgesehen von dem Falle der *necessarii heredes*, ein objektives Rechtsverhältnis erzeugt, welches die einzelnen Vermögensstücke zurückbehält und zusammenschließt. Dies ist in der Tat die Auffassung Javolens. Er spricht von einem *ius hereditatis servum retinens et continens.*[1]

Obschon also die Existenz einer juristischen Person bei der *hereditas iacens* geleugnet werden muß, so ist doch der Erbschaftssklave nicht herrenlos; er wird vielmehr durch das universelle objektive Rechtsverhältnis, das der Tod des Erblassers erzeugt, vor der Herrenlosigkeit bewahrt.

Es liegt nahe, auch den *servus legatus* als *servus sine domino* anzusehen, bevor der Legatar ihn angenommen hat, denn nach der Meinung der Prokulianer ist die vermachte Sache vor diesem Zeitpunkte *res nullius.*[2] Wollen aber damit die Prokulianer wirklich sagen, daß der vermachte Gegenstand vor diesem Zeitpunkt eine herrenlose Sache sei, die ins Eigentum des ersten Okkupanten fällt? Nein, das können die Prokulianer nicht gemeint haben; der *servus legatus* wäre als herrenloser Sklave für den Legataren verloren, er könnte ihn nicht durch Okkupation erwerben.[3] *Res nullius* bedeutet nur, daß Eigentum als subjektives Rechtsverhältnis nicht vorhanden ist. *Res nullius;* mehr will der Ausdruck nicht sagen. Er hat also ein rein negative Bedeutung.[4] Positiv muß aber eine rechtliche Gebundenheit vorhanden sein, sonst könnte ja die Sache von jedermann okkupiert werden. Da drängt sich uns der Begriff des Eigentums als objektives Rechtsverhältnis mit Notwendigkeit auf. Als objektives Rechtsverhältnis bedarf das Eigentum keines Rechtssubjektes und kann auch bestehen ohne einstweilen ein Subjekt zu haben. Jedoch darf von Eigentum im objektiven Sinne vor allem dann die Rede sein, wenn von der Rechtsordnung der Eintritt einer bestimmten Person als Rechtssubjekt

---

[1] *Fr.* 36 *de stipulatione servorum* 45, 3: .... *inter hereditarium enim servum et eum, qui pro derelicto habetur, plurimum interest, quoniam alter hereditatis iure retinetur, (nec potest relictus videri qui universo hereditatis iure continetur)*; s. auch mein Institutionen-System S. 511 verb. mit S. 379.

[2] Gaius II, 200 verbunden mit II, 195: *sed diversae scholae auctores putant nullius interim eam rem esse; quod multo magis dicunt de eo, quod sine condicione pure legatum est, antequam legatarius admittat legatum.*

[3] S. unten § 25.

[4] Vgl. auch Bekker, System des heutigen Pandektenrechts. Weimar 1886. Bd. 1, S. 52.

offengelassen wird.[1] Die bestimmte Person ist in unserem Falle der Legatar. Dadurch unterscheidet sich auch die *res nullius* in diesem Sinne (das Eigentum als objektives Rechtsverhältnis) von der wirklich herrenlosen Sache. Bei dieser steht der Eintritt jedem Beliebigen offen; Prävention entscheidet. Hier kann also von Eigentum im objektiven Sinne nur im erweiterten Sinne gesprochen werden.[2]

So bedeutet denn in Gaius II, 200 *res nullius* das Eigentum als objektives Rechtsverhältnis. In dieser Bedeutung finden wir *res nullius* auch sonst noch in den Quellen.[3]

§ 3. Die wirklichen Entstehungstatbestände. Übersicht.

Sie treten in den Quellen so zahlreich auf, daß es sich verlohnt, sie zu gruppieren. Ramos del Manzano teilt sie in solche, auf Grund welcher ein Freier herrenloser Sklave wird, ohne vorher in der Gewalt eines Herrn gestanden zu haben und solche, auf Grund welcher ein Sklave, der zunächst in der Gewalt eines Herrn steht, nachträglich seinen Herrn verliert, ohne einen neuen zu erhalten.[4]

Diese Einteilung der Tatbestandsfälle ist nicht erschöpfend. Einen Fall erfaßt sie nicht, nämlich den, daß jemand von Geburt an herrenloser Sklave ist, ohne vorher Freier gewesen zu sein. Dieser Fall ist in der einschlägigen Literatur ganz übersehen worden und doch spielt er beim Freiheitserwerb durch Verjährung eine große Rolle.[5]

Der Tatbestand ist folgender: Eine herrenlose Sklavin geht mit einem Freien oder mit einem Sklaven, gleichgültig, ob er *in potestate domini* oder *sine domino* ist, eine Geschlechtsverbindung ein und gebiert ein Kind. Es entsteht nun die Persönlichkeit eines herrenlosen Sklaven, denn es gilt nach gemeinem römischen Recht der Grundsatz, daß das Kind aus einer illegitimen Verbindung dem Stande der Mutter folge.[6]

Dieser Entstehungstatbestand der Persönlichkeit eines Sklaven ohne Herrn wird in den Quellen nirgends ausdrücklich erwähnt und da sich über ihn nichts weiter sagen läßt, so beschäftigen wir uns im folgenden mit den übrigen Entstehungstatbeständen und zwar nach der genannten Einteilung. In der ersten Abteilung dieses Abschnittes betrachten wir

---

[1] Das wird von Gaius angedeutet durch *nullius interim eam rem esse.*

[2] So bei den Früchten einer herrenlosen Sache; vgl. mein Fruchtrecht, S. 3 u. 190 fg.

[3] *Fr.* 13 § 5 *quod vi* 43, 24: *Quaesitum est, si, cum praedium interim nullius esset, aliquid vi aut clam factum sit, an postea dominio ad aliquem devoluto interdicto locus sit; ut puta hereditas iacebat, postea adiit hereditatem Titius, an ei interdictum competat?* . . . *fr.* 65 (64) *de hered. instit.* 28, 5: . . . . *quia servus hereditarius, priusquam adeatur hereditas, institui heres potest, quamvis is testamenti facti tempore nullius sit;* vgl. noch *fr.* 3 *pr. de pec.* 15, 1.

[4] A. a. O. § XIII, p. 204.

[5] S. unten § 30.

[6] Vgl. z. B. *l.* 7 *C. Th. de lib. causa* 4, 8: . . . . *Jure enim communi maternam condicionem natum sequi necesse est* . . . .

den Tatbestand, der die Persönlichkeit eines Freien direkt in die eines *servus sine domino* verwandelt. Er verursacht die meisten Schwierigkeiten.[1] In der zweiten Abteilung untersuchen wir die Tatbestände, welche die Persönlichkeit eines in der Gewalt eines Herrn stehenden Sklaven in die Persönlichkeit eines Sklaven ohne Herrn umwandelt.

Erste Abteilung.

Der Tatbestand verwandelt die Persönlichkeit eines Freien unmittelbar in die eines herrenlosen Sklaven.

§ 4. Die erste Strafnorm.

Für die erste Abteilung liefern die Quellen nur einen Tatbestand, aber in verschiedenen Gestaltungen. SAVIGNY hat ihn bei seiner Aufzählung der Fälle des *servus sine domino* nicht berücksichtigt, wohl aber JULIUS PACIUS.[2] Es ist uns erhalten im *fr.* 23 *pr. de liberali causa* 40, 12, *Paulus libro quinquagensimo ad edictum*: *Si usumfructum tibi vendidero liberi hominis et cessero, servum effici eum dicebat Quintus Mucius, sed dominium ita demum fieri meum, si bona fide vendidissem, alioquin sine domino fore.* Die in diesem paulinischen Fragment enthaltene Sentenz des Quintus Mucius war bei den älteren Schriftstellern ihrer Dunkelheit wegen berühmt.[3]

Und nicht mit Unrecht. Paulus hat uns hier eine harte Nuß zu knacken gegeben. Wagen wir uns an die Auflösung des Rätsels. Das Wahrscheinlichste scheint auf den ersten Blick zu sein, daß die Sentenz des republikanischen Juristen einen Anwendungsfall jener Strafnorm darstellt, wonach ein *homo liber* Sklave wird, *qui maior viginti annis ad pretium participandum sese venumdari passus est.*[4]

Betrachten wir die Strafnorm etwas näher. Ihr Inhalt ist ein doppelter: Einmal enthält sie eine Strafdrohung, die gerichtet ist auf den Verlust der Freiheit; andererseits den Tatbestand des Verbrechens. Die Sentenz des Quintus Mucius kann nun nur dann eine Anwendung dieser Strafnorm sein, wenn der Tatbestand des *fr.* 23 *pr.* einen Unterfall des ver-

---

[1] S. unten §§ 4—7.

[2] S. oben § 2.

[3] RAMOS DEL MANZANO, a. a. O. § 1, pag. 201 sagt von ihr: *nulla est in hoc tractatu inter Academicos Antecessores celebrior, obscurior nulla.*

[4] § 4 *J. de iure pers.* 1, 3; *fr.* 6 § 5 *de iniusto, rupto, i. f. t.* 28, 3; *fr.* 7 *pr.* §§ 1—3; *fr.* 14—23 § 1; *fr.* 40 *de liberali causa* 40, 12; *fr.* 1; *fr.* 3; *fr.* 5 *quibus ad libert. procl. n. l.* 40, 13; *fr.* 2 *pr. si ingenuus esse dic.* 40, 14; *c.* 1 *quib. ad libert. pr. n. l.* 7, 18. Vgl. noch *fr.* 5 § 1; *fr.* 21 *de statu hominum* 1, 5; § 1 *J. de cap. dem.* 1, 16; THEOPHILUS, *Par.* 1, 3, 4.

brecherischen Tatbestandes bildet. Um aber dies genau festzustellen, ist es erforderlich, ihn in seine einzelnen Merkmale zu zergliedern, um dann zu untersuchen, ob die gefundenen Merkmale auch im Tatbestande unseres Fragmentes vorhanden sind.

Die Merkmale des verbrecherischen Tatbestandes sind aber folgende: 1. *Der Täter ist eine freigeborene persona sui iuris* beiderlei Geschlechtes. a) Der Täter muß ein Freigeborener sein. Dieses Merkmal steht zwar nicht ausdrücklich in unserer Strafnorm, läßt sich aber mit Sicherheit aus der verwandten Strafnorm des *Sc. Claudianum* entnehmen. Eine Freigelassene, also eine nicht Freigeborene, kann nicht Sklavin eines anderen werden wider den Willen ihres Patrons.[1] Die Freigelassene, welche wider Willen ihres Patrons sich mit einem Sklaven in ein *contubernium* einläßt, wird Sklavin nicht des Herrn des Sklaven, sondern ihres Patrons.[2] b) Der Täter muß eine *persona sui iuris* sein. Auch dies Merkmal läßt sich mit Sicherheit aus der verwandten Strafnorm des *Sc. Claudianum* entnehmen. Eine Haustochter, also eine *persona alieni iuris*, kann nicht wider den Willen ihres Gewalthabers durch ihre Handlung Sklavin eines anderen werden.[3] Das Recht des Gewalthabers oder des Patrons kann nicht ohne ihren Willen durch Handlungen des Hauskindes oder des Freigelassenen geschmälert oder gar aufgehoben werden.[4] c) Der Täter kann sowohl ein Mann als eine Frau sein.[5]

2. Der Täter muß das zwanzigste Lebensjahr zurückgelegt haben. Hat der Täter das zwanzigste Lebensjahr noch nicht vollendet, so geht ihm die Freiheit nicht verloren, er kann daher *ad libertatem proclamare.*[6] Der Mangel des Tatbestandes kann aber nachträglich durch die Teilnahme am Preise nach vollendetem zwanzigsten Lebensjahre geheilt werden.[7]

3. Der Täter muß wissen, daß er ein Freier ist. Weiß er es nicht, so geht ihm die Freiheit nicht verloren und die *proclamatio ad libertatem* bleibt ihm unberührt.[8]

---

[1] Vgl. Paulus, *Rec. sent.* II, 21 A, 7.

[2] Vgl. Paulus, *Rec. sent.* II, 21 A, 7.

[3] Paulus, *Rec. sent.* II, 21 A, 9.

[4] Kann ein Hauskind oder ein Freigelassener mit Zustimmung des *pater familias* bzw. des *patronus* Täter sein? In der weiteren Untersuchung sehen wir von dieser Möglichkeit ab. Vgl. Paulus, *Rec. sent.* II, 21 A, 6.

[5] Letzteres ergibt sich aus *fr.* 3 *quib. ad lib. procl. n. l.* 40, 13; vgl. auch *fr.* 15 *de lib. causa* 40, 12.

[6] *Fr.* 1 *pr. quib. ad lib. procl. n. l.* 40, 13; *fr.* 7 § 1 *de lib. causa* 40, 12.

[7] *Fr.* 1 § 1 *quib. ad libert. procl. non. licet* 40, 13. Darin liegt eine Genehmigung des Kaufes, vgl. *tit. C. si maior factus ratum habuerit* 2, 45.

[8] Am klarsten geht das hervor aus *l.* 6 § 2 *C. Th. de liberali causa* 4, 8: .... *quoniam neque maior effectus originem suam noverat, neque eam quam ignoraverat, venditionis patiens deseruisse iudicandus est* .... Vgl. noch *c.* 16 *de liberali causa* 7, 16.

Von einem Freien, der, seinen Stand nicht kennend, als Sklave dient, reden *fr.* 40 *de adqu. rer. dom.* 41, 1; *fr.* 41 *de reb. cred.* 12, 1 und *fr.* 34 *de stip. serv.*

4. Der Täter muß sich aus freien Stücken haben verkaufen lassen.[1] Ohne seinen Willen kann ein Römer seine Freiheit nicht verlieren.[2]

5. Der Täter muß sich nicht selbst verkauft haben, sondern sich durch einen anderen haben verkaufen lassen. Dies Tatbestandsmerkmal geht schon aus der Fassung der Strafnorm hervor, nämlich aus den Worten: *passus est* und *ad pretium participandum.* Diese setzen einen Verkäufer voraus, der die Verkaufstätigkeit ausübt und als solcher Anspruch auf den Preis hat. Es wird aber auch ausdrücklich in den Quellen von einem Verkäufer gesprochen.[3] Es ist daher unrichtig, wenn JANUS A COSTA behauptet, ursprünglich sei ein Verkäufer bloß zum Scheine aufgetreten und später hätte der Freie ohne jeden Verkäufer sich selbst dem Käufer manzipiert.[4]

Die Konsequenzen dieses Tatbestandsmerkmals sind folgende: Kein Freier verliert seine Freiheit, wenn er auch als Sklave Dienste leistet und als solcher von seinem Herrn Unterhalt empfängt, sofern er sich nicht als Sklave hat verkaufen lassen.[5] Kein Freier verliert seine Freiheit, der ein Anerkenntnis ablegt dahingehend, er sei ein Sklave.[6] Kein Freier kann durch irgendeinen Vertrag, den er selbst abschließt, seine Freiheit verlieren.[7]

So war denn nach römischem Reichsrecht der Selbstverkauf verboten und null und nichtig.[8] Das Verbot war also eine *lex perfecta* und enthielt dem Landesrecht gegenüber sehr wahrscheinlich auch vor der *lex Antoniniana* zwingendes Recht.[9]

45, 3. An einem solchen hat sein Herr nicht einmal Besitz, wenn er seinen Stand kennt; vgl. *fr.* 34 *cit. de stip. serv.*: *ceterum is qui scit hominem liberum esse quamvis ille condicionem suam ignoret, ne possidere quidem eum potest videri.*

[1] Die Strafnorm enthält dieses Tatbestandsmerkmal in den Worten: *se venumdari passus est, passi sunt.*

[2] CICERO, *Oratio pro domo sua* XXIX, 77 *ed. Orelli*: *Sed, cum hoc iuris a maioribus proditum sit, ut nemo civis Romanus aut sui potestatem* (*libertatem?*) *aut civitatem possit amittere, nisi ipse auctor factus sit.*

[3] *Fr.* 20 § 2 u. § 4 *de liberali causa* 40, 12.

[4] *Commentarius in institutiones ad* § II *de iure personarum* I, III. *Lugduni Batavorum* 1744.

[5] *C.* 2 *de ingen. manum.* 7, 14.

[6] *C.* 22, 24, 39 *de liberali causa* 7, 16.

[7] *Fr.* 37 *de liberali causa* 40, 12: *conventio privata neque servum quempiam neque libertum alicuius facere potest.* Dagegen bezieht sich die *c.* 10 *de liberali causa* 7, 16 nicht auf den Selbstverkauf, sondern sie bezweckt sehr wahrscheinlich den Schutz der Kinder, die von ihrem Gewalthaber verkauft oder sonstwie zu einer sklavischen Tätigkeit angehalten wurden, ähnlich wie *l.* 6 *pr.* § 1 *C. Th. de liberali causa* 4, 8 und die angeführte *c.* 2 *de ingenuis manumissis* 7, 14; s. unten die §§ 8 und 9.

[8] Manche Schriftsteller übersehen, daß sich der Römer nicht selbst verkaufen konnte, sondern nur mittels eines Dritten, so z. B. RUDOLPH FORNERIUS, *Rerum quotidianarum lib.* IV, *cap.* III in OTTO, *thesaurus iuris Romani tom.* II.

[9] Siehe MITTEIS, Reichsrecht und Volksrecht S. 361, n. 1, 2 u. 3. Über die Frage, ob in den Provinzialrechten der Selbstverkauf statthaft war, vgl. MITTEIS, a. a. O. S. 358 fg. Im Anschluß an das dort angeführte Quellenmaterial möchte

6. Der Käufer muß in Unkenntnis über den Stand des verkauften Freien sein. Fehlt es an diesem Merkmal, so geht die *proclamatio ad libertatem* dem verkauften Freien nicht verloren.[1]

Aus diesem Tatbestandsmerkmal ergibt sich auch, wie die alte Streitfrage zu beantworten ist, zwischen wem die Vereinbarung über die Verteilung des Preises erfolgen müsse, ob zwischen dem Verkäufer und dem Käufer[2] oder zwischen dem Verkäufer und dem Verkauften.[3] Das sechste Merkmal läßt nur die letztere Alternative zu, denn bei der ersteren müßte der Käufer den Stand des Verkauften kennen, was zur Folge hätte, daß der Verkaufte nicht Sklave des Käufers würde.[4]

7. Der Täter muß sich aus dem Grunde verkaufen lassen, um Anteil an dem Kaufpreis zu erlangen.[5]

8. Der Täter muß wirklich Anteil am Preise bekommen haben. Fehlt es an diesem Merkmal, so geht ihm der Anspruch auf die Freiheit (*proclamatio ad libertatem*) nicht verloren.[6]

Der verbrecherische Tatbestand bildet einen Unterfall des Betrugs im Sinne des Str.G.B. § 263. § 263 verlangt zwar nicht für den Ein-

ich noch auf eine Stelle aufmerksam machen, die die Frage bejaht. CLEMENS ROMANUS in *epist. ad Corinthos* I, 55, 2, *Patres apostolici ed* F. H. FUNK, *Volumen* I, *Tubingae* 1901: *πολλοὶ ἑαυτοὺς παρέδωκαν εἰς δουλείαν καὶ λαβόντες τὰς τιμὰς αὐτῶν ἑτέρους ἐψώμισαν.*

[1] *Fr.* 7 § 2 *de lib. causa* 40, 12 verb. mit *fr.* 33 *eod.* u. *fr.* 4 *quib. ad lib. procl. n. l.* 40, 13 u. *fr.* 5 *eod. tit.* Der Verkaufte wird also nicht Sklave des Käufers, *c.* 6. *de ingen. man.* 7, 14: .... *Scientis condicionem liberum non posse fieri servum evidentissimi iuris est.*

[2] So JANUS A COSTA, a. a. O. *ad* § IV *de iure personarum* I, III.

[3] So GEORG D'ARNAUD, *De his qui pretii participandi caussa sese venumdari patiuntur Leorardiae* 1744, *cap.* 8.

[4] Daß die Vereinbarung über die Verteilung des Preises zwischen dem Verkäufer und dem Verkauften stattfand, dafür besitzen wir zwei Quellenzeugnisse: THEOPHILUS, *Par.* § 4 *de iure pers.* I, 3: .... *ἔσθ' ὅτε γὰρ διαλέγομαί τινι ὥστε με πωλῆσαι νομισμάτων λόγου χάριν εἴκοσι καὶ ἀποκερδαίνειν μὲν αὐτὸν έ, ἐμοὶ δὲ παρασχεῖν ιε̅* und die *novella* LIX *Leonis in fine*: .... *αὐτοῦ τε τοῦ προδότου τῆς ἰδίας ἐλευθερίας καὶ τοῦ συγκακουργοῦντος αὐτῷ πληγαῖς τε εἰς τὸ σῶμα σωφρονιζομένων.* Dagegen spricht eine Stelle des heiligen AUGUSTINUS in Ser., welche CUIAZ in seinen *notae ad institutiones Justiniani Lugduni* 1614, § 4 *J. de iure personarum n.* 6 erwähnt: *Hic mos solet inter emptorem vendentemque observari ut is qui se alieno cupit domino mancipari, aliquid pretii pro iactura libertatis addictione propriae servitutis a suo consequatur emptore.* Es ist mir nicht gelungen, die Stelle in den Werken AUGUSTINS aufzufinden. Nach der Andeutung von CUIACIUS ist sie in den *sermones* zu suchen.

[5] § 4 *J. de iure pers.* 1, 3: .... *ad pretium participandum.*

[6] *Fr.* 1 *quib. ad lib. procl. non l.* 40, 13 *pr.*: .... *si pretium ad ipsum qui veniet pervenerit*; § 1: .... *tunc enim si pretium partitus sit; fr.* 7 § 1 *de lib. causa* 40, 12: *pretium partitus est.* Auch aus *fr.* 7 *pr. eod. tit.* geht dies Merkmal hervor, denn Ulpian sagt: *ut participaverint pretium* und nicht *participarent.* Vgl. noch *c.* 5 § 1 *de liberali causa* 7, 16 und *c.* 1 *quib. ad libert. procl. n. l.* 7, 18: .... *qui pretium participatus est.* In *l.* 6 *C. Th. ad Sc. Claudianum* 4, 12 weisen die Worte: .... *ancilla facta non praemio* .... auf unser Tatbestandsmerkmal hin. Die Frau ist nicht Sklavin geworden durch Anteilnahme am Preise (*praemio*), s. auch JACOBUS GOTHOFREDUS, Comm.

tritt der Strafe, daß der Täter sich oder einem Dritten den rechtswidrigen Vermögensvorteil wirklich verschafft, verlangt aber, daß das Vermögen des anderen beschädigt werde.[1] Eine Beschädigung des Vermögens kann aber im vorliegenden Falle nur eintreten, wenn der Käufer den Preis wirklich an den Verkäufer bezahlt hat.

Nachdem wir nun die acht Merkmale des verbrecherischen Tatbestandes festgestellt haben, müssen wir untersuchen, ob sie im Tatbestande unseres Fragmentes enthalten seien oder nicht. Nun fehlt ihm gerade dasjenige Merkmal, auf welches die Quellen, wie es scheint, den größten Nachdruck legen, nämlich die *participatio pretii*. Es geht nicht an, zur Beseitigung dieses Mangels die Worte *pretium participantis* hinter *hominis* einzuschieben[2], damit würde man dem Urtext Gewalt antun.[3] Diese Vergewaltigung des Textes ist aber, wie sich zeigen wird, zur Erklärung des Fragmentes gar nicht notwendig.

Karlowa vertrat zunächst auch die Meinung, daß Quintus Mucius in unserem Fragment „in eingehender Kasuistik" den genannten Rechtssatz bespreche[4], änderte aber später seine Ansicht. Er behauptet nunmehr, daß im Falle des Quintus Mucius jemand Sklave werde, ohne am Preise teilzuhaben, wie dies auch der Fall sei im § 1 desselben Fragments und im *fr.* 6 § 5 *de iniusto r. i. f. t.* 28, 3 und in *l.* 6 § 1 *C. Th. de liberali causa* 4, 8.[5]

§ 5. Die zweite Strafnorm.

Auf diese Anregung Karlowas eingehend, wollen wir untersuchen, ob nicht in den von ihm angeführten Quellenstellen eine neue Strafnorm steckt, die der ersten nicht untergeordnet, sondern gleichgeordnet ist. Nehmen wir einstweilen die Existenz einer solchen an, dann scheint sie in ihrer reinsten Gestalt im *fr.* 6 § 5 *de iniusto r. i. f. t.* 28, 3 erhalten zu sein: *Irritum fit testamentum .... si maior annis viginti venum se dari passus sit ad actum gerendum ....* Die Selbständigkeit dieser Strafnorm ist von Georg d'Arnaud[6] angegriffen worden. Er fügt ihr die Worte hinzu: *pretiumque participandum* und will sie dadurch zu einem Unterfall der ersten Strafnorm machen. Diese Korrektur ist aber auch eine Vergewaltigung des Textes, der lautet: ... *pretiumve*

---

[1] Vgl. R. Frank, Bem. VIII zu § 263.

[2] Dies tun Mommsen, kleine Ausgabe der Digesten n. 16, große Ausgabe n. 1 und Lenel, *Palingenesia iuris civilis, volumen prius pag.* 1061, n. 1. Die Basiliken fügen bei: *ἀνεχομένου, eo patiente*, sprechen also nicht von der *participatio pretii*.

[3] Siehe auch Karlowa, Röm. Rechtsgeschichte Bd. 2, S. 1117.

[4] Röm. Rechtsgeschichte Bd. 2, S. 257.

[5] A. a. O. S. 1117.

[6] A. a. O. cap. III.

participandum. Sie muß ebenso wie die erste zurückgewiesen werden. Das „*ve*" stellt die zweite Strafnorm unzweifelhaft koordiniert neben die erste. Wir nehmen daher die Existenz einer selbständigen zweiten Strafnorm als erwiesen an.

Betrachten wir nun den Inhalt der gefundenen neuen Strafnorm näher. Sie enthält wie die erste ein doppeltes: eine Strafdrohung und einen Tatbestand. Die Strafdrohung geht auf Verlust der Freiheit, wie die der ersten: *puta si civitatem amittat per subitam servitutem.*[1]

Die Merkmale des verbrecherischen Tatbestandes aber sind folgende: 1. Der Täter ist eine freigeborene *persona sui iuris* beiderlei Geschlechtes.[2] Ein Hauskind oder ein Freigelassener kann aus den gleichen Gründen, die wir oben S. 20 angegeben haben, nicht Täter sein. 2. Er hat das 20. Lebensjahr zurückgelegt. 3. Er weiß, daß er ein Freier ist.[3] 4. Er läßt sich aus freien Stücken verkaufen. 5. Er verkauft sich nicht selbst, sondern läßt sich von einem Dritten verkaufen. 6. Der Käufer befindet sich in Unkenntnis über den Stand des Verkauften.

Bis dahin decken sich die Merkmale des Tatbestandes der zweiten Strafnorm mit den Merkmalen des Tatbestandes der ersten. Jetzt kommt aber das unterscheidende Merkmal:

7. Der Täter muß sich *ad actum gerendum* verkaufen lassen. Der Gegensatz beider nahe verwandter Strafnormen läßt sich nun nach diesem Merkmal folgendermaßen formulieren: Nach der ersten Strafnorm wird ein über 20 Jahre alter Freier Sklave, wenn er sich, wissend, daß er ein Freier ist, gleichgültig zu welchen Dienstleistungen, an einen gutgläubigen Käufer verkaufen läßt, um Anteil an dem Kaufpreis zu haben. Nach der zweiten dagegen wird ein über 20 Jahre alter Freier Sklave, wenn er, wissend, daß er ein Freier ist, sich an einen gutgläubigen Käufer *ad actum gerendum* verkaufen läßt, gleichgültig, ob er die Absicht hatte, Anteil am Kaufpreis zu haben.

Der Gegensatz wäre damit formuliert, aber die Hauptschwierigkeit ist noch zu überwinden, nämlich die Lösung der Frage: Was bedeutet *actus* in den Worten *ad actum gerendum*? Hören wir, was ältere Schriftsteller darüber sagen.

---

[1] *Fr.* 6 § 5 *cit. de iniusto r. i. f. t.* 28, 3 und *l.* 6 § 1 *C. Th. de liberali causa* 4, 8: . . . . *eum ad libertatem venientem* . . . .

[2] Dies Merkmal läßt sich für unsere zweite Strafnorm direkt aus *l.* 6 § 2 *C. Th. de liberali causa* 4, 8 entnehmen: . . . . *neque eam, quam ignoraverat (scil. libertatem) venditionis patiens deseruisse iudicandus est* . . . .

[3] Dies Merkmal ist zwar in den Quellen nicht ausdrücklich für unsere Strafnorm ausgesprochen. Dafür spricht aber die Analogie mit dem Tatbestand der ersten. Es läßt sich auch aus *fr.* 4 *quibus ad lib. procl. n. l.* 40, 13 entnehmen. Diese Stelle kann sich sehr wohl auf unseren Tatbestand beziehen, da darin von einer *participatio pretii* keine Rede ist. — *Fr.* 5 *eod. tit.* steht übrigens im Widerspruch mit *fr.* 7 § 3 *de liberali causa* 40, 12. Ulpian liebt es, bei Miteigentum und Mitbesitz solche Widersprüche aufzustellen; s. z. B. *fr.* 3 *pr. uti possidetis* 43, 17. Vgl. auch *D.* 9, 4, 8; Schlußsatz nach Faber interpoliert.

Eine originelle und auf den ersten Blick bestechende Auffassung der *qestio actus* entwickelt JACOBUS RAEVARDUS.[1] Er geht davon aus, daß die Alten unter *actus* die Bewegung des Körpers verstanden hätten, wie z. B. die Bewegung eines Schauspielers, eines Tänzers, so daß diese selbst nach FESTUS[2] *actuosi* hießen. Auch QUINCTILIAN, *J. lib.* 10, *cap.* 2 sage: *actum histrionum veris affectibus minorem esse.*[3] Daraus folgert er, daß Ulpian in unserem Fragment mit dem *actum gerere* die Tätigkeit der Gladiatoren und Tänzer meine, vielleicht aus demselben Grunde, aus welchem VARRO, *de lingua latina libr. quinto*[4], die Tätigkeit der tragischen Schauspieler als *agere gestum* bezeichne. Die Rechtsnorm beziehe sich also auf diejenigen, welche sich zu den Fecht-, Schau- oder Tanzspielen verkauften. Diese Personen habe AMBROSIUS *libro de Joseph* im Auge.[5] ACRON[6] sage, *qui se vendunt ludo, auctorati vocantur; auctoratio enim dicitur venditio gladiatorium.* Außer ACRON beweise AMBROSIUS in seiner Erklärung des Briefes des Apostel Paulus an die Galater aufs augenscheinlichste, daß sich freie Menschen einst bisweilen den Spielen verkauft haben.[7]

RAEVARDUS führt noch an LACTANTIUS *instit. divin. lib.* 6, *cap.* 12[8] und JUVENALIS, *Sat.* 8.[9]

---

[1] *Coniectaneorum libri* III, *Helmaestadii* 1660, *lib.* II, *cap.* IIX (VIII).

[2] *Festus cum epitome pag.* 17, *v.* 13.

[3] Er meint *lib.* 10, *cap.* 2, § 11.

[4] Er meint *lib.* 6, § 4.

[5] Die Stelle findet sich in der Ausgabe: *Ambrosii opera studio et labore monachorum S. Mauri* 1690, *Tom.* I, *pag.* 490E. *De Joseph Patriarcha lib. unus cap.* 4. Sie lautet: *Quomodo etiam non servus omnis avarus qui pro exiguo pecuniae lucello* (andere Lesart *locello*) *se ipsum auctionatur*? Es ist aber zweifelhaft, ob hier AMBROSIUS auf unseren Tatbestand anspielt. Er übersetzt den Ausspruch Pauli, Röm. 6, 16: *Omnis qui facit peccatum servus est peccati*; (die Stelle lautet aber: *οὐκ οἴδατε ὅτι ᾧ παριστάνετε ἑαυτοὺς δούλους εἰς ὑπακοήν, δοῦλοί ἐστε ᾧ ὑπακούετε, ἤτοι ἁμαρτίας εἰς θάνατον ἢ ὑπακοῆς εἰς δικαιοσύνην*;) und fährt dann fort: *Timet omnia, ne congesta amittat qui non utendo congessit maiore periculo servaturus quo maiora quaesivit.* Ich halte nun die zweite Lesart für die richtige, s. auch a. a. O. n. d. Danach will AMBROSIUS hier sagen, daß jeder Geizhals ein Sklave ist, der um eines kleinen Geldschatzes willen sich selbst (seine Ruhe, seinen Frieden) verkauft.

[6] Er meint *Comment. Acronis in Hor. Sermones* II, 7, 59.

[7] Er meint *Commentarii in epistolam* XIII *Pauli ad Galatas*, a. a. O. *Tom.* II, *Appendix pag.* 211 A *in fine.* Die Stelle lautet: *Quantus ergo error est post gratiam reverti sub Lege, hoc est, post acceptam libertatem velle servire; ut ereptus gladio immemor beneficii denuo se vendat lanistae*? In dieser Stelle hat AMBROSIUS unzweifelhaft den *auctoratus* im Auge. Sie ist leider der Realenzyklopädie von PAULY-WISSOWA verb. *auctoratus* entgangen.

[8] *Lib.* 6, 12, 39: .... *unde bestias emis, hinc captos redime, unde feras pascis, hinc pauperes ale, unde homines ad gladium comparas, hinc innocentes mortuos sepeli.*

[9] Er meint *vers.* 192: *Quanti sua funera vendant, quid refert*? *vendunt nullo cogente Nerone, nec dubitant celsi praetoris vendere ludis Nero* 24; TERTULLIAN, *De spectaculis* 2; TERENTIANUS MAURUS, 2, 395; PORPHYRIO, *In Horatium ars.* 114; SIDONIUS APOLLINARIS, *Epist.* 9, 13, 5, *v.* 86; CASSIODORUS, *Variae* 4, 51, 6.

Nach RAEVARDUS bezieht sich also unsere zweite Strafnorm auf den Freien, der sich zum Schau-, Fecht- oder Tanzspiele auktorieren läßt. Es ist nun richtig, daß *actus* auch die Bewegung eines Schauspielers und Tänzers bezeichnet.[1] Aber nirgends wird in den Quellen die Tätigkeit eines Gladiators mit *actum gerere* bezeichnet[2] und doch ist der häufigste Fall der *auctoratio* der, daß sich jemand als Gladiator dem Fechtspiele verkauft.[3]

Auf der anderen Seite läßt sich in den Quellen niemand als Schauspieler oder Tänzer auktorieren.[4]

Aus diesen Gründen schon ist es unwahrscheinlich, daß Ulpian unter *actus* die Tätigkeit eines Gladiators, Schauspielers oder Tänzers gemeint habe. Dazu kommt noch folgendes: Wenn auch der Tatbestand des Auktorierens mit dem Tatbestande unserer Strafnorm einige Berührungspunkte hat, so ist er andererseits durchaus von ihm verschieden. Die Unterschiede sind folgende: 1. Der *auctoratus* verkauft sich selbst, während der *servus actor* sich von einem Dritten verkaufen läßt. 2. Der Käufer (der *lanista*) kennt die persönliche Stellung des *auctoratus;* der Käufer des *servus actor* kennt sie nicht. 3. Der *auctoratus* wird nicht Sklave, sondern bleibt Freier.[5] Er gehörte aber zu einer verächtlichen Menschenklasse.[6] Das Gesetz stellt den auktorierten Gladiator, wenn er auf Ehebruch ertappt wird, dem Sklaven gleich.[7] Die *querela inofficiosi testamenti* wird ihm verweigert, es wäre denn, daß der Testator selbst ein

---

[1] Siehe MERGUET, Lexicon zu den philosoph. Schriften Ciceros *verb. actus. Thesaurus linguae latinae*: *actus* II, 2 *de fabularum carminumve actione*; LIVIUS 7, 2, 4, *c. f. ibid. suorum carminum actor*; MANILIUS 5, 469; VALERIUS MAXIMUS 2, 6, 7; 6, 2, 9; QUINCTILIAN, *Inst.* 5, 10, 9; 6, 2, 35; 10, 2, 11; SUETON.

[2] Vgl. den *thesaurus linguae latinae verb. actus.*

[3] Auch die von RAEVARDUS angeführte Ambrosius-Stelle spricht von einem, der sich dem *lanista* verkauft; vgl. ferner *comment. Acronis in Horat serm.* II, 7, 59; CICERO, *De officiis* 1, 150: *Est enim in illis ipsis merces auctoramentum servitutis scil. quaestus mercenariorum omnium quorum operae, non quorum artes emuntur* spricht ganz allgemein und nicht speziell von Fechtspielern; *epist. ad fam.* 10, 32; *Corpus gloss. lat. ed* GOETZ *et* GUNDERMANN, *Vol.* II, *pag.* 569, *vers.* 6; SENECA, *Apocolocyntosis* 9; TERTULLIAN, *Ad nationes* I, 18; QUINCTILIAN, *Declam* 302; LUCIAN, *Toxar.* 58; MANILIUS, *Astronom. lib.* IV, *v.* 225.

[4] Dagegen läßt sich jemand auktorieren als Winzer, PLINIUS, *Historia naturalis* XIV, (3): *ut vindemiator auctoratus rogum ac tumulum excipiat*; als Verräter, LIVIUS 37, 10: *eo vero pignore velut auctoratum sibi proditorem ratus est;* als Diener, APULEIUS, *Metam.* II, 23: *hic inquit auctoratus ad custodiam mariti sui fidenter accessit;* VALERIUS MAXIMUS 6, 9, 8: *idem ultimam inopiam suam auctorato sociis officio sustentavit.* MANILIUS, *Astronomicon* 5, 346: .... *Atque auctoratos in tertia iura ministros* ....

[5] Gaius III, 199; *fr.* 37 *de lib. causa* 40, 12; *l.* 1 u. 2 *C. Th. de gladiat.* 15, 12.

[6] Vgl. *Corpus inscript lat.* I, *nr.* 1418. Hier werden die *auctorati* neben den Selbstmördern und Kupplern vom Stifter eines Begräbnisplatzes ausgeschlossen.

[7] *Collatio Mos. et Rom leg.* IV, 3, 2, Paulus, *libro singulari de adulteriis sub titulo.*

auctoratus war.[1] Er ist unfähig, gegen einen Angeklagten Zeugnis abzulegen[2], unfähig, Senator oder Dekurio zu sein.[3] Der Freie aber, der sich als *servus actor* verkaufen läßt, wird endgültig Sklave.

Die Meinung des Raevardus ist daher ganz zurückzuweisen. Was ist nun aber unter *actus* zu verstehen?

Jacobus Gothofredus[4] und Georg d'Arnaud[5] fassen den *actus* in unserer Strafnorm als sklavische Tätigkeit auf, d. h. als eine Tätigkeit, die nur von Sklaven ausgeübt wird. Tätigkeiten aber, die nur von Sklaven ausgeübt zu werden pflegen, gab es bei den Römern viele. Fast alle Betriebe, die heute von Bauern, Handwerkern und kleinen Gewerbetreibenden ausgeübt werden, gehören dazu.[6] Selbst das Gewerbe eines Fischers, Jägers, Vogelfängers galt als *ministerium servile*.[7]

Unsere Strafnorm kann nun aber unmöglich den Verlust der Freiheit schon daraufhin angedroht haben, daß sich ein Freier zu irgendeiner sklavischen Tätigkeit verkaufen läßt. Denn welchen Reiz hat es für einen Freien, sich zu einer gewöhnlichen sklavischen Tätigkeit, z. B. zum Gewerbe eines Schuhmachers, verkaufen zu lassen. Es muß vielmehr eine solche sein, die dem Verkauften große Vorteile und Annehmlichkeiten ökonomischer oder sozialer Art bietet, so daß ein starker Anreiz selbst für Freie bestand, sich zu einer derartigen Tätigkeit verkaufen zu lassen.

Eine solche Tätigkeit ist nun vor allem die eines *servus actor*. Dieser nimmt im römischen Gemeinschaftsleben eine hochangesehene Stellung ein.[8] Er gilt als die wichtigste Stütze des ganzen Hauses.[9] Er ging in

---

[1] *C.* 11 *de inoff. test.* 3, 28. Dagegen behält er die *testamenti factio* und sein gesetzliches Erbrecht. *C.* 11 *cit.*; Juvenal, *Sat.* 6, 216.

[2] *Collatio* 9, 2, 2, Ulpianus, *libro* XI *de officio proconsulis, sub titulo ad legem Juliam de vi publica et privata.*

[3] *Lex Julia municipalis v.* 113, *Corpus inscriptionum* I, 206, Zeile 113.

[4] *Commentar. ad l.* 2 *C. Th. de liberali causa* 4, 8. Er bezeichnet den *actus* als *actus servilis.*

[5] A. a. O. *cap.* 3: *servile ministerium.*

[6] Siehe Laurentius Pignorius, *De servis et eorum apud veteres ministeriis commentarius, Amstelodami* 1674 *passim;* vgl. auch M. Voigt, Römische Rechtsgeschichte Bd. I, S. 117 fg.

[7] *Fr.* 99 § 1 *de leg.* 3; Julius Capitolinus, Antoninus Pius 7: .... *et mensa eius per proprios aucupes piscatores ac venatores instruetur;* Horatius, *Lib.* 1 *epist.* 6, *v.* 55—60; Seneca, *Epist.* 28 *in fine*; Ammianus Marcellinus, *Rerum gestarum lib.* 28, 18: .... *ut alienis laboribus venaturi,* — (*alieni labores* = sklavische Dienstleistungen). Sallustius, *Bellum Catilinae* 4: .... *neque vero agrum colendo aut venando, servilibus officiis, intentum aetatem agere ....*

Die gelegentliche Ausübung der Jagd wurde dagegen nicht als sklavische Tätigkeit angesehen; s. Horatius und Ammianus a. a. O.

[8] Vgl. § 7 *J. de iniuriis* 4, 4: .... *qui gradus* (*gradus dignitatis*) *condemnationis et in servili persona non immerito servatur, ut aliud in servo actore, aliud in medii actus homine, aliud in vilissimo vel compedito constituatur* (*actus medii* = Verrichtungen, die keine besondere Ausbildung voraussetzen), vgl. Heumann-Seckel, *verb. mediastinus.*

[9] Dies geht hervor aus *fr.* 21 *de officio praesidis* 1, 18: .... *si actor rerum agentis* (*absentis*) *corruptus esse dicetur .... ut non ad solam iacturam adversus*

der Kaiserzeit häufig mit einer freigeborenen Frau eine Geschlechtsverbindung ein. Die aus ihr hervorgehenden Sprößlinge wurden Dekurionen; entzogen sie sich ihrem Amte, um vielleicht in der Provinz die lukrative Tätigkeit eines Aktors auszuüben, so wurden sie zum Wohle des Staates zwangsweise zurückgeführt.[1] Er brachte es in der Regel zu einem großen Vermögen, das ihm tatsächlich, wenn auch nicht rechtlich gehörte.[2]

Aus diesem und aus ähnlichem Grunde verstand bereits eine Reihe früherer Schriftsteller unter *actus* in unserer Strafnorm die Tätigkeit eines *servus actor*, so J. Cuiacius[3], Janus a Costa[4], Scipio Gentilis[5], R. J. Pothier[6], Karlowa.[7]

Worin bestand nun die Tätigkeit eines *servus actor*? Wie aus den angeführten Zitaten hervorgeht, verstehen die Schriftsteller unter einem *servus actor* einen solchen, der die Geschäfte des Hauses führt (*intendant de la maison:* Pothier) oder die Verwaltung des Vermögens des Herrn (*actor rerum:* Janus a Costa, Scipio Gentilis). Zu weit geht wohl Franciscus Hotoman; nach ihm bedeutet *actus* den Dienst der öffentlichen Sklaven, welche einst Aktuare hießen, die jetzt Notare genannt würden.[8] Ebenso meint Anton Muretus, wer sich verkaufen lasse, wolle *actor*

---

substantiam, sed ad totius domus eversionem pertineat und aus *fr.* 16 *pr. de publicanis et vect.* 39, 4: .... *Divi enim Severus et Antoninus rescripserunt, cum is servus, qui actum domini gessisse diceretur, in commissum cecidisset, venire non debuisse* (damit er seinem Herrn erhalten bleibt) *sed pro eo viri boni arbitratu aestimationem oportuisse dari.*

[1] *L.L.* 159, 178, 179 *pr.* § 4, 181 *C. Th. de decurionibus* 12, 1; vgl. dazu J. Gothofredus, Comm.

[2] S. unten § 15, S. 87[7]. Vgl. H. Erman, *Servus vicarius l'esclave de l'esclave Romain, Lausanne* 1896, *p.* 437, *n.* 5: *fonctions* (*de l'actor*), *toutes essentiellement serviles, et qui forçaient leur titulaire de rester esclave quelque riche qu'il fût*; vgl. auch *n.* 2 daselbst.

[3] *Commentar. in tit. Dig. de iniusto r. i. f. t. opera tom.* II, *Lugduni* 1614 *pag.* 710 C. Er fügt hinzu, es sei dasselbe, ob einer aus Geldgier oder wegen der Stellung als *actor* seine Freiheit verrate.

[4] *Commentarius in libri quatuor institutionum. Lugduni Batavorum* 1744, § IV *de iure personarum* 1, 3. Auch er bemerkt, daß der Verkaufte statt eines Preises für seine Freiheit die Verwaltung des Vermögens seines Herrn erlange.

[5] *De donat. inter virum et uxorem lib.* 3, *cap.* 9, *opera omnia tomus quartus, Neapoli* 1765: .... *vel actus gerendi caussa, id est, ut actor fieret rerum eius, qui ipsum emit.*

[6] *Lib.* 28, *Pandectarum tit.* 3, *artic.* II, § XIII, *n.* a. Er bemerkt, der Verkaufte hätte die sklavische Stellung eines *actor* (*intendant de la maison*) der Freiheit vorgezogen.

[7] Römische Rechtsgeschichte Bd. 2, S. 1117: „Die Bestimmung erklärt sich wohl daraus, daß nicht selten arme Freie sich für Sklaven ausgeben und verkaufen, verschenken usw. lassen mochten, um in die bequeme und vorteilhafte Lage eines solchen *servus actor* zu kommen."

[8] *Commentarius institutionum iuris civilis Lugduni* 1588 *ad* § 4 *de iure personarum pag.* 26.

civitatis, also *servus publicus* werden und nicht Sklave dessen, dem er verkauft werde.[1]

Um nun die Frage mit einiger Sicherheit zu entscheiden, sind die juristischen Quellen zu Rate zu ziehen. Was verstehen sie unter *actus*? Das *vocabularium iurisprudentiae Romanae*[2] antwortet uns: *factum A. eius qui rem alterius gessit* (*servi, institoris, argentarii, negotiorum gestoris, tutoris*). Die Tätigkeit eines *servus actor* besteht also in der Verwaltung des Vermögens seines Herrn, wie schon Janus a Costa und Scipio Gentilis richtig erkannt haben. Damit ist nun mit größter Wahrscheinlichkeit entschieden, daß unsere Strafnorm den mit Verlust der Freiheit bedroht, der sich in der Absicht als Sklave verkaufen läßt, um das Vermögen seines Herrn zu verwalten, mit anderen Worten: in der Absicht, *servus actor* zu werden.[3]

8. Der verkaufte Freie muß die Stellung eines *servus actor* wirklich

---

[1] *Opera omnia tom.* IV *Lugduni Batavorum* 1789, *pag.* 400, *notae ad titulum de iniusto rupto i. f. t.*

[2] *Tom.* I, *pag.* 325, *v.* 29. Unter den Belegstellen ist auch unser *fr.* 6 § 5 *de iniusto etc.* = *Ulp.* 828, 4 genannt, während der *thesaurus, ling. lat. vol.* I, 1, *pag.* 454, *v.* 53 unter der Rubrik *de facto eius qui rem alterius agit* es nicht anführt. In Paulys Realenzyklopädie ist leider auf diese Bedeutung des Wortes *actus* nicht eingegangen worden. Vgl. auch Forcellini, *Actus* § 11 *hinc dicitur de complexu actionum quae ad aliquod objectum determinatum referuntur et ponitur pro munere, officio, administratione, dispensatione.*

Die einschlägigen, auf den *servus* bezüglichen Stellen sind folgende: *fr.* 12 *de liberatione legata* 34, 3; *fr.* 13 § 2 *de statuliberis* 40, 7; *fr.* 20 § 1 *de in rem verso* 15, 3; *fr.* 41 § 2 *de leg. et fideic.* III; *fr.* 28 § 7 *de liberat. leg.* 34, 3; *fr.* 28 § 9 *eod. tit.*; *fr.* 19 *pr. de fideicommisariis libertatibus* 40, 5; *fr.* 41 § 11 *eod. tit.*; *fr.* 41 § 13 *eod. tit.*; *fr.* 40 § 3 *de statuliberis* 40, 7; *fr.* 40 § 8 *eod. tit.*; *fr.* 82 *in fine de condicionibus et demonstrationibus* 35, 1; *fr.* 16 *de neg. gest.* 3, 5; *fr.* 44 § 1 *eod. tit.*; *fr.* 1 *de instit. act.* 14, 3; *fr.* 6 § 5 *de iniusto rupto irr. f. t.* 28, 3; *fr.* 12 § 38 *de instructo vel instrumento legato* 33, 7; *fr.* 1 § 7 *si is qui testamento liber esse iussus est* 47, 4; *fr.* 99 § 3 *de verb. significatione* 50, 16; *fr.* 1 *de op. serv.* 7, 7; *fr.* 18 *de instit. act.* 14, 3; *fr.* 81 *pr. de condic. et demonst.* 35, 1; *fr.* 53 *de manum. test.* 40, 4; *fr.* 51 *de solut. et lib.* 46, 3; Paulus, *Rec. sent.* II, 8, 1; Marcian, *fr.* 16 *pr. de publ. et vect.* 39, 4.

[3] Vgl. über den *servus actor* das Quellenmaterial im *Vocabularium Vol.* I, *pag.* 131, *v.* 52 bis *v.* 12, *p.* 132. Aus demselben geht hervor, daß der *servus actor* nicht notwendig das ganze Vermögen des Herrn verwaltet; es genügt, daß er einzelnen Zweigen vorgesetzt ist; s. Scaevola, *fr.* 41 § 2 *de legatis et fideicommissis* III; Paulus, *Fr.* 5 § 3 *de doli mali exc.* 44, 4: .... *Actoris, qui exigendis pecuniis praepositus est, etiam posterior dolus domino nocet.*

Über das Quellenmaterial in der nichtjuristischen Literatur vgl. *Thesaurus linguae latinae verbum actor 5 a, servus sive libertus qui domini res curat Vol.* I, 1, *pag.* 447, *v.* 16—48; ferner Forcellini, *V. actor* § 8 *Item de eo qui alienas res rationesque curat et administrat. Erat autem hic plerumque servorum numero, honestiore tamen prae ceteris honore et gradu;* § 13 *actor servus vel libertus qui curam domus habebat, aliisque, servis in hoc munere praeficiebatur;* § 14 *actores loci;* § 16 *actor publicus;* § 19 *actor rerum i. e. rebus omnibus domini curandis;* § 20 *actor summarum;* § 21 *actor tabularum;* § 22 *actores villarum idemque villici* Firmicus 3, *Math.* 11, *Note* II *actor pecuniam maxime et fundi*

erlangen; das steht nirgends in den Quellen, folgt aber analog aus der ersten Strafnorm, wonach der Verkaufte den Anteil am Kaufpreise wirklich erhalten muß.[1]

Nachdem wir nun die Merkmale des Tatbestandes unserer zweiten Strafnorm festgestellt haben, ist die Frage zu beantworten: Fällt der Tatbestand unseres *fr.* 23 *pr.* darunter? Die Frage müssen wir wie beim ersten Fall, in welchem die Freiheitsstrafe eintritt, verneinen. In unserem Fragment ist keine Rede davon, daß sich der Freie *ad actum gerendum* verkaufen läßt. Und es würde ebenfalls eine Vergewaltigung des Textes bedeuten, wenn wir hinter *liberi hominis* das Wort *actoris* oder etwas Ähnliches einschieben würden.

§ 6. Die dritte Strafnorm.

Es läßt sich nicht leugnen, daß im Tatbestande des *fr.* 23 *pr.* ein Merkmal des verbrecherischen Tatbestandes sowohl der ersten wie der zweiten Strafnorm fehlt. Wir sind also trotz der Entdeckung der letzteren außerstande, das *fr.* 23 *pr.* ohne gewaltsame Einschiebung des Wortes: *actoris* zu erklären, stehen also immer noch vor einem ungelösten Rätsel. Gibt es vielleicht noch eine dritte Strafnorm, die lediglich auf das Sichverkaufenlassen als Sklave den Verlust der Freiheit androht, ohne die *participatio pretii* oder die *gestio actus* zu verlangen?

In der Tat läßt sich eine solche aus zwei Fragmenten des Titels *de liberali causa* entnehmen. Das eine rührt von Ulpian[2], das andere von Paulus — dem Verfasser unserer rätselhaften Stelle —[3] her.

Diese beiden Fragmente stimmen inhaltlich vollkommen miteinander überein, obschon sich Paulus wesentlich kürzer faßt als Ulpian. Nehmen wir einstweilen an, daß in ihnen die dritte Strafnorm stecke. Welches ist dann ihr Inhalt? Wiederum ein doppelter: Strafdrohung und Tatbestand. Die Strafdrohung geht auf den Verlust der Freiheit: *deneganda est ei libertas, denegabitur ei proclamatio.* Der verbrecherische Tatbestand aber ist folgender: Eine freigeborene *persona sui iuris* beiderlei Geschlechts, einerlei, ob über oder unter 20 Jahren[4], hat sich von einem

videtur administrasse praeterea etiam urbanus est. actores ruri degentes dicuntur etiam actores praediorum et fundorum D. 34, 4, 31 *pr.*

[1] Vgl. oben S. 22.

[2] *Fr.* 7 § 2 *h. t.* (Ulpian) *libro quinquagensimo quarto ad edictum: Si quis sciens liberum emerit, non denegatur vendito in libertatem proclamatio adversus eum qui eum comparavit, cuiusque sit aetatis qui emptus est, idcirco quia non est venia dignus qui emit, etiamsi scientem prudentemque se liberum emerit. sed enim si postea alius eum emerit ab hoc qui scivit, ignorans, deneganda est ei libertas.*

[3] *Fr.* 33 *h. t.* (Paulus) *libro singulari de liberali causa: Qui sciens liberum emit, quamvis et ille se pateretur venire, tamen non potest contradicere ei qui ad libertatem proclamat: sed si alii eum ignoranti vendiderit, denegabitur ei proclamatio.*

[4] *Fr.* 7 § 2 *cit.* sagt: *cuiusque sit aetatis.*

Dritten an einen Bösgläubigen[1] verkaufen lassen, ob *ad partiendum pretium*[2], ob *ad actum gerendum*[3], wird nicht gesagt. Übergehen Ulpian und Paulus wohl dieses Tatbestandsmerkmal als etwas Selbstverständliches? Heben sie nur den Mangel eines Merkmals, des guten Glaubens des Käufers hervor und setzen alle übrigen stillschweigend voraus? Ich möchte mich der letzteren Ansicht anschließen, aus Gründen, die sich noch zeigen werden. Nach dieser Ansicht liegen beim ersten Verkaufe sämtliche Tatbestandsmerkmale der beiden Strafnormen vor bis auf zwei: der Käufer ist nicht gutgläubig und es ist gleichgültig, ob der Verkaufte über oder unter 20 Jahre ist.

Der Verkaufte vindiziert nun gegen den Käufer seine Freiheit. Er dringt mit der Klage durch und zwar aus dem Grunde, daß der Käufer nicht im guten Glauben war, wie Ulpian und Paulus übereinstimmend hervorheben. War er aber unter 20 Jahren, so hätte er auch aus diesem Grunde durchdringen müssen. Nun läßt sich aber der Verkaufte, nachdem er seine Freiheit wiedererlangt hat, noch einmal von seinem früheren bösgläubigen Käufer[4] an einen verkaufen, der seinen Stand nicht kennt.[5] Jetzt erst verliert er die Freiheit, die *proclamatio ad libertatem* wird ihm versagt. Die Juristen betonen beim zweiten Verkauf nur das eine Merkmal mit Nachdruck: die Gutgläubigkeit des Käufers. Sie deuten mit keinem Worte an, daß auch das andere Merkmal erfüllt sein müsse, wonach sich der Freie *ad pretium partiendum* oder *ad actum gerendum* verkaufen läßt. Ist daraus zu schließen, daß dies Merkmal hier nicht erforderlich sei? Die Frage ist aus folgendem Grunde zu bejahen: Der Mangel dieses Merkmales wird ersetzt durch die Frechheit, womit sich der Freie zum zweiten Male, also im Rückfalle, in betrügerischer Absicht verkaufen läßt, nachdem er sich von seinem ersten Käufer durch *proclamatio ad libertatem* befreit hat.

Gleichgültig ist also, ob der Freie, der sich zum zweiten Male verkaufen läßt, dies *ad pretium partiendum* oder *ad actum gerendum* oder zu einem sonstigen Zwecke tut. Der zweite Verkauf enthält daher alle Merkmale, welche die beiden Strafnormen verlangen bis auf die beiden letzten: die Anteilnahme am Preise bzw. der Erwerb der Stellung eines *servus actor* fällt fort. Der Tatbestand der dritten Strafnorm ist also eine Tatbestandsverbindung.[6] Diese Tatbestandsverbindung besteht aus folgenden einzelnen, an und für sich selbständigen[7] Tatbeständen: 1. Aus einem

[1] *Fr.* 7 § 2: *Si quis sciens liberum emit*; .... *fr.* 33: *Qui sciens liberum emit.*

[2] *Fr.* 7 § 1, *n.* 5, 40, 12 der kleinen Ausgabe von Mommsen.

[3] *Fr.* 6 § 5 *de iniusto rupto irrito f. t.* 28, 3.

[4] *Fr.* 7 § 2 *cit. ab hoc, qui scivit.*

[5] *Fr.* 7 § 2 *cit.*: .... *ignorans*; — *fr.* 33 *cit.*: *sed si alii eum ignoranti vendiderit* ....

[6] Über die Tatbestandsverbindung vergleiche mein intertemporales Privatrecht II, S. 134fg.

[7] Jeder Tatbestand hat seine besonderen Rechtswirkungen, vgl. mein intertemporales Privatrecht II, S. 134fg.

Verkaufe eines angeblichen Sklaven; 2. aus einem siegreichen Freiheitsprozeß von seiten des verkauften angeblichen Sklaven; 3. wieder aus einem Verkaufe desselben angeblichen Sklaven. Die beiden Verkäufe, also das erste und dritte Glied der Tatbestandsverbindung, unterscheiden sich in folgenden Punkten: 1. Für den ersten ist entweder Anteilnahme am Preise oder der Erwerb der Stellung eines *servus actor* erforderlich, für den zweiten nicht. 2. Bei jenem ist der Käufer im bösen, bei diesem im guten Glauben.

Das mittlere Glied der Tatbestandsverbindung, die *proclamatio ad libertatem* werden wir noch näher kennen lernen.[1]

Die Einwürfe gegen das Bestehen einer dritten Strafnorm sehe ich voraus. Als Haupteinwurf wird man geltend machen, daß die beiden Juristen das Tatbestandsmerkmal der *participatio pretii* oder der *gestio actus* für den ersten wie auch für den zweiten Verkauf stillschweigend voraussetzen. Sie wollen keinen neuen Fall des Verlustes der Freiheit aufstellen, sondern nur das Merkmal des Tatbestandes recht eindringlich vor Augen führen, daß der Käufer im guten Glauben sein müsse.

Darauf ist folgendes zu erwidern: Wenn die beiden Juristen nur das eine Merkmal der Gutgläubigkeit des Käufers hätten betonen wollen, so hätten sie einen einfacheren Weg einschlagen können, etwa folgenden: Ulpian: *Si quis sciens liberum emerit, non denegatur vendito in libertatem proclamatio adversus eum qui eum comparavit, idcirco quia non est venia dignus qui emit, etiamsi scientem prudentemque se liberum emerit. sed si eum ignorans emerit, deneganda est ei libertas.* Paulus: *Qui sciens liberum emit, quamvis et ille se pateretur venire, tamen non potest contradicere ei qui ad libertatem proclamat. sed si ignorans emerit, denegabitur ei proclamatio.*[2] Warum wählen nun die beiden Juristen nicht diesen einfachen Weg, sondern den des zweifachen Verkaufes, des Verkaufes im Rückfalle? Warum lassen sie den Verkauften nach dem ersten Verkaufe mit Erfolg *ad libertatem* proklamieren, um sich dann zum zweiten Male vom ersten Käufer verkaufen zu lassen? Und warum tun sie das in vollster Übereinstimmung? Steckt da wirklich nicht mehr dahinter als die Absicht, das bloße Merkmal der Gutgläubigkeit des Käufers scharf hervorzuheben?

Es könnte mir jemand erwidern, es stehe nicht in der Stelle, daß zwischen den beiden Verkäufen die *proclamatio ad libertatem* liegen müsse; sie sei vielmehr so aufzufassen, daß der erste Käufer den noch Freien verkauft, ohne daß dieser vorher sich gerichtlich als Freier hat erklären lassen; er verliere dann trotzdem durch den zweiten Verkauf seine Freiheit.

Gegen diese Einwendung spricht aber der klare Wortlaut der Stellen: Ulpian: *sed si postea alius eum emerit ab hoc;* Paulus: *tamen non*

---

[1] S. unten § 29.

[2] Vgl. auch *D.* 40, 13, 4 und *C.* 7, 14, 6, wo dieses Merkmal in einfacher Weise ausgesprochen wird.

potest contradicere ei qui ad libertatem proclamat (Indikativ nicht Konjunktiv); *sed si alii eum ignoranti vendiderit etc.*

Gegen den Einwand spricht aber auch das *cuiusque sit aetatis qui emptus est* (Ulpian). Daraus geht hervor, daß der Freie, der sich zum zweiten Male verkaufen läßt, selbst dann seine Freiheit verliert, wenn er das 20. Lebensjahr noch nicht vollendet hat. Das spricht eindringlich für die Existenz einer selbständigen dritten Strafnorm, welche den Schwerpunkt des verbrecherischen Tatbestandes in das Merkmal legt, daß sich ein Freier zum zweiten Male an einen Gutgläubigen verkaufen läßt, nachdem er bereits die *proclamatio ad libertatem* mit Erfolg geltend gemacht hatte. Sie sieht dann von zwei bzw. drei Merkmalen ab, vom vollendeten 20. Lebensjahre und von der *participatio pretii* oder vom Verkaufe *ad actum gerendum.* Wenn der Verkaufte, wie der Einwerfer meint, sich hätte zum zweiten Male verkaufen lassen, ohne vorher mit Erfolg die *proclamatio ad libertatem* geltend gemacht zu haben, dann würde er seine Freiheit nur verlieren, wenn alle Merkmale der beiden Strafnormen beim zweiten Verkaufe vorhanden wären, also das Alter über 20 Jahre und Beteiligung am Preise oder Erwerb der Stellung eines *servus actor.*

Beim dritten gefundenen Tatbestand legen Ulpian und Paulus offenbar auf zwei Merkmale das Hauptgewicht: Einmal, daß sich ein und derselbe Freie zum zweiten Male als Sklave verkaufen läßt, nachdem er nach dem ersten Verkauf durch *proclamatio ad libertatem* die Freiheit wieder erlangt hatte und zweitens, daß der Käufer beim zweiten Kaufe gutgläubig ist. Muß aber der Käufer beim ersten Kaufe und der Verkäufer beim zweiten Kaufe eine und dieselbe Person sein? Wie ist es in folgendem Falle: ein Freier läßt sich von jemandem als Sklave verkaufen und erlangt wegen des Mangels der Gutgläubigkeit des Käufers die *proclamatio ad libertatem.* Daraufhin läßt er sich von dem Erben des Käufers oder von einem Dritten zum zweiten Male an einen Gutgläubigen als Sklave verkaufen. Kann er sich dann zum zweiten Male *ad libertatem* proklamieren lassen mit der Begründung, daß das Alter über 20 Jahre oder die Anteilnahme am Kaufpreis oder der Erwerb der Stellung eines *servus actor* fehle? Die Frage ist zu verneinen.[1] Wir müssen also den dritten verbrecherischen Tatbestand dahin erweitern, daß der Käufer beim ersten Kaufe und der Verkäufer beim zweiten Kaufe verschiedene Personen sein können.

Fällt nun der Tatbestand unseres *fr.* 23 *pr.* unter die dritte Strafnorm? Er enthält alle Merkmale des zweiten Verkaufes; vom ersten Verkauf dagegen keine Spur. Wir helfen uns aber damit, daß wir annehmen, er sei dem Verkaufe des Nießbrauchs voraufgegangen. Bedeutet dies nicht auch eine Vergewaltigung des Textes? Nein, denn wir brauchen den Text nicht zu ändern, sondern nur anzunehmen, daß dem Verkauf ein anderer mit den oben genannten Merkmalen voraufgegangen sei.

---

[1] Bejahen wir nämlich die Frage, dann läßt sich *fr.* 23 *pr.* nicht erklären.

Betrachten wir nun den zweiten Verkauf etwas näher. Quintus Mucius setzt offenbar voraus, daß der Verkäufer sowohl *bona* als *mala fide* sein könne.[1] Dies ist nur dann möglich, wenn es nicht notwendig ist, daß der erste Käufer, der bösgläubig ist und bösgläubig bleibt, den Freien zum zweiten Male verkauft. Das *fr.* 23 *pr.* bestätigt also unsere Ansicht, daß der Verkäufer auch ein anderer, der Erbe des ersten Käufers oder ein Dritter sein kann. Dieser kann nun sowohl gutgläubig wie bösgläubig sein; gutgläubig deswegen, weil eine Anteilnahme am Preise und daher auch eine Verteilung des Preises zwischen ihm und dem Verkauften nicht erforderlich ist.

Daraus ersehen wir, daß *fr.* 23 *pr.* eine Bestätigung des von uns festgestellten dritten Tatbestandes enthält und zwar gerade in seinen wichtigsten Merkmalen. Ist nun der Verkäufer *bona fide* und verkauft er den Usufrukt an dem Freien, so wird der Freie Sklave, der Käufer erwirbt den Usufrukt, das Eigentum am Sklaven aber fällt an den gutgläubigen Verkäufer. Ist er *mala fide* und verkauft er den Usufrukt an dem Freien, so wird zwar der Freie auch Sklave, der Käufer erwirbt den Usufrukt, das Eigentum aber fällt nicht an den bösgläubigen Verkäufer und daher wird der Freie *servus sine domino*.

Einen letzten Einwand gilt es noch zu widerlegen. Gut, könnte man sagen, wir geben zu, daß sich der Tatbestand des *fr.* 23 *pr.* unter die dritte Strafnorm bringen läßt, bis auf einen Punkt: Sie verlangt, daß sich der Freigeborene zum zweiten Male als Sklave verkaufen läßt, mit anderen Worten, daß das Eigentum an ihm verkauft werde. In unserem Fragment ist aber die Rede davon, daß ein Usufrukt am Freien bestellt und verkauft werde. Vom Verkauf des Eigentums ist keine Rede.

Dagegen ist zunächst zu bemerken, daß, wenn an dem Freien ein Usufrukt bestellt und verkauft wird, es sich immerhin um einen Verkauf als Sklaven handelt. Wenn aber unser Gegner sich darauf versteift, daß der Verkauf des Usufrukts mit dem Verkauf des Eigentums nicht auf eine Linie zu stellen sei, so wird er sich wohl dann für überzeugt erklären müssen, wenn wir ihm eine Stelle nachweisen, nach welcher die Strafnorm statt des zweiten Verkaufs zu Eigentum sich mit der Übertragung des Eigentums *donandi* oder *dotis constituendae causa* oder mit der Bestellung eines Pfandrechtes am Sklaven begnügt. Diese Stelle ist da, sie folgt unmittelbar auf unser *fr.* 23 *pr.* Es ist § 1 desselben Fragments und lautet: *In summa sciendum est, quae de venditis servis, quibus denegatur ad libertatem proclamatio, dicta sunt, etiam ad donatos et in dotem datos referri posse, item ad eos, qui pignori se dari passi sunt.* Wie aus der Stelle hervorgeht, wird vom Tatbestandsmerkmal des Verkaufs abgesehen. An seine Stelle kann Schenkung oder Dosbestellung oder Verpfändung treten. Bezieht sich nun diese Stelle wirklich auf unseren dritten verbrecherischen Tatbestand? Ja; sie kann sich gar nicht auf die zwei

[1] *. . . . sed dominium ita demum fieri meum, si bona fide vendidissem, alioquin sine domino fore.*

anderen Tatbestände beziehen, denn wenn jemand verschenkt oder als Dotalsache bestellt oder verpfändet wird, so kann weder von einer Teilnahme am Preise, noch von dem Erwerbe der Stellung eines *servus actor* die Rede sein.[1]

Gegen die Fassung des § 1 *cit.* hat CUIACIUS[2] Bedenken. Da nur die *participatio pretii* den Verlust der Freiheit herbeiführen könne, so müsse *fr.* 23 § 1 so lauten: *In summa sciendum est, quae de venditis servis, quibus non denegatur* .... Denn, fügt er hinzu, die vorausgehenden *leges* beziehen sich nur auf diejenigen, denen die *proclamatio ad libertatem* zugestanden wird. Gegen diese Korrektur ist zunächst festzustellen, daß sich hier CUIAZ selber widerspricht, denn er erkennt, wie wir gesehen haben, an anderer Stelle[3] auch die zweite Strafnorm an, wonach man auch Sklave wird, wenn man sich *ad actum gerendum* verkaufen läßt. Wenn sich ferner eine *lex* auf frühere Stellen bezieht, so läßt sich aus ihrer Stellung in den Digesten nichts schließen.[4]

Auch GEORG D'ARNAUD[5] wendet sich gegen die Korrektur von CUIACIUS mit der Begründung, daß *fr.* 23 § 1 nicht, wie die *inscriptio* besage, aus dem 50., sondern aus dem 51. Buche zum Edikt stamme, in welchem Paulus von den Freien gehandelt habe, die sich haben verkaufen lassen, während er im 50. Buche hauptsächlich von den Freilassungen handle.[6] In diesem Buche hätte aber Paulus auch von denjenigen gesprochen, denen die *proclamatio* verweigert wird. Nach LENEL aber[7] handelt Paulus im 51. Buche *de ordinatione liberalis causae*, erörtert also mehr das formelle Recht des Freiheitsprozesses; im 50. Buche dagegen kommentiert er die beiden Titel des Ediktes: *si ex servitute in libertatem petatur* und *si ex libertate in servitutem petatur*[8], wie es scheint, mehr das materielle Recht des Freiheitsprozesses.

---

[1] Die älteren Schriftsteller, welche samt und sonders den dritten verbrecherischen Tatbestand nicht kennen, nehmen freilich willkürlich an, daß auch bei der Verpfändung usw. der Sklave einen Vorteil erlangt haben müßte, so Azo zu *fr.* 23 *pr. n. l.*: *Et intellege quod aliquod commodum habuit servus.* (*Corpus iuris civilis prudentum responsa caesarumque rescripta complectens Lugduni* MDC.) Vgl. FRANCISCUS RAMOS DEL MANZANO, a. a. O. § XVI, *pag.* 205, der den LAREA, *Decisiones Granatensi* 9, *num.* 74, *lib.* I anführt. Dies Werk war mir unzugänglich.

[2] *Ad institutionum quattuor libros notae* § 4 *de iure pers. opera tom.* I, *Lugduni* 1614; vgl. auch *Paratitla in lib.* VII, *Codicis Justiniani tit.* 18, *Neapoli* 1758.

[3] *Comment. in tit. Dig. de iniusto rupto etc.*; s. oben S. 28, n. 3.

[4] Schon CORNELIUS VAN BYNKERSHOEK führt dies treffend aus in seinen *observationes iuris Romani lib.* VIII, *cap.* 20; *opera omnia tom.* I, *Lugduni Batavorum* 1767.

[5] A. a. O. *cap.* V, *pag.* 101, 102.

[6] Er führt zur Begründung *l.* 56 *D. de contrah. emp.* 18, 1; *l.* 3 *de serv. export.* 18, 7; *l.* 12 *de manumiss.* 40, 1; *l.* 17 *de manum. vind.* 40, 2; *l.* 35 *de manum. est.* 40, 4 an.

[7] *Palingenesia vol. prius pag.* 1061, *n.* 6.

[8] Vgl. a. a. O. *pag.* 1061; *Edict. perp.* S. 366 u. 369.

Unter den Titel: *si ex servitute in libertatem petatur* fällt unser *fr.* 23 *pr.* § 1 und 2. Paulus behandelt hier ohne Zweifel sowohl die Fälle, wo die *proclamatio ad libertatem* versagt, als auch, wo sie zugelassen wird. Aus diesen Gründen ist die Interpolation Cujaz' zurückzuweisen.

Dagegen kommt noch von anderer Seite ein Bedenken gegen unsere Auffassung des § 1 *cit.* Ramos del Manzano behauptet[1], er beziehe sich nicht auf den Verkauf von Freien, sondern von Sklaven, denen nach dem Verkauf die *proclamatio ad libertatem* verweigert werde. Daher der Ausdruck: *de venditis servis.* Wenn nämlich ein Sklave, dem die fideikommissarische Freiheit geschuldet werde, sich nach vollendetem 20. Lebensjahre verkaufen lasse, so werde ihm unter denselben Voraussetzungen wie bei einem Freien die *proclamatio* versagt.[2]

Es ist aber nicht einzusehen, warum sich der Ausdruck nicht auch auf Freie beziehen kann, die sich als Sklaven verkaufen lassen. Die Stelle bezieht sich sogar in erster Linie auf die Freien. Auf Sklaven, denen die fideikommissarische Freiheit geschuldet wird, dehnte man die drei Strafnormen nur analog aus.[3]

Aus dieser Erörterung geht hervor, daß sich § 1 *cit.* auf die dritte Strafnorm bezieht und sie dahin erweitert, daß nicht bloß beim Verkaufe, sei es zu Eigentum oder zu Nießbrauch, der Freiheitsverlust eintritt, sondern auch bei Schenkung, Dosbestellung und Verpfändung.

So gelangen wir denn nach Überwindung sämtlicher Schwierigkeiten zur Erklärung des *fr.* 23 *pr.*: Eine über oder unter 20 Jahre alte freigeborene *persona sui iuris* beiderlei Geschlechts hat sich *ad pretium partiendum* oder *ad actum gerendum* von einem Dritten an einen Bösgläubigen verkaufen lassen. Auf Grund der Bösgläubigkeit des Käufers gelangt er zur *proclamatio ad libertatem.* Er läßt sich aber zum zweiten Male verkaufen, allerdings nicht zu Eigentum, sondern nur zu Nießbrauch, und zwar an einen gutgläubigen Käufer. Von der Teilnahme am Preise oder vom Erwerbe der Stellung eines *servus actor* braucht beim Verkaufe keine Rede zu sein. Die dritte Strafnorm tritt in Wirksamkeit, der Verkaufte wird Sklave; der Nießbrauch entsteht. Wer aber erwirbt das Eigentum am Sklaven?

Es sind zwei Fälle auseinanderzuhalten: Entweder ist der Verkäufer des Nießbrauchs *mala fide* oder er ist *bona fide. Mala fide* ist er dann, wenn der erste Käufer und der zweite Verkäufer identische Personen sind, was auch Paulus und Ulpian als das Normale für die dritte Strafnorm annehmen. *Bona fides* ist nur möglich, wenn der erste Käufer und der zweite Verkäufer nicht identische Personen sind. Ist nun der Verkäufer

---

[1] A. a. O. § XVI, *pag.* 205.

[2] *Fr.* 4 *quibus ad lib. procl. n. l.* 40, 13 verb. mit *c.* 1 § 1 *quib. ad lib. procl. n. l.* 7, 18.

[3] *C.* 7, 18, 1, 1: .... *eandemque et in eo distinctionem adhibendam*; *D.* 40, 5, 10, 2: .... *exemplo eius, qui liberi hominis emptorem simulata servitute decepit.*

mala fide, dann ist er nicht würdig, das Eigentum am Sklaven zu erwerben[1]; es erwirbt also niemand das Eigentum. Der verkaufte Freie wird herrenloser Sklave. Ist aber der Verkäufer im guten Glauben, dann erwirbt mit dem Abschlusse des Kaufes der Verkäufer das Eigentum und der Käufer den Nießbrauch am Sklaven.

Damit hätten wir den ersten Entstehungstatbestand der Persönlichkeit eines herrenlosen Sklaven nach Überwindung zahlreicher Schwierigkeiten festgestellt.

§ 7. Die Entstehung der Strafnormen. Ihr späteres Schicksal.

Wir haben bis jetzt von drei gesonderten Strafnormen gesprochen; da sie aber im innigen Zusammenhange stehen, kann man sie auch als ein einheitliches Strafgesetz auffassen, dessen Strafdrohung auf Verlust der Freiheit gerichtet ist, dessen Tatbestand aber in drei verschiedenen Gestaltungen erscheint, die jedoch ein und dasselbe abwandeln: das Sichverkaufenlassen als Sklave. Auch für den Rechtshistoriker empfiehlt es sich, von einem einheitlichen Strafgesetz zu sprechen, wenn er die Frage nach seiner Entstehung aufwirft.

Wie war es nun möglich, daß bei den Römern eine derartig harte Strafdrohung entstehen konnte, welche mit ihrer Auffassung vom Werte und der Unvertilgbarkeit der Freiheit in schneidendem Widerspruch steht?[2] Nur die tief eingefressene Unsitte, daß sich Freie in gewinnsüchtiger Absicht als Sklaven verkaufen ließen, konnte den römischen Gesetzgeber dazu bringen, den Verlust der Freiheit darauf anzudrohen, um sie radikal auszurotten. Schon Plautus behandelt in seinem *Persa* als Hauptgegenstand, daß eine freie Haustochter sich auf Wunsch ihres Vaters an einen Kuppler als Sklavin verkaufen läßt, damit der Käufer nach der *proclamatio libertatis* um den Kaufpreis geprellt wird. Der gelungene Streich wird am Schluß der Komödie mit einem Weingelage gefeiert.[3] Es scheint daher schon zu Plautus' Zeiten nichts Ungewöhnliches gewesen zu sein, daß sich freie Römer von Spießgesellen gegen bar an reiche Sklavenhändler verkaufen ließen, um sich nach geschehener *proclamatio ad libertatem* mit dem Kaufpreis im Kreise ihrer Freunde ein paar vergnügte Tage zu

[1] Vgl. *fr.* 7 § 2 *eod. tit.*: .... *quia non est venia dignus* .... Das Fragment bezieht sich zwar auf den Käufer, dasselbe läßt sich aber auch für den Verkäufer in unserem Falle sagen.

[2] *L.* 6 *C. Th. de liberali causa* 4, 8: *Libertati a maioribus tantum inpensum est, ut patribus, quibus ius vitae in liberos necisque potestas permissa est, eripere libertatem non liceret.*

[3] *Macci Plauti comoediae, recensuit* Friedericus Ritschelius, *Lipsiae* 1892, *Tomi* IV *fasciculus* III. Zum Prozeß läßt es aber der Kuppler nicht kommen. Der Schauplatz ist Athen, aber das Recht ist das römische, vgl. IV, 9, *vers.* 10 *sq.*

machen. Mag nun das Motiv zu einem derartigen Treiben zunächst Leichtsinn gewesen sein, so liegt doch darin ein verbrecherischer Tatbestand mit allen Merkmalen unseres heutigen Betruges.[1] Wenn auch manchmal anrüchige Sklavenhändler durch diesen Betrug einen wohlverdienten Schaden erlitten, so mußte doch Treu und Glauben im Handelsverkehr darunter leiden und es ist ein gutes Zeichen für das römische Rechtsgefühl, wenn es sich dagegen in so scharfer und außergewöhnlicher Weise aufbäumte.

Es entsteht nun die Frage, reagierte nur das öffentliche Recht gegen diesen Unfug, indem es die Freiheitsstrafe darauf androhte, oder auch das Privatrecht, mit anderen Worten, gewährte das römische Privatrecht dem betrogenen Käufer gegen den Freien, der sich als Sklave verkaufen ließ, eine Klage?[2] Seit C. Aquilius Gallus hätte er jedenfalls die *actio doli* gegen ihn[3]; sie findet aber nur Anwendung: *si de his rebus alia actio non erit.*[4] Gibt es nun eine „andere" Klage für den betrogenen Käufer eines Freien gegen diesen? In der Tat hat ein Prätor (seinen Namen kennen wir nicht) für diesen Fall des Betruges eine eigene Klage gegen den Freien, der sich als Sklave verkaufen ließ, eingeführt[5], die sehr wahrscheinlich älter ist als die *actio doli*, und die also das prätorische Edikt im Auge hat, wenn es sagt: *si de his rebus alia actio non erit.* Es ist dies eine *actio in factum*, welche auf das Doppelte alles dessen geht, was der Käufer wegen des Kaufes hingegeben oder vertauscht oder aufgerechnet oder wozu er sich verpflichtet hat.[6] Die Klage gehört demnach zu den *actiones mixtae quae rem et poenam persequuntur.*[7]

Diese private *poena dupli* scheint älter zu sein als die öffentliche Strafe, die im Verluste der Freiheit bestand. Es scheint nun, daß diese *poena dupli* nicht genügend war, um dem Unfug zu steuern. Daher wurde ein öffentliches Strafgesetz erlassen, welches auf das verbrecherische Treiben den Verlust der Freiheit androhte, zugleich aber auch die Merkmale des verbrecherischen Tatbestandes genau bestimmte, insbesondere das Alter für die Zurechnungsfähigkeit zu diesem Verbrechen auf das vollendete 20. Lebensjahr erhöhte, während die gewöhnliche Zurechnungsfähigkeit mit dem vollendeten 14. Lebensjahr begann. Vielleicht war es gerade

---

[1] RStGB. § 263; s. auch oben S. 22.

[2] Gegen den Verkäufer hatte der betrogene Käufer, wenn er im guten Glauben war, nach Zivilrecht die *actio emti* aufs volle Interesse, *arg. fr.* 20 § 4 *de lib. causa* 40, 12; wenn die *stipulatio duplae* abgeschlossen war, so hatte er die *actio ex stipulatu* aufs doppelte, *fr.* 20 § 4 *cit.*

[3] Nach Mommsen, Strafrecht S. 679, n. 2 hat Aquilius Gallus nicht als Prätor (er war mit Cicero Prätor im Jahre 688 a. u. c.), sondern durch seine Tätigkeit als Respondent die Klage in das Edikt gebracht; Cicero, *pro Cluentio* 53, 147; *de off.* 3, 14, 60: *collega et familiaris meus protulerat; de deorum natura* 3, 30, 74: *iudicium de dolo malo quod C. Aq. familiaris noster protulit*; *top.* 7, 32.

[4] *Fr.* 1 § 1 *de dolo malo* 4, 3.

[5] *Fr.* 14 *pr. de liberali causa* 40, 12.

[6] *Fr.* 18 *de liberali causa* 40, 12; *fr.* 19; *fr.* 20 *pr. eodem tit.*

[7] Vgl. Gaius IV. 9.

der Fall, daß sich jemand mehrere Male hintereinander als Sklave verkaufen und *ad libertatem* proklamieren ließ, der das *ius civile* veranlaßte[1], dem Täter als Strafe den Verlust der Freiheit anzudrohen und die Merkmale des verbrecherischen Tatbestandes genau festzustellen. Unsere Vermutung erhält eine wichtige Stütze in der Tatsache, daß auch die *proclamatio ad libertatem* aus dem *ius civile* stammt[2] und wohl zur Zeit von Quintus Mucius mit der *legis actio sacramento* eingeleitet und von den *decemviri* abgeurteilt wurde.[3] Als Fälle des Verbrechens, die am meisten zu bekämpfen waren, wählte das *ius civile* die drei Modalitäten aus: 1. Das Sichverkaufenlassen im Rückfalle, falls der Käufer gutgläubig ist; 2. das Sichverkaufenlassen, um die vorteilhafte Stellung eines *servus actor* einzunehmen; 3. das Sichverkaufenlassen, um am Preise teilzunehmen.

Durch die Einführung der öffentlichen Strafe aber wurde die Privatstrafe nicht beseitigt. Sie verhielt sich vielmehr folgendermaßen zur öffentlichen Strafe: Tritt die öffentliche Strafe, also der Verlust der Freiheit ein, dann ist die Privatstrafe ausgeschlossen. Ist die Freiheit aber wegen des Mangels eines Tatbestandsmerkmals der ersten und zweiten Strafnorm nicht verwirkt, dann kann der Verletzte unter einer bestimmten Voraussetzung die Klage auf Privatstrafe gegen den Täter geltend machen.

Die Voraussetzung ist die, daß der Täter deswegen nicht der öffentlichen Strafe verfiel, weil das erste oder das zweite oder das siebente oder achte Tatbestandsmerkmal fehlte, m. a. W., wenn der Täter keine freigeborene *persona sui iuris* war, z. B. ein Freigelassener oder ein Haussohn; wenn er das 20. Lebensjahr noch nicht vollendet hatte, wenn er nicht *pretii partiendi causa* oder *ad actum gerendum* sich verkaufen ließ oder wenn er den Anteil am Kaufpreis oder die Stellung eines *servus actor* nicht erwarb.

Er kann aber nicht klagen, wenn das dritte fehlte, m. a. W., wenn der Täter nicht gewußt hat, daß er ein Freier ist[4]; auch nicht, wenn das vierte mangelte, m. a. W., wenn der Täter nicht aus freien Stücken sich hat verkaufen lassen[5]; auch nicht, wenn das fünfte Merkmal fehlte, m. a. W., wenn sich der Täter selbst verkauft hat. Dies kann zwar mit Quellenstellen nicht belegt werden, folgt aber aus allgemeinen Grundsätzen. Es liegt ein *error iuris* des Käufers vor; Rechtsirrtum aber schadet, schließt also die Privatstraf-

---

[1] § 4 *J. de iure personarum* 1, 3: *aut iure civili cum homo liber maior viginti annis etc.*

[2] *J.* 4, 6, 13: . . . . *ex quibus fere una illa legitimam causam habet per quam quaeritur an aliquis liber sit: ceterae ex ipsius praetoris iurisdictione substantiam capiunt.*

[3] Cicero, *pro domo* 29, *pro Caec.* 33.

[4] *Fr.* 14 *pr. h. t.*: *Rectissime praetor calliditati eorum, qui, cum se liberos scirent, dolo malo passi sunt se pro servis venum dari, occurrit.*; vgl. noch *fr.* 14 § 2; *fr.* 16 *pr. h. t.*

[5] Vgl. *fr.* 16 § 1 *h. t.*: *Si tamen vi metuque compulsus fuit hic qui distractus est, dicemus eum dolo carere.*

klage aus. Endlich auch nicht, wenn das sechste Merkmal fehlt, m. a. W., wenn der Käufer den Stand des Verkauften gekannt hat.[1]

Über die Kenntnis oder Unkenntnis des Käufers gelten dieselben Regeln wie für die *bona* und *mala fides* bei der Usukapion; *fr.* 22 § 3 *h. t.* entspricht dem Satze: *mala fides superveniens non nocet* und *fr.* 22 § 4 *h. t.* entspricht der Regel der *successio in usucapionem: Heredi* (*et ceteris successoribus*) (z. B. dem Universalfideikommissar) *scientia sua nihil nocet, ignorantia nihil prodest.* Es schadet ihm auch die Kenntnis seines den Kauf abschließenden Vertreters, z. B. seines Prokurators oder Tutors.[2] Die Kenntnis des den Kauf abschließenden Haussohnes schadet dem Vater, gleichgültig, ob er im Namen des Pekuliums oder im Auftrage des Vaters gehandelt hatte.[3]

Was den Prokurator anbetrifft, so sagt *fr.* 17 *eod.*, daß die Kenntnis desselben dem Mandanten nichts schade. Georg d'Arnaud schlägt hier eine Textveränderung vor, statt *non est mihi deneganda, tunc est mihi deneganda.*[4] Der Widerspruch läßt sich aber ohne Vergewaltigung des Textes lösen. Im *fr.* 17 handelt es sich um ein Mandat mit bestimmten Weisungen: *In servo et in eo, qui mandato nostro emit, tale est, ut, si certum hominem mandavero emi sciens liberum esse.* In diesem Falle schadet die eigene Kenntnis des Vertretenen, selbst wenn der Prokurator in Unkenntnis ist: *licet is, cui mandatum est, ignoret, idem sit: et non competit ei actio.* Ist aber der Mandant in Unkenntnis, so schadet ihm die Kenntnis des Prokurators nicht: *contra autem, si ego ignoravi, procurator scit, non est mihi deneganda.* Im *fr.* 22 § 5 aber ist ein Mandat ohne bestimmte Weisungen erteilt worden; daher schadet die Kenntnis des Prokurators. Ebenso ist es im Falle des *fr.* 16 § 3: *ceterum si patre mandante, hic quaeritur, an filii scientia noceat: et puto adhuc nocere, quemadmodum procuratoris nocet.*

Es stimmt also *fr.* 17 *eod.* wenigstens in seiner ersten Entscheidung mit § 166 Abs. 2 BGB. überein. Dagegen hat sich das BGB. die zweite Entscheidung, daß bei bestimmten Weisungen die Kenntnis des Vertreters dem Vertretenen nichts schadet, wenn er in Unkenntnis sich befindet, nicht angeeignet.[5]

Kaufen zwei oder mehrere Personen einen freien Menschen, von

---

[1] *Fr.* 16 § 2 *h. t.*: *tunc habet emptor hanc actionem, cum liberum esse nesciret; nam si scit liberum et sic emit, ipse se circumvenit.*

[2] *Fr.* 22 § 5 *h. t.*: *Sed si per procuratorem scientem quis emerit, ei nocet, sicuti tutoris quoque nocere Labeo putat.*

[3] *Fr.* 16 § 3 *h. t.*: *Quare si filius familias emit, si quidem ipse scit, pater ignoravit, non adquisivit patri actionem; hoc si peculiari nomine egerit. ceterum si patre mandante, hic quaeritur, an filii scientia noceat: et puto adhuc nocere, quemadmodum procuratoris nocet.*

[4] *De his qui etc. cap.* IV, *p.* 97, 98.

[5] *Contra autem, si ego ignoravi, procurator scit, non est mihi deneganda;* § 166 Abs. 1 BGB.: „. . . . kommt nicht die Person des Vertretenen, sondern die des Vertreters in Betracht.“

denen die einen Kenntnis davon haben, die anderen nicht, dann schadet die Kenntnis des einen dem anderen nicht und umgekehrt nützt die Unkenntnis des einen dem anderen nicht.[1] Wurde beim Abschlusse des Kaufes eine Gesamtgläubigerschaft ausgemacht, dann hat jeder Käufer die Klage auf die ganze Strafe, sonst nur auf einen Teil, der seinem Anteil am Preise entspricht.[2]

In einem Falle erhält der Käufer sogar das Vierfache als Privatstrafe, dann nämlich, wenn der Verkäufer oder ein Dritter für den Fall der Eviktion das Doppelte versprochen hatte. Dann steht ihm eine *actio in factum* (*honoraria*) auf das Doppelte gegen den zu, der sich betrügerisch hat verkaufen lassen und eine *actio ex stipulatu (civilis)* auf das *duplum* gegen den Verkäufer oder gegen den Dritten, der das Doppelte versprochen hatte.[3]

Georg d'Arnaud behauptet nun, daß der Käufer, der Kenntnis vom Stande des Verkauften hatte, dasjenige, was er für ihn gab, oder wozu er verpflichtet war, verliert und zur Herausgabe des Doppelten verpflichtet ist. Er stützt seine Behauptung auf *fr.* 18; *fr.* 19; *fr.* 20 *pr. h. t.*[4] Hier ist aber der sonst scharfsinnige Jurist in einem schweren Irrtum befangen. Die genannten Fragmente, auf die er sich stützt, stellen, wie wir oben gesehen haben, den Umfang der Privatstrafe fest, welche unter einer gewissen Voraussetzung der Käufer gegen den Verkauften einklagen kann. Daß die Person des Beklagten bei dieser Klage in den genannten Fragmenten der Verkaufte ist und nicht der Käufer, geht besonders klar aus Mommsens kleiner Ausgabe *h. l. n.* 2, großer Ausgabe *n.* 3 hervor: *talia desiderantur*: *qui sciens pro servo veniit emptori* und ebenso aus *fr.* 20 § 4: *Interdum evenit, ut is qui comparavit habeat in quadruplum actionem* im Zusammenhange mit dem Vorhergehenden. Wozu auch der Vorbehalt im *fr.* 20 § 3: *si exceptione se tueri non potest*, wenn es sich um eine Klage gegen den Käufer handeln sollte?

Wir sehen also, daß unter einer bestimmten Voraussetzung sich entweder eine private oder eine öffentliche Strafdrohung gegen diesen Betrug richten. Daraus geht hervor, daß dieser Betrug bald ein Privatdelikt, bald ein öffentliches Verbrechen sein kann. Auffallend ist nun, daß Mommsen in seinem Strafrecht sowohl das Privatdelikt als auch das Ver-

---

[1] *Fr.* 22 § 2 *eod.*: .... *nec alterius scientia alteri nocebit, vel ignorantia proderit.*

[2] *Fr.* 22 § 2: *Sed et si plures emerint, omnes habebunt hanc actionem, sic tamen, ut, si quidem pro partibus emerint, pro parte pretii habeant actionem: enimvero si unusquisque in solidum, quisque in solidum habeat actionem.*

[3] *Fr.* 20 § 4: *Interdum evenit, ut is qui comparavit, habeat in quadruplum actionem: nam in ipsum quidem, qui sciens pro servo veniit, hinc habet in duplum actionem et praeterea in venditorem vel eum, qui duplam promisit, in duplum actio est.*

[4] *De his qui .... cap.* IV, *pag.* 97: *Imo si quis sciens dolo malo hominem ingenuum libertinumve, conditionis tamen suae, ut crediderim, ignarum, emerit, quod pro eo dedit aut obligatus fuit amittet, et ad alterum praestandum tenebitur.*

brechen bei Behandlung der *actio doli* und der Kriminalklage wegen Stellionat übergeht[1], obschon beide in Rom eine bedeutende Rolle gespielt haben müssen.

Schreiten wir nun zur Lösung des letzten Problems, das uns *fr.* 23 *pr.* aufgibt, zum Alter des Strafgesetzes. Über diese Frage sind verschiedene Ansichten geäußert worden.

Nach der einen Ansicht hat das Strafgesetz (genauer die erste Strafnorm) bereits zur Zeit von Quintus Mucius, also schon in republikanischer Zeit gegolten, so Mommsen[2] und zuerst auch Karlowa.[3] Später hat er seine Meinung geändert.[4] Es sei möglich, sagt er nun, daß der Rechtssatz in die republikanische Zeit zurückreicht, aber dies werde nicht durch *l.* 23 *D. de liberali causa* bewiesen, die sich nicht auf unseren Fall beziehe, sondern vielleicht durch *l.* 22 § 5 *D. eod. tit.* Denn danach sei es sehr wahrscheinlich, daß der Rechtssatz schon zur Zeit Labeos gegolten habe.[5]

Ältere Schriftsteller führen das Strafgesetz (genauer die erste Strafnorm) auf das *S. c. Claudianum* zurück. So Franciscus Hotoman[6] und Anton Contius.[7] Auch Cuiacius stellt diese Quelle des Strafgesetzes als wahrscheinlich hin[8] und d'Arnaud sucht diese Ansicht ausführlich zu begründen.[9] Aus *l.* 16 *Cod. de lib. causa* 7, 16 will er schließen, daß unser Rechtssatz jünger sein muß, als die *lex Aelia Sentia.* Zweifellos spielen Diocletian und Maximinian in ihrer *constitutio* auf unsere drei Strafnormen an. d'Arnaud meint, nur auf die erste Strafnorm, weil er nur diese anerkennt oder kennt, aber die Worte: *quasi ancilla in dotem data* . . . . beweisen, daß alle drei Rechtssätze in Betracht kommen. Ebenso unzweifelhaft spielen die Kaiser auf die *lex Aelia Sentia* an, nämlich auf jene Bestimmung, wonach der Herr seinem Sklaven vor dessen vollendetem 20. Lebensjahr die Freiheit nicht gewähren kann. Sie führen also die Altersgrenze von 20 Jahren, welche sowohl in unseren Strafnormen wie in der *lex Aelia Sentia* festgesetzt ist, auf einen gemeinsamen Rechtsgedanken zurück. Dabei lassen sie aber die Frage offen, ob die

---

[1] S. 678 fg.

[2] Bürgerlicher und peregrinischer Freiheitsschutz im römischen Staat, a. a. O. S. 256, n. 1; daß er dieser Ansicht ist, geht auch daraus hervor, daß er die Lesart der *Florentina Quintus meus* verwarf; vgl. Mommsen, *Digesta ed. minor n.* 15.

[3] Römische Rechtsgeschichte Bd. 2, S. 275, n. 5.

[4] A. a. O. S. 1117.

[5] A. a. O. S. 1117 g. E.

[6] *Commentar. in quattuor libr. instit.* I, *tit.* 3 *de iure personarum* a. a. O. *pag.* 26. Als Beweis führt er die *inscriptio* der *l. ult. D. quib. ad lib. procl. n. l.* 40, 13 an.

[7] *Notae ad libr. quattuor instit.* I, *tit.* 3 *de iure personarum opera omnia. Parisiis* 1616, *pag.* 632. Er gibt keine nähere Begründung.

[8] *Paratitla in libr. Codicis Justiniani* VII, *tit.* 18; *operum tom. secundus Neapoli* 1758, *pag.* 461 D. Als Beweis führt er wie Hotoman die *inscriptio* der *l. ult. D. quib. ad lib. procl. n. l.* 40, 13 an.

[9] *L. c. caput* VII, *p.* 109 *squ.*

lex Aelia Sentia die Altersgrenze unserem Rechtssatze entnommen habe oder umgekehrt.

Die übrige Begründung D'ARNAUDS stützt sich darauf, daß Claudius viele Rechtssätze erlassen habe, welche sich auf die *liberalis causa* beziehen. Daraus läßt sich aber nicht schließen, daß er auch der Urheber unserer Strafnormen sei.

Mit viel größerer Wahrscheinlichkeit kann auf Grund unserer Quellen behauptet werden, daß Quintus Mucius *fr.* 23 *pr. h. t.* und Labeo *fr.* 22 § 5 *h. t.* unser Strafgesetz gekannt haben, daß es also schon zu ihrer Zeit Geltung hatte.

MORITZ VOIGT, der auch nur die erste Strafnorm anerkennt, erblickt in einem *Senatusconsultum* Hadrians ihre Quelle.[1] Es ist nach ihm enthalten in *fr.* 2 *si ingenuus esse dicetur* 40, 14. In der Tat bezieht sich aber die darin genannte *constitutio* Hadrians gar nicht unmittelbar auf unseren Rechtssatz. Wie aus der Titelrubrik *si ingenuus esse dicetur* hervorgeht, handelt es sich nicht um eine *proclamatio ad libertatem* von seiten eines Sklaven, sondern um die Statusklage, ob ein *libertus* freigeboren sei oder nicht. Der Tatbestand, auf den sich die *constitutio* bezieht, ist daher folgender: Ein Freigeborener hat auf Grund einer unserer drei Strafnormen die Freiheit verloren, aber durch Freilassung wieder gewonnen. Nachträglich möchte er nun die Statusklage anstellen, daß er frei geboren sei. Hadrian bestimmt, daß ihm die *proclamatio (a libertinitate) ad libertatem* versagt bleibe. Damit meint er die Statusklage *an ingenuus sit.*[2] Auch Hermogenian gebraucht den Ausdruck: *ad libertatem proclamare*, wo es sich nicht um die Freiheit, sondern um das Freigeborensein handelt.[3] Ebenso bedeutet in *l.* 6 *pr. C. Th. de liberali causa* 4, 8 (= *c. ult. de patria potest.* 8, 46) *libertas ingenuitas.* Der *pater familias* kann seinen Kindern die Ingenuität nicht entziehen.[4]

Die *constitutio* Hadrians enthält also nicht die erste Strafnorm, sondern den Grundsatz, daß der Täter seine Ingenuität nicht wieder zurückerlangen kann. Modestin und Hermogenian kannten diese *constitutio*, die ungefähr 100 Jahre vor ihnen erlassen wurde und legten sie ihren Entscheidungen zugrunde. Sie setzt voraus, daß die Strafnorm bereits besteht und entwickelt sie weiter. VOIGT[5] meint, daß dieses

[1] Römische Rechtsgeschichte Bd. 2, § 94, S. 443fg.

[2] Vgl. auch *fr.* 21 *de statu hominum* 1, 5, (Modestinus): *homo liber, qui se vendidit,* (ungenaue Ausdrucksweise für *qui se passus est venire*) *manumissus non ad suum statum revertitur, quo se abdicarit, sed efficitur libertinae condicionis. Fr.* 40 *de liberali causa* 40, 12, (Hermogenian): *Cum pacto partitionis pretii maior viginti annis venalem se praebuit, nec post manumissionem ad libertatem proclamare potest.*

[3] Vgl. *fr.* 40 *de lib. causa cit.* S. auch MOMMSEN zu dieser *lex*, kleine Ausgabe n. 19.

[4] Paulus, *Recep. sent.* V, 1, 1. Vgl. auch CORNELIUS VAN BYNKERSHOEK, *De iure occidendi vendendi et exponendi liberos apud veteres Romanos cap.* 1. *Cornelii van Bynkershoek, Opuscula. Halae* 1729, *Tom.* 2, *p.* 112.

[5] A. a. O. S. 444, n. 29.

Senatuskonsult Hadrians eine Verfügung an sich rein prozessualischen Charakters gewesen sei, aus der jedoch schließlich die zivilrechtliche Konsequenz abgeleitet wurde, daß jener Vorgang theoretisch einen strafweisen Verlust der Freiheit begründe. Die Sache verhält sich aber gerade umgekehrt: Die zivilrechtliche Strafnorm lag bereits vor und die *constitutio* Hadrians ist eine jüngere prozessualische Fortentwickelung derselben. Die von Pomponius in *fr.* 3 *quib. ad libert. procl. non l.* 40, 13 genannten Senatuskonsulte sieht auch Voigt[1] als solche an, welche unseren Rechtssatz voraussetzen und ihn weiter ausbilden.

Abweichend von Moritz Voigt ist Max Cohn geneigt, die von Pomponius in *fr.* 3 *quib. ad lib. procl. n. l.* 40, 13 genannten Senatuskonsulte als Quelle des Rechtssatzes anzunehmen. Danach wäre seine Entstehung in die Kaiserzeit zu verlegen.[2] Er behauptet u. a.[3], als *servus* werde der Verkaufte nur in *fr.* 23 *pr. de lib. causa* 40, 12 bezeichnet. In *fr.* 6 § 5 *de iniusto rupt. etc.* 28, 3 stehe, sonderbar genug, *civitatem amittere* als Folge des Verkaufs. Damit will Cohn wohl sagen, daß die Stelle vom Verlust der Freiheit nicht rede. Das dürfte aber nicht stimmen; es heißt: *puta si civitatem amittat per subitam servitutem.* Er verliert also die Freiheit und damit die Zivität. Außerdem wird doch auch in *l.* 6 *pr. C. Th. de liberali causa* 4, 8 im Zusammenhang mit der zweiten Strafnorm vom Verlust der Freiheit gesprochen, ebenso in § 1 derselben *lex;* ferner im Zusammenhang mit den drei Strafnormen in *c.* 16 *de liberali causa* 7, 16 und in der von ihm selbst angeführten *c.* 5 § 1 *eodem tit.*

Eine im innigen Zusammenhange mit dem Alter des Strafgesetzes stehende Frage ist die, ob es aus dem *ius civile* oder aus dem prätorischen Edikt stamme. Mommsen[4] tritt für die erste Alternative ein, ebenso zuerst auch Karlowa.[5] Auf das prätorische Edikt und auf Senatuskonsulte führt dagegen Baron[6] und nachträglich Karlowa[7] die Strafnorm zurück. Baron führt zum Beweise seiner Behauptung drei Quellenstellen an. Zunächst Cicero *pro Caecina* 34. Schon Georg d'Arnaud[8], hat daraus schließen wollen, daß zur Zeit Ciceros unsere Strafnorm nicht gegolten habe. Allerdings erwähnt sie Cicero in der angeführten Rede nicht, obschon er dazu Gelegenheit gehabt hätte, aber daraus kann man doch nicht auf ihre Nichtexistenz schließen. Noch schwächer sind für den Beweis seiner Behauptungen *fr.* 37 *de lib. causa* 40, 12 und *c.* 10 *eod. tit.* 7, 16. Daß sich diese Stellen gar nicht auf unsere Strafnorm beziehen, ist oben auseinandergesetzt worden.

Gegen den prätorischen Ursprung spricht aber ein schweres Bedenken. Wie käme der Prätor dazu, eine neue Strafnorm aufzustellen, welche als

---

[1] S. 444, n. 28.
[2] A. a. O. S. 52, n. 3.
[3] S. 52, n. 5.
[4] A. a. O.
[5] A. a. O. S. 257.
[6] Geschichte des Römischen Rechts § 11, n. 12.
[7] A. a. O. S. 1116.
[8] *de his qui etc. cap.* VII.

Strafe den Verlust der Freiheit, des höchsten Gutes des römischen Bürgers, androhte? Hat er doch auch bei der Regelung der Infamie, welche nur die Ehre des römischen Bürgers minderte, nichts Neues aufgestellt, sondern sich an die bestehende Sitte und an das bestehende Recht, insbesondere an das Munizipalgesetz gehalten.[1] Nur dann konnte der Prätor die Strafnormen in sein Edikt aufnehmen, wenn er sie bereits im Zivilrecht vorfand.

Das Ergebnis dieser kritischen Übersicht geht also dahin, daß sich die drei Strafnormen schon Ende der Republik im Zivilrecht entwickelt haben.[2]

Neben der Unsitte des Sichverkaufenlassens *ad pretium partiendum* oder *ad actum gerendum* blühte auch die Unsitte des Auktorierens in republikanischer Zeit.[3] Daß das Auktorieren eine mit dem Sichverkaufenlassen verwandte Unsitte war, geht aus folgender Betrachtung hervor: Die Grundsätze für das Dienstverhältnis wurden der *locatio conductio rerum* entnommen und nicht, wie bei den *operae liberales* dem Mandat. Wer seine Dienste insbesondere als Gladiator vermietete, war nicht viel besser als ein Sklave.[4]

Die drei Strafnormen scheinen bis auf Justinian in Geltung geblieben zu sein. Dieser wollte ohne Zweifel die zweite Strafnorm aufheben, wohl deswegen, weil der Unterschied zwischen der sklavischen Tätigkeit eines *servus actor* und der Tätigkeit eines Freien, der aus der Zeit der stolzen römischen Republik stammte, im niedergehenden oströmischen Reich nicht mehr recht fühlbar war. Die Kompilatoren vermochten aber doch nicht jede Spur von ihr im Gesetzbuch zu beseitigen.[5] Auch die verwandte Erscheinung des Auktorierens sucht das Gesetzbuch mit Stillschweigen zu übergehen. Dies beweist *c.* 4 *ad legem Juliam maiestatis* 9, 8. Sie ist entnommen der *l.* 1 *C. Th. de quaestionibus* 9, 35, welche die Worte: „*vel militiae auctoramento*" enthielt. Letzteres Wort wurde gestrichen, obschon es im römischen Militärrecht ein technischer Ausdruck war.[6] Die Digesten haben dagegen den technischen Namen für die Auflösung des Verhältnisses des *militiae auctoratus*, die *exauctoratio* insofern erhalten, als sie den *exauctoratus* nennen.[7]

Die beiden anderen Strafnormen erhielten sich dagegen noch Jahrhunderte hindurch. Erst Kaiser Leo der Weise hob ausdrücklich die erste Strafnorm auf[8] und damit ist auch die dritte gefallen.

---

[1] S. Pernice Labeo I, S. 242—244. [2] S. auch oben S. 39[1].

[3] *Lex Julia Municipalis. Corp. Insc. Lat.* I, 206, Zeile 113. Bruns, *Fontes Ed.* 6ta, *p.* 110, [113]. (*Tabula Heracleensis* aus dem Jahre 45 v. Chr.) und I, 1418; s. auch oben. [4] S. die obige Stelle.

[5] Vgl. insbes. *fr.* 6 § 5 *de iniusto rupto etc.*

[6] S. J. Gothofredus in seinem Kommentar zu dieser *constitutio*, *n. e.*

[7] *Fr.* 29 *de lib. causa* 40, 12.

[8] *Novella Leonis* LIX. Sämtliche Novellen Leos stammen wahrscheinlich aus den Jahren 887—890. Sie sind wahrscheinlich alle auf einmal herausgegeben worden. Vgl. Caspari Achatii Beck, *De novellis Leonis liber singularis. Hallae* 1779, *sect.* III, § 13, *pag.* 296.

Zweite Abteilung.

Der Tatbestand verwandelt die Persönlichkeit eines gewaltunterworfenen Sklaven in die Persönlichkeit eines herrenlosen Sklaven.

I. Die Dereliktion eines Sklaven.

§ 8. Übersicht.

Für diesen Entstehungstatbestand der Persönlichkeit eines herrenlosen Sklaven kommt ein ziemlich reiches Quellenmaterial in Betracht: *Fr.* 38 § 1 *de noxal. act.* 9, 4; *fr.* 36 *de stip. serv.* 45, 3; *fr.* 8 *pro derelicto* 41, 7; *fr.* 2 *qui sine manumissione* 40, 8; *l.* 1 u. 2 *C. Th. de expositis* 5, 9; *c.* 24 *de episcopoli audientia* 1, 4; *c.* 3 *de infant. expos.* 8, 51; *Nov.* 22 *cap.* 12 u. *Nov.* 153 *cap.* 1.

Es sind nun drei Fälle der Dereliktion eines Sklaven auseinanderzuhalten: 1. Die Dereliktion oder Exposition von Sklaven im jugendlichen Alter. 2. Die Dereliktion oder Exposition von kranken, alten oder invaliden Sklaven. 3. Die Dereliktion von Sklaven anderer Art.

Wenden wir uns zum ersten Falle der Dereliktion. Das darauf bezügliche Quellenmaterial ist eine Digestenstelle: *fr.* 8 *pro derelicto* 41, 7.

§ 9. Die Dereliktion eines Sklaven im jugendlichen Alter.

Schon jetzt sei bemerkt, daß der derelinquierte jugendliche Sklave nach vorjustinianischem Rechte zunächst *servus sine domino* wird; der ihn Aufnehmende erwirbt aber das Eigentum an ihm. Nach justinianischem Rechte dagegen gelangt er sofort zur Freiheit; der ihn Aufnehmende erwirbt kein Eigentum an ihm.

Nach vorjustinianischem Recht ist also die Dereliktion eines jugendlichen Sklaven der Entstehungstatbestand der Persönlichkeit eines Sklaven ohne Herrn, nach justinianischem Rechte dagegen der Entstehungstatbestand der Persönlichkeit eines Freien.

Beginnen wir mit dem Falle, den Paulus im *fr. ult. pro derelicto* 41, 7 darstellt: *Sempronius Thetidi status quaestionem facere temptabat, quasi de serva sua nata sit. qui iam testato conventus a Procula nutrice Thetidis in solvendis alimentis respondit non se habere, unde alimenta eiusdem exsolvat, sed debere eam patri suo restituere*[1] *Lucio Titio: idque ex illa in testationem redegisset, ut postea nullam quaestionem pateretur ab eodem Sempronio, Lucius Titius Seiae Proculae solutis alimentis puellam vindicta*

[1] Mommsen: *Relinquere.*

manumisit: quaero an possit rescindi libertas Thetidis. Paulus respondit: quoniam dominus ancillae, ex qua Thetis nata est, Thetidem pro derelicto habuisse videtur, potuisse eam a Lucio Titio ad libertatem perduci.

In dem Fragment befinden sich drei zweifelhafte Stellen, bei der ersten ist die überlieferte Lesart der von MOMMSEN vorgeschlagenen vorzuziehen[1] nicht aber bei der zweiten[2]; bei der dritten ist die Lesart der Florentina, die auch MOMMSEN gewählt hat, die richtige.[3]

Abgesehen hiervon ist die Stelle klar, bis auf einen Punkt: Bezieht sich in dem Satze: *sed debere eam patri suo relinquere Lucio Titio,* das *suo* auf den Sempronius oder auf die Thetis? Wahrscheinlicher ist es, daß sich das *suo* auf die Thetis bezieht.[4] Danach wäre dann *Lucius* Titius der Vater der Thetis.[5] GEORG D'ARNAUD[6] aber neigt sich mehr der Auffassung zu, daß Lucius Titius Vater des Sempronius ist, um seine Ansicht besser zu begründen, daß hier keine Dereliktion vorliege. Diese Ansicht ist nur eine Konsequenz seiner Behauptung, daß der Sklave durch Dereliktion zu seinem natürlichen Zustand, nämlich zur Freiheit zurückkehre.[7] Er ist der heftigste Gegner der Lehre, wonach ein derelinquierter Sklave okkupiert werden könne und greift daher auch ihren eifrigsten Verteidiger und seinen Zeitgenossen, JEAN BARBEYRAC an.[8]

Im Falle, daß Lucius Titius Vater der Thetis ist, was CUIAZ behauptet, dem ich mich anschließe, gestaltet sich der Tatbestand folgendermaßen: Sempronius hat eine Sklavin, welche mit einem Freien, namens

---

[1] S. MOMMSEN, kleine Ausgabe n. 17, *qui iam testato* statt *qui ante testato.*

[2] N. 18, *relinquere* statt *restituere.* Die Gründe, warum *relinquere* vorzüglicher ist, ergeben sich aus den folgenden Erörterungen.

[3] *N.* 19, *idque ex illa* statt *idque ea* F^2 oder *idque cum S.*

[4] Die Gründe dafür s. unten S. 48 fg.

[5] So CUIACIUS, *Comment. in libr.* 18 *respons. Julii Pauli ad leg. ult. pro derelicto. opera Lugduni* 1614, *tom.* I, *pag.* 1682 B—C.

[6] *De iure servorum cap.* XIII, *pag.* 69.

[7] *Pag.* 68: *Cum Jureconsulti definiunt servitutem, quod sit constitutio iuris gentium qua quis contra naturam alieno dominio subiicitur, manifesto indicant ablato illo dominio, ad statum naturalem, qui est libertatis, redire eum qui modo in servitute fuerat.*

[8] *Pag.* 68*: Verum enimvero modo mihi tantillo maximis nominibus contradicere liceat, Cuiacium, Schultingium, ipsumque adeo Barbeiracium, lapsos esse me ostensurum existimo.* Auf diese Bemerkung erwidert BARBEYRAC, a. a. O. (s. oben S. 8[3]) und zwar nach dem Tode D'ARNAUDS folgendes: *Feu Mr. Darneaud (sic) mort en* 1740 *avec le titre de Professeur en Droit, et sans avoir été installé, avoit publié en* 1734 *une Dissertation De Jure Servorum, où il m'attaquoit sur ce que je dis ici après Cujas et Schulting, des Esclaves appartenants au premier occupant, quoi qu'ils fussent sans maître. Mais à mon insu, et sans que je m'en mêlasse, (ce qui m'étoit nullement nécessaire) un autre Jeune Homme, très habile, prit mon parti, et réfuta suffisamment le Critique hardi, qui n'entendoit pas assez ces matières. Ce fut dans une Dissertation De servis, iisque pro derelictis habitis, Auctore Dan. van Alphen, publiée et defendue à Leide en* 1735. — Es ist mir nicht gelungen, diese Dissertation zu erhalten, trotzdem ich mich an die Reichsuniversität zu Leiden wandte und ihr Bibliotheksdirektor DE VRIES sich alle Mühe gab, die Dissertation aufzufinden.

Lucius Titius, ein *contubernium* eingeht. Aus der Verbindung entsprießt eine Tochter, welche den Namen Thetis erhält und von einer Freien, namens Seia Procula, ernährt und auferzogen wird. Sempronius trachtet nun danach, gegen die Thetis eine *vindicatio ex possessione libertatis in servitutem* zu erheben mit der Begründung, sie sei von seiner Sklavin geboren. Bevor es jedoch zum Prozesse kommt, mahnt ihn die Seia Procula vor Zeugen[1], die Alimente zu bezahlen, welche sie für ihr Pflegekind ausgelegt hatte.[2] Sempronius, sich auf sein Unvermögen berufend, weigert sich, die Alimente für die Thetis zu bezahlen, sie solle vielmehr ihrem Vater, dem Lucius Titius, überlassen werden. Die Seia Procula läßt die Erklärung des Beklagten urkundlich vor Zeugen feststellen.[3] Der natürliche Vater nimmt das Mädchen auf, bezahlt die Alimente und läßt es *vindicta* frei. Es erhebt sich nun die Frage, besteht die Freilassung zu Recht oder nicht? Paulus entscheidet so: Weil angenommen werden muß, daß der Herr der Sklavin, welche die Thetis geboren, die Thetis derelinquiert habe, so konnte sie von Lucius Titius zur Freiheit gebracht werden.

Der Gedankengang des römischen Juristen ist folgender: In der Weigerung des Herrn der Sklavin, für sie die Alimente zu bezahlen, und in seiner Aufforderung, sie ihrem natürlichen Vater zu überlassen, liegt der Verzicht auf das Eigentum, die Dereliktion. Die jugendliche Sklavin wird also zunächst *serva sine domino.* Der natürliche Vater erwirbt dadurch, daß er sie bei sich aufnimmt und die Alimente bezahlt, das Eigentum an ihr. Er ist also ihr Gewalthaber geworden und hat die personale Befugnis[4], sie freizulassen. Gegen die Freilassung liegt auf Grund der *lex Aelia Sentia* ein negatives personales Rechtsverhältnis[5] vor, die Sklavin ist noch nicht 30 Jahre alt. Die Thetis kann also nur *vindicta apud consilium, iusta causa manumissionis adprobata* freigelassen werden.[6]

[1] *Testato convenire* heißt „vor Zeugen mahnen", vgl. Heumann-Seckel, *v. convenire* Nr. 4 in Verb. mit *v. testato.* Die Lesart, die Rucker vorschlug, und der sich auch Mommsen anschließen möchte, *qui ante testato* ist daher zu verwerfen. Offenbar meinen Rucker und Mommsen, bevor es zur Litiskontestation der *liberalis causa* komme, werde Sempronius belangt.

[2] Sie macht gegen ihn die *actio negotiorum gestorum contraria* geltend. Diese ist begründet, selbst wenn die Alimentation gegen den Willen des Geschäftsherrn geschah, weil Sempronius zur Alimentation der Sklavin gesetzlich verpflichtet ist; vgl. dazu *fr.* 21 *de neg. gestis* 3, 5 u. § 679 BGB., vgl. auch *fr.* 33 *eod. tit.*

[3] Eine solche urkundliche Feststellung vor Zeugen heißt in den Quellen *testatio;* sie hatte volle Beweiskraft; *fr.* 27 *pr. de rei vind.* 6, 1 (der Interp. verdächtig) u. *fr. ult.* § 5 *de custodia reor.* 48, 3. Vgl. noch *fr.* 22 *pr. ex quibus causis* 4, 6; *fr.* 2 *de nautico faenore* 22, 2; *fr.* 7 *pr. de spons.* 23, 1; *fr.* 39 § 1 *de leg. et fideic.* III; *fr.* 7 *de adsign. lib.* 38, 4; *fr.* 1 *pr.*; *fr.* 9 § 3 *de lege Cornelia* 48, 10; *fr.* 9 § 5 *de poenis* 48, 19. S. auch Cuiacius, a. a. O. zu unserem *fr.*

[4] Kein subjektives Recht; vgl. meine Abhandlung in Grünhuts Zeitschrift. Die objektiven Rechtsverhältnisse im römischen Recht und im BGB., S. 551 fg.

[5] Vgl. über das negative personale Rechtsverhältnis die angeführte Abhandlung, S. 551 fg.

[6] Gaius I, 18.

Unser Fragment nennt uns zwar nur die Erfüllung des einen Erfordernisses, die *manumissio vindicta;* es ist aber sehr wahrscheinlich, daß auch das andere (die *adprobatio iustae causae apud consilium*), in den *responsa* des Paulus gestanden hat, aber von den Kompilatoren gestrichen wurde; denn eine *iusta causa manumissionis* ist vorhanden: Der Vater läßt seine natürliche Tochter frei.[1]

D'ARNAUD hat zwei Erklärungen aufgestellt, wie Lucius Titius zu der Befugnis komme, die Thetis freizulassen, ohne die Dereliktion und die Okkupation zu Hilfe zu nehmen. Nach der ersten ist Lucius Titius der Vater des Sempronius und Eigentümer der Mutter der Thetis. Er emanzipiert seinen Sohn und übergibt ihm sein Pekulium, dessen Bestandteil die Mutter der Thetis bildete.[2] In der von Sempronius veranlaßten Restitution der Thetis an den Lucius Titius liege eine Rückübertragung des Eigentums.[3]

Gegen diese Erklärung sprechen verschiedene Bedenken. Zunächst ein grammatikalisches. Es ist wahrscheinlicher, daß sich in dem Satze: *sed debere eam patri suo relinquere,* das *suo* auf die Thetis bezieht, die ja unmittelbar vorher durch ein Pronomen genannt ist, und nicht auf den sprechenden Sempronius.

Noch schwerer sind die juristischen Bedenken. Nehmen wir auch mit D'ARNAUD an, daß Lucius Titius der frühere Eigentümer der schwangeren Mutter der Thetis war[4] und daß die Thetis unter der Herrschaft des Sempronius geboren wurde, kann L. T. dann wirklich das Eigentum an ihr dadurch erlangen, daß sie ihm von Sempronius formlos zurückgegeben wird? D'ARNAUD scheint dieses Bedenken auch einzusehen und hebt darum hervor, Lucius Titius erlange das Eigentum vor allem deswegen, weil er die für die Erziehung des Mädchens gemachten Auslagen bezahle.[5] Aber es gibt keinen Rechtssatz, wonach der Mangel der Form bei der Übergabe einer Sklavin durch Bezahlung ihrer Erziehungskosten geheilt werde. Es ist auch unrichtig, wenn D'ARNAUD sagt, Sempronius gebe die Thetis dem Lucius Titius zurück *(restituat, remittit)* oder sie kehre wieder ins Eigentum des Lucius Titius zurück *(cuius in dominium puella revertitur).* Diese Ausdrucksweise wäre nur dann zutreffend, wenn Lucius

---

[1] Gaius I, 19: *iusta autem causa manumissionis est veluti si quis filium filiamve .... apud consilium manumittat.*

[2] *Pag.* 69: *Lucius Titius Sempronium emancipavit cum peculio, cui praegnans inerat ancilla, mater Thetidis ....*

[3] *Pag.* 70: *Filius enim, cui inter res peculiares obtigerat Thetis, eam repudiat, et non prorsus quidem pro derelicto habet, sed habere videtur; eam enim patri remittit. cuius in dominium, imprimis cum factas in educationem impensas exsolvit, puella sine dubio revertitur.*

[4] D'ARNAUD sagt: *Lucius Titius Sempronium emancipavit cum peculio, cui praegnans inerat ancilla, mater Thetidis ....*

[5] *.... cuius in dominium, imprimis cum factas in educationem impensas exsolvit, puella sine dubio revertitur.*

Titius früher Eigentümer der Thetis gewesen wäre; dies ist aber nicht der Fall. Denn selbst wenn wir den Tatbestand ebenso konstruieren, wie d'Arnaud, so hätte Lucius Titius doch niemals Eigentum an der jugendlichen Sklavin gehabt. An der Leibesfrucht der Mutter hatte er kein Eigentum, (sie war *portio mulieris vel viscerum*[1]), nur an der Mutter selbst. Aber selbst dann, wenn man zugeben würde, daß die Thetis früher im Eigentum des Lucius Titius gestanden habe, so könnte doch die Übertragung des Eigentums an der Sklavin von seiten des Sempronius an den Lucius Titius nur durch *mancipatio* oder *in iure cessio* erfolgen.[2]

Aber noch ein anderes juristisches Bedenken spricht gegen diese Erklärung. Lucius Titius läßt die jugendliche Sklavin frei. Zur Zeit von Paulus galt noch die *lex Aelia Sentia*, nach welcher ein noch nicht 30 Jahre alter Sklave nur *vindicta apud consilium iusta causa manumissionis adprobata* freigelassen werden kann.[3] Da aber nach der Annahme von d'Arnaud Lucius Titius nicht der natürliche Vater der Thetis ist, so liegt eine *iusta causa manumissionis* nicht vor.[4] Er hätte also die Thetis unter der Herrschaft der *lex Aelia Sentia* nicht freilassen können.

Aus allen diesen Gründen müssen wir die erste Erklärung d'Arnauds als verfehlt zurückweisen.

Sehen wir zu, ob er mit der zweiten Erklärung mehr Glück hat. Danach ist Lucius Titius der natürliche Vater der Thetis.[5] Aber das von Sempronius derelinquierte Mädchen sei nicht eine herrenlose Sache, sondern in derselben Lage wie ein zur *noxa* hingegebener Sklave und dieser sei hinwiederum in derselben Lage, wie einer, der sich in Schuldknechtschaft befinde oder von der Gefangenschaft losgekauft sei. Wenn der zur *noxa* hingegebene Sklave den Schaden wieder gut mache, so gelange er auch gegen den Willen seines Eigentümers zur Freiheit, indem diesen der Prätor zur Freilassung zwinge.[6] So sei auch die Thetis dem Lucius Titius verpflichtet, weil er sie von einer Schuld befreit habe und müsse ihm dienen, bis sie entweder selbst oder ein Dritter für sie den Lucius Titius befriedige.[7] Lucius Titius könne aber ebenso gut wie der, dem der

---

[1] *Fr.* 1 § 1 *de insp. ventre* 25, 4.

[2] Gaius II, 22 verb. mit II, 14[a] (mit der Ergänzung Krügers).

[3] Gaius I, 18.

[4] Gaius I, 19. Die Thetis ist auch nicht *alumna* (Pflegekind) des Lucius Titius, sondern der Seia Prokula; s. oben S. 48.

[5] A. a. O.: *Lucius Titius cum Sempronii ancilla rem habet, ex eo concubitu nascitur Thetis.* Das ist auch unsere Meinung.

[6] § 3 *J. de noxal. act.* 4, 8.

[7] A. a. O.: . . . . *obstricta est L. Titio, qui ei obligationem remittit, cum alias ipsi servire deberet donec aut ipsa, aut pro ea extraneus L. Titio satisfecisset, pro impensis in educationem factis.*

Sklave zur *noxa* hingegeben wurde, aus freien Stücken die Freilassung vornehmen, bevor er befriedigt werde.[1]

Prüfen wir nun auch diese Erklärung, welche die Konstruktion der Dereliktion und Okkupation überflüssig machen soll, auf ihre Richtigkeit. D'ARNAUD müssen wir einräumen, daß eine Ähnlichkeit zwischen der Lage eines *noxae deditus* und eines Schuldknechtes oder vom Feinde Losgekauften besteht. Sie können sich alle drei durch Befriedigung ihres Gläubigers befreien.[2] Aber der Losgekaufte wird *ipso iure* von seinen Banden frei, wenn er den Gläubiger befriedigt.[3] Der zur *noxa* hingegebene Sklave wird aber durch Befriedigung seines Gläubigers und Herrn nicht *ipso iure* frei, sondern um die Freiheit zu erlangen, muß er freigelassen werden. Freilich kann er die Freilassung vom Prätor erzwingen.[4]

Daraus geht doch unwiderleglich hervor, daß der zur *noxa* hingegebene Sklave auch nach der Hingabe Sklave bleibt, während der Schuldknecht *(iudicatus)*[5] und der aus der Gefangenschaft Losgekaufte *(redemptus)* freie Personen sind.[6]

Die Lage der von Sempronius wegen Alimentationskosten derelinquierten jugendlichen Sklavin kann nur verglichen werden mit der Lage des zur *noxa* hingegebenen Sklaven, denn die derelinquierte Sklavin bleibt Sklavin und kann die Freiheit nur durch Freilassung erlangen. Konnte nun diese erzwungen werden, wenn sie oder ein Dritter dem Lucius Titius die Alimentationsschuld bezahlt, entsprechend der des *noxae datus*, wenn er den Schaden löst? Die Frage ist zu verneinen. Denn der Rechtssatz in § 3 *J. de nox. act.* 4, 8, wonach der zur *noxa* hingegebene Sklave die Freilassung mit Hilfe des Prätors erzwingen kann, wenn er den Schaden, den er seinem jetzigen Herrn zugefügt hat, mit von ihm erworbenen Gelde ersetzt, ist singulärer Natur und kann daher nicht analog ausgedehnt werden. Und selbst dann, wenn er analog ausgedehnt werden könnte, so würde die analoge Ausdehnung in unserem Falle doch daran scheitern, daß die Alimentationsschuld nicht eine Schuld der Sklavin Thetis ist, die sie durch ihr Delikt erzeugt hat, sie ist vielmehr eine Schuld ihres früheren Herrn Sempronius.

---

[1] Dies ist wohl der Sinn der Erklärung D'ARNAUDS. Vgl. den Satz a. a. O.: *Quis autem negaverit posse eum, cui servus noxae datus est, poenam remittere, eumque sponte sua ad Praetorem ut manumittatur ducere.*

[2] A. a. O.: *Deinde servus ei, cui deditus aut cui a domino derelictus, obstrictus est, fere eadem ratione servit ac nexi et obaerati, aut ab hostibus redemti, qui servitutis vinculo liberantur, simulac dominis satisfecerunt.*

[3] Das geht aus dem von D'ARNAUD selbst angeführten *fr.* 20 § 1 *qui testam. facere* 28, 1 hervor: *Potestatis autem verbum non solum ad liberos qui sunt in potestate referendum est, verum etiam ad eum quem redemit ab hostibus, quamvis placeat hunc servum non esse, sed vinculo quodam retineri, donec pretium solvat.*

[4] § 3 *J. de nox. act.* S. unten § 16.

[5] Gaius III, 199: *Interdum autem etiam liberorum hominum furtum fit velut . . . . iudicatus . . . .*

[6] *Fr.* 20 § 1 *qui test. fac. poss.* 28, 1: . . . . *hunc servum non esse* . . . .

In Hinblick auf den Herrn freilich hat die Dereliktion und die *noxae deditio* die gleiche Wirkung: Verlust des Eigentums am Sklaven und Befreiung von der Haftung für dessen Delikt. Aber im Hinblick auf den Sklaven haben beide Tatbestände verschiedene Wirkungen. Wenn der Herr seinen Sklaven zur *noxa* hingibt, so hat er vorher seine Verteidigung im *iudicium noxale*[1] übernommen, infolgedessen wird ein etwaiger Nießbraucher oder Pfandgläubiger, welche bereit sind, die Verteidigung zu übernehmen, zurückgedrängt.[2] Wenn dagegen der Herr sich weigert, die Verteidigung zu übernehmen und damit den Sklaven derelinquiert, so gestattet der Prätor dem Nießbraucher oder Pfandgläubiger auf ihre Bitte die Verteidigung.[3] Die Möglichkeit besteht dann, daß der Beklagte absolviert wird und der Sklave nicht ins Eigentum des Klägers übergeht, sondern *servus sine domino* bleibt.[4] Es ist daher unrichtig, wenn D'ARNAUD die Dereliktion und die *noxae deditio* vollständig einander gleichstellt.[5]

Die Konstruktionen D'ARNAUDS zur Erklärung der Freilassungsbefugnis erweisen sich somit als haltlos und es bleibt keine andere übrig, als die von Paulus angedeutete. Der Herr derelinquiert seine jugendliche Sklavin; durch die Dereliktion entsteht die Persönlichkeit einer *serva sine domino*. Ihr natürlicher Vater erwirbt durch ihre Aufnahme[6] das Eigentum an ihr und ist nun in der Lage, ihr durch Freilassung die Freiheit zu gewähren.

Dürfen wir nun das Recht, welches zur Zeit von Paulus in bezug auf derelinquierte jugendliche Sklaven galt, auch auf ausgesetzte neugeborene Sklavenkinder ausdehnen? Ich nehme keinen Anstand, diese Frage zu bejahen. Also war das Recht zur Zeit von Paulus in bezug auf ausgesetzte neugeborene Sklavenkinder so beschaffen: Der Herr

---

[1] Sollten sich einige Leser an dem Ausdruck *iudicium noxale* stoßen, indem sie glauben, es gäbe nur ein *iudicium legitimum* und *imperio continens:* Gaius IV, 103, so verweise ich sie auf *fr.* 14 *de his qui n. i.* 3, 2: *Servus, cuius nomine noxale iudicium dominus acceperit*, vgl. noch *fr.* 5 *pr. de nox. act.* 9, 4; *fr.* 8 *eodem* (hier steht *noxale iudicium* zweimal); *fr.* 21 *pr.* § 1 *eod.* (HEUMANN-SECKEL haben *fr.* 12 *pr.* § 1 wohl ein Druckfehler); *fr.* 27 § 1 *eod.*; *fr.* 29 *eod.*; *fr.* 33 *eod.*; *fr.* 62 § 9 *de furtis* 47, 2. Übrigens gibt es noch nach Ausweis von HEUMANN-SECKEL ein *in factum iudicium, in rem iudicium, in quadruplum iudicium, utile iudicium, publicum iudicium, privatum iudicium, iudicium communi dividundo, iudicium absolutorium, recuperatorium, centumvirale, famosum, poenale, contrarium, duplex, doli iudicium, mandati iudicium, bonae fidei iudicium, liberale iudicium.*

[2] *Fr.* 26 § 6 *de nox. act.* 9, 4.

[3] *Fr.* 26 § 6 *cit.*: *idem concedendum est fructuario vel cui pignoris nomine obligatus est, si praesens dominus defendere noluerit, ne alterius dolus aut desidia aliis noceat.*

[4] S. unten § 13.

[5] A. a. O.: *Perinde vero est aliquis servum pro derelicto habeat an noxae dedat.*

[6] Ich bezeichne absichtlich diese Aufnahme nicht als Okkupation, siehe unten § 10.

verliert durch die Aussetzung sein Eigentum am Sklavenkind; es wird *servus sine domino* und kann durch Aufnahme zu Eigentum erworben werden. Zur Erlangung der Freiheit bedarf aber der Aufgenommene bis zum vollendeten 30. Lebensjahre einer Freilassung *vindicta, iusta causa manumissionis apud consilium adprobata*, nach diesem Zeitpunkt genügt zur Erlangung der Freiheit jede Art der Freilassung.[1]

Nach einem Gesetze Konstantins vom 18. August aus 331 tritt ein mit Wissen und Willen des Herrn ausgesetztes neugeborenes Sklavenkind aus dessen Eigentum. Der Aussetzende verliert jedes Rechtsmittel zur Wiedererlangung des Ausgesetzten. Es entsteht zunächst die Persönlichkeit eines herrenlosen Sklaven. An ihm kann ein anderer durch Aufnahme *(collectio)* und Erziehung Eigentum erwerben.[2] Dieses konstantinische Gesetz ist für die Rechts- wie die Kulturgeschichte so interessant, daß einige Nachweisungen über seine Entstehungsgeschichte wertvoll sein dürften.

Das Gesetz wurde veranlaßt durch die Hungersnot, welche in Italien zu jener Zeit wütete, nachdem von den Goten das Land verwüstet und die Zufuhr von Lebensmitteln unterbunden war. Um sich vor dem Hungertod zu retten, waren die Einwohner gezwungen, zu ekelhaften Speisen zu greifen und Menschenfleisch wurde käuflich.[3] Die Hungersnot war die Ursache der Aussetzung der jugendlichen Sklaven und Freigelassenen, während die älteren Sklaven zu den Goten flüchteten.[4] In solchen schlechten Zeiten wurde nun der als ein Wohltäter angesehen, der einen ausgesetzten neugeborenen Sklaven aufnahm, um für ihn zu sorgen und ihn zu einem kräftigen und gesunden Menschen heranzuziehen. Als Belohnung gewährleistete ihm das konstantinische Gesetz das Herrenrecht.

---

[1] Gaius I, 18.

[2] *L.* 1 *C. Th. de expositis* 5, 9. *Quicumque puerum vel puellam, proiectam de domo patris vel domini voluntate scientiaque, collegerit ac suis alimentis ad robur provexerit, eundem retineat sub eodem statu, quem apud se collectum voluerit agitare, hoc est sive filium sive servum eum esse maluerit: omni repetitionis inquietudine penitus submovenda eorum, qui servos aut liberos scientes propria voluntate domo recens natos abiecerint.*

[3] Zosimus (*corpus scriptorum historiae Byxantinae* 29) *ex recog. J. Bekkeri, Bonnae* 1837, *lib.* 5, *cap.* 40: *Ὡς δὲ εἰς ἔσχατον τοῦ κακοῦ προϊόντος καὶ εἰς ἀλληλοφαγίαν ἐλθεῖν ἐκινδύνευσαν, τῶν ἄλλων ἁπάντων ὅσα ἐξάγιστα εἶναι τοῖς ἀνθρώποις ἐδόκει πεπειραμένοι, πρεσβείαν ἔγνωσαν στεῖλαι πρὸς τὸν πολέμιον* etc. Vgl. auch *cap.* 39. *Olympiodorus Photii bibliotheca ex rec. J. Bekkeri, Berolini* 1824, *Pars* I, *pag.* 57a, *vers.* 17: *ὅτι ἐν τῇ πολιορκίᾳ τῆς Ῥώμης ἀλληλοφαγία τῶν ἐνοικούντων ἐγίνετο.* Sozomenus, *Historia ecclesiastica ed. Henricus Valesius, Parisiis* 1668, *lib.* 9, *cap.* 8, *pag.* 810D: *Ἐπικρατήσαντος δὲ τοῦ λιμοῦ ἐπὶ τοσοῦτον, ὡς καστάνοις ἀντὶ σίτου κεχρῆσθαι, ὑπονοηθῆναι δέ τινας καὶ ἀνθρωπίνων ἀπογεύσασθαι κρεῶν.*

[4] Sozomenus, a. a. O. *lib.* 9, *cap.* 6, *pag.* 807D. . . . . *χρονίας δὲ γενομένης τῆς πολιορκίας λιμοῦ τε καὶ λοιμοῦ τὴν πόλιν πιέζοντος δούλων τε πολλῶν, καὶ μάλιστα βαρβάρων τῷ γένει, πρὸς τὸν Ἀλάριχον αὐτομολούντων* . . . .

Nach bisherigem Rechte konnte der Aufnehmende den Sklaven nur durch Freilassung zur Freiheit bringen[1]; nach neuem Rechte kann er ihn ohne Freilassung zum Freien machen, indem er ihn wie seinen Sohn behandelt.[2] Das konstantinische Recht wurde durch das Gesetz der Kaiser Honorius und Theodosius vom 19. März 412 nicht geändert[3], wohl aber durch die Gesetzgebung Justinians.

Nach ihr tritt zwar das mit Wissen und Willen des Herrn ausgesetzte neugeborene Sklavenkind auch aus der Gewalt des Herrn, aber es wird nicht herrenloser Sklave, sondern Freier und daher erwirbt der Aufnehmende kein Eigentum an ihm. Behandelt er es als seinen Sklaven, so steht ihm die *adsertio libertatis* zu.[4] Der Aufnehmende erwirbt nicht einmal die *patria potestas* über den Aufgenommenen. Dies geht daraus hervor, daß dem Aufgenommenen die personalen Rechtsverhältnisse der Vermögens- und Testierfähigkeit zukommen, die mit der väterlichen Gewalt im Widerspruch stehen.[5]

§ 10. Anhang.
Der Handel mit freigeborenen Kindern nach römischem Kaiserrecht.

Im Anschluß an die Aussetzung jugendlicher Sklaven soll im folgenden das Recht dargestellt werden, welches zur Zeit der christlichen Kaiser für den Handel mit freigeborenen Kindern im weiteren Sinne des Wortes galt. Der Kinderhandel im weiteren Sinne umfaßt auch die Aufnahme eines ausgesetzten freigeborenen Kindes ohne Bezahlung eines Kaufpreises. Der Kinderhandel im engeren Sinne dagegen umfaßt außer dem Verkaufe eines freigeborenen Kindes auch seine unentgeltliche Hingabe zur Ernährung.

---

[1] *Fr.* 8 *pro derelicto* 41, 7; s. oben S. 53.

[2] *L.* 1 *C. Th. de expositis cit.*: .... *sub eodem statu, quem apud se collectum voluerit agitare, hoc est sive filium sive servum eum esse maluerit.*

[3] *L.* 2 *C. Th. de expositis* 5, 9: *Nullum domini vel patroni repetendi aditum relinquimus, si expositos quodammodo ad mortem voluntas misericordiae amica collegerit, nec enim dicere suum poterit, quem pereuntem contempsit.*

[4] Vgl. die *constitutio geminata* 24 *de episcopali audientia* 1, 4 und 3 *de infant. expos.* 8, 51: .... *sive servili condicione maculatus expositus sit* .... *liberi et ingenui appareant,* und *Nov.* 153, *cap.* 1: .... *Nam si legibus nostris praeceptum est, ut servi aegrotantes a dominis neglecti et quasi desperata eorum valetudine a possessoribus curatione digni non habiti omnino in libertatem eripiantur, quo tandem modo eos qui in ipso vitae principio aliorum hominum pietati relicti et ab iis enutriti sunt in iniustam servitutem trahi patiemur?*

[5] *C.* 24 *de episcopali audientia* 1, 4: .... *et sibi adquirant et in potesteritatem suam vel extraneos heredes omnia quae habuerint quomodo voluerint, transmittant*; vgl. unten § 10 S. 67[3].

I. Vorjustinianisches Recht. A. Der Kinderhandel im engeren Sinne. In bezug auf die Frage, unter welchen Voraussetzungen der Händler das Eigentum am Kinde erwirbt und unter welchen Bedingungen das Kind wieder in die Freiheit zurückgerufen werden kann, muß zunächst unterschieden werden der Handel mit älteren und der mit neugeborenen Kindern.

Beim ersteren müssen wiederum zwei Fälle auseinandergehalten werden: Der Handel in echter Not und der ohne echte Not. Nur im ersten Falle geht das Eigentum am älteren Kinde auf den Käufer über.[1]

Die Voraussetzung der echten Not wird in beiden Gesetzen lebhaft

---

[1] Dies geht aus zwei Quellenstellen hervor. Einmal aus der *l. un. C. Th. de patribus, qui filios distraxerunt* 3, 3 von Valentinian I., Theodosius I. und Arkadius vom 11. März 391: *Omnes, quos parentum miseranda fortuna in servitium, dum victum requirit, addixit, ingenuitati pristinae reformentur. Nec sane remunerationem pretii debet exposcere, cui non minimi temporis spatio servitium satisfecit ingenui.* Andererseits aus der Nov. Valentinians III. *tit.* 32: *De parentibus qui filios distraxerunt etc.* vom 31. Jan. 451 (*Corpus iuris Romani anteiustiniani ed.* Hänel, *fascic.* VI, *pag.* 237); *Codex Theodosianus ed.* Mommsen, *vol.* II, *Valent.* 33, *pag.* 139, *v.* 6: .... *Notum est proxime obscaenissimam famem per totam Italiam desaevisse coactosque homines filios et parentes vendere, ut discrimen instantis mortis effugerent. Tantum unicuique miseranda macies et letalis pereuntium pallor extorsit, ut totius, quem natura concessit, amoris obliti alienare suos genus pietatis putarent. Nihil est enim, ad quod non desperatio salutis inpellat, nil turpe, nil vetitum credit esuriens; sola cura est, ut qualicumque sorte vivatur. Sed iniquum iudico ideo libertatem perire, quia vita non perit, et agi horrore vilissimae servitutis, ut exitium pudeat evasisse. Cui non ingenuo mori satius est quam iugum servile perferre? Illa sunt dulcia, quae praestita non deformant, quae accepisse delectet, quibus uti non turpe sit. Dici beneficium non potest, si pereat, quod servis pro summa remuneratione praestatur. Igitur libero statui, cui specialiter sapientissimi conditores iuris legesque voluerunt esse consultum, nullum praeiudicium patior inrogari. Renovans statuta maiorum, venditionem censeo submoveri, quam praedicta fames de ingenuis fieri persuasit.*

Es war in jener Zeit üblich, auch ältere Kinder in der Hungersnot zu verkaufen. Basilius, *Homilia in illud Lucae, Destruam* etc. 47; Migne, *Patrologia* 31, *pag.* 269: *Φεῦ τῆς ἀμηχανίας! τίς γένωμαι; τίνι τούτων προσκρούσω; ποίαν θηρίου ψυχὴν ἀναλάβω; πῶς τῆς φύσεως ἐπιλάθωμαι; ἐὰν πάντων ἀντίσχωμαι, πάντας ὄψομαι δαπανωμένους τῷ πάθει· ἐὰν ἕνα προῶμαι, ποίοις ὀφθαλμοῖς τοὺς λειπομένους προσίδω, ὕποπτος αὐτοῖς ἤδη γεγενημένος εἰς ἀπιστίαν;*

Heu consilii inopiam! Quo me vertam? In quem horum incidam? Qualem bestiae animum induam? Quomodo naturae oblivisear? Omnes si servo, fame videbo consumi omnes. Unum si vendidero, qualibus oculis reliquos aspiciam, qui me illis iam reddidero perfidiae ac proditionis suspectum?

Auch wegen drückender Schulden an den Fiskus verkauften die Eltern ihre älteren Kinder. Libanius, *oratio περὶ τῶν προστασιῶν πρὸς τὸν βασιλέα*, welche er im gleichen Jahre (391) hielt, in welchem Theodos. I. das Gesetz erließ, oder sicherlich im folgenden. Hieronymus, *vita Paphnutii: Mihi est maritus qui fiscalis debiti gratia saepe suspensus est et flagellatus ac poenis omnibus cruciatus servatur in carcere: Tres autem nobis filii fuerunt, qui pro eiusdem debiti necessitate distracti sunt.*

hervorgehoben[1]: das in echter Not verkaufte ältere Hauskind tritt in die Sklaverei des Käufers ein.[2]

Die Sklaverei des verkauften älteren Hauskindes ist eine widerrufliche. Der Widerruf ist aber kein willkürlicher.[3]

Schon nach älterem römischen Recht scheint die Voraussetzung des Widerrufs der Sklaverei der in echter Not verkauften älteren Hauskinder die Rückzahlung des Kaufpreises von seiten des *parens* gebildet zu haben. Daß dem so ist, läßt sich aus den Gesetzen von Theodos I. und Valentinian III. schließen, wie aus folgenden Erörterungen hervorgehen wird.

J. Gothofredus meint nämlich, Theodos habe aus Menschlichkeit die Zahlung des Kaufpreises erlassen; an seine Stelle trete die, wenn auch noch so geringe, Dienstzeit.[4] Nun aber stützt sich Gothofred auf einen verdorbenen Text, welcher lautet: *nec sane remunerationem precii debet exposcere cui etiam minime temporis servitium satisfecerit ingenui.* Bereits Ritter, der Herausgeber des Kommentars bemerkt[5], daß der *Codex Wurceb.* folgendermaßen liest: *cui non minimi tempus spatio satisfecit ingenuus.* Diese Leseart hält er für eine sorgfältige und zieht sie der von G. vor, wenn statt *tempus temporis spatio* gesetzt werde.[6] Trotzdem hält er aber an der gothofredischen Lesart fest, denn nach seiner Meinung habe Theodos die Freiheit so sehr begünstigen wollen, daß er dem in Knechtschaft Befangenen selbst dann die Freiheit zuspreche, wenn er den Preis, den er einst erhalten hatte *(pretium, quod quandoque ob-*

---

[1] *Miseranda fortuna parentum, dum victum requirit* (Theodosius I.) *obscaenissimam famem desaevisse .... ut discrimen instantis mortis effugerent .... miseranda macies et letalis .... pallor .... desparatio salutis .... esuriens* (Valentinian III.).

[2] *L.* 1 *cit.*: *Omnes quos .... miseranda fortuna in servitium addixit*; aber auch die Worte *pristinae ingenuitati reformentur.* In seiner Novelle beklagt Valentinian den Verlust der Freiheit: *iniquum iudico libertatem perire agi horrore vilissimae servitutis .... nec pereat sub tanta clade distracta libertas*; Mommsen, a. a. O. *pag.* 139, *v.* 22 u. 23. Er erneuert das alte Recht, also das Theodosische, das die Sklaverei bestätigt: *Renovans statuta maiorum venditionem censeo submoveri.*

[3] Einige mittelalterliche Juristen bestritten, daß das verkaufte ältere Hauskind Sklave werde, weil seine Sklaverei eine widerrufliche sei. S. J. Gothofredus I, *pag.* 491. Aber ein Sklave hört doch nicht auf, Sklave zu sein, weil seine Sklaverei eine widerrufliche ist, falls der Widerruf kein willkürlicher ist. J. Gothofredus macht a. a. O. mit Recht darauf aufmerksam, daß der zur *noxa* hingegebene Sklave Sklave bleibt, obschon seine Sklaverei eine widerrufliche ist; vgl. § 3 *J. de noxal. action.* 4, 8; dagegen bezieht sich die von ihm angeführte *c.* 24 *de episcopali aud.* 1, 4 und die *c. ult.* § 2 *de redemptis* (nicht *de captivis*) 8, 50 nicht auf den Widerruf der Sklaverei. In beiden Fällen besteht die Freiheit von Anfang an.

[4] *Tom.* 1, *pag.* 297: .... *nam et pretii renumerationem remittit, eiusque loco vel minimi temporis servitium cedere iubet.*

[5] A. a. O., n. g.

[6] *Accurata forte lectio, et nostrae anteponenda, ubi loco tempus temporis spatio substitues.*

tinuit) nicht zurück bezahlt und nur eine ganz kurze Zeit hindurch gedient habe, so daß seinem Herrn durch seine Dienstleistungen keine Befriedigung erwachsen sei. In dieser Fassung stehe das Gesetz am besten im Einklange mit der *c.* 1 *de patrib.* (4, 43) von Diokletian und Maximian.[1]

Nach Mommsen[2] aber ist die Lesart folgende: *nec sane remunerationem pretii debet exposcere, cui non minimi temporis spatio servitium satisfecit ingenui.* Ist diese Fassung die richtige, und daran ist kaum zu zweifeln, dann ist die Änderung des alten Rechtes keineswegs so tiefgreifend. Es muß vielmehr wie früher der Preis zurückgewährt werden, den der Käufer für das Kind bezahlt hat, es wäre denn, daß die Dienstleistungen des Verkauften während einer angemessenen Dienstzeit dem Herrn Befriedigung gewähren. Als eine solche angemessene Dienstzeit sieht derselbe Theodos in einem ähnlichen Falle den Zeitraum von 5 Jahren an.[3]

Wir sehen also, daß die richtige Lesart der *l. un. de patribus* 3, 3 mit *l.* 2, § 1 *de postlim.* 5, 7 besser übereinstimmt, als die von Gothofredus und Ritter angenommenen. Beide beruhen auf demselben Grundgedanken. Hat der Freigeborene eine angemessene Dienstzeit nicht hinter sich, so muß ein Entgelt bezahlt werden, um ihn der Freiheit wieder zuzuführen und zwar muß nach der *l.* 2 *de postlim.* der Preis wieder erstattet werden, den der Herr zum Loskauf aus der Gefangenschaft der Barbaren bezahlt hatte, nach der *l. un. C. Th. de patr.* 3, 3 der Preis, den der Käufer für das Kind gegeben hat.[4]

Aus der Reform, welche Theodosius in *l. un. de patrib.* dem alten Recht angedeihen läßt, können wir rückwärts auf dessen Beschaffenheit schließen. Danach bestimmte es, daß dem Herrn, gleichgültig, wie lange die Dienstzeit gedauert hatte, der Kaufpreis zurückerstattet werden müsse, den er für das Hauskind bezahlt hatte, ohne jeden Zuschlag.[5]

Gegenüber dem theodosianischen Rechte führt Valentinian III. eine Erschwerung der Wiederherstellung der Freiheit ein. Sie kann nur eintreten, wenn dem Käufer der Kaufpreis, den er bezahlt hatte, mit dem Zuschlag eines Fünftels der ganzen Summe, d. h. eines *solidus* auf fünf

---

[1] Über diese Konstitution s. unten S. 58.

[2] *Codex Theodosianus pag.* 131. Die Lesart von Gothofredus erwähnt er gar nicht.

[3] *L.* 2 § 1 *C. Th. de postliminio* 5, 7: .... *Ne)quando enim damni consideratio in tali necessitate (positis) negari faciat emptionem, decet redemptos aut datum pr(o se pre)tium emptoribus restituere aut labore obsequio vel op(ere quin)quennii vicem referre benefecii, habituros incolum(em, si) in ea nati sunt, libertatem.* Die *lex* ist aus dem Jahre 409 (408).

[4] .... *remunerationem* (Wiedererstattung, Heumann-Seckel) *pretii debet exposcere.* Auch die Interpretatio sagt klar und deutlich, daß es sich um Rückgabe des Kaufpreises handele: *Si quemcumque ingenuum pater faciente egestate vendiderit, non poterit in perpetua servitute durare, sed ad ingenuitatem suam, si servitio suo satisfecerit, non reddito etiam pretio revertatur.*

[5] S. unten S. 58[1].

solidi oder zweier auf zehn und so in steigernder Proportion mit der Kaufsumme, erstattet werde. Gleichgültig ist die Dauer der Dienstzeit des Verkauften.[1]

Als Grund seiner Reform gibt Valentinian III. einen Gedanken an, von dem auch Theodosius in seiner *l.* 2 *C. Th. de postlim.* 5, 7 ausgegangen ist. Personen, welche in schwierigen Zeitläuften den in echter Not befindlichen Eltern ihre Kinder abkaufen wollen, sollen durch das Gesetz nicht vom Kaufe abgeschreckt werden, bzw. den tatsächlich erfolgten Kauf nicht nachträglich bereuen.[2]

Verkaufen die Eltern ihre älteren Kinder ohne echte Not, so treten sie nicht in die Sklaverei des Käufers; es braucht daher auch kein Lösegeld bezahlt zu werden, um sie in die Freiheit zurückzuführen. Wenn sich Quellenstellen finden, welche ausdrücklich erklären, daß der Verkauf, die Schenkung, die Verpfändung von Hauskindern durch ihren *pater familias* ihrer Freiheit keinen Eintrag tun, so können sie sich nur auf den Fall beziehen, daß die Eltern ohne Not ältere Kinder verkaufen, sonst ständen sie im Widerspruch mit den Gesetzen Theodosius I. und Valentians III.

Zu den kaiserlichen Gesetzen, welche den Verkauf, die Schenkung, die Verpfändung der Hauskinder durch ihren *parens* für wirkungslos erklären, selbst wenn der Empfänger des Kindes im guten Glauben sein sollte, gehört ein Gesetz von Diokletian und Maximian aus dem Jahre 294.[3] Zweifelhaft ist, ob ein Gesetz derselben Kaiser aus dem Jahre 293 hierher gehört.[4] Die Frage ist zu bejahen, da es sonst mit den anerkannten Strafnormen, wonach der über 20 Jahre alte seine Freiheit verliert, wenn er sich *pretii participandi gratia* oder *ad actum gerendum* verkaufen läßt, im Widerspruch stände.[5] Zweifelhaft ist ferner, ob ein Reskript des Kaisers Antoninus (ohne Datum) hierher gehört.[6] Da aber der Kaiser von einer unerlaubten und unsittlichen Handlung (*res illicita et inhonesta*) spricht, der Verkauf der Kinder in

[1] Mommsen, a. a. O. *p.* 139, *v.* 19 *squ.*: *ita sane, ut emptor pretium sub quintae adiectione recipiat, hoc est, ut quinto solido unus addatur, decimo duo, similiter crescente numero quamcumque summam venditio facta designat.*

[2] *Nov. Val. tit.* 33, Mommsen, a. a. O. *p.* 139, *v.* 21: *Ita fit, ut neque illum rebus afflictis et desperatis emisse poeniteat, qui amplius recepit, quam ad pretium dederat, nec pereat sub tanta clade distracta libertas.* Vgl. dazu *c.* 20, § 2 *de postlim.*: *Ne quando enim damni consideratio in tali necissate positis negari faciat emptionem, decet etc.*

[3] *C.* 1 *de patrib. qui filios distraxerunt* 4, 43: *Liberos a parentibus neque venditionis neque donationis titulo neque pignoris iure aut quolibet alio modo nec sub praetextu ignorantiae accipientis in alium transferri posse manifesti iuris est.*

[4] *C.* 10 *de lib. causa* 7, 16: *Liberos privatis pactis vel actus quacumque administrati ratione non posse mutata condicione servos fieri certi iuris est.*

[5] S. oben die §§ 4 und 5. „*Liberos*" muß also mit „Kinder, Hauskinder" übersetzt werden, nicht mit „Freie".

[6] *C.* 1 *de lib. causa* 7, 16: *Rem quidem illicitam et inhonestam admisisse confiteris quia proponis filios ingenuos a te venumdatos. sed quia factum tuum*

echter Not aber nach den Anschauungen jener Zeit nicht als eine solche angesehen werden kann, so ist die Frage, ob sich das Reskript auf den Verkauf der Kinder ohne echte Not beziehe, zu bejahen.

Ohne Zweifel gehört auch hierher ein Gesetz Konstantins aus dem Jahre 323.[1]

In den Fällen des Verkaufs eines älteren Kindes ohne echte Not geht weder auf der einen Seite die *patria potestas* verloren, noch wird auf der anderen die *dominica potestas* erworben. Die *patria potestas* kann aber der Vater nur ausüben, wenn er die Unterhaltskosten bezahlt.[2]

Der Grund für diese verschiedene Regulierung des Handels mit älteren Kindern in echter Not und ohne solche liegt wohl darin, daß im ersten Falle der Erwerber dem Kinde eine Wohltat erweist und dafür mit dem Herrenrecht belohnt wird; im letzteren Falle aber erweist er dem Kinde keine Wohltat; es fällt daher auch nicht in Sklaverei.

Gehen wir nun über zum Handel mit neugeborenen Kindern nach vorjustinianischem Rechte.

Der Erwerbstatbestand des Eigentums am Kinde muß folgende Merkmale haben:

1. Das Kind muß ein neugeborenes sein, *a sanguine infans*[3], ein *sanguinolentus*.[4] Ältere Schriftsteller bestreiten, daß es sich in dieser Stelle um ein neugeborenes Kind handle, der Text müsse so lauten: *filium, filiamve sanguinolentus vendiderit.*[5] Der Ausdruck *sanguinolentus* beziehe sich nicht auf den Sohn, sondern auf den Vater, der mit dem Sohne blutsverwandt sei und eventuell für seine eigene Missetat bluten müsse. Habe er ja seine eigenen Eingeweide verkauft.[6] Daß diese Meinung unrichtig ist, hat schon J. Gothofredus nachgewiesen.[7]

---

filiis obesse non debet, adi competentem iudicem, si vis, ut causa agatur secundum ordinem iuris.

[1] *L.* 6 *C. Th. de liberali causa* 4, 8: *Libertati a maioribus tantum impensum est, ut patribus, quibus ius vitae necisque potestas permissa est, eripere libertatem non liceret.*

[2] *Arg. c.* 16 *de nuptiis* 5, 4; s. unten S. 62[2].

[3] *L. unica C. Th. de his qui sanguinolentos emptos vel nutriendos acceperint* 5, 10: *Si quis a sanguine infantem quoquo modo legitime conparaverit vel nutriendum putaverit* .... Das Gesetz ist von Konstantin am 18. August 329 erlassen; vgl. Monmsen, a. a. O.

[4] Vgl. *C. Th. de his qui sanguinolentos emptos vel nutriendos acceperint* 5, 10; *C. de infantibus expositis liberis et servis et de his qui sanguinolentos emptos vel nutriendos acceperunt* 8, 51; *c.* 2 *de patribus qui filios* 4, 43, welche der *l. un. C. Th. de his qui sang.* entnommen ist, aber den Ausdruck *a sanguine infans* durch *sanguinolentus* ersetzt: *Si quis propter nimiam paupertatem egestatemque victus causa filium filiamve sanguinolentos vendiderit* ....

[5] So Azo, Hugolinus, Accursius, Scipio Gentilis (*de bonis maternis cap.* 2) Bachovius (*de pignoribus lib.* 2, *cap.* 12).

[6] Basilius, *Homilia in illud Lucae, Destruam etc.* (Migne, *Patrologia gr. t.* 31, *pag.* 270): *Καὶ ὁ μὲν τὰ σπλάγχνα προτείνεται τιμὴν τῶν τροφῶν* .... *Et ille quidem viscera sua pretium alimentorum porrigit.*

[7] Zur *l. unica de his* I, *pag.* 490. Vgl. auch noch *Formulae Sirmondianae* XI: .... *infantulum sanguinolentum* .... *pannisve involutum.*

In gleichem Sinne spricht Konstantin von der *nascens infantia.*[1] Das vom Blute der Mutter gerötete neugeborene Kind kommt auch in der nichtjuristischen Literatur vor.[2]

2. Das Kind muß übergeben sein.[3] 3. Der Kaufpreis muß angemessen sein.[4] 4. Der Kaufpreis muß bezahlt sein.[5] 5. Eine Urkunde muß über das ganze Geschäft aufgenommen werden.[6]

Sind diese Tatbestandsmerkmale sämtlich erfüllt, so geht das neu-

---

(Walter, *Corpus iuris germanici antiqui tom.* III, *pag.* 379). Heumann-Seckel, *verb. sanguinolentus.*

[1] *L.* 1 *C. Th. de alimentis quae inop. p.* 11, 27: .... *cum educatio nascentis infantiae moras ferre non possit.*

[2] Donatus, *in Andriam Terent. act.* 3, *scen.* 2, *vers.* 6 (*scitus puer*): *Satis obstetrici est adhuc incertum quem dicat itaque a matre sanguinolentum non pulcrum quod ipsum nimium videretur cito dicere sed scitum pronuntiat.* P. Terenti *comoediae ed.* Klotz, *vol.* I, *pag.* 95, *v.* 12. Juvenalis, *Satir.* 7, *v.* 196: .... *a matre rubentem.* Guillelmus Brito Aremoricus, Philippid. 7: *foetus adhuc a matre rubens calidoque cruore.*

Artemidorus sagt: διὰ τὸ ἀφ' αἵματος τὸ βρέφος ἀποβεβλῆσθαι. Plutarch, *Περὶ τῆς εἰς τὰ ἔκγονα φιλοστοργίας* (*De amore prolis*) [Plutarchi *Chaeronensis moralia rec.* Gregorius N. Bernardakis. *Lipsiae* 1891 (286, 10) *cap.* 3] sagt über die Neugeburt im Stil der Diatribe: ᾧ μόνῳ σχεδὸν οὐδὲ καθαρὰν ἔδωκεν εἰς φῶς ὁδὸν ἡ φύσις, ἀλλ' αἵματι πεφυρμένος καὶ λύθρου περίπλεως καὶ φονευομένῳ μᾶλλον ἢ γεννωμένῳ ἐοικὼς οὐδενός ἐστιν ἅψασθαι καὶ ἀνελέσθαι καὶ ἀσπάσασθαι καὶ περιλαβεῖν ἢ τοῦ φύσει φιλοῦντος. *Cui soli fere ne exitum quidem in lucem mundum natura concessit, sed sanguine inquinatus tabeque oppletus et occiso magis quam nato similis* ....

Daß die blutigen Körper der neugeborenen Kinder sofort, nachdem sie vom Mutterleibe getrennt sind, gewaschen zu werden pflegen, schließt Hieronymus aus Hesekiel *cap.* 16, 4, und Aelianus schreibt ποικ. ἱστ. 4. 1, daß die *Dardani Illyrici* nur dreimal im Leben gewaschen werden, sofort nach der Geburt, bei der Heirat und beim Tode: Ὅτι Δαρδανεῖς, τοὺς ἀπὸ τῆς Ἰλλυρίδος, ἀκούω τρὶς λούεσθαι μόνον παρὰ πάντα τὸν ἑαυτῶν βίον, ἐξ ὠδίνων καὶ γαμοῦντας καὶ ἀποθανόντας. *Claudii Aeliani varia historia, epistolae, fragmenta ex recog.* Hercheri *pag.* 60, *vers.* 6.

Dagegen ist es unrichtig, wenn J. Gothofredus, *Comm. ad leg. un. de his qui sanguin. tom.* I, *pag.* 491 und Cuiacius, *parat. ad novell. pag.* 1162 E auch folgende Stelle hierher rechnen: Prudentius, *Contra Symmachum: quos sanguinolentos edendi mos iuvat.* Die Stelle heißt vielmehr so: (*Aurelii Prudentii Clementis carmina ed.* A. Dressel. *Lipsiae* 1860, *pag.* 327.) *Sint haec barbaricis gentilia numina pagis, quos penes omne sacrum est, quidquid formido tremendum suaserit, horrificos quos prodigalia cogunt credere monstra deos, quos sanguinolentus edendi mos iuvat, ut pinguis luco lanietur in alto victima visceribus multa inter vina vorandis.* Es wird also hier von der blutigen Sitte des Essens gesprochen und nicht von der Sitte, neugeborene Kinder zu verzehren, wie die beiden Franzosen meinen.

[3] Dies Tatbestandsmerkmal wird nicht besonders in der *l. cit.* hervorgehoben. Es geht aber hervor aus den Worten: *si quis a sanguine infantem quoquo modo legitime conparaverit vel nutriendum putaverit .... ita debet firmiter possidere.*

[4] *L. un. cit.*: .... *pretium conpetens;* vgl. Heumann-Seckel, verb. *competere* Nr. 2.

[5] *L. un. cit.*: .... *qui enim pretium conpetens dederit.*

[6] *L. un. cit.*: .... *instrumento confecto.*

geborene Kind in das Eigentum des Erwerbers über und muß ihm später sklavische Dienste leisten. Dem Erwerber steht auch das Recht zu, den Sklaven weiter zu verkaufen, um seinen Anspruch zu befriedigen.[1] Fehlen dem Tatbestande die letzten drei Merkmale und liegt statt deren nur die unentgeltliche Übertragung und Übernahme des Kindes zur Ernährung vor (*nutriendum accipere*, *putare*[2]), so erwirbt der Aufnehmende zwar das Eigentum[3], aber nicht das *ius distrahendi*.[4] Echte Not wird weder beim Verkaufe noch bei der unentgeltlichen Hingabe zur Ernährung als Tatbestandsmerkmal verlangt.[5] Der Erwerber ist gegen willkürliche Entziehung seines Sklaven[6] gesichert. Der Widerruf ist nur unter folgender alternativer Voraussetzung gestattet: Entweder muß dem Herrn der Preis (*pretium*) bezahlt werden, den der Sklave erzielen würde, wenn er zur Zeit des Widerrufes verkauft werden würde.[7] Oder aber es muß dem Herrn ein Sklave von gleicher Art und Güte geleistet werden.[8] Das Recht zum Widerruf hat nur der Vater, der sein neugeborenes Hauskind verkauft oder jemandem unentgeltlich zur Ernährung überlassen hat.[9]

B. Der Kinderhandel im weiteren Sinne, Aussetzung und Aufnahme. Auch hier müssen wir unterscheiden zwischen dem Handel mit älteren und neugeborenen Kindern, aber nicht zwischen dem Handel in echter Not

---

[1] Dies geht aus den Worten der *l. un. C. Th.* 5, 10 klar hervor: *obtinendi eius servitii habeat potestatem .... debet firmiter possidere ut et distrahendi pro suo debito causam liberam habeat; debitum suum* bedeutet den Anspruch, den der Käufer dadurch erwarb, daß er den Kaufpreis bezahlte.

Am schlagendsten beweisen aber die Worte: *ad libertatem eum repetat*, daß der Verkaufte, bevor er in die Freiheit zurückgerufen wird, ein Sklave war.

[2] *Putare* hat hier die Bedeutung von „übernehmen", eine Bedeutung, die von Heumann-Seckel *verb. putare* übersehen wird.

[3] *L. un. cit.*: .... *vel nutriendum putaverit, obtinendi eius servitii habeat potestatem.*

[4] *Arg. e contrario* aus der *l. un. cit.*

[5] S. unten S. 63.

[6] *C. Th. de his qui sang.* 5, 10, *l.* 1: .... *ita ut, si quis post seriem annorum ad libertatem eum repetat vel servum defendat, eiusdem modi alium praestet aut pretium, quod potest valere, exsolvat* .... *l.* 1 *C. Th. de expos.* 5, 9: .... *omni repetitionis inquietudine penitus submovenda eorum, qui servos aut liberos scientes propria voluntate domo recens natos abiecerint.*

[7] S. *l.* 1 *de his qui*: .... *pretium, quod potest valere* ....: s. auch Cuiacius, a. a. O., *Paratit. in lib.* 4, *tit.* 43, *pag.* 276.

[8] *L.* 1 *cit.*: .... *eius modi alium praestet.* Die *l.* 7 *C. Th. de liberali causa* 4, 8 nennt einen solchen Ersatzsklaven *servulus vicarius*, was mit dem technischen Begriff des *servus vicarius* nichts zu tun hat; vgl. Erman, *Servus vicarius p.* 425 fg. und dazu meine Kritik in der Krit. Vierteljahrschr. 1900, S. 351 fg.

[9] Das Gesetz Konstantins bezieht sich sowohl auf den Verkauf eines Hauskindes als auf den Verkauf eines Haussklaven: *ita ut, si quis post seriem annorum ad libertatem eum repetat* (das ist der Vater, der sein Hauskind in die Freiheit zurückfordert) *vel servum defendat*, (das ist der Herr, der seinen Sklaven wieder beansprucht); *defendere* hier = in Anspruch nehmen; s. Heumann-Seckel, v. def. Nr. 3. Der letztere Fall interessiert uns hier weiter nicht.

und ohne echte Not. Soweit der Kinderhandel im weiteren Sinne zulässig ist, sind die Erwerbstatbestände des Eigentums an den Kindern immer Tatbestandsverbindungen.[1]

Setzt der *parens* ein älteres Kind aus und nimmt ein anderer es auf, so erwirbt er kein Herrenrecht, selbst wenn die Aussetzung in echter Not geschah. Dieser Tatbestand hat keine Änderung des personalen Rechtsverhältnisses des Kindes zur Folge. Es scheint auch kein Verlust der *patria potestas* eingetreten zu sein. Nur ihre Ausübung geht dem *pater familias* verloren. Er kann sie aber wieder ausüben, wenn er die Unterhaltskosten bezahlt.[2]

Dagegen führt die Aussetzung des neugeborenen Kindes von seiten des Vaters *(expositio)* und seine Aufnahme von seiten eines Dritten *(collectio)* zum Eigentumserwerb.[3] Die einzelnen Tatbestandsmerkmale sind folgende:

1. Das Kind muß ein neugeborenes sein.[4]

2. Das Kind muß im Hause des Vaters geboren sein.[5] 3. Der Vater muß das Kind mit Wissen und Willen aussetzen.[6] 4. Der Dritte

---

[1] S. oben S. 31[6].

[2] QUINCTILIAN, *Declam.* 278. *C.* 16 *de nuptiis* 5, 4: *Patrem, qui filiam exposuit ac nunc adultam sumptibus et labore tuo factam, matrimonio coniungi filio desiderantis favere voto convenit. qui si renitatur, alimentorum solutioni in hoc solummodo casu parere debet.* Dieses Gesetz Diokletians und Maximians bezieht sich auf den Fall, daß der Vater seine jugendliche, aber nicht neugeborene Tochter ohne echte Not aussetzte. Der Vater behält seine väterliche Gewalt, kann sie aber nicht ausüben. Will die Tochter heiraten, so kann er die Ehe nicht hindern; im Gegenteil *favere voto convenit.* (*votum* = Ehe, vgl. HEUMANN-SECKEL, Nr. 3, der diese *lex* nicht berücksichtigt). Nach Bezahlung der Unterhaltskosten *alimentorum solutioni* kann er sie aber ausüben.

Die Konstitution enthält also das vorjustinianische Recht und steht im Widerspruch mit dem *Tit. de infantibus expositis liberis et servis et de his qui sanguinolentos emptos vel nutriendos acceperunt* 8, 51, wonach der aussetzende Vater seine Gewalt verliert, was Tribonian übersehen hat.

Zum entgegengesetzten Ergebnis kommt CUIACIUS, *Paratitl. in lib.* VIII, *tit.* 51, *pag.* 569E. Nach ihm bezieht sich die Konstitution Diokletians und Maximians auf den Fall, daß der Vater in echter Not das neugeborene Kind aussetzt; dann aber stimmt sie weder mit dem vorjustinianischen, noch mit dem justinianischen Recht überein. Denn nach vorjustinianischem Rechte wäre dann das neugeborene Kind in die *dominica potestas* des Aufnehmenden getreten und es müßte zum Widerruf der Sklaverei der Preis bezahlt werden, den das Kind erzielen würde, wenn es auf dem Sklavenmarkt verkauft wird; vgl. unten S. 66[3], und nach justinianischem Rechte ginge unter allen Umständen die *patria potestas* selber, nicht bloß ihre Ausübung verloren; s. unten S. 66[6].

[3] Vgl. *l.* 1 *C. Th. de expositis* 5, 9. Das Gesetz wurde von Konstantin am 17. April 331 erlassen; vgl. MOMMSEN, a. a. O.

[4] *L. cit.*: *qui .... liberos scientes propria voluntate domo recens natos abiecerint.*

[5] *.... proiectam de domo patris .... domo natos.*

[6] *Proiectam de domo patris .... voluntate scientiaque scientes propria voluntate abiecerint.*

muß das Kind aufnehmen.[1] 5. Er muß das Kind durch seinen Unterhalt zu einem kräftigen Menschen *(robur)* heranziehen.[2] 6. Er muß ihn als seinen Sklaven, nicht als sein Hauskind behandeln.[3] Eine Beurkundung der Aufnahme ist bei diesem Tatbestande nicht erforderlich.[4]

Dagegen ist echte Not kein Tatbestandsmerkmal. Konstantin erwähnt absichtlich diese Voraussetzung nicht, während er in seinem Gesetze vom Jahre 315 für die Unterhaltspflicht des Staates gegenüber neugeborenen Kindern die echte Not der Eltern in den Vordergrund stellt.[5] Ein Widerruf der Sklaverei ist hier anders als beim Handel mit neugeborenen Kindern im engeren Sinne nicht gestattet.[6]

Das konstantinische Gesetz brachte eine wesentliche Neuerung. Nach altem Rechte verlor der Vater durch Aussetzung seines neugeborenen Kindes seine väterliche Gewalt nicht.[7] Nach konstantinischem Rechte dagegen verliert der aussetzende Vater seine Gewalt.

Nach bisherigem Recht konnte dem aufgenommenen und als Sklaven behandelten Freien die *adsertio libertatis* nicht verweigert werden, so daß er *in libertatem* vindiziert werden konnte, ohne daß die Alimentationskosten zu bezahlen waren.[8] Nach konstantinischem Recht geht die *patria potestas* und die freie *adsertio libertatis* verloren.

---

[1] . . . . *collegerit* . . . .

[2] . . . . *ac suis alimentis ad robur provexerit* . . . .

[3] . . . . *eundem retineat sub eodem statu, quem apud se collectum voluerit agitare, hoc est sive filium sive servum eum esse maluerit.*

[4] Das Gesetz von Honorius und Theodosius vom Jahre 412 (*l.* 2 *C. Th. h. t.*) bezieht sich nicht auf die Aussetzung freigeborener, sondern auf die Aussetzung von Freigelassenen und Sklaven. Für deren Aufnahme schreibt sie eine bischöfliche Beurkundung vor; s. unten § 24.

[5] *L.* 1 *C. Th. de alimentis quae inop.* 11, 27: *Aereis tabulis vel cerussatis aut linteis mappis scripta per omnes civitates Italiae proponatur lex, quae parentum manus a parricidio arceat votumque vertat in melius. Officiumque tuum haec iura perstringat, ut si quis parens adferat subolem, quam pro paupertate educare non possit, nec in alimentis, nec in veste inpertienda tardetur, cum educatio nascentis infantiae moras ferre non possit* . . . . Ebenso stellt er die echte Not in den Vordergrund in der *l.* 2 *C. Th. h. t.* 11, 27: *Provinciales egestate victus atque alimoniae inopia laborantes liberos suos vendere vel obpignorare cognovimus* . . . .

Es bestand in jener Zeit wirklich die Sitte des Kinderhandels im weiteren Sinne, d. h. die neugeborenen Kinder entweder zu verkaufen oder auszusetzen, s. Philo *lib. de special. legib.* ἄρτι παρεληλυθότες εἰς φῶς καὶ ἀνθρώπινον βίον, *infantes recens in lucem ac vitam editi.* Er handelt hier von der Sitte des Aussetzens.

[6] *L.* 1 *de exp. cit.*: . . . . *omni repetitionis inquietudine penitus submovenda eorum, qui servos aut liberos scientes propria voluntate domo recens natos abiecerint.*

[7] Vgl. *c.* 16 *de nuptiis* 5, 4 von Diocletian: *Patrem, qui filiam exposuit, ac nunc adultam sumptibus et labore tua factam matrimonio coniungi filio desiderantis favere voto convenit, qui si renitatur, alimentorum solutioni in hoc solummodo casu parere debet;* Quinctilian, *Declam.* 278.

[8] *Plini et Traiani epist.* 66: *Quaestio ista quae pertinet ad eos qui liberi nati expositi, deinde sublati a quibusdam et in servitute educati sunt saepe*

Welches war also die Tendenz des konstantinischen Gesetzes? Es begünstigte den Kinderhandel, der in der Form der Aussetzung neugeborener Kinder und Aufnahme derselben stattfand.[1] Diese Begünstigung zeigt sich darin, daß die Lage des Aufnehmenden bedeutend verbessert wird; seine Rechte gegenüber dem Kinde sind gesichert und können ihm nicht mehr entzogen werden. Dagegen ist die Lage des Kindes und der Eltern bedeutend verschlechtert.

Für die Eltern stellte Valentinian III. im Jahre 374 noch strengere Bestimmungen auf. Es geht der Vater durch die Aussetzung nicht nur der väterlichen Gewalt verlustig, sondern er unterliegt auch noch einer öffentlichen Strafe: *animadversioni quae constituta est subiacebit.*[2] Diese schärferen Bestimmungen billigt[3] Honorius im Jahre 412.

Gerade das Gesetz von Honorius deutet darauf hin, daß die Aussetzung des neugeborenen Hauskindes als Tötung angesehen wurde.[4] Schon Paulus vertritt diese Auffassung.[5] Auch die Kirchenväter aus dem zweiten christlichen Jahrhundert, unter ihnen Athenagoras[6], vertreten diese Anschauung und Lactantius spricht sie aus, wenn er sagt: *tam igitur nefarium est exponere quam necare.*[7] Sie geht aus der

---

tractata est, nec quicquam invenitur in commentariis eorum principum qui ante me fuerunt, quod ad omnes provincias sit constitutum. epistulae sane sunt Domitiani ad Avidium Nigrinum et Armenium Brocchum, quae fortasse debeant observari, sed inter eas provincias de quibus rescripsit inter quas est Bithynia, et ideo nec adsertionem denegandam iis qui ex eius modi causa in libertatem vindicabuntur puto neque ipsam libertatem redimendam pretio alimentorum.

[1] S. Mitteis, Reichsrecht und Volksrecht S. 361.

[2] *C.* 2 *pr. de infant. expos.* 8, 51.

[3] S. J. Gothofredus, *ad l.* 2 *C. Th. de expositis* 5, 9, *tom.* I, *pag.* 489.

[4] *L.* 2 *C. Th. de expositis* 5, 9: .... *si expositos quodammodo ad mortem.*

[5] *Fr.* 4 *de agnoscendis et alendis liberis* 25, 3: *Necare videtur non tantum is qui partum praefocat, sed et is qui abicit et qui alimonia denegat et is qui publicis locis misericordiae causa exponit, quam ipse non habet.*

[6] *Corpus apologetarum christianorum saeculi secundi ed.* Otto, *vol.* VII *πρεσβεία περὶ χριστιανῶν cap.* 35, *pag.* 180: *καὶ μὴ ἐκτιθέναι μὲν τὸ γεννηθέν, ὡς τῶν ἐκτιθέντων τεκνοκτονούντων, πάλιν δὲ τὸ τραφὲν ἀναιρεῖν.*

[7] *Corpus scriptorum ecclesiasticorum latinorum vol.* XIX. *L. Coeli Firmiani Lactanti opera omnia. Divinae institutiones lib.* VI, *cap.* 20, *pag.* 559 (*ed.* Brandt). Die ganze Stelle über die Kindesaussetzung enthält eine flammende Predigt gegen diese Unsitte. Sie lautet folgendermaßen: *pag.* 558, *vers.* 20: *ergo ne illut quidem concedi aliquis existimet, ut recens natos liceat oblidere, quae vel maxima est inpietas. ad vitam enim deus inspirat animas, non ad mortem. verum homines, ne quod sit facinus quo manus suas non polluant, rudibus adhuc et simplicibus animis abnegant lucem non a se datam. expectet vero aliquis ut alieno sanguini parcant qui non parcunt suo? sed hi sine ulla controversia scelerati et iniusti: quid illi quos falsa pietas cogit exponere? num possunt innocentes existimari qui viscera sua in praedam canibus obiciunt et, quantum in ipsis est crudelius necant quam si strangulassent? quis dubitet quin impius sit, qui alienae misericordiae locum tribuit? qui, etiamsi contingat ei quod voluit, ut alatur, addixit*

Novelle 153 hervor.[1] Auffallend ist, daß hier die Aussetzung des Hauskindes auch *calumnia* (*συκοφαντία*) genannt wird.

II. Justinianisches Recht. Die Tendenz der justinianischen Gesetzgebung geht dahin, die persönliche Freiheit zu begünstigen. Diese Tendenz zeigt sich in zwei Maßnahmen:

1. In einer dreifachen Beschränkung des Kinderhandels. Der Kinderhandel ist nur noch durch Kauf und nicht mehr durch unentgeltliche Hingabe zur Ernährung oder durch Aussetzung und Aufnahme, ferner nur noch in bezug auf neugeborene Kinder und endlich nur, wenn er in echter Not geschieht, gestattet.

Nur die in echter Not verkauften neugeborenen Hauskinder werden Sklaven des Erwerbers.[2] Die in echter Not unentgeltlich zur Ernährung hingegebenen und die in echter Not ausgesetzten Kinder bleiben frei.[3]

---

certe sanguinem suum vel ad servitutem vel ad lupanar. quae autem possint vel soleant accidere in utroque sexu per errorem, quis non intelligit, quis ignorat? quod vel unius Oedipodis declarat exemplum duplici scelere confusum. tam igitur nefarium est exponere quam necare. at enim parricidae facultatum angustias conqueruntur nec se pluribus liberis educandis sufficere posse praetendunt: quasi vero aut facultates in potestate sint possidentium aut non cottidie deus et ex divitibus pauperes et ex pauperibus divites faciat. quare si quis liberos ob pauperiem non poterit educare, satius est ut se ab uxoris congressione contineat quam sceleratis manibus dei opera corrumpat. ergo si homicidium facere nullo modo licet, nec interesse omnino conceditur, ne conscientiam perfundat ullus cruor, si quidem populo sanguis ille praestatur.

[1] *Praefatio: . . . . ut quos in ipsis vitae primordiis morti tradiderint . . . . Quoniam igitur eiusmodi indignitas multa simul complectitur crimina, caedem et calumniam . . . .*

[2] S. oben § 9, S. 54. Das Erfordernis der echten Not hebt Justinian ausdrücklich hervor in *c.* 2 *pr. de patribus* 4, 43: *Si quis propter nimiam paupertatem egestatemque victus causa filium filiamve sanguinolentos vendiderit, venditione in hoc tantummodo casu valente emptor obtinendi eius servitii habeat facultatem.* Bezeichnenderweise legt er diese ausdrückliche Hervorhebung der echten Not Konstantin in den Mund, (obschon dieser davon abgesehen hatte; s. oben S. 53): *Imp. Constantinus A. provincialibus suis.* Die *lex* ist eine Umarbeitung der *l. un. de his qui sang. C. Th.* 5, 10.

Echte Not liegt vor, wenn der Vater das Kind nicht ernähren kann: *Tueri, alere, exhibere*; vgl. *fr.* 20 *de in rem verso* 15, 3; *fr.* 1 § 2 *de officio pr. urbi* 1, 12; *fr.* 33 *de neg. gestis* 3, 5; *fr.* 5 *pr.* § 1, 3—7 *de agn. et al. lib.* 25, 3; *Ἀνάγκῃ οὐδὲ θεοί, φασί, μάχονται.* Anna Komnena, *Alexias* 12. Vgl. für das griechische Recht Aelianus, *ποικ. ἱστ.* II, 7 (*l. c. pag.* 20 v). *Νόμος οὗτος Θηβαϊκὸς ὀρθῶς ἅμα καὶ φιλανθρώπως κείμενος ἐν τοῖς μάλιστα, ὅτι οὐκ ἔξεστιν ἀνδρὶ Θηβαίῳ ἐκθεῖναι παιδίον οὐδὲ ἐς ἐρημίαν αὐτὸ ῥῖψαι θάνατον αὐτοῦ καταψηφισάμενος, ἀλλ' ἐὰν ᾖ πένης ἐς τὰ ἔσχατα ὁ τοῦ παιδὸς πατήρ, εἴτε ἄρρεν τοῦτο εἴτε θῆλύ ἐστιν, ἐπὶ τὰς ἀρχὰς κομίζειν ἐξ ὠδίνων τῶν μητρῴων σὺν τοῖς σπαργάνοις αὐτό. αἳ δὲ παραλαβοῦσαι ἀποδίδονται τὸ βρέφος τῷ τιμὴν ἐλαχίστην δόντι· ῥήτρα τε πρὸς αὐτόν, καὶ ὁμολογία γίνεται ἦ μὴν τρέφειν τὸ βρέφος καὶ αὐξηθὲν ἔχειν δοῦλον ἢ δούλην, θρεπτήρια αὐτοῦ τὴν ὑπηρεσίαν λαμβάνοντα.*

[3] *Arg. e. contrario* aus *c.* 2 *de patr. cit.*

2. In einer Erweiterung des Widerrufsrechtes. Es kann der Widerruf der Sklaverei nicht bloß ausgehen von den Eltern, die das Kind verkauft haben, sondern auch vom Verkauften selbst, ja sogar von jedem Dritten.[1]

Die Voraussetzung des Widerrufs ist die gleiche, wie nach konstantinischem Rechte: entweder Bezahlung des Preises, den das Kind erzielen würde, wenn es jetzt auf dem Markte als Sklave verkauft würde oder Stellung eines Ersatzsklaven.[2]

Lebt nun mit der Freiheit des verkauften Hauskindes auch die *patria potestas* wieder auf? Wir möchten die Frage bejahen, obschon Justinian sich nicht deutlich darüber ausdrückt.[3]

Die in echter Not verhandelten älteren Kinder treten nicht mehr in die Sklaverei des Erwerbers wie nach früherem Rechte.[4] Leider geben uns die Gesetze Justinians auf die Frage, ob in diesem Falle der Verkäufer seine *patria potestas* verliere, keine Antwort; der *Tit. de infantibus liberis vel servis etc.* 8, 51 bezieht sich nicht auf sie. Im Sinne der justinianischen Gesetzgebung dürfte sie aber zu verneinen sein.

Setzt der *pater familias* in echter Not sein neugeborenes Hauskind aus, so geht es nicht in die Sklaverei des Aufnehmenden über.[5]

Trotzdem der Aufnehmende keine Gewalt über das Kind erlangt, bleibt auch die *patria potestas* des aussetzenden Vaters darüber nicht bestehen.[6]

---

[1] *C.* 2 *cit.* § 1: *Liceat autem ipsi qui vendidit aut qui alienatus est aut cuilibet alii ad ingenuitatem propriam eum repetere ....*

In der gleichen humanen Absicht und im Interesse der Freiheit gewährte Justinian das Widerrufsrecht jedem Beliebigen bei öffentlich prostituierten Sklavinnen. *C. ult. de spectaculis et scaenicis* 11, 41: .... *si vero mancipium prostitutum erit, a quolibet gratis id vindicare licet, sive vir sive mulier sive clericus vel monachus vindicare velit*; εἰ δὲ δοῦλον εἴη τὸ προσταθέν, παρὰ παντὸς ἐκδικείσθω προῖκα, εἴτε ἀνὴρ εἴτε γυνὴ εἴτε κληρικὸς ἢ μοναχὸς τοῦτο ἐκδικεῖ.

[2] *C.* 2 § 1 *h. t.* 4, 43: *Liceat autem ipsi qui vendidit vel qui alienatus est aut cuilibet alii ad ingenuitatem propriam eum repetere, modo si aut pretium offerat quod potest valere, aut mancipium pro huiusmodi praestet.*

[3] S. auch Cuiacius, *paratitl. in lib.* 8, *tit.* 51, *pag.* 569.

[4] *C.* 2 *de patr. qui fil. dist.* 4, 43: *venditione in hoc tantummodo casu valente emptor obtinendi eius servitii habeat facultatem*, in Verbindung mit *c.* 1 *eod. tit.*

[5] *Tit. de infantibus expositis liberis et servis* usw. 8, 51. Wenn auch der Titel etwas konfus abgefaßt ist, soviel ist sicher, daß Justinian dem Aufnehmenden keine Gewalt über das Kind einräumt. *C.* 3 *pr. h. t.*: .... *sed neque his, qui eos nutriendos sustulerunt, licentiam concedi penitus (cum quadam distinctione) eos tollere et educationem eorum procurare, sive masculi sint sive feminae, ut eos vel loco libertorum vel loco servorum aut colonorum aut adscripticiorum habeant.*

[6] Aus zwei Punkten läßt sich dies schließen. Im Titel *de infantibus* usw. 8, 51 werden die ausgesetzten freien Kinder den ausgesetzten Sklavenkindern gleich gestellt und gleich behandelt. Nun verlieren die Herren der ausgesetzten

Wenn also schon bei einem in echter Not ausgesetzten neugeborenen Kinde auf der einen Seite der aufnehmende Teil kein Eigentum erwirbt, auf der anderen der aussetzende Teil seine *patria potestas* verliert, so muß dies um so mehr der Fall sein, wenn das neugeborene Kind ohne echte Not ausgesetzt wird; die Begründung ist die nämliche.[1] Dasselbe muß gelten, wenn der Vater das neugeborene Kind ohne echte Not verkauft.[2]

Wie verhält es sich im justinianischen Rechte mit den ohne echte Not verkauften oder ausgesetzten älteren Kindern? Darüber fehlt es ihm wie dem älteren Rechte an einer ausdrücklichen Bestimmung. Aber aus dem Geiste, der aus dem Titel *de infantibus etc.* 8, 51 atmet, geht hervor, daß weder der Aufnehmende irgend eine Gewalt über das Kind erhält noch der Vater seine *patria potestas* behält. Die Kinder erlangen vielmehr die personalen Rechtsverhältnisse der Vermögens- und Testierfähigkeit.[3]

Die Aussetzung des Kindes wurde erst gegen Ende des 4. Jahrhunderts unter Strafe gestellt, *c.* 2 *pr. h. t.: Unusquisque subolem suam nutriat, quod si exponendam putaverit, animadversioni, quae constituta est subiacebit.* Diese *lex* stammt aus dem Jahre 374 und rührt von Valentinian I. her. Zuerst wird die „*animadversio, quae constituta est*" von Valentinian erwähnt; hat er sie auch selber eingeführt? In der Tat hat Valentinian I. durch ein Gesetz vom 7. Febr. 374, also im gleichen Jahre, wo er die Strafe erwähnt, die Tötung eines unmündigen

---

Sklavenkinder ihr Eigentum. *C.* 3 *pr. h. t*: *Sancimus nemini licere . . . . eum puerum in suum dominium vindicare sive nomine dominii sive adscripticiae sive colonariae condicionis*, also verliert auch der Vater seine väterliche Gewalt. Andererseits läßt das personale Rechtsverhältnis der aufgenommenen Kinder eine väterliche Gewalt nicht zu. Sie können sich ein eigenes Vermögen erwerben und es auf ihre Nachkommenschaft oder auf fremde Erben durch letztwillige Verfügung übertragen. *C.* 3 § 1 *h. t.*: *Sed nullo discrimine habito hi, qui ab huiusmodi hominibus educati sunt, liberi et ingenui appareant et sibi adquirant et in posteritatem suam vel extraneos heredes omnia quae habuerint, quomodo voluerint, transmittant.* Diesen Punkt hat Cuiacius, a. a. O., übersehen; auf Grund von *c.* 16 *de nuptiis* 5, 4 kommt er zum entgegengesetzten Ergebnis. Darüber s. oben S. 63.

[1] Gleicher Ansicht Cuiaz, a. a. O., nur hat er das Hauptargument übersehen, daß das personale Rechtsverhältnis der aufgenommenen Kinder die *patria potestas* nicht verträgt, nämlich die Vermögens- und Testierfähigkeit; s. oben.

[2] Gleicher Ansicht Cuiacius, a. a. O. Für alle obigen Fälle der Aussetzung wird der Verlust der *patria potestas* bestätigt durch das kanonische Recht *cap. un. X de infantibus et languidis expositis* 5, 11: *Infans, expositus a patre vel alio, eo consentiente, vel ratum habente, hoc ipso a patria potestate liberatur.* Auffallend ist übrigens, daß Justinian selbst in der *Nov.* 153 *de infantibus expositis* die Frage nicht klipp und klar beantwortet, ob der aussetzende Vater die *patria potestas* verliert oder nicht.

[3] Über diese beiden personalen Rechtsverhältnisse vgl. meine ang. Abhdlg. in Grünhuts Zeitschr. S. 552fg., 598fg.

Kindes unter das Mordgesetz gezogen.[1] J. GOTHOFREDUS[2] meint, daß die Kindesabtreibung, die schon früher strafbar gewesen sei[3], jetzt unter die Strafe des Mordes gestellt wird. Ersteres ist richtig[4], aber letzteres ist falsch, denn eine Leibesfrucht wurde bei den Römern nicht als *infans* angesehen. MOMMSEN[4] sieht daher mit Recht davon ab, dieses Gesetz auf die Kindesabtreibung auszudehnen. Schon JUSTUS LIPSIUS war der Ansicht, daß es vielmehr die Kindesaussetzung im Auge habe.[5] Auch Justinian bezeichnet die Kindesaussetzung als Mord.[6]

Vor Valentinian I. galt es aber als unumstößliches Recht des Vaters, das neugeborene Kind auszusetzen. Von einer Strafe konnte keine Rede sein.[7]

§ 11. Die Dereliktion kranker, alter oder invalider Sklaven.

In bezug auf die Wirkungen dieser Dereliktion müssen wir unterscheiden zwischen dem Rechte vor Kaiser Claudius, dem Rechte nach diesem bis auf Justinian und dem Rechte nach Justinian.

Nach vorklaudianischem Rechte wurden die derelinquierten siechen Sklaven nach der einen Ansicht *servi sine domino*, nach der anderen blieben sie im Eigentum ihres Herrn, bis sie von jemandem in Besitz genommen wurden.[8]

Ein Edikt des Kaisers Claudius bestimmt nun, daß den siechen Sklaven nach der Dereliktion die Freiheit zukomme.[9]

---

[1] Vgl. *l.* 1 *C. Th. ad legem Corneliam de sicariis* 9, 14: *Si quis necandi infantis piaculum adgressus adgressave sit, erit capitale istud malum*, vgl. dazu *c.* 7 *h. t.* 9, 16.

[2] In seinem Kommentar zu dieser *lex, tom.* III, *pag.* 91.

[3] Er stützt sich auf *fr.* 4 *de extraord. crim.* 47, 11 u. *fr.* 39 *de poenis* 48, 19.

[4] Vgl. MOMMSEN, a. a. O. S. 673.

[5] *Justi Lipsi opera omnia Antverpiae* 1637 *tom. secundus pag.* 410. *Primi fuerunt, opinor, qui vetuerunt Valentinianus, Valens et Gratianus: quorum lex in utroque Codice Theodosii et Justiniani exstat, Ad legem Corneliam de Sicariis: Si quis necandi infantis piaculum adgressus adgressave sit, erit capitale istud malum. Qui putant hoc iam ante legibus cautum; quia in Pandectis mulier exsilio damnatur, quod visceribus suis vim intulerit (intellege in abigendo partu:) errant. qui posset? cum testimonia, quae dedi, vulgati illius moris, tetriora sint Pandectarum scriptis. Itaque abortus tantum ibi vetatur: et merito, quia nesciri de partu utili, inutili, quidqua* [*sic*] *etiam potest: et odium item suberat prioris mariti.*

[6] Vgl. *Nov.* 153 *de infantibus expositis pr.*: .... *Quoniam igitur eius modi indignitas multa simul complectitur crimina, caedem et calumniam et quaecumque quis in eiusmodi facinore facile recensuerit, oportebat eos qui haec talia committerent, vindictam ex legibus statutam non effugere, sed quo ceteri moderatiores fierent, extremis poenis subici* ....

[7] S. MOMMSEN, Strafrecht S. 619, 620.

[8] S. unten § 12.

[9] *Fr.* 2 *qui sine manumissione* 40, 8: .... *Servo quem pro derelicto dominus ob gravem infirmitatem habuit ex edicto divi Claudii competit libertas.* SUETON

Die Dereliktion eines siechen Sklaven bildet also nach klaudianischem Rechte nicht mehr den Entstehungstatbestand der Persönlichkeit eines *servus sine domino*, sondern den Entstehungstatbestand der Persönlichkeit eines Freien.

Nach justinianischem Rechte gelangten auch diejenigen Sklaven zur Freiheit, welche zwar nicht tatsächlich ausgesetzt wurden, denen aber ihre Herren den nötigen Unterhalt und die nötige Arznei verweigerten.[1] Justinian unterscheidet also zwei Arten der Dereliktion eines kranken oder sonst hinfälligen Sklaven. 1. Der Herr bringt den siechen Sklaven außerhalb seines Hauses und setzt ihn tatsächlich aus. 2. Er läßt ihn zwar in seinem Hause, trägt aber keine Sorge für ihn.[2] In beiden Fällen gibt er den *animus dominii* auf.[3]

Das klaudianische Edikt mit seiner Erweiterung durch die Novelle Justinians hat zu Mißverständnissen Veranlassung gegeben. So wollten ältere Schriftsteller daraus schließen, daß alle derelinquierten Sklaven die Freiheit erlangten. So vor allem GEORG D'ARNAUD.[4] Mit Recht betonen dem gegenüber CUIACIUS[5], POTHIER[6] und BARBEYRAC[7], daß das Edikt *ius singulare* enthalte und nicht analog ausgedehnt werden könne. Die Ausnahme bestätige nur die Regel, daß die in anderen Fällen derelinquierten Sklaven nicht frei wurden, sondern Sklaven blieben.

Auf der anderen Seite schließt G. CHR. BURCHARDT[8] aus dem klaudianischen Edikt, daß nur derjenige Herr, der seinen wegen Alters oder Krankheit hilfsbedürftigen Sklaven derelinquiere, seine Herrschaft über ihn verliere; jede andere Dereliktion sei wirkungslos. Sein Mißver-

---

erwähnt dieses Edikt in seiner *vita Claudii* cap. 25. Danach pflegten gewisse Herren ihre kranken und gebrechlichen Sklaven auf der Insel des Äskulap auszusetzen, weil sie Ekel davor empfanden, sie selbst zu heilen. Claudius wollte also mit seinem Edikt diesem schimpflichen Treiben ein Ende machen. Der alte Tempel des Äskulap (*Aesculapii aedes vetus* VARRO, *De l. l.* VII, 57) stand auf der Tiberinsel (FESTUS, *Epitome pag.* 110, Z. 14). Das Heiligtum war eine im Jahre 461 nach der Stadt begründete Abzweigung von Epidaurus. LIVIUS X, 47; OVID. Metam. XV, 660—744; FASTI I, 289 f.; VAL. MAX. I, 8, 2; STRABO XII, 567. Vgl. PAULY, Realenzyklopädie *verb. Asklepios nr.* 180.

[1] *Nov.* 22, *cap.* 12: *Et multo potius haec valeant, si contigit dudum servum aut ancillam seu languentes derelequisse seu etiam contempsisse eos et amisisse super dominio adversus eos voluntatem. Et voluntate dominii in eos exercendi deposita* (SCHÖLL). *Contemnere aliquem* heißt jemanden unbeachtet lassen, s. HEUMANN-SECKEL, h. v. Für einen siechen Sklaven zeigt sich dieses Unbeachtetlassen besonders darin, daß der Herr ihm Unterhalt und Arznei nicht zukommen läßt.

[2] S. auch BARBEYRAC, a. a. O.

[3] *Et voluntate dominii in eos exercendi deposita.*

[4] *De iure servorum cap.* XIII, s. oben S. 7[2].

[5] *Comment. in lib.* 18 *respons. Julii Pauli ad leg. ult. pro derelicto in fin. opera Lugduni* 1614, *tom.* I, *pag.* 1682.

[6] *Pandectae Just. l.* 45, *tit.* 3, *art.* 1, § 1 *n.* c.

[7] A. a. O.

[8] Grundzüge des Rechtssystems der Römer. Bonn 1822.

ständnis ist aber die Folge einer ungenauen Übersetzung der Quellen. Er übersetzt *fr.* 2 *qui sine manumissione* 40, 8 dahin, daß der Herr, welcher seinen wegen Alters oder Krankheit hilfsbedürftigen Sklaven derelinquiert, zur Strafe seine Herrschaft über ihn verliere. In der Tat sagt jedoch das klaudianische Edikt das nicht, sondern nur, daß dem wegen schwerer Krankheit derelinquierten Sklaven die Freiheit zukomme: *ex edicto divi Claudii competit libertas.* Daraus läßt sich nur schließen, daß der derelinquierte hinfällige Sklave vor dem Edikt des Claudius Sklave geblieben ist, ob *sine* oder *cum domino* — diese Frage war vielleicht damals noch nicht entschieden. Nach der Ansicht der Sabinianer war der derelinquierte Sklave *servus sine domino.* Die Prokulianer scheinen dagegen die Ansicht vertreten zu haben, daß das Eigentum des Derelinquenten formell noch fortdauere, bis jemand den Besitz am Sklaven erwerbe.[1]

§ 12. Die Dereliktion eines sonstigen Sklaven.

Hierher gehören zwei Digestenstellen. Im *fr.* 38 § 1 *de noxal. act.* 9, 4 derelinquiert ein Herr seinen Sklaven, der weder im jugendlichen Alter steht noch krank, alt oder invalid ist, in Hinblick auf ein drohendes *iudicium noxale.* Im *fr.* 36 *de stip. serv.* 45, 3 ist der Grund der Dereliktion eines solchen Sklaven nicht zu ersehen.

Es scheint nun gerade mit Rücksicht auf die Dereliktion eines solchen Sklaven eine Streitfrage unter den klassischen Juristen geherrscht zu haben, ob man das Eigentum an der Sache sofort mit der Dereliktion verliere oder erst in dem Zeitpunkte, in welchem jemand Besitz an der Sache erworben habe.[2] Sabinus und Cassius vertreten die erste, Proculus die zweite Meinung; die Ansicht der Sabinianer drang durch[3] und Julian scheint sie besonders energisch betont zu haben. Er verwertet sie bei der Entscheidung der Frage, ob ein Herr für den Diebstahl seines Sklaven noch einstehen müsse, nachdem er ihn derelinquiert hat.[4] Wäre die Meinung der Prokulianer anerkannt worden, so müßte auch nach der Dereliktion der Herr für das *furtum,* das der Sklave vor der-

---

[1] S. unten § 12.

[2] *Fr.* 2 § 1 *pro derelicto* 41, 7: *Sed Proculus non desinere eam rem domini esse, nisi ab alio possessa fuerit: Julianus desinere quidem omittentis esse non fieri autem alterius, nisi possessa fuerit et recte; fr.* 43 § 5 *de furtis* 47, 2: *Quod si dominus id dereliquit, furtum non fit eius, etiam si ego furandi animum habuero: nec enim furtum fit, nisi sit cui fiat: in proposito autem nulli fit, quippe cum placeat Sabini et Cassii sententia existimantium statim nostram esse desinere rem, quam derelinquimus.*

[3] *Fr.* 43 § 5 *de furtis*: .... *quippe placeat Sabini et Cassii sententia existimantium statim nostram esse desinere rem, quam derelinquimus;* vgl. auch *fr.* 1 *pro derelicto* 41, 7.

[4] *Fr.* 38 § 1 *de nox. act.* 9, 4.

selben begangen hatte, einstehen, solange kein anderer den Besitz an ihm erworben hat.[1] Er wäre verpflichtet, das *noxale iudicium* während dieses Zeitraums immer noch zu übernehmen; er würde haften als *dominus, qui dolo malo fecit quominus haberet.*[2] Begeht aber der Sklave nach der Dereliktion ein *furtum*, so würde er auch nach der Meinung der Prokulianer nicht haften, denn er könnte nicht als ein solcher angesehen werden, *qui dolo malo fecit, quominus haberet.* Gegen den verbrecherischen Sklaven würde einfach das Duktionsverfahren stattfinden.[3]

Nach der Meinung Julians aber ist der Herr nicht verpflichtet, das *iudicium noxale* für ein *furtum* zu übernehmen, das sein derelinquierter Sklave vor der Dereliktion begangen hat. Der Sklave hört sofort mit der Dereliktion auf, im Eigentum des Herrn zu stehen und damit ist der Herr von seiner Verpflichtung zur Übernahme des *iudicium noxale* befreit: *liberari me, quia statim meus esse desinit.* Er wiederholt noch einmal seine Meinung in den nicht mißzuverstehenden Worten: *ne eius nomine, qui sine domino sit, furti sit actio.*

Trotz dieser doppelten Äußerung Julians, daß mit der Dereliktion eines Sklaven das Eigentum daran aufhöre, haben frühere Romanisten dem *fr.* 38 § 1 *cit.* jede Beweiskraft für die Existenz des *servus sine domino* abgesprochen. So vor allem Josephus Finestres et de Monsalvo.[4] Er sagt, Julian behaupte in dieser Stelle nicht schlechterdings (*simpliciter*), der derelinquierte Sklave höre sofort auf in meinem Eigentum zu stehen, sondern er behaupte es nur zu dem Zwecke, damit nicht seinetwegen wider mich die *actio furti* zustehe. Nur zu diesem Zwecke werde der Sklave als *servus sine domino* angesehen. Der spanische Jurist übersieht, daß Julian es ist, welcher in *fr.* 2 § 1 *pro derelicto* 41, 7 der prokulianischen Ansicht die entgegengesetzte Meinung der Sabinianer gegenüberstellt und daß er aus dieser in unserem Fragment eine praktische Folge zieht. Damit fällt auch seine Behauptung dahin, daß die Meinung des Proculus zwar nicht bei den übrigen Sachen, wohl aber bei den Sklaven durchgedrungen sei.

Welcher Meinung folgt Javolen im *fr.* 36 *de stip. serv.* 45, 3 hinsichtlich der Frage, welche Wirkung die Dereliktion eines Sklaven habe, der weder jugendlich, noch alt, noch krank, noch invalid ist? Finestres

---

[1] *Fr.* 2 § 1 *pro derelicto: non desinere eam rem domini esse, nisi ab alio possessa fuerit.* Dieses „*possessa fuerit*" ist für unsere Untersuchung sehr bedeutungsvoll. Es scheint mir, daß Prokulus gerade den Fall im Auge habe, daß ein Sklave derelinquiert werde. Denn an einem derelinquierten Sklaven kann ein anderer durch Apprehension nur Besitz, kein Eigentum erwerben; s. unten § 25. Dem widerspricht auch nicht Julian, wenn er sagt: *non fieri autem alterius, nisi possessa fuerit*; er sagt damit nicht, daß mit dem Besitz immer Eigentum erworben werde, sondern bloß, daß der Besitz eine Voraussetzung des Eigentumserwerbs bilde.

[2] *Fr.* 21 *pr. de nox. act.* 9, 4.

[3] S. unten § 16 S. 114 II A.

[4] A. a. O.

hält ihn für einen Anhänger der prokulianischen Ansicht. Er war aber Sabinianer, Nachfolger von Caelius Sabinus.[1] Es ist also kaum anzunehmen, daß er bei der Dereliktion eines solchen Sklaven die Meinung der Prokulianer vertrat. Und doch scheint ein merkwürdiger Ausspruch in unserer Stelle darauf hinzudeuten, daß er der gegnerischen Ansicht huldigte, wonach bis zum Augenblick der Apprehension einer derelinquierten Sache der Derelinquent noch Eigentümer derselben sei und mit der Apprehension das Eigentum an der derelinquierten Sache vom Derelinquenten auf den Okkupanten unentgeltlich übergehe. Ein derartiger Eigentumserwerbstatbestand hätte dann eine gewisse Ähnlichkeit mit der Schenkung und so würden sich die Worte Javolens erklären lassen: *nam et haec genere quodam donatio est.* So fassen in der Tat Finestres[2], Pothier[3] und Schulting[4] diesen Satz auf. Sie verweisen dabei auf den *iactus missilium.*[5] Doch hat bei diesem Eigentumserwerbstatbestande der Werfende den Willen, das Eigentum der Sache auf jemanden zu übertragen: *quia volunt quod quisque exciperet eius esse,* also den *animus donandi.* Dem aber, der seine Sklaven derelinquiert, fehlt es an einem solchen Willen, am *animus donandi.* Ferner ist beim *iactus missilium* eine *traditio ad incertam personam* deswegen denkbar, weil als *missilia* nur *res nec mancipi* vorkommen. Da der Sklave aber eine *res mancipi* ist, so kann bei ihm von einer *traditio ad incertam personam* keine Rede sein, wenigstens nicht in der klassischen Zeit.

Aber auch aus sprachlichen Gründen ist diese Auslegung unmöglich. Der Satz lautet: *quod si ab alio adprehensus est, stipulatione ei adquirere poterit: nam et haec genere quodam donatio est.* Dies „*haec*" kann sich doch nur auf die *stipulatio* beziehen, welche der Sklave abgeschlossen hat, nachdem er in Besitz genommen wurde, und nicht auf die entferntere Dereliktion und Apprehension.

Aus allen diesen Gründen müßten wir die Ansicht ablehnen, daß der Ausspruch Javolens auf der prokulianischen Theorie beruhe. Wie er aber zu erklären ist, darüber unten in § 25. Hier genügt es, festgestellt zu haben, daß auch nach Javolens Anschauung der derelinquierte Sklave, der weder jugendlich, noch alt, krank oder invalid ist, zunächst *servus sine domino* wird. Darin stimmen also Julian und Javolen miteinander überein.

---

[1] *Fr.* 2 § 53 *de origine iuris* 1, 2: . . . . *Caelio Sabino Priscus Javolenus* (*successit*).

[2] A. a. O. *pag.* 319.

[3] *Pandectae Justin.* 45, 3, *art.* I, § 1, *nr.* 1 (c).

[4] *Notae ad Digesta seu Pandectas ad l.* 36 *de stip. serv.* 45, 3. *Lugduni Batavorum* 1804.

[5] § 46 *J. de rerum divisione* 2, 1.

II. Die übrigen Entstehungstatbestände.

§ 13. Übersicht.

Bei der Dereliktion erlischt das Eigentum am Sklaven mit dem Willen des Herrn; es liegt also für ihn ein freiwilliger Tatbestand vor. Es gibt aber Fälle, wo das Eigentum am Sklaven ohne den Willen des Herrn verloren geht, also für ihn kraft eines notwendigen Tatbestandes.[1] Betrachten wir nun im folgenden die notwendigen Tatbestände des Eigentumsverlustes, die zugleich auch Entstehungstatbestände der Persönlichkeit eines herrenlosen Sklaven sind.[2]

I. Der Tatbestand, der eine erblose Verlassenschaft (*hereditas vacans*) erzeugt, zu welcher ein Sklave gehört, ist zugleich der Entstehungstatbestand der Persönlichkeit eines herrenlosen Sklaven. Seine Tatbestandsmerkmale sind folgende: 1. Bestandteil des Vermögens einer Person ist das Eigentum an einem Sklaven. 2. Tod dieser Person. 3. Nichterwerb der Verlassenschaft durch einen Erben.

Dieser Fall ist nicht zu verwechseln mit dem, wo ein Sklave Bestandteil einer noch nicht angetretenen Erbschaft (*hereditas iacens*) ist.[3] Der Unterschied ist folgender: Bei der *hereditas iacens* ist der Eintritt eines bürgerlichen Erben noch zu erwarten, bei der *hereditas vacans* nicht mehr. Daher ist richtiger Ansicht nach der *servus hereditarius* kein *servus sine domino*, wohl aber der *servus* einer *hereditas vacans*, den wir kurz mit *servus vacans* bezeichnen wollen.[4]

Merkwürdigerweise hat diesen Entstehungstatbestand der Persönlichkeit eines herrenlosen Sklaven kein einschlägiger Schriftsteller berücksichtigt, obschon er in einer Quellenstelle erwähnt wird.[5] Man könnte nun einwenden, die *hereditas vacans* gehöre dem Staate, also sei der *servus vacans* ein *servus fisci*. Allein der Fiskus erwirbt nicht *ipso iure* die ledige Erbschaft. Er hat bloß ein Recht auf deren Erwerb, also auch ein Recht auf den Erwerb des dazugehörigen Sklaven, des *servus vacans*.[6]

II. Der folgende notwendige Tatbestand ist ebenfalls von der bisherigen Literatur übergangen worden, obschon auch er in den Quellen

---

[1] Über die Einteilung der Tatbestände in freiwillige (willentliche) und notwendige vgl. mein intertemporales Privatrecht II, § 21, S. 83.

[2] Die Entstehungstatbestände der Persönlichkeit des herrenlosen Sklaven lassen sich dagegen nicht einteilen in freiwillige und notwendige. Diese Einteilung bezieht sich nur auf subjektive Rechte, nicht auf objektive Rechtsverhältnisse.

[3] S. oben § 2.

[4] S. oben § 2.

[5] *L.* 2 § 5 *C. Th. si vagum petatur mancipium* 10, 12: *Contra in his, qui aut dominis sine herede defunctis inveniuntur dominos non habere* . . . .

[6] Darüber unten in § 21.

ausdrücklich bezeugt wird. Er ist eine Tatbestandsverbindung.[1] 1. Ein Sklave wird zum Tode oder zum Bergwerk oder zur Bergwerksarbeit auf Lebenszeit oder zur Einstellung in die Fechtschule verurteilt. Infolgedessen wechselt er zunächst seinen Herrn; er wird *servus poenae*, Staatssklave.[2] 2. Der *servus poenae* wird nachträglich begnadigt. Jetzt entsteht die Persönlichkeit eines herrenlosen Sklaven[3], denn der Begnadigte kehrt nicht etwa in das Eigentum des früheren Herrn zurück.[4]

III. „*Servus, in quo alterius est ususfructus, alterius proprietas, a proprietatis domino manumissus liber non fit, sed servus sine domino est.*“[5] Der Tatbestand ist danach folgender: An einem Sklaven, der im Eigentum eines Herrn steht, hat ein anderer zu gleicher Zeit einen Nießbrauch. Der Herr läßt ihn in solenner Weise und zwar *vindicta* frei[6], aber ohne daß der Usufruktuar dazu seine Einwilligung gibt, m. a. W. ohne daß er auf seinen Nießbrauch verzichtet. Infolge der *manumissio vindicta* erlischt zwar das Eigentum[7], nicht aber der Nießbrauch. Derjenige, an dem zwar kein Eigentum besteht, wohl aber ein Nießbrauch, kann nur ein Sklave, kein Freier sein. Der Freigelassene bleibt daher Sklave, aber Sklave ohne Herrn.[8]

Wie ist es nun, wenn der Nießbrauch durch den Tod des Usufruktuars oder auf sonstige Weise nachträglich erlischt, wird dann der Sklave frei oder bleibt er *servus sine domino*? Mommsen beantwortet die Frage dahingehend, daß der Sklave nach beendigtem Usufrukt *Latinus*,

---

[1] Über die Tatbestandsverbindungen s. mein intertemporales Privatrecht II, § 32, S. 133 fg.

[2] S. oben § 2 und *fr.* 8 § 12 *de poenis* 48, 19 und dazu *l.* 2 *C. Th. si vagum manc. pet.* 10, 12. Dieser Fall ist nicht mit dem zu verwechseln, daß ein Freigeborener *servus poenae* wird (s. oben § 2). Die Verurteilung zu jenen Strafen traf aber hauptsächlich die Sklaven, welche den *personae humiliores* oder *viliores* gleichgestellt wurden. Mommsen, R. Strafrecht S. 951, n. 6 u. 7. *Paulus rec. sent.* V, 22, 2; *Collat.* 14, 2; *fr.* 17 § 3 *de quaest.* 48, 18; *fr.* 8 § 12, *fr.* 33 *de poenis* 48, 19; *l.* 17 *C. Th. de cursu publ.* 8, 5; *l.* 4 *C. Th. ad leg. Juliam de vi publ.* 9, 10; *l.* 1 *C. Th. de sepul. viol.* 9, 17; *l.* 1 *C. Th. ad legem Fabiam* 9, 18; *l.* 6 *C. Th. de decur.* 12, 1; *l.* 40 § 7 *C. Th. de haereticis* 16, 5. *C.* 11 *de poenis* 9, 47 stellt in bezug auf die Bergwerksstrafe die Freien den Sklaven gleich.

[3] *L.* 2 *C. Th. si vagum manc. pet.* 10, 12: *iudicialibus dominos amisere sententiis* . . . .

[4] *Fr.* 8 § 12 *de poenis* 48, 19: *non esse eum in potestatem domini postea reddendum.*

[5] *Ulp. Fr.* I, 19. Vgl. dazu *Fr. Dositheana* 11; *c.* 1 *pr. communia de manum.* 7, 15.

[6] *Frag. Dosith.* 11: . . . . *et si manumiserit eum vindicta, faciet servum sine domino.*

[7] S. darüber weiter unten S. 77.

[8] Der Fall ist verwandt mit dem Tatbestand der *fr.* 23 *pr. de liberali causa* 40, 12, s. oben §§ 4—6, bes. S. 33 fg. Die Unterschiede sind aber folgende: Dort erwirbt jemand nicht das Eigentum an einem Sklaven wegen mangelnden guten Glaubens und hier verliert er sein Eigentum durch Verzicht; dort entsteht der Nießbrauch erst und hier besteht er schon.

also Freier wurde. Er fügt dem ulpianischen Fragment hinzu: *donec manet usus fructus; quo finito Latinus efficitur.*[1] Diese Ansicht stößt auf schwere Bedenken. Die *manumissio vindicta* verträgt als *legis actio* weder eine ausdrückliche noch stillschweigende Bedingung oder Befristung, denn die *manumissio vindicta* ist nichts anderes, als eine *confessio in iure*, die nur unbedingt und unbefristet abgegeben werden kann und das Eigentum am Sklaven endgültig aufhebt.[2] Eine stillschweigende Bedingung ist nur bei der *mortis causa manumissio* zulässig.[3] Von der *manumissio mortis causa* handelt aber Ulpian hier nicht, wohl aber in *fr.* I, 12.[4]

Anders wäre es, wenn der Sklave vom Eigentümer ohne Einwilligung des Nießbrauchers in nicht solenner Form, z. B. *inter amicos* freigelassen worden wäre. Dann würde er mit dem Erlöschen des Ususfrukts einer: *qui domini voluntate in libertate est*, also *Latinus Junianus*, vorausgesetzt, daß der Freilassungswille des Herrn bis zu diesem Zeitpunkt angedauert hätte, denn das Eigentum des Herrn ist nicht endgültig erloschen.[5]

Daß der Sklave, der *vindicta* freigelassen wurde, nach beendigtem Ususfrukt *servus sine domino* bleibt, läßt sich auch aus den Äußerungen Justinians entnehmen.[6]

Man könnte nun die Frage aufwerfen, ob dieser Verlusttatbestand des Eigentums an einem Sklaven ein notwendiger sei oder ob er nicht vielmehr zu den freiwilligen gehöre. Die Frage ist nicht unberechtigt, da der Herr den Sklaven *vindicta* freiläßt. Und trotzdem ist er ein notwendiger, denn seine Rechtsfolgen sind keine gewollten; der Herr will seinen Sklaven nicht zum herrenlosen Sklaven machen, sondern zu einem Freien. Herrenloser Sklave wird er wider den Willen des Herrn.

Verwandt mit diesem quellenmäßig überlieferten Tatbestand sind folgende Fälle: Jemand setzt einen anderen als den Nießbraucher seines Sklaven zum Erben ein und läßt seinen Sklaven testamentarisch unter einer Bedingung frei. Tritt nun die Bedingung während des Bestehens des Nießbrauchs ein, so wird der Sklave aus den oben angegebenen

---

[1] *Domitii Ulpiani quae vocant fragmenta sive excerpta ex Ulpiani libro singulari regularum quartum emendavit Eduardus Böcking, Lipsiae* 1855. Die Widmung lautet: *Gustavi Hugonis et Caroli Lachmanni piis manibus atque Mauricio Hauptio hunc librum ddd Theodorus Mommsen Eduardus Böcking.* Vgl. *pag.* 11, *n.* 7: *Mommsenus tale quid addendum censet: „donec manet usus fructus; quo finito Latinus efficitur.“*

S. auch Huschke, *Jurisprudentia anteiustinianea Lipsiae* 1879 zu *Ulp.* I, 19, *pag.* 555, *n.* 11; *ed.* 1886, *p.* 571, *n.* 11 *Huschke: Cave cum Mommsenо haec desiderari: „donec manet usus fructus; quo finito Latinus efficitur.“*

[2] S. das Nähere unten S. 77.

[3] S. *fr.* 15 *de manum.* 40, 1.

[4] Vgl. auch Huschke, a. a. O. *pag.* 431, n. 6.

[5] S. *Frag. Dosith.* 11 und dazu Huschke, a. a. O. *n.* 6; Gaius I, 22, III, 56; Ulpian, *Fr.* I, 12. S. auch unten § 18 S. 160[6].

[6] *C.* 1 *pr. communia de manum.* 7, 15: .... *non secundum antiquam observationem et libertatem cadere et* ***servum sine domino intellegi esse.***

Gründen nicht etwa frei, sondern herrenloser Sklave, bleibt es aber nur so lange, als der Nießbrauch noch dauert. Mit Beendigung des Nießbrauchs wird der Sklave frei.[1]

Ferner: Ein Sklave, an dem ein Usufrukt besteht, begeht ein Delikt. Der Verletzte nimmt das Duktionsverfahren gegen ihn vor[2]; der Herr lehnt jedoch die Verteidigung ab. Übernimmt nun der Usufruktuar die Verteidigung[3] und erlangt er ein obsiegendes Urteil, so wird der Sklave nach prätorischem Recht herrenlos, denn der Herr hat sein Eigentum durch Ablehnung der Verteidigung verwirkt[4], der Usufruktuar aber sein Recht durch Übernahme der Verteidigung gewahrt.[5] Erlischt der Usufrukt, so bleibt der Sklave herrenlos.

Genau dasselbe tritt ein, wenn statt des Usufruktuars der Pfandgläubiger die Verteidigung übernimmt, nachdem der Herr sie abgelehnt hat. Erstreitet er ein obsiegendes Urteil, so wird der Sklave zunächst herrenlos, das Pfandrecht aber bleibt bestehen.[6] Wird das Pfandrecht ausgeübt, so tritt der *servus sine domino* in eine neue Gewalt.[7]

IV. *Eadem lege cautum est, ut minor triginta annorum servus vindicta manumissus civis Romanus non fiat nisi apud consilium causa probata fuerit (pro)inde sine consilio manumissum caesaris*[8] *servum manere putat; testamento vero manumissum perinde haberi iubet, atque si domini voluntate in libertate esset, ideoque Latinus fit.*[9] Die *lex Aelia Sentia* enthält bekanntlich ein Sonderrecht für die Freilassung noch nicht 30 Jahre alter,

---

[1] Als Grundlage dient uns hier der Tatbestand des *fr.* 6 *de manum. testamento* 40, 4: Jemand setzt den Nießbraucher seines Sklaven zum Erben ein und läßt testamentarisch den Sklaven unter einer Bedingung frei. Mit dem Antritt der Erbschaft erwirbt der Nießbraucher das Eigentum am Sklaven, der Nießbrauch erlischt durch Konfusion und mit Eintritt der Bedingung wird der Sklave frei.

[2] S. unten § 18.

[3] Vgl. *fr.* 26 § 6; *fr.* 27 *pr. de nox. act.* 9, 4 und unten § 18.

[4] *Fr.* 33; *fr.* 43 *eod. tit.*: *Carere dominio* = Eigentum verlieren; vgl. Heumann-Seckel, *h. v.* Allerdings ist es nur prätorischer, nicht ziviler Eigentumsverlust. S. auch unten § 18.

[5] *Fr.* 27 *pr. eod. tit.*

[6] S. *fr.* 26 § 6 u. *fr.* 27 *pr. h. t.*, s. unten § 18.

[7] S. unten in § 19.

Daß in diesen beiden letzten Fällen notwendige Verlusttatbestände des Eigentums vorliegen, ist schon in den Worten der Quelle ausgedrückt. *Fr.* 33 *de nox. act.* 9, 4: *carere debet; debere* ist hier gleich müssen. Vgl. Heumann-Seckel, Nr. 1. Wenn es in *fr.* 43 *eod. tit.* heißt: *et carere omnium dominio potest*, so ist hier *posse* im Sinne von „sollen" aufzufassen. Vgl. Heumann-Seckel b).

[8] Huschke, *iurisprudentia anteiustinianea ed. quarta pag.* 554, *n.* 7 setzt dafür *eius aetatis*, nach dem Vorgange Fleckeisens.

[9] *Ulp. Fr.* I, 12. Daß in diesem Fragment ein Entstehungstatbestand der Persönlichkeit eines herrenlosen Sklaven steckt, ist ebenfalls in der einschlägigen Literatur übersehen worden. Auf ihn hat mich Dr. A. Bölte aufmerksam gemacht; s. Vorwort.

sagen wir kurz minderjähriger Sklaven. Danach wurde ein minderjähriger Sklave nur dann durch Freilassung römischer Bürger, wenn er *vindicta* freigelassen wurde, nachdem beim *consilium* eine *iusta causa manumissionis* nachgewiesen war.[1] Wurde also ein minderjähriger Sklave durch Testament freigelassen, so konnte er nicht Römer werden, selbst wenn eine *iusta causa manumissionis* beim *consilium* nachgewiesen wurde. Ulpian dagegen stellt im ersten Satze die Sache so dar, als ob die *probatio iustac causae manumissionis* nur bei der *manumissio vindicta* erforderlich gewesen wäre, also nicht bei der testamentarischen. Die Konsequenz liegt auf der Hand: Wird ein minderjähriger Sklave durch Testament freigelassen, so wird er römischer Bürger, auch wenn eine *iusta causa manumissionis* beim *consilium* nicht nachgewiesen wäre. Statt diese Konsequenz zu ziehen, behauptet er im zweiten Satze b, daß der im Testament freigelassene minderjährige Sklave *Latinus* werde, also nicht römischer Bürger. Auffallend ist auch der mit Bezug auf den Inhalt des älischen Gesetzes im ersten Satz b gebrauchte Ausdruck *putat* statt *iubet* oder *vult*, ferner die Auslassung des Wortes *vindicta* im ersten Satz b. Das alles deutet darauf hin, daß wir es mit einer bedenklich verstümmelten Stelle zu tun haben, abgesehen von dem ganz unverständlichen „*caesaris*".

Glücklicherweise ist nun die einschlägige Stelle des Gaius völlig klar und enthält auch eine Vorschrift, die dem Wesen und der Tendenz der *lex Aelia Sentia* entspricht. Diese will eine Kontrolle über die Freilassungen minderjähriger Sklaven einführen, nämlich den Nachweis eines gerechten Freilassungsgrundes beim *consilium* und beschränkt die Formen der Freilassung auf eine einzige, die *manumissio vindicta.* Nur unter diesen zwei Voraussetzungen wird der freigelassene minderjährige Sklave römischer Bürger. Dagegen beantwortet Gaius nicht die Frage, welche Wirkung eine Freilassung habe, der eines der obigen Merkmale fehlt und hier setzt nun Ulpian ein. Wird einer durch Testament freigelassen, so wird er so angesehen, als ob er *domini voluntate in libertate* wäre, d. h. er wird in seiner Freiheit vom Prätor geschützt[2], er wird *Latinus.*

Wie ist es aber, wenn der minderjährige Sklave *vindicta* freigelassen wird ohne *probatio iustae causae manumissionis apud consilium?* Kann der Prätor, wenn ihm der Mangel der Kontrolle nachgewiesen ist, den Freigelassenen auch in seiner Freiheit schützen? Um diese Frage zu beantworten, ist es erforderlich, auf die Form der *manumissio vindicta* einen Blick zu werfen. Die Form war die der *legis actio sacramento in rem,* soweit sie *in iure*, d. h. beim Prätor stattfand. Auf die *intentio* des *adsertor* (die *vindicatio in libertatem*) erfolgt die ausdrückliche oder stillschweigende *confessio* des Herrn. Dadurch verzichtet er endgültig auf sein Eigentum. Der Verlust des Eigentums ist daher die unausbleibliche

---

[1] Gaius I, 18; s. auch oben S. 50.

[2] S. unten § 18 S. 160[6].

Folge jeder *manumissio vindicta*, auch derjenigen, die ohne Nachweis der *iusta causa manumissionis* stattfand. In diesem Falle aber erlangt der Sklave die Freiheit nicht, er kann aber auch nicht *domini voluntate in libertate* sein und vom Prätor darin geschützt werden, denn der Prätor weiß, daß er keinen Herrn mehr besitzt, weil dieser vor ihm (*in iure*) auf sein Eigentum endgültig verzichtet hat. Der freigelassene Sklave wird vielmehr herrenlos und im Urtexte unserer stark verstümmelten Stelle wird es mit großer Wahrscheinlichkeit so gestanden haben.

Auch in diesem Falle ist die Frage nicht unberechtigt, ob hier nicht ein freiwilliger Verlusttatbestand des Eigentums vorliege, da der Herr den Sklaven *vindicta* freilasse. Der Tatbestand ist aber ein notwendiger; der Herr will seine Rechtsfolgen nicht.[1]

---

[1] S. oben S. 73.

Zweiter Abschnitt.

Die personalen Rechtsverhältnisse des herrenlosen Sklaven.

§ 14. Das personale Rechtsverhältnis des herrenlosen Sklaven im allgemeinen.

Die Rechtsstellung des herrenlosen Sklaven weist unmittelbar auf die Erkenntnis des objektiven personalen Rechtsverhältnisses im römischen Recht hin.[1] Es ist daher nicht zu verwundern, daß bereits frühere Romanisten bei der Erörterung des *servus sine domino* auf diesen Begriff gestoßen sind, wenn sie ihn auch mit anderen Namen bezeichnen. Das objektive personale Rechtsverhältnis liegt darum beim herrenlosen Sklaven erkennbar zutage, weil es hier einen absoluten Charakter annimmt. Eine Anzahl früherer Romanisten leugnete bekanntlich gerade deswegen die Existenz eines herrenlosen Sklaven, weil seine Rechtsstellung mit dem quellenmäßigen Begriff des Sklaven im Widerspruch stehe. Dieser betone die Relativität der sklavischen Rechtsstellung; ohne Herr kein Sklave.[2] Aber bereits Julius Pacius hat klar erkannt, daß die rechtliche Stellung eines Sklaven nicht in einer Relation belegen sei, sondern eine Qualität, ein Rechtsverhältnis für sich bedeute.[3] Er vergleicht mit dem *servus sine domino* den *libertus dediticius*. Dieser heiße nicht deswegen so, weil er im Kriege sich ergeben habe, sondern weil er die Rechtsstellung eines solchen Unterworfenen besitze.[4]

---

[1] S. über das objektive personale Rechtsverhältnis mein Institutionen-System S. 469—512, ferner meine Abhandlung „Wesen und Arten der objektiven Rechtsverhältnisse im römischen Recht und im Deutschen Bürgerlichen Gesetzbuch" in Grünhuts Zeitschr. 1909, S. 552fg. Zu der im Institutionen-System angeführten Quellenstelle, daß die *persona* ein Rechtsverhältnis, also eine geistige, keine körperliche Realität ist, möchte ich noch eine Stelle aus Paschasius Diaconus, *de spiritu sancto lib.* II, *cap.* IV (Migne, *Patrolog. lat. tom.* 62, *pag.* 29 C—D) anführen: *Si quidem persona res iuris est, substantia res naturae.*

[2] S. oben § 1, S. 6[5,6,7]; 7[1,2].

[3] S. oben S. 8[1].

[4] S. oben S. 8[1]. Er verweist auf Theophilus § *ult. de libertinis;* vgl. auch Gaius I, 14.

An Julius Pacius schließt sich, ohne ihn zu nennen, beinahe wörtlich an Franciscus Ramos del Manzano. Auch den Vergleich mit dem Stande des

Cuiacius[1] betont im Hinblick auf den herrenlosen Sklaven, daß *servus* nicht immer ein relativer Begriff sei. Auch Savigny hebt den absoluten Charakter der Rechtsstellung des herrenlosen Sklaven hervor, wenn er sie als den „allgemeinen Begriff des Sklavenstandes", als einen „Zustand an sich" bezeichnet.[2]

So ist denn der absolute Charakter des personalen Rechtsverhältnisses unseres *servus sine domino* schon früher von bedeutenden Juristen wie Pacius, Cuiacius und Savigny erkannt worden. Dagegen besitzt das personale Rechtsverhältnis der Kinder in der väterlichen Gewalt, des Kindes *in mancipio*, der Frau *in manu*, des Sklaven in der Gewalt des Herrn, der Personen, die sich in der Vormundschaft oder Pflegschaft befinden, einen relativen Charakter. Absoluten Charakter besitzt das personale Rechtsverhältnis der *personae sui iuris, quae neutro iure tenentur*. Die Persönlichkeit des herrenlosen Sklaven gehört zu den *personae sui iuris, quae neutro iure tenentur.*[3] Er stellt sich also in dieser Beziehung neben den Freien, der *sui iuris* ist und weder *in tutela* noch *in curatione* steht, gerade so, wie der Sklave *in potestate domini* sich neben den gewaltunterworfenen Freien stellt und mit ihnen die *personae alieno iuri subiectae* bildet.[4] Die Bedeutung der gajanischen Einteilung der *personae sui iuris* wird dadurch erst recht klar.

Die Unterscheidung der Persönlichkeit in eine solche von absolutem und eine solche von relativem Charakter sieht nur die zweite gajanische Haupteinteilung vor[5]; die erste Haupteinteilung, die *summa divisio*[6], läßt sie nicht zu. Auch nicht ihre Untereinteilungen. Die drei Arten der Freigelassenen haben mit der absoluten und relativen Persönlichkeit nichts zu tun. Beide Einteilungen sind voneinander grundverschieden. Die erste, aus dem *ius gentium* stammend, ist die rohere, sie läßt keine weitere Differenzierung der personalen Rechtsverhältnisse in absolute und relative zu. Die zweite, aus dem *ius civile* stammend, ist juristisch feiner ausgearbeitet, sie führt zur Unterscheidung von absoluten und relativen personalen Rechtsverhältnissen.[7]

---

dediticius bringt er und führt, wie Pacius, den Theophilus an, s. oben S. 8[6]. Ferner Oswald Hilliger, der ihn aber ausdrücklich zitiert, s. oben S. 9[1].

[1] *Comment. in lib.* XXII *Dig. Salvi Juliani ad* § 1 *Julianus autem l.* 38 *de noxalibus actionibus: servi nomen non est semper ἐκ τῶν πρός τι.* S. auch oben S. 7[4].

[2] System Bd. 1, S. 359: „Denn obgleich das ganze Rechtsinstitut der Sklaverei nur um der Welt der Herren willen eingeführt und ausgebildet worden war, so hatte man daraus doch den allgemeinen Begriff des Sklavenstandes, als eines Zustandes an sich gebildet, der nun auch in den Fällen der zufällig herrenlosen Sklaven sollte Dasein und Wirksamkeit haben können." S. auch oben S. 10[1].

[3] Gaius I, 142; s. oben S. 4[2].

[4] Gaius I, 52 verb. mit I, 55.

[5] Gaius I, 48; s. oben § 1.

[6] Gaius I, 9.

[7] Von hier aus betrachtet, stellt sich auch der Angriff Savignys auf die erste Einteilung als unberechtigt heraus, wenn er, System I § 59, S. 404 r sagt: „Die

Im folgenden haben wir nun die Aufgabe, die einzelnen personalen Rechtsverhältnisse, insbesondere die Fähigkeiten des herrenlosen Sklaven festzustellen. Um aber hierzu einen ganz sicheren Weg einzuschlagen, betrachten wir zunächst die Fähigkeiten des in der Gewalt stehenden Sklaven im privaten, prozessualen und im Sakralrecht[1], seine Stellung im privaten[2] und im öffentlichen Strafrecht.[3] Zu dieser Untersuchung steht uns ein reiches Quellenmaterial zur Verfügung; sie erleichtert dann die Feststellung der Fähigkeiten des herrenlosen Sklaven und seine Stellung im privaten und öffentlichen Strafrecht.[4]

Soweit ein Sklave handlungsfähig ist, besitzt er eine personale Fähigkeit, die für die Rechtsordnung von Bedeutung ist, also eine rechtlich relevante Fähigkeit oder eine Rechtsfähigkeit im weiteren Sinne des Wortes.[5] Eine Rechtsfähigkeit im engeren Sinne, d. h. die Fähigkeit, Subjekt von zivilen Rechten (*iura civilia*) zu sein, kommt ihm dagegen, abgesehen vom *servus fisci*[6], nicht zu.

§ 15. Die personalen Rechtsverhältnisse des gewaltunterworfenen Sklaven im bürgerlichen, sakralen und prozessualen Recht.

Der römische Sklave hat zwei Eigenschaften: er ist einmal Sache, andererseits aber auch Träger einer Persönlichkeit.[7] Die erstere Eigenschaft betonen viele Quellenstellen[8], so daß sogar römische Schriftsteller in ihm nur die Sache erblicken wollen. Ulpian lehrt, im Zivilrecht gelte der Sklave als niemand.[9] Nach Zivilrecht könne weder der Sklave etwas schulden, noch ihm geschuldet werden.[10] Er nehme weder am Zivilrecht noch am prätorischen Recht teil. Paulus erklärt, der Sklave sei recht-

---

divisio der *liberi* und *servi* steht nur da als Vorwand für die *subdivisio* der *Ingenui* und *Libertini*, auf die es an dieser Stelle allein abgesehen ist.“ Dagegen hat Savigny recht, wenn er die Meinung zurückweist, Gaius erwähne die Sklaven deswegen zweimal, weil er an der einen Stelle von der *potestas*, an der anderen von dem *dominium* spreche. Die Sache verhält sich nämlich so, daß die erste Einteilung die Persönlichkeit der Sklaven nur im großen und ganzen neben die Persönlichkeit der Freien stellt, die zweite dagegen eine Differenzierung sowohl der freien wie der sklavischen Persönlichkeiten in absolute und relative vorsieht.

[1] Unten § 15. [2] Unten § 16.

[3] Unten § 17. [4] Unten § 18.

[5] Eine solche rechtlich relevante Fähigkeit nannte ich schon in meinem Institutionen-System S. 482 eine Rechtsfähigkeit in weiterem Sinne. Dies hat mir den Vorwurf eingetragen, ich verwechsele Rechtsfähigkeit mit Handlungsfähigkeit; s. Binder in der krit. Vierteljahrschr. Bd. 8, S. 328.

[6] S. oben S. 12[5].

[7] S. Karlowa, Römische Rechtsgeschichte II, S. 100.

[8] Vgl. z. B. die von Karlowa l. c. angeführte.

[9] *Fr.* 32 *de reg. iur.* 50, 17.

[10] *Fr.* 41 *de pec.* 15, 1; vgl. noch *fr.* 22 *pr. de regulis iuris* 50, 17.

los, könne daher auch keine Rechtsminderung erleiden.[1] Einem ähnlichen Gedanken gibt Marcian Ausdruck, wenn er sagt: daß alle Sklaven ein und dieselbe Rechtsstellung hätten[2], diese daher keine Verschiedenheiten zulasse.[3]

Von neueren Schriftstellern sei nur R. A. Schmidt genannt. Er erklärt, daß die Sklaven nicht Personen seien, sondern nur Sachen, *res mancipi*.[4]

Zugegeben, daß die Eigenschaft des Sklaven als Sache im römischen Recht in erster Linie entwickelt ist, so ist doch seine zweite Eigenschaft, seine Persönlichkeit, nicht zu kurz gekommen. Die personalen Rechtsverhältnisse des gewaltunterworfenen Sklaven sind vielmehr vom römischen Rechte geradezu kunstvoll ausgebaut worden, wenn auch eingeräumt werden muß, daß dieser Ausbau der sklavischen Persönlichkeit mehr zum Nutzen der römischen Familie und des römischen Staates als mit Rücksicht auf den Sklaven selbst geschah. Die rechtliche Doppelnatur des Sklaven zeigt sich hauptsächlich in folgendem: Der Sklave als Persönlichkeit steht in der Gewalt und als Sache im Eigentum des Herrn. Als Gegenstand des Eigentums oder eines beschränkten dinglichen Rechts wird der Sklave dem Haustier zur Seite gestellt[5], als passiver Träger der Gewalt wird er dagegen dem Haussohn beigesellt.[6] Die Gewalt über den Sklaven löst sich aus in die Strafgerichtsbarkeit des Herrn über Leben und Tod und in das Recht, durch den rechtsgeschäftlichen Erwerb des Sklaven, das Vermögen zu vermehren[7], das Eigentum dagegen in die Befugnis zur Nutzung, zur Veräußerung und Belastung des Sklaven.

In einem merkwürdigen Rechtssatz gelangt der Gegensatz zwischen Persönlichkeit und Sache zum Ausdruck. Haftet nämlich am Sklaven ein Nießbrauch, dann steht er in seiner Eigenschaft als Persönlichkeit in der Gewalt seines Herrn, in der Eigenschaft als Sache aber unter der Herrschaft des Nießbrauchers. Daher fällt das Sklavenkind mit der Geburt als Persönlichkeit nur in die Gewalt und damit in das Eigentum des Herrn und nicht unter die Herrschaft des Nießbrauchers.[8]

Ausflüsse der Persönlichkeit des Sklaven sind folgende personale Fähigkeiten (personale Rechtsverhältnisse):

---

[1] *Fr.* 3 § 1 *de capite minutis* 4, 5.

[2] *Fr.* 5 *pr. de statu hom.* 1, 5.

[3] § 4 *J. de iure personarum* 1, 3.

[4] S. oben § 1, S. 5[3].

[5] *Fr.* 2 § 2 *ad leg. Aqu.* 9, 2; *fr.* 5, § 3 *usufructuarius quemadmodum caveat* 7, 9.

[6] S. z. B. *Ulp. Fr.* 19, 18. Gaius I, 52; 55.

[7] Gaius I, 52; § 1 *J. de his qui* 1, 8; *fr.* 1 § 1 *eodem tit.* 1, 6.

[8] *Fr.* 68 *pr. de usufr.* 7, 1; vgl. noch *fr.* 28 § 1 *de usuris* 22, 1. Die Begründung der römischen Juristen weicht von der obigen ab; *neque enim in fructu hominum homo esse potest* (Ulpianus); *omnes fructus rerum natura hominum gratia comparavit* (Gaius). Aber auch aus diesen Aussprüchen leuchtet der Gedanke durch: Der Sklave als Persönlichkeit steht nicht im Nießbrauch und der Sklave als Persönlichkeit kann niemals Frucht sein.

I. Erwerbsfähigkeit[1] durch freiwillige Tatbestände.

1. Unter Lebenden.

Der Sklave kann durch Abschluß von Rechtsgeschäften für den Herrn erwerben.[2] Bei diesem Erwerb steht dem Sklaven ein Kreis freier Willensbestimmungen offen, und zwar wird sein Wille nicht bloß im Abschlusse des Rechtsgeschäftes von der Rechtsordnung als wirksam anerkannt, sondern sein Wille ist unter Umständen auch dafür maßgebend, wem die Rechtsfolgen des Rechtsgeschäftes zugute kommen sollen. Steht nämlich ein Sklave im Miteigentum, so erwirbt er regelmäßig für seine Herren nach Verhältnis ihrer Eigentumsbruchteile (*pro partibus utique indivisis*).[3] Gibt er aber beim Erwerbsgeschäft (*mancipatio*, *traditio*, *stipulatio*, Darlehen) seinen Willen ausdrücklich dahin kund, daß er auf den Namen eines bestimmten Miteigentümers das Recht erwerben wolle, so wird es diesem erworben.[4] Ebenso kann er bei einem Erlaßvertrag (Akzeptilation) die Frage so stellen, daß nur einer der Miteigentümer befreit wird.[5] Auch kann er den neuen Miteigentümer durch einen Erlaßvertrag mit dem anderen Miteigentümer befreien; ebenso kann er sich zugunsten des zweiten vom ersten Miteigentümer etwas versprechen lassen und durch Erlaßvertrag mit dem ersten den zweiten wiederum befreien, so daß durch seine persönliche Handlungsfähigkeit die Verbalobligation sowohl zur Entstehung als auch zur Aufhebung gelangt.[6]

Ist ein Sklave zu gleicher Zeit Gegenstand des Eigentums und des Nießbrauchs, so entscheidet nach Labeo sein Wille, wem eine ihm zugewandte Erbschaft oder ein ihm vermachtes Legat zufallen solle, dem Eigentümer oder dem Nießbraucher. Die Zuwendungen fallen nämlich dem zu, zu dessen Gunsten er sie annimmt.[7] Ebenso kann er die Rechtswirkungen eines Erwerbsgeschäfts (Manzipation, Tradition oder Stipulation), die sonst dem Nießbraucher zufallen würden (weil *ex re fructuarii*), durch ausdrückliche Willenserklärung seinem Gewalthaber zuwenden.[8] Es bleibt jedoch, wie „unser Gaius“ sagt, dem Nießbraucher unbenommen, das,

---

[1] S. meine Abhandlung a. a. O. S. 552fg., insb. S. 554.

[2] § 3 *J. per quas personas nobis adquiritur* 2, 9: *Item vobis adquiritur, quod servi vestri ex traditione nanciscuntur, sive quid stipulentur vel ex qualibet alia causa adquirunt.*

[3] Gaius III, 167; *fr.* 45 *in f. de adqu. rerum dominio* 41, 1; *fr.* 5 *de stip. serv.* 45, 3; § 3 *J. eodem tit.* 3, 17; *fr.* 54 § 1 *de verb. obl.* 45, 1; *fr.* 50 *pr. de leg.* 1.

[4] Gaius III, 167; *fr.* 37 § 3 *de adqu. rer. dom.* 41, 1; *fr.* 28 § 3 *de stip. serv.* 45, 3.

[5] *Fr.* 8 § 1 *de accept.* 46, 4: *Servus communis sicut uni ex dominis stipulari potest, ita etiam acceptum rogare uni ex dominis potest eumque in solidum liberat et ita Octavenus putat.*

[6] *Fr.* 8 § 2 *de accept.* 46, 4. Der Gedanke ist von Labeo.

[7] *Fr.* 21 *de usufr.* 7, 1; vgl. aber *Fr. Vat.* 71^{b}.

[8] *Fr.* 37 § 5 *de adqu. rer. dom.* 41, 1; *fr.* 39 *de stip. serv.* 45, 3.

was der Sklave ohne rechtlichen Grund dem Gewalthaber erworben, diesem wieder mit einer Bereicherungsklage abzufordern.[1]

2. Von Todes wegen. Dem Sklaven steht eine abgeleitete[2] *testamenti factio passiva* zu.[3] Sie ist die Fähigkeit des Sklaven, von dritten Personen (nicht von seinem Herrn) im Testamente entweder als Erbe eingesetzt oder mit einem Vermächtnis bedacht zu werden. Sie bildet also die Voraussetzung zum Erwerb vom Todeswegen entweder des ganzen Nachlasses eines Dritten oder eines Teiles desselben.[4] Wird nämlich dem Sklaven von einem Dritten etwas vermacht, so ist er der eigentlich Bedachte; nur ihm und nicht seinem Herrn gegenüber kann der Widerruf des Vermächtnisses erfolgen[5]; an seinen Herrn kann nicht geleistet werden. Ist ein Sklave von einem Dritten als Erbe eingesetzt und hat der Testator im Testamente angeordnet, daß dem Erben etwas geleistet werden solle, so kann dies nur dem eingesetzten Sklaven, nicht seinem Herrn geleistet werden.[6] Ist der Sklave von einem Dritten zum Erben eingesetzt, so kann die Erbschaft nicht von seinem Herrn, sondern nur vom eingesetzten Sklaven angetreten werden; allerdings muß sein Herr den Befehl dazu geben.[7] Die vom Sklaven angenommenen Erbschaften und Vermächtnisse vermehren sein *peculium*, es wäre denn, daß der Herr eine gegenteilige Verfügung träfe.[8]

Das personale Rechtsverhältnis der *testamenti factio passiva* des Sklaven zeigt sich auch darin, daß ihm nur das vermacht werden kann, was er auch als Freier zu erwerben imstande wäre; so kann ihm keine Wegegerechtigkeit zugunsten eines im Eigentum seines Herrn stehenden Grundstückes vermacht werden. Denn wenn er auch frei wäre, so wäre er doch nicht Eigentümer des im Eigentum eines anderen stehenden Grundstückes, welches begünstigt werden soll.[9] Umgekehrt kann dem Sklaven etwas ohne Bedingung mit Gültigkeit vermacht werden, was seinem Herrn nicht mit Gültigkeit ohne Bedingung vermacht werden könnte, z. B. eine im Eigentum seines Herrn stehende Sache oder eine seinem Herrn zustehende Forderung.[10] Wird dem Sklaven ein Fideikommiß hinterlassen, so hat nicht der Herr die Befugnis zur Ausschlagung,

---

[1] *Fr.* 39 *de stip. serv.* 45, 3.

[2] *Fr.* 82 § 2 *de leg.* 2; *fr. 5 de serv. leg.* 33, 3 (Papinian): .... *ex persona dominorum* ....

[3] § 4 *J. de hered. qualitate et diff.* 2, 19: .... *et infans et filius familias et servus alienus testamenti factionem habere dicuntur.* Vgl. *D.* 28, 1, 16 *pr.*

[4] Vgl. meine Abhandlung a. a. O. S. 555.

[5] *Fr.* 21 *de ad. vel transf. leg.* 34, 4.

[6] *Fr.* 44 *pr. de condic. et dem.* 35, 1.

[7] § 3 *J. per quas personas nobis adquiritur* 2, 9: *Sed si heres institutus sit non alias nisi iussu vestro hereditatem adire potest; et si iubentibus vobis adierit, vobis hereditas adquiritur.*

[8] *Fr.* 7 § 5 *de pec.* 15, 1.

[9] *Fr.* 5 *de serv. leg.* 33, 3.

[10] *Fr.* 82 § 2 *de leg.* II: *Ita non mirum, si res domini et quod ei debetur servo eius pure legari possit, quamvis domino eius non possent haec utiliter legari.*

sondern er.[1] Es entwickelte sich sogar der allgemeine Grundsatz, daß die Ausübung aller dem Sklaven zugewandter Fähigkeiten, etwas zu tun, ihm vorbehalten sei und nicht auf den Herrn übergehe.[2]

Eine Reihe von klassischen Juristen war infolge des Satzes: *ex persona servi constitit legatum*[3] der Meinung, daß ein dem Sklaven durch *legatum per vindicationem* zugewandter Nießbrauch aus der Person des Sklaven zu beurteilen sei und daher untergehe, wenn der Sklave ganz oder zum Teil veräußert oder freigelassen werde oder sterbe.[4]

Der Erbschaftssklave bleibt Herr seines Pekuliums und behält die Handlungsfähigkeit. Für dieses konnte er daher gültig kontrahieren und so die Erbschaft vermehren oder belasten.[5]

II. Erwerbsfähigkeit durch notwendige Tatbestände. Der Sklave kann nicht bloß durch freiwillige Tatbestände seinem Herrn Vermögensrechte erwerben, sondern auch durch notwendige, nämlich durch personale Zustände, wie *usucapio* oder *longi temporis praescriptio*.[6] Ja es kann sogar der Sklave eines Geisteskranken oder eines Kindes durch Usukapion seinem Herrn Eigentum erwerben.[7]

III. Verpflichtungsfähigkeit durch freiwillige Tatbestände.[8] Der Sklave, der ein Pekulium hat, wird durch Kontrakte, unabhängig von der zivilrechtlichen Haftung des Herrn, naturrechtlich verpflichtet.[9] Die Kontraktsobligation des Sklaven war aber auch nach seiner Freilassung nicht klagbar[10], im Gegensatze zur Deliktsobligation.[11] Jedoch dauerte nach der Freilassung des Sklaven die zugunsten seiner Naturalobligation eingegangene zivile Bürgschaftsobligation des Bürgen (Fidejussors) fort. Beerbt der Freigelassene den Bürgen, so bleibt die Natural- und darum auch

---

[1] *Fr.* 34 § 2 *de leg.* II. Pernice, a. a. O. S. 144, n. 18.

[2] *Fr.* 44 *pr. de cond. et dem.* 35, 1: *Quae facti sunt, non transeunt ad dominum.* Einen Beleg dieses Grundsatzes bildet auch folgender Fall: Läßt sich der Sklave durch Stipulation zwei Leistungen alternativ versprechen, wobei das Wahlrecht dem Gläubiger zustehen soll, so kann nur er, nicht sein Herr die Bestimmung der Leistung treffen. *Fr.* 141 *pr.* (Gaius) *de verb. obl.* 45, 1: *servus destinare de alterutra debet*; *fr.* 76 *pr.* (Paulus) *eod. tit.*: *haec electio personalis est et ideo servo .... cohaeret.*

[3] *Fr.* 82 § 2 *de leg.* II.

[4] Vgl. *c.* 15; *c.* 17 *de usufr.* 3, 33; *Vat. fr.* § 57; Pernice, a. a. O. S. 145.

[5] *Fr.* 3 *pr. de pec.* 15, 1; vgl. *fr.* 41 *de rebus credit.* 12, 1.

[6] § 3 *J. per quas personas n. adqu.* 2, 9: .... *unde etiam per eos usucapio vel longi temporis possessio vobis accedit.* Über personale Zustände s. mein intertemporales Privatrecht II § 26, S. 108 fg.

[7] *Fr.* 28 *de usurp.* 41, 3: *Si servo furiosi vel infantis res tradita sit, usu per eum eas personas capere posse constat.*

[8] Darüber s. meine Abhandlung a. a. O. S. 596 fg.

[9] *Fr.* 50 § 2 *de pec.* 15, 1 (Papinian): .... *quia naturalis, obligatio, quam etiam servus suscipere videtur, in litem translata non est.* Durch Litiskontestation wird zwar die zivile, aber nicht die naturale Obligation konsumiert, vgl. auch Afrikan in *fr.* 21 § 2 *de fideiuss.* 46, 1 und Pernice, a. a. O. S. 150.

[10] *Fr.* 21 § 2 *de fideiuss.* 46, 1.

[11] S. unten S. 87[6].

die Bürgschaftsobligation aufrecht; die Naturalobligation bleibt bestehen, auch nachdem die Zivilobligation (des Bürgen) erloschen ist, so daß das Gezahlte nicht zurückgefordert werden kann.[1] Beerbt umgekehrt der Bürge den Freigelassenen, so bleibt seine Bürgschaftsobligation aufrecht, obgleich auch die Naturalobligation auf ihn übergeht.[2] Jedoch kann der Freigelassene sich für seine eigene aus seiner Sklavenzeit stammende Naturalobligation nicht wirksam verbürgen.[3] Zweifellos kann aber auch nach der Freilassung ein Dritter als *fideiussor* zur Naturalobligation hinzutreten.[4] Zur Sicherheit der Naturalobligation des Sklaven kann auch ein gültiges Pfandrecht bestellt werden.[5] Verpfändet ein Sklave, dem die Verwaltung seines Pekuliums zusteht, eine Sache für seine Naturalobligation, so entsteht zugunsten des Herrn die *actio pigneraticia directa utilis* auf Rückgabe des Pfandes.[6]

Die *naturalis obligatio* des Sklaven, die nach der Freilassung noch bestehen bleibt, hat auch die Wirkung, daß jede Rückforderungsklage der gezahlten Summe ausgeschlossen wird. Bezahlt sie nämlich der freigelassene Sklave oder in seinem Namen ein anderer, so hat weder er noch der Dritte eine Klage gegen seinen früheren Herrn auf Rückzahlung der bezahlten Summe aus seinem früheren Pekulium.[7] Damit ist gesagt, daß, wenn nach der Freilassung keine *naturalis obligatio* bestehen bliebe, der Freigelassene oder der Dritte die Rückforderungsklage gegen seinen Herrn hätte, nicht gegen den befriedigten Gläubiger.[8]

---

[1] *Fr.* 21 § 2 *cit.* Beerbt dagegen ein Hauptschuldner, der zivilrechtlich verpflichtet ist, den Bürgen, so geht die Bürgschaftsobligation unter.

[2] *Fr.* 21 § 2 *cit.*: *retro quoque, si fideiussor servo manumisso heres exstiterit, eadem adversus eum obligatio manet, quamvis et naturaliter teneatur.*

[3] *Fr.* 21 § 2 *cit.*: .... *non enim intellegi posse ut quis pro se fideiubendo obligetur.*

[4] Gaius III, 119. Dagegen nicht ein *sponsor* oder *fideipromissor.*

[5] *Fr.* 13 *de cond. ind.* 12, 5 (Paulus): .... *et pignus pro eo datum tenebitur* ....

[6] *Fr.* 13 *cit.*: .... *et si servus, qui peculii administrationem habet, rem pignori in id quod debeat dedit, utilis pigneraticia reddenda est* .... *Actio reddenda est* bedeutet eigentlich, die Klage ist vom Prätor zu gewähren (geben). O. Gradenwitz, Natur und Sklave bei der *Naturalis Obligatio*, Festgabe für Schirmer 1900, hat überzeugend nachgewiesen, daß im römischen Recht die *naturalis obligatio* hauptsächlich für Sklavenobligationen (aus Kontrakten) gedacht ist, sowohl bei der *fideiussio*, Gaius III, 119, als bei dem auf *servi* zurückbezogenen *fr.* 16 § 4 *de fideiuss. et mandat.* 46, 1. S. bes. S. 145fg.

[7] *Fr.* 13 *de cond. ind.* 12, 6.

[8] In Übereinstimmung mit *fr.* 44 *h. t.* Die herrschende Meinung nimmt aber an, daß derjenige, der eine fremde, aber bestehende Schuld, in der Meinung, es sei seine eigene, bezahle, eine Rückforderungsklage gegen den befriedigten Gläubiger, nicht gegen den befreiten Schuldner habe, so Baron § 281 n. 5. Er zieht für seine Ansicht zunächst *fr.* 19 § 1 *h. t.* 12, 6 heran. Zweimal wiederholt hier Pomponius: *quamvis debitum sibi quis recipiat, tamen si is qui dat non debitum dat, repetitio competit.* Aber er sagt nicht ausdrücklich, von wem die gezahlte Summe zurückgefordert werden könne, vom Gläubiger oder vom Schuldner. Weist er aber nicht auf den Schuldner hin, wenn er bemerkt: *hic enim neque*

IV. Verpflichtungsfähigkeit durch notwendige Tatbestände (Deliktsfähigkeit).[1] Die Delikte des Sklaven verpflichten ihn zivilrechtlich, während er aus seinen freiwilligen Tatbeständen zivilrechtlich nicht verpflichtet wird, sondern nur naturrechtlich.[2] Die Deliktsfähigkeit des Sklaven zeigt sich besonders in dem Falle, wo der Herr das Delikt des Sklaven nicht verhindert hat, obschon er es hätte verhindern können; er braucht das Delikt nicht befohlen zu haben. Dann kann der Geschädigte verlangen, daß er ihm den Schaden ersetze, weil er für die Tat seines Sklaven im eigenen Namen verantwortlich ist.[3] Der Sklave haftet dann als selbstständige Persönlichkeit neben dem Herrn.[4] Hat aber der Sklave auf Befehl des Herrn das Delikt begangen, so haftet der Herr allein, es wäre denn, daß es den Charakter eines schweren Verbrechens an sich trüge.[5] Der Sklave haftet für seine Delikte auch nach seiner Freilassung und zwar zivilrechtlich.[6]

V. Stillschweigend anerkannte Vermögensfähigkeit im Verkehr.[7]

Diese Fähigkeit des Sklaven, im Verkehr tatsächlich ein Vermögen zu haben, ist nicht zu verwechseln mit seiner Fähigkeit, ein Pekulium zu besitzen. Dieses wird im Verkehr nicht als Vermögen des Sklaven angesehen, sondern als Teil des Vermögens des Herrn. Auch beziehen sich die *actiones adiecticiae qualitatis* nicht auf das Vermögen, welches im Verkehr als dasjenige des Sklaven angesehen wird, sondern nur auf das *peculium*. Diese stillschweigend anerkannte Vermögensfähigkeit im Verkehr gewährte nun dem Sklaven die Möglichkeit, seine Freiheit zu erlangen. Ihm standen dabei zwei Wege offen:

1. Er schloß mit einem Dritten einen Vertrag, wonach dieser ihn von seinem jetzigen Herrn loskaufen solle, mit der Maßgabe, daß es ihm gestattet sei, die Kaufsumme an ihn zurückzuzahlen mit der Wirkung,

---

verus heres (nämlich der Schuldner) *liberatus erit*? Dann *fr.* 65 § 9 *h. t.*; aber auch diese Stelle sagt nur, wann eine Nichtschuld vorliege und nicht, von wem das Geld zurückgefordert werden müsse: *indebitum est non tantum quod omnino non debetur, sed et quod alii debetur, si alii solvatur, aut si id quod alius debebat alius quasi ipse debeat solvat.*

[1] S. darüber meine Abhdlg. a. a. O. S. 600.

[2] *Fr.* 14 *de o. et a.* 44, 7: *Servi ex delictis quidem obligantur et si manumittantur, obligati remanent.* Es heißt nicht *naturaliter obligantur.*

[3] *Fr.* 3; *fr.* 4 *de nox. act.* 9, 4; *fr.* 44 § 1; *fr.* 45 *pr. ad leg. Aqu.* 9, 2; vgl. auch *fr.* 50, *fr.* 109 *de reg. iur.* 50, 17.

[4] *Fr.* 4 § 2 *de nox. act.*: .... *ergo dolus servi impunitus erit? quod est iniquum.* Da aber der Herr den Sklaven zu verteidigen hat, so heißt es weiter: *immo utroque modo dominus tenebitur. fr.* 2 § 1 *eod. tit.*

[5] *Fr.* 2 § 1 *de nox. act.; fr.* 169 *pr. de reg. iur.* 50, 17; *fr.* 157 *pr. eod. tit.* S. auch unten § 17.

[6] *Fr.* 6 *de nox. act.* 9, 4; *fr.* 14 *de o. et a.* 44, 7.

[7] *Fr.* 4 § 1 *de manumissionibus* 40, 1: .... *verum coniventibus oculis credendum est suis nummis eum redemptum* .... vgl. dazu L. v. Seuffert a. a. O. S. 4. Die stillschweigende Anerkennung der Vermögensfähigkeit des Sklaven im Verkehr scheint sich erst zur Zeit Ulpians durchgerungen zu haben; s. auch Seuffert a. a. O. S. 19.

daß er ihn dann freilassen müsse.[1] Das Geld entnimmt er seinem selbstständig im Verkehr erworbenen Vermögen.[2] Die Verbindlichkeit des Freiheitsvertrags stützt man darauf, daß der Sklave im Vertrauen auf die Redlichkeit des anderen Teils ihn geschlossen habe.[3]

2. Er schloß unmittelbar mit seinem Herrn den Vertrag ab, wonach er ihn nach Bezahlung einer bestimmten Geldsumme freilassen solle.[4] Statt der Geldsumme kann er ihm auch eine Sache an Zahlungsstatt geben, z. B. eine von ihm im bösen Glauben gekaufte Sache[5] oder eine gestohlene Sklavin.[6] Für die versprochene Geldsumme stellt er ihm einen Bürgen (*reus*).[7] Der Vertrag zwischen Herrn und Sklaven über die Freiheit wird *pactio libertatis*[8] oder *pro libertate*[9] genannt und wohl als *pactum naturale* aufgefaßt.[10] Der Freiheitsvertrag zwischen dem Sklaven und einem Dritten wird dagegen als *placitum*, ja sogar als *contractus* bezeichnet.[11] Julian erblickt in der Hingabe einer Sache an Zahlungsstatt von seiten des Sklaven einen Kauf der Sache von seiten des Herrn; daher bildet er für ihn eine Art *titulus pro emptore* zur Ersitzung.[12]

VI. Passive Deliktsfähigkeit. Am Sklaven kann eine strafbare Injurie begangen werden. Der Prätor soll nach freiem Ermessen seinem Herrn die *actio iniuriarum* gewähren oder verweigern.[13] Wegen leichter Körperverletzung oder leichter Beschimpfung gewährt er sie nicht, wohl aber, wenn der Sklave entweder durch eine tätliche Beleidigung oder durch eine Schmähschrift ehrlos gemacht wird. Der Prätor soll dabei die Unter-

---

[1] *Fr.* 53 *de iudiciis* 5, 1: .... *sed et si quis fidem alicuius elegerit, ut nummis eius redimatur, atque his solutis manumittatur* .... Der Vertrag mit dem Dritten kann auch so geschlossen werden, daß er vom Sklaven sogleich das Geld erhält und ihn damit loskauft. Darauf deuten die Worte vom *fr.* 53 *cit.*: *sed et si qui suis nummis redemptos se et non manumissos contra placiti fidem* ... vgl. noch *fr.* 67 *h. t.*; *fr.* 4 *pr. de manum.* 40, 1: *Is qui suis nummis emitur.*

[2] „*Ex adventicio lucro*", *fr.* 4 § 1 *de manumissione* 40, 1.

[3] *Fr.* 53 *de iud.* 5, 1: .... *fidem alicuius elegerit, ut nummis eius redimatur* ....

[4] *Fr.* 6 *de manum.* 40, 1: *Servus pecuniam ob libertatem pactus erat et eam domino dederat* .... *fr.* 8 § 5 *de peculio legato* 33, 8: *His consequenter quaeritur, si servus cum domino de libertate pactus fuerit et partem pecuniae dederit.* Vgl. noch *D.* 12, 4, 3, 5 (Ulpian). Seuffert a. a. O. hat diese Fälle übersehen.

[5] *Fr.* 2 § 14 *pro emptore* 41, 4: *et si quod non bona fide servus meus emerit, in pactionem libertatis mihi dederit non ideo me magis usucapturum* ....

[6] *Fr.* 9 *pro emptore* 41, 4: *Qui ob pactionem libertatis ancillam furtivam a servo accepit, potest partum eius quasi emptor usucapere.*

[7] *Fr.* 104 *de verb. obl.* 45, 1: *Cum servus pecuniam pro libertate pactus est et ob eam rem reum dedit* .... *fr.* 7 § 8 *de dolo malo* 4, 3: *Servus pactionis pro libertate reum domino dedit.*

[8] *Fr.* 2 § 14 *pro emptore* 41, 4; *fr.* 9 *eod. tit.*

[9] *Fr.* 104 *de verb. obl.* 45, 1; *fr.* 7 § 8 *de dolo malo* 4, 3.

[10] Pernice a. a. O. 157 n. 15.

[11] *Fr.* 53 *de iudiciis* 5, 1. Von der einschlägigen Literatur übersehen.

[12] *Fr.* 9 *pro emptore* 41, 4: .... *potest partum eius quasi emptor usucapere.*

[13] *Fr.* 15 §§ 35, 44 *de iniuriis* 47, 10; § 3 *J. de iniuriis* 4, 4.

suchung ausdehnen auf die persönlichen Eigenschaften und die soziale Stellung des Sklaven, ob er ein braver, rechtschaffener Mensch, ob er ein Kassenverwalter, ein Vorgesetzter oder ob er ein gewöhnlicher, ungelernter[1], ein gefesselter, übelberüchtigter oder ein Sklave von äußerster Schändlichkeit sei.[1]

Vorsätzliche Tötung eines fremden Sklaven fällt unter die *lex Cornelia de sicariis.*[2] Der Gewalthaber konnte gegen den Mörder sowohl die Anklage auf Grund des Mordgesetzes erheben als auch ihn mit der *actio legis Aquiliae* verklagen. Die richterliche Entscheidung auf Grund der aquilischen Klage ist aber für den Richter über die Anklage auf Grund des Mordgesetzes nicht bindend.[3]

VII. Beschränkte aktive Partei- und Prozeßfähigkeit im Zivilprozeß. In der republikanischen Zeit besaß der Sklave weder eine aktive noch passive Partei- und Prozeßfähigkeit im Zivilprozeß. Erst in der Kaiserzeit wurde ihm eine aktive zunächst zu dem Zwecke erteilt, seine Freiheit herbeizuführen. Dabei sind vier Fälle zu unterscheiden:

1. Ist sein Herr fideikommissarisch mit seiner Freilassung beschwert, so hat er seit Kaiser Trajan gegen ihn eine Klage auf Freilassung oder Freiheitserklärung.[4] Zuständig für diese Klage war in Rom der Prätor[5] und in der Provinz der Provinzialstatthalter (*praeses provinciae*), auch wenn der beschwerte Erbe nicht aus der Provinz stammte.[6] Die Klage wurde in der *extraordinaria cognitio* erhoben.[7]

2. Durch eine Verordnung Mark Aurels bekam er eine Klage gegen seinen Herrn, der ihn der Abrede gemäß mit seinem Gelde von seinem früheren Herrn gekauft hatte, auf die versprochene Freilassung oder Freiheitserklärung.[8] Zuständig war in Rom der *praefectus urbi*, in der

---

[1] *Fr.* 15 § 44 *eod. tit.* 47, 10; *mediastinus* (ungelernter Sklave) übersetzt Heumann-Seckel mit: ein zu allerhand Verrichtungen, welche keine besondere Kunstfertigkeit erfordern, gebrauchter Sklave. Ich entnehme den Ausdruck der heutigen Volkswirtschaftslehre, welche zwischen gelernten und ungelernten Arbeitern unterscheidet. S. auch oben S. 27[8].

[2] *Fr.* 1 § 2 *ad leg. Cornel.* 48, 8: .... *Et qui hominem occiderit, punitur non habita differentia cuius condicionis hominem interemit.* Über die Tötung des eigenen Sklaven s. unten § 17.

[3] *Fr.* 23 § 9 *ad leg. Aqu.* 9, 2: *Si dolo servus occisus sit et lege Cornelia agere dominum posse constat et si lege Aquilia egerit, praeiudicium fieri Corneliae non debet.* Vgl. noch § 11 *J. de lege Aqu.* 4, 3.

[4] *S. C. Rubrianum* (*D.* 40, 5, 26, 7), *Dasumianum* (*D.* 40, 5, 51, 4) und *Articuleianum* (*D.* 40, 5, 51, 7), *rescriptum Antonini Pii* (*fr.* 51 § 9 *de fideicom. lib.* 40, 5); vgl. noch *fr.* 44 *de fideicom. lib.* 40, 5; *fr.* 26 § 7 *eod; fr.* 1 § 7 *si is qui test.* 47, 4; *fr.* 43 *de act. empti.* 19, 1; *fr.* 9 *de in ius voc.* 2, 4; *fr.* 53 *de iudiciis* 5, 1.

[5] *Fr.* 26 § 7 *de fid. lib.* 40, 5.

[6] *Fr.* 51 § 7 *eod. tit.*

[7] Über das Verfahren s. Seuffert a. a. O. S. 9fg.

[8] *Fr.* 5 *pr. de man.* 40, 1; *fr.* 53 *de iud.* 5, 1. S. auch oben S. 88[1].

Provinz der Präses. Die Klage wurde in der *extraordinaria cognitio* erhoben.[1]

3. Ebenso eine Klage gegen seinen Herrn, mit dem er einen Freiheitsvertrag dahin abgeschlossen, daß er ihn gegen Bezahlung einer Geldsumme freilasse, auf Freilassung oder Freiheitserklärung. Die zuständigen Behörden und das Verfahren sind die gleichen wie im vorigen Falle.[2]

4. Der vierte Fall ist auf ein Gesetz Hadrians zurückzuführen.[3]

Ihm liegt folgender Tatbestand zugrunde: Jemand verkauft eine Sklavin unter der Vereinbarung, daß, wenn der Käufer sie prostituiere, er sie ergreifen und abführen könne. Trotz erfolgter Prostitution macht er aber von seinem Rechte keinen Gebrauch, oder er macht zwar Gebrauch davon, prostituiert jedoch die Sklavin selber. Dann soll der Stadtpräfekt den Befehl geben, daß der zuständige Prätor den Freiheitsprozeß anordne. In diesem erhebt dann die Sklavin selber die Freiheitsklage (*vindicatio in libertatem*). Von einem Freiheitsvertreter (*adsertor libertatis*) ist keine Rede.[4]

5. Endlich verlieh Konstantin dem Sklaven in einem Falle im Interesse und zum Schutze seines Herrn Partei- und Prozeßfähigkeit.

Wird er nämlich aus der Besitzung seines abwesenden Herrn vertrieben, so kann er gegen den Eindringling das *interdictum momentariae possessionis* anstellen, ohne daß der Beklagte die prozeßhindernde Einrede der mangelnden Partei- und Prozeßfähigkeit hätte.[5] Das *interdictum momentariae possessionis*[6] ist mit dem *interdictum unde vi* des klassischen Rechts identisch.[7] Der Rechtsstreit zwischen dem Sklaven und dem Eindringling wird aber in einem Falle nur als vorläufiger angesehen. Wird nämlich durch die Untreue des Sklaven der Besitz nicht wieder hergestellt, so kann der Herr nach seiner Rückkehr selber die Klage auf Wiedererlangung des Besitzes anstellen.[8]

---

[1] *Fr.* 5 *de manum.* 40, 1; *fr.* 1 § 1 *de officio praef. urbi* 1, 12. Über das Verfahren vgl. SEUFFERT a. a. O.

[2] S. oben S. 88[4]. Die Konstitution Mark Aurels ist analog anzuwenden, *fr.* 38 § 1 *de liberali causa* 40, 12. SEUFFERT a. a. O. hat diesen Fall übersehen.

[3] *C.* 1 *si mancipium* 4, 56: .... *secundum constitutionem divi Hadriani* .... *secundum interpretationem eiusdem principis* ....

[4] *C.* 1 *si mancipium* 4, 56 (Alexander im Jahre 223) verb. mit *c.* 1 § 4 *de latina lib. toll.* 7, 6. Die Vereinbarung behält auch für jeden späteren Käufer der Sklavin ihre Kraft.

[5] Vgl. *l.* 1 *C. Th. si per vim vel alio modo* 4, 22 *vers.* 14: *nec si servi sint eorum reiiciant in iure personam;* vgl. ferner *l.* 4 *C. Th.* und *c. ult. eod. tit.* Vor Konstantin konnte nach der Dejektion des Sklaven nur der Herr selbst klagen, *fr.* 1 § 22 *de vi et de vi armata* 43, 16. Auf die Neuerung Konstantins machte zuerst GOTHOFRED a. a. O. aufmerksam. Die Interpretation des *Codex Theodosianus* übersieht sie. Die *l.* 1 *C. Th. cit.* ist aufgenommen im *Codex Justinianeus* als *c.* 1 *si per vim vel alio modo* 8, 5.

[6] *V.* 19, 20: *ut eos momentariae perinde possessioni restituant.*

[7] So richtig BRUNS, Besitzklagen S. 84 fg.

[8] *V.* 21: *cui tamen quolibet tempore reverso actionem recuperandae possessionis indulsimus.*

VIII. Beschränkte aktive Partei- und Prozeßfähigkeit im öffentlichen Strafprozeß. Wie im Zivilprozeß, so ist auch im Strafprozeß dem Sklaven eine beschränkte aktive Partei- und Prozeßfähigkeit verliehen worden. Nicht gegen jede dritte Person, sondern nur gegen seinen eigenen Herrn kann er als Ankläger auftreten und auch hier nicht wegen aller, sondern nur wegen bestimmter Verbrechen und mit Ausnahme eines Falles lediglich im Interesse des Staates. 1. Wird das Testament, in welchem er von seinem früheren, jetzt verstorbenen Herrn freigelassen ist, vom Erben und jetzigen Herrn unterdrückt, so ist ihm nach einem Reskript von Mark Aurel und Kommodus gestattet, gegen ihn die Anklage wegen Testamentsunterdrückung zu erheben.[1] Im Interesse des Staates konnte er Anklage gegen seinen Herrn erheben: 2. Wenn sich sein Herr zur Zeit, wo er Ädil (*aedilis plebis cerealis*)[2] war, des Verbrechens der allzu spärlichen Verteilung des Getreides an das römische Volk (Kornwucher) schuldig macht.[3] 3. Wenn sich sein Herr der Steuerhinterziehung (*crimen census*) schuldig macht.[4] 4. Wenn sein Herr das Verbrechen der Münzfälschung (*crimen falsae monetae*) begeht.[5] 5. Wenn sich sein Herr des Hoch- oder Landesverrats (*crimen maiestatis*) schuldig macht.[6]

IX. Passive Partei- und Prozeßfähigkeit im öffentlichen Strafprozeß. Gegen einen Sklaven kann in der Regel wegen aller Verbrechen, derentwegen ein Freier angeklagt werden kann, öffentliche Anklage erhoben werden. Wird er von seinem Herrn nicht verteidigt, so

---

[1] *Fr.* 7 *de l. Corn. de fals.* 48, 10: *admittendum ad suppressi testamenti accusationem; fr.* 53 *de iudiciis* 5, 1.

[2] *Fr.* 2 § 32 *de origine iuris* 1, 2: .... *Deinde Gaius Julius Caesar duos praetores et duos aediles, qui frumento praeessent et a Cereri cereales constituit.*

[3] *Fr.* 53 *de iudiciis* 5, 1; vgl. auch *fr.* 17 *de compensationibus* 16, 2; *fr.* 1 *de lege Julia de annona* 48, 12: *Constitit inter servum et dominum iudicium, si annonam publicam fraudasse dicat dominum*; *fr.* 13 *de accus.* 48, 2: .... *servi quoque deferentes audiuntur.*

[4] *Fr.* 53 *de iudiciis* 5, 1; vgl. auch *c.* 1 *pr. de quaestionibus* 9, 41. Reskript von Sever und Antoninus aus dem Jahre 196. Von Mommsen a. a. O. nicht erwähnt.

[5] *Fr.* 53 *de iudiciis* 5, 1; von Mommsen a. a. O. nicht erwähnt.

[6] *Fr.* 7 § 2 *ad legem Juliam maiestatis* 48, 4. Das letzte Verbrechen ist in der Digestenstelle *fr.* 53 *de iudiciis cit.* nicht enthalten, so daß sich die beiden Stellen ergänzen. Ausdrücklich wird dem Sklaven die Befugnis, Anklage (*accusatio*) gegen seinen Herrn zu erheben, nur in dem Falle des *fr.* 7 *de lege Corn. cit.* zugesprochen. Aber *consistere* bedeutet auch in *fr.* 53 *de iudiciis* 5, 1 gerichtlich auftreten und *deferre* in *fr.* 7 § 2 *ad legem Jul.* 48, 4 anklagen, (vgl. Heumann-Seckel, Nr. 3), nicht bloß Anzeige machen.

In zwei Fällen, in denen der Sklave befugt ist, seinen Herrn öffentlich anzuklagen, ist es auch gestattet, den Sklaven zur Belastung des angeklagten Herrn einem peinlichen Verhör zu unterwerfen, nämlich bei Steuerhinterziehung und Hochverrat, falls die verbrecherische Handlung gegen die Gesundheit des Kaisers gerichtet ist, was sonst nur noch bei der Anklage wegen Ehebruchs erlaubt ist; vgl. *c.* 1 *pr. de quaestion.* 9, 41.

kann er sich selber verteidigen. Wird er verurteilt, so kann, von einigen Ausnahmen abgesehen, in erster Linie sein Herr Berufung gegen das Urteil einlegen; in Ermangelung einer solchen er selbst.[1]

X. Vermischte Fähigkeiten. A. Beschwerderecht. Ein unentwickeltes Beschwerderecht der Sklaven gegen ihre Herren führte Antoninus Pius ein (138—161). Wohl von alters her hatten die Sklaven das Recht, wegen unerträglicher Grausamkeit, Aushungerung und verächtlicher Behandlung in die Tempel der Götter oder später zu den Bildsäulen der Kaiser zu fliehen.[2] Ein Reskript des Kaisers Antoninus Pius[3] legte nun einer derartigen Flucht der Sklaven die Wirkung bei, daß von einer staatlichen Behörde, in Rom und seit Sever in Italien[4] vom Stadtpräfekten[5], in den Provinzen von den Prokonsuln[6], eine Untersuchung wegen der angeblichen grausamen oder verächtlichen Behandlung eingeleitet werden mußte. Ergab sich wirklich eine solche, so konnte der Magistrat die Sklaven, welche von ihrem Asyl- und Beschwerderecht Gebrauch gemacht hatten, von Amts wegen unter der Bedingung verkaufen lassen, daß sie nie in die Gewalt ihres früheren Herrn zurückgebracht werden dürften.[7] Der erzielte Kaufpreis wird dem Herrn ausgehändigt.[8] So stellt sich die von Antoninus Pius zugunsten der Sklaven eingeführte Maßregel als eine Art der Zwangsenteignung dar.[9]

Ein wirkliches Beschwerderecht gewährt den Sklaven Kaiser Severus (193—211). Sie können sich nun beim Stadtpräfekten über ihren Herrn

---

[1] S. unten § 17.

[2] Man kann dies als Asylrecht bezeichnen, vgl. *fr.* 17 § 12 *de aed. ed.* 21, 1: .... *si quis in asylum confugerit.*

[3] An Älius Marcianus: *fr.* 2 *de his qui sui* 1, 6; *Coll.* 3, 3; *J.* 1, 8, 2.

[4] *Fr.* 1 *pr. de officio praefecti urbi* 1, 12: .... *verum ea quoque quae extra urbem intra Italiam* ....

[5] *Fr.* 1 § 1 *eod.*

[6] *Fr.* 2 *de his qui sui* 1, 6 (Ulpian, *de officio proconsulis*); § 2 *J. de his qui* 1, 8.

[7] *Fr.* 2 *de his qui sui v.* 1, 6: .... *veniri iube ita ut in potestatem domini non revertantur; fr.* 1 § 27 *de quaestionibus* 48, 18: .... *et eum per officium distrahi iubere condicione addita, ne umquam in potestatem domini revertatur.* Damit steht Gaius I, 53 und § 2 *J. de his qui* 1, 8 in Widerspruch, wonach die Herren selber ihre Sklaven verkaufen müssen: *cogantur servos suos vendere,* .... *cogantur servos bonis condicionibus vendere.* Es unterliegt aber keinem Zweifel, daß Ulpian uns das Genauere überliefert, nämlich den Wortlaut der Reskripte selber. Wie sollten auch die Herren dazu gezwungen werden können, ihre Sklaven unter der Bedingung zu verkaufen, daß sie nie mehr in ihre Gewalt zurückgebracht werden dürfen, da es doch an jedem Zwangsmittel fehlte? (Die *bona condicio* in § 2 *J. de his qui sui* 1, 8 ist identisch mit der *condicio, ne umquam in potestatem domini revertatur*). S. auch unten § 17, S. 134[5].

[8] § 2 *J. de his qui* 1, 8: .... *ut pretium dominis daretur* ....; *fr.* 1 § 27 *de quaest.* 48, 18: .... *pretio accepto* ....

[9] Sie mochte wohl der Rechtsanschauung des Gaius nicht entsprechen und daher seine abweichende Darstellung, wonach die Herren gezwungen werden, selber ihre Sklaven zu verkaufen.

darüber beschweren, daß er sie grausam oder hart behandele, sie hungern lasse oder zur Unzucht angetrieben habe (vollendetes Vergehen) oder antreibe (Versuch).[1] Ergab die Untersuchung, daß ihre Beschwerde gerechtfertigt war, so konnte er über die fehlbaren Herren, je nach der Schwere des Verbrechens, die Strafe der Internierung auf einer Insel (*relegatio in insulam*) oder der Verbannung auf eine Insel (*deportatio in insulam*) verhängen. Die Insel selbst bezeichnet aber der Kaiser.[2]

B. Fähigkeit zum Erwerbe einer öffentlichen Belohnung. Dem Sklaven konnte, nachdem er jemanden mit Erfolg wegen eines Verbrechens angeschuldigt hatte, in einigen Fällen eine Belohnung in Geld gewährt werden, deren Größe vom Vermögen der angeklagten Person abhing. Der Richter hatte sie abzuschätzen.[3] Unter Umständen konnte der Richter den Sklaven auch mit der Freiheit belohnen, insonderheit wenn die Anschuldigung das öffentliche Wohl beförderte; diese Art der Belohnung war aber fakultativ.[4]

In vier bestimmten Fällen mußte aber der Staat dem Sklaven als Belohnung die Freiheit verleihen. Sie sind alle aus der späteren Kaiserzeit und in einem besonderen Titel des justinianischen Codex dargestellt: 7, 13 *pro quibus causis servi praemium adquirunt libertatem*. Nur in einem Falle heißt es, daß der Staat den Preis des Sklaven dem Herrn vergüten muß.[5] Es ist aber selbstverständlich, daß er dazu in der Regel auch in den übrigen Fällen verpflichtet ist. Die Fälle enthalten daher alle eine staatliche Enteignung des Privateigentums am Sklaven gegen Entschädigung.[6] 1. Macht ein Sklave den Mörder seines Herrn ausfindig,

---

[1] *Fr.* 1 §§ 1 u. 8 *de officio praefecti urbi* 1, 12 § 8 *cit*: *si saevitiam, si duritiam, si famem qua eos premant, si obscenitatem, in qua eos compulerint vel compellant apud praefectum urbi exponant* ....

[2] *Fr.* 1 § 3 *eodem*. In den Quellen finden wir ein Beispiel, wo die Strafe der Relegation auf 5 Jahre in einem ähnlichen Falle verhängt wird, vgl. *fr.* 2 *de his qui* 1, 6 (Strafe der Umbricia). Der Unterschied zwischen *relegatio in insulam* und *deportatio in insulam* besteht darin, daß der Relegierte seine Staatsangehörigkeit und alle seine Vermögensrechte behält, während der Deportierte sie verliert. Vgl. *fr.* 14 § 1 *de interdictis et relegat. et deportatis* 48, 22: *multum interest inter relegationem et deportationem. nam deportatio et civitatem et bona adimit, relegatio utrumque conservat, nisi bona publicentur*. Vgl. ferner noch *fr.* 2 *de publ. iudiciis* 48, 1; *fr.* 4 *de interd. et relegat. et deportatis* 48, 22. Die Relegation kann ferner auf Zeit oder auf immer, die Deportation nur auf immer verhängt werden, *fr.* 4; 28 *pr.* § 1 *de poenis* 48, 19.

[3] *Fr.* 5 § 11 *de iniuriis et fam. lib.* 47, 10: *Et ei qui indicasset sive liber sive servus sit pro modo substantiae accusatae personae aestimatione judicis praemium constituitur*. Die Stelle bezieht sich auf den Fall, daß der Sklave den Verfasser einer Schmähschrift angezeigt hatte. Mommsen meint a. a. O. S. 505 n. 5, daß für die Sklaven die Geldbelohnung keinen Sinn habe; er übersieht, daß der Sklave als im Verkehre vermögensfähig angesehen wird, s. oben S. 87[7].

[4] *L. cit.*: .... *servo forsitan et libertate praestanda. Quid enim, si publica utilitas ex hoc emergit?*

[5] *C.* 2 *tit. cit.*

[6] Die Entschädigungspflicht des Staates fällt dann fort, wenn der Herr selbst das Verbrechen begangen hat. S. Gothofred zu *l.* 2 *C. Th. de falsa moneta* 9, 21.

so hat er das Recht, sich mit einem Gesuch an den Provinzialstatthalter bzw. an den Prätor zu wenden, daß er ihm die Freiheit als Belohnung zuspreche. Der Richter mußte dem Gesuch stattgeben. Dies Recht des Sklaven beruhte auf Senatsbeschlüssen und kaiserlichen Erlassen.[1] 2. Zeigt ein Sklave Münzer an, welche heimlicherweise falsches Geld prägen, so wird ihm das römische Bürgerrecht und damit die vollkommene Freiheit verliehen.[2] 3. Zeigt ein Sklave die Entführung einer Jungfrau an, so wird er dann vom Staate mit der Freiheit bedacht, wenn das Verbrechen durch Nichtbeachtung in Vergessenheit geraten war oder der Verletzte auf dessen Verfolgung verzichtet hatte.[3] 4. Verrät ein Sklave einen fahnenflüchtigen Soldaten, so wird er vom Staat mit der Freiheit bedacht.[4]

C. Zeugnisfähigkeit. Die Sklaven haben eine subsidiäre Zeugnisfähigkeit, d. h. ihr Zeugnis (*responsum*) gilt als Beweisgrund erst dann, wenn es an anderen Beweisgründen fehlt.[5]

D. Das Recht der Selbstverstümmelung und des Selbstmordes. Der Sklave hatte wie jeder Freie die rechtlich anerkannte Befugnis, sich selbst zu verstümmeln oder zu töten. Daher hatte sein Herr, wenn er sich selbst verstümmelte, nicht das Recht, wegen des Schadens, den er dadurch erlitt, einen Abzug von seinem Pekulium zu machen.[6]

XI. Personale Rechtsverhältnisse im Familienrecht. Die Familienbeziehungen der Sklaven sind zum Teil vom geltenden Rechte anerkannt, allerdings nicht vom Zivilrecht, wohl aber vom sog. *ius naturale.*[7]

Die Geschlechtsverbindung des Sklaven mit einer Freien wird in den Quellen auch *matrimonium* genannt.[8] Die aus einer Sklavenehe

---

[1] *C.* 1 *tit. cit.*; vgl. *fr.* 5 *qui sine manumissione* 48, 8 (Marcian).

[2] *C.* 2 *tit. cit.*; vgl. *l.* 2 *C. Th. de falsa moneta* 9, 21 u. *c.* 1 *de falsa moneta* 9, 24. Daß ihm das römische Bürgerrecht verliehen wurde, hatte vor Justinian eine große Bedeutung, da neben dem römischen Bürgerrecht noch die Latinität bestand.

[3] *C.* 3 *hoc titulo*; vgl. *l.* 1 § 4 *C. Th. de raptu virginum* 9, 24. Nach vorjustinianischem Recht erhält er nur die Latinität.

[4] *C.* 4 *eodem tit.* 7, 13; vgl. *c.* 1 § 1 *de desert.* 12, 45 und *l.* 4 *C. Th. de desert.* 7, 18.

[5] *Fr.* 7 *de test.* 22, 5: *Servi responso tunc credendum est, cum alia probatio ad eruendam veritatem non est.*

[6] *Fr.* 9 § 7 *de pec.* 15, 1: *Si ipse servus sese vulneravit, non debet hoc damnum deducere, non magis quam si se occiderit vel praecipitaverit: licet enim etiam servis naturaliter in suum corpus saevire. Naturaliter* = kraft des Naturrechts, vgl. Heumann-Seckel c).

[7] *Fr.* 32 *de r. i.* 50, 17: *Quod attinet ad ius civile servi pro nullis habentur: Non tamen et iure naturali quia quod ad ius naturale attinet, omnes homines aequales sunt.*

[8] *Fr.* 27 *depositi* 16, 3; ein Freier gibt seine Tochter einem fremden Sklaven zur Ehe; *in matrimonium collocat* (im Gegensatze zu Paulus II, 19, 6). In den

stammenden Kinder standen untereinander und mit den Eltern in einer rechtlich anerkannten Verwandtschaft[1] und es besteht deshalb nach ihrer Freilassung sowohl zwischen Eltern und Kiudern, Bruder und Schwester[2] als auch zwischen Onkel und Nichte, Neffe und Tante[3] ein Ehehindernis.[4] Wie es aber eine Blutsverwandtschaft unter Sklaven gibt, eine *cognatio servilis*, so gibt es unter ihnen auch eine Schwägerschaft, eine *adfinitas servilis*. Es besteht daher nach ihrer Freilassung ein Ehehindernis zwischen Stiefvater und Stieftochter, Stiefmutter und Stiefsohn, Schwiegervater und Schwiegertochter, Schwiegermutter und Schwiegersohn.[5] Die freigelassenen Kinder dürfen ihre Eltern nach der Freilassung nicht vor den Prätor laden.[6]

Die Sklaven waren des Verbrechens der Blutschande fähig.[7] Gegen einen fremden Sklaven kann wegen Ehebruchs mit einer verheirateten Freien Anklage von seiten des Ehemanns erhoben werden.[8] Nach einem Reskript von Mark Aurel kann der Herr gegen seinen eigenen Sklaven wegen Ehebruchs mit seiner Gattin Anklage erheben; ja er ist sogar dazu verpflichtet (statt den Sklaven selber zu bestrafen[9]). Das Klagerecht des Herrn verjährt in der gewöhnlichen Frist von 60 Tagen (*dies utiles*).[10] Dagegen kann der Sklave nicht die Anklage gegen den erheben, der mit seiner Gattin Ehebruch getrieben.[11] Gegen den Sklaven konnte auch die Anklage wegen Vater- und Verwandtenmordes (*parricidium*) nach dem 1. Kapitel der *lex Pompeia* erhoben werden.[12]

---

beiden Inschriften in den *Notizie degli scavi* 1897, 456 fg. bezeichnet sich *Quinctilia Procula*, eine Freie, als *coniux* des Silvanus, eines *servus Caesaris*. In unseren Quellen werden die Gattinnen der Sklaven regelmäßig *uxores* genannt: *fr.* 12 § 7 *de instr. vel instr. l.* 33, 7; in *l.* 1 *C. Th. de comm. d.* 2, 25: *coniuges*.

[1] *Fr.* 14 § 2 *de ritu nupt.* 23, 2; *fr.* 12 § 4 *de acc. et inscript.* 48, 2. Vgl. auch Gradenwitz, a. a. O. S. 161.

[2] *Fr.* 8; *fr.* 14 § 2 *de ritu nupt.* 23, 2. Das Ehehindernis beruht nach Paulus auf *ius naturale*, vgl. *fr.* 14 § 2 *cit.*, nach Pomponius auf Gewohnheitsrecht, vgl. *fr.* 8 *cit.*

[3] *Arg. fr.* 56 *de ritu nupt.* 23, 2.

[4] Also ein negatives personales Rechtsverhältnis; vgl. meine Abhandlung in Grünhuts Zeitschr. a. a. O.

[5] *Fr.* 14 § 3 *eod. tit.* 23, 2: .... *cum enim cognatio servilis intellegitur, quare non et adfinitas intellegatur?* .... (Paulus).

[6] *Fr.* 4 § 3 *de in ius vocando* 2, 4: *parentes etiam eos accipi Labeo existimat, qui in servitute susceperunt* (*suscipere* hier = erzeugen, vgl. Heumann-Seckel Nr. 4).

[7] Theophilus, *Par.* 1, 16, 10.

[8] *Fr.* 5 *de accus.* 48, 2: *Servos quoque adulterii posse accusari nulla dubitatio est.*

[9] S. unten § 17.

[10] *Fr.* 5 *cit.* verb. mit *fr.* 12 § 6 *ad legem Juliam* 48, 5.

[11] *C.* 23 *pr. ad legem Juliam* 9, 9: *Servi ob violatum contubernium adulterii accusare non possunt.* d'Arnaud, a. a. O. liest hier *accusari*.

[12] *Fr.* 12 § 4 *de accus.* 48, 2: .... *sed cum natura communis est, similiter et in eos animadvertetur.*

Der Sklave war verpflichtet, seine bedürftigen Eltern zu unterhalten.[1] Die eheliche Gemeinschaft der Sklaven (*contubernium*) durfte nicht gewaltsam durch Trennung der Ehegatten aufgehoben werden.[2] Ebensowenig durften die Kinder von den Eltern getrennt werden.[3] Endlich durften auch nicht die Geschwister voneinander getrennt werden.[4] Die Blutsverwandtschaft und Schwägerschaft mit Sklaven wurde als gerechter Grund der Freilassung anerkannt.[5]

Wenn nach dem Zeugnis älterer Schriftsteller CATO berichtet[6], daß die Sklaven, welche von ihrem Herrn an Kindesstatt angenommen werden, dadurch allein ihre Freiheit erlangen können, so beweist dies die Herrschaft der naturrechtlichen Anschauung schon im alten römischen Recht. Damit in Einklang steht, was Massurius Sabinus erwähnt, wonach die Autoren des alten Rechts in ihren Schriften behauptet haben, daß der Herr seinen Sklaven durch *in iure cessio (per praetorem)* einem Dritten an Kindesstatt geben konnte, offenbar auch mit der Wirkung, daß der Sklave dadurch die Freiheit erlangte.[7]

Familienrechtliche Beziehungen bestehen auch zwischen dem Sklaven als *familiaris* und seinem Gewalthaber. Nach der Freilassung finden sie ihre Fortsetzung im Patronat.[8]

---

[1] *Arg. fr.* 5 § 16 *de agn. et al. lib.* 25, 3: *Parens quamvis ali a filio ratione naturali debeat* .... Diese Verpflichtung war besonders bei herrenlosen Sklaven von Bedeutung.

[2] Eine Anwendung dieses Prinzips fand einmal statt bei der *actio redhibitoria*: Wird ein unfreies Ehepaar verkauft und ein Ehegatte wegen Krankheit vom Käufer zurückgewährt, so muß auch der andere, gesunde Ehegatte zurückgewährt werden: *fr.* 35 *de aed. edicto* 21, 1.

Dann zur Auslegung des Willens des Testators: Vermacht er jemandem den unfreien Ehemann, so ist anzunehmen, daß die Ehefrau mit vermacht sei: *fr.* 12, § 7 *de instructo leg.* 33, 7. Werden Staatsländereien mitsamt dem darauflebenden Sklaven geteilt, um sie zu verpachten oder in Erbpacht zu geben, so dürfen die Ehegatten nicht getrennt werden, *l.* 1 *C. Th. de communi dividundo* 2, 25 (= *C.* 11 *communia utriusque* 3, 38): *Quis enim ferat .... a viris coniuges segregari?*

Wird gegen den Ersitzungsbesitzer vom Sklaven die *rei vindicatio* angestellt und ein Ehegatte wäre herauszugeben, so muß für den anderen Ehegatten ein Ersatzsklave gegeben werden, damit sie nicht getrennt werden: Novelle Valentinians III., 31, 3 (*a.* 451): .... *quia et in eiusmodi personis salva et inconvulsa debet coniunctionis affectio permanere.*

[3] Die Konsequenzen sind dieselben wie bei den Ehegatten. Vgl. *fr.* 35 *de aedilicio edicto cit.*; *fr.* 12 § 7 *de instr. cit.*; *fr.* 41 § 2 *de leg.* III (der Interpol. verd.) und *l.* 1 *C. Th. de comm. d. cit.*; Novelle Valentinians III. 31, 2: .... *ne quod impium est, filii a parentibus dividantur.*

[4] Die Konsequenzen sind in den Quellen nur in bezug auf die *actio redhibitoria* und die Teilung von Staatsländereien gezogen; *fr.* 39; 40 *de aed. edicto* 21, 1: .... *vel fratres. hi enim non erunt separandi; l.* 1 *C. Th. de communi dividundo* 2, 25: *quis enim ferat .... a fratribus sorores .... segregari?*

[5] Gaius I, 39 verb. mit I, 19; *fr.* 12; *fr.* 20 § 3 *de manumissis* 40, 2; § 5 *J. qui ex quib. c.* 1, 6.

[6] § 12 *J. de adopt.* 1, 11.

[7] Gellius, *noct. Att.* 5, 19, 13 u. 14. Die *lex Aelia Sentia* (757*ab u. c.*) machte dieser Gewohnheit ein Ende.

[8] S. auch MOMMSEN, Römisches Strafrecht S. 82.

Aus ihnen ergeben sich für den Sklaven hauptsächlich zwei Pflichten: eine positive, etwas zu tun und eine negative, etwas zu unterlassen. Die positive Pflicht ist die, mit Aufopferung des Lebens seinem Herrn gegen Gewalttätigkeiten Beistand zu leisten.[1] Versäumt er die Pflicht, so wird er, nach der Tötung oder Ermordung des Herrn, mit dem Tode gestraft, falls er Widerstand leisten konnte.[2]

Die negative ist die Verpflichtung zur Treue gegen seinen Herrn, welche sich der Hauptsache nach in der Verpflichtung auslöst, ihn wegen eines Verbrechens nicht zu verraten; von ihr ist er nur in einigen Fällen entbunden.[3] Schuldigt aber der Sklave seinen Herrn in diesen Ausnahmefällen grundlos an, so bestraft ihn der Staat entweder selbst, oder überläßt die Bestrafung dem Herrn. Der Wille des Herrn entscheidet darüber, welche von beiden Alternativen stattfinden solle.[4]

XII. Sakralrechtliche Rechts- und Handlungsfähigkeit.[5] Im Sakralrecht erscheint der Sklave nicht, wie im bürgerlichen Recht, grundsätzlich von der Rechtsfähigkeit des Herrn getragen, sondern er ist mit eigener Rechtsfähigkeit im engeren Sinn ausgestattet, so daß er für sich allein durch seine Rechtsgeschäfte Rechte erwirbt und Verbindlichkeiten eingeht. In einigen Fällen waren die sakralen Rechtsgeschäfte der Sklaven sogar erzwingbar.

Schon in republikanischer Zeit kommen Gelübde von Sklaven vor; in der Kaiserzeit sind sie häufig. Sie waren nicht auf bestimmte Gottheiten beschränkt. Die Formeln sind ganz dieselben, wie bei der Weihe eines Freien. In den Fällen aus republikanischer Zeit wird die Weihe mehrfach als erst nach der Freilassung vollzogen bezeichnet[6]; doch kommen Weihen der Sklaven selbst vor.[7] In der Kaiserzeit dagegen weiht sich der Sklave durchgängig selbst, und von einer Einwilligung seines Herrn ist dabei keine Rede. Er ist durch das Gelübde selbständig verpflichtet und kann der göttlichen Strafe so gut verfallen, wie ein Freier, wenn er sein Versprechen nicht erfüllt.[8] Später wird der Sklave ganz

---

[1] *Fr.* 1 § 18 *de Sc. Silaniano* 29, 5: .... *ei adversus vim opem ferre* .... Dieselbe Pflicht hat auch der Soldat dem Offizier gegenüber, *fr.* 6 §§ 8, 9 *de re militari* 49, 16.

[2] *Fr.* 1 §§ 12, 13, 21, 30 *de Sc. Silaniano* 29, 5; s. auch unten § 17.

[3] S. oben S. 91.

[4] *Fr.* 5 *pr. de manumiss.* 40, 1; *fr.* 38 § 4 *de poenis* 48, 19: .... *nisi forte dominus reddi eum sibi maluerit* .... *si ipse dominus malit in metallum damnatur* .... Die angeführten Stellen beweisen dies allerdings nur für den Fall, daß der Sklave seinen Herrn fälschlich denunziert hat, daß er ihn mit seinem Gelde losgekauft habe. Vgl. aber Dio Cassius 60, 13.

[5] Vgl. Pernice, Sakralrecht, Sitzungsberichte der Berliner Akademie der Wissenschaften Bd. 2, 1886, S. 1174fg., denen ich das Folgende, jedoch mit eingehender Kritik entnehme und Ergebnisse eigener Forschung hinzufüge.

[6] Pernice, a. a. O. S. 1174, n. 3.

[7] Pernice, a. a. O. S. 1175, n. 1.

[8] Pernice, a. a. O. S. 1175, n. 2.

wie der Haussohn behandelt, er wird durch sein Gelübde nur mit Einwilligung des Herrn verpflichtet.[1]

Der Sklave kann sich ferner durch Eid verpflichten und zwar sowohl Dritten wie seinem Herrn gegenüber. Eidliche Versprechen an Dritte sind selten. Sie sind aber zulässig und sakral gültig. Die Gültigkeit ergibt sich auch daraus, daß dem Sklaven an Stelle seines Herrn das *iuramentum in iure* zugeschoben werden kann und sein Schwur für die zuschiebende oder zurückschiebende Partei verbindlich und für seinen Herrn wirksam ist[2], d. h. der Herr kann auf das vom Sklaven zu seinen Gunsten beschworene Rechtsverhältnis Klage und Einrede begründen.[3] Das vom Sklaven zugunsten seines Herrn beschworene Rechtsverhältnis ist entweder ein negatives (obligatorisches), dann entsteht für den Herrn eine *exceptio*[4]; oder es ist ein positives (dingliches oder obligatorisches), dann entsteht für den Herrn entweder eine *actio (in rem* oder *in personam)* oder eine *exceptio (pacti conventi)*.[5] Was vom Eide des in der Regel partei- und prozeßunfähigen Sklaven gilt, muß um so mehr vom Eide des partei- und prozeßfähigen Haussohns gelten.[6] Durch Zurückschiebung des Eides kann aber weder der Haussohn noch der Sklave die Lage des Vaters oder des Herrn verschlechtern.[7] Die Wirkung der Zuschiebung und des Ausschwörens des Eides durch den Sklaven wird davon abhängig gemacht, daß der Sklave die Verwaltung des Pekuliums hatte.[8]

---

[1] *Fr.* 2 § 1 *de pollic.* 50, 12: .... *filius enim familias vel servus sine patris dominive auctoritate voto non obligantur* ....

[2] *Fr.* 23 *de iureiurando* 12, 2; *fr.* 25 *eod. t.*

[3] *Fr.* 23, 25 *de iureiurando* 12, 2. Pernice, a. a. O. S. 1175, n. 5 drückt sich so aus: „d. h. der Herr kann auf die vom Sklaven beschworene Tatsache Klage und Einrede begründen." Es handelt sich aber um ein *iusiurandum in iure delatum* oder *relatum*, welches sich immer auf ein Rechtsverhältnis (*dominum dare non oportere, rem domini esse*), nicht auf eine Tatsache bezieht; s. die angef. Fragmente.

[4] *Fr.* 23 *cit.* Ulpian: *Si servus iuraverit dominum dare non oportere, exceptio domino indulgenda est sibique adversarius imputabit, qui servo detulit ius iurandum.*

[5] *Fr.* 25 *cit.* Ulpian: *Sed et si servus meus (delato vel relato ei iureiurando) iuravit rem domini esse vel ei dari oportere, puto dandam mihi actionem (vel pacti exceptionem propter religionem et conventionem).* (Nach Naber interpoliert.)

[6] *Fr.* 24 *de iureiurando* 12, 2; *fr.* 2 *pr. quar. rer.* 44, 5. Die römischen Juristen finden die Rechtfertigung des Grundsatzes, daß der *pater* oder *dominus* bei Klage oder Einrede sich auf den Eid des Sohnes oder Sklaven stützen kann, entweder in der heiligen Handlung (*religio*) des Sohnes oder Sklaven allein: *fr.* 24 *eod. tit.* oder in dem Vertrage (*conventio*), den sie mit dem Gegner abgeschlossen haben: *fr.* 25 *eod. t.*

[7] *Fr.* 24 *eod. t.*: .... *ipsi autem referentes condicionem eorum, quibus subiecti sunt, non faciunt deteriorem.* Mommsen und Krüger, kleine Ausgabe n. 11, meinen, es müsse richtiger mit den Basiliken „*deferentes*" heißen. Mit Unrecht. Nur das Zurückschieben, nicht das Zuschieben des Eides verschlechtert die Lage des Herrn, weil der Relat den Eid zu schwören bereit ist.

[8] *Fr.* 20 *de iureiur.* 12, 2.

Ein solcher hat auch das Recht zur Zahlung und Novation von Schuldverhältnissen.[1]

Eine große Rolle spielt das eidliche Versprechen des Sklaven im Freilassungsrecht: die *iurata operarum promissio.* Venuleius berichtet uns, daß es früher bestritten war, ob nur der Sklave eidlich sich seinem Herrn zu dem verpflichten könne, was ihm als Entgelt wegen der künftigen Freilassung auferlegt wird, oder ob auch der Freigelassene eidlich sich dem Patron zu dem verpflichten könne, was ihm wegen der bereits vollzogenen Freilassung auferlegt wurde.[2] Die Juristen, welche die Streitfrage verneinten, stützten sich auf die Logik: Die Verpflichtung des Sklaven zu Dienstleistungen ist die Voraussetzung seiner Freilassung, kann also nicht der Freilassung nachfolgen. Venuleius erledigt die Streitfrage, indem er sagt, daß nur der Freie (zivilrechtlich) verpflichtet werde. Darum war es üblich, vom Sklaven vor der Freilassung den Diensteid zu verlangen, damit er, wenn er in den Zustand des eigenen Rechts eintrete, durch den Eid gebunden, zum Schwure gezwungen sei und dann sofort nach der Freilassung den Eid erneuern oder ein Versprechen (in Stipulationsform) abgebe.[3] Der Freigelassene kann zu den Dienstleistungen entweder durch eine Zivilklage aus der Stipulation (zweiseitiges Rechtsgeschäft) oder der *iurata promissio* (einseitiges Rechtsgeschäft)[4] oder durch eine *actio honoraria*[5] gezwungen werden.

Auch eidliche Zusagen des Herrn an den Sklaven sind nach Sakralrecht verbindlich. Der Herr wird seinem Sklaven vor allem eidlich die Freiheit zugesichert haben.[6] Es wurde auch eine Art bürgerlicher Verpflichtung des Herrn dem Sklaven gegenüber anerkannt.[7]

Der Ort, wo ein Sklave begraben liegt, ist eine geweihte Stätte (*locus religiosus*).[8] Daraus geht hervor, daß der römische Sklave sakral-

---

[1] *Fr.* 21 *h. t.*

[2] *Fr.* 44 *de lib. causa* 40, 12: *Licet dubitatum antea fuit, utrum servus dumtaxat an libertus iurando patrono obligaretur, in his quae libertatis causa imponuntur.* Pernice, a. a. O. faßt diesen Satz so auf: „Es war früher bestritten, ob nicht mindestens der Sklave gleichfalls ebenso wirksam wie der Freigelassene eidlich sich verpflichten könne"; dieser Auffassung widerspricht das *utrum servus dumtaxat an.*

[3] *Fr.* 44 *pr. cit.*: .... *tamen verius est non aliter quam liberum obligari. ideo autem solet iusiurandum a servis exigere, ut hi religione adstricti, posteaquam suae potestatis esse coepissent, iurandi necessitatem haberent, dummodo in continenti cum manumissus est, aut iuret aut promittat.* Mitteis, Römisches Privatrecht S. 23, n. 2 meint, daß mit der *iurata operarum promissio* natürlich nur der erste vor dem Freilassungsakt geleistete Eid gemeint sei, nicht der ihm folgende zweite. Das widerspricht unserer Quellenstelle und Gaius III, 96.

[4] Gaius III, 96.

[5] *Fr.* 2 § 1 *de operis lib.* 38, 1: *Initio igitur praetor pollicetur se iudicium operarum daturum in libertos et libertas.*

[6] Plautus, *Poen.* 361 (1, 2, 148).

[7] S. auch oben S. 88[8].

[8] *Fr.* 2 *pr. de religiosis et sumpt.* 11, 7.

rechtlich zum römischen Volke gehört.[1] Es besteht eine religiös sittliche Pflicht des Herrn, den Sklaven beerdigen zu lassen. Besorgt ein anderer das Begräbnis des Sklaven, so hat er gegen den Herrn die *actio funeraria* auf vollen Ersatz der Aufwendungen.[2]

Sklaven sind in der Kaiserzeit fähig, Mitglieder geistlicher Genossenschaften zu werden. Ja es gibt Kollegien, welche ausschließlich aus unfreien Mitgliedern bestehen, trotzdem ist ihre Organisation die gleiche, wie die der Freien.[3] Sowohl öffentliche wie Privatsklaven sind fähig, in die Unterstützungsgenossenschaften (*collegia tenuiorum*) aufgenommen zu werden und darin sogar Ämter zu bekleiden.[4] Die Mitgliedschaft erfordert mannigfachen Aufwand. Daher ist es den Kuratoren der Genossenschaft verboten, Sklaven ohne Einwilligung des Herrn aufzunehmen. Dieses Verbot ist aber eine *lex imperfecta.* Erfolgt nämlich ihre Aufnahme ohne Willen oder Wissen des Herrn, so ist sie zwar gültig, aber der Kurator (Vertreter) der Genossenschaft wird für die unbefugte Aufnahme eines jeden einzelnen Sklaven mit einer Geldstrafe von 100 Goldstücken geahndet.[5] Ist die Aufnahme einmal erfolgt, so erscheint der Sklave innerhalb der Genossenschaft als selbständige und selbsthandelnde Persönlichkeit. Hat der Sklave ein Testament gemacht, worin er über seine Grabstelle zugunsten eines anderen verfügt, so kommt die Genossenschaft seiner Anordnung nach.[6]

Zum Schlusse der Aufzählung der rechtlichen Fähigkeiten der Sklaven soll noch die Frage aufgeworfen werden, ob alle Sklaven im bürgerlichen Recht dieselbe personale Rechtsstellung besitzen. In der Tat behauptet Marcian, daß die Rechtsstellung aller Sklaven dieselbe sei.[7] Dieser Ausspruch berührt aber nur die Oberfläche. Die Quellen liefern uns vielmehr eine Stufenfolge von niederen zu höheren personalen Rechtsverhältnissen der Sklaven. Als Kriterium dient dabei die niedere oder höhere Rechtsfähigkeit. Die unterste Stufe nimmt die Persönlichkeit des herrenlosen Sklaven ein, die durch Dereliktion entstanden ist; sie ist des

---

[1] Würde er nicht zum römischen Volke gehören, wäre er vielmehr ein „unvergasteter Fremder", ein Feind, so könnte sein Grab nicht *locus religiosus* sein. Denn das Grab des Feindes ist nicht *locus religiosus*: *fr.* 4 *de sepulchro violato* 47, 12. Das Grab des Bürgers verliert seine Eigenschaft als *res religiosa* durch feindliche Eroberung: *fr.* 36 *de religiosis et sumpt.* 11, 7. So auch Pernice, a. a. O. S. 1179. S. 1173 behauptet er aber, daß der Unfreie nach weltlichem Rechte ein unvergasteter Fremder und als solcher rechtlos sei. Diese Behauptung widerlegen unsere Ausführungen in I. bis XII. dieses Paragraphen.

[2] *Fr.* 31 § 1 *de relig. et sumpt. fun.* 11, 7; Paulus, *sent.* I, 21, 10: .... *vel a domino* ....

[3] Pernice, a. a. O. S. 1180, n. 2.

[4] Pernice, a. a. O. S. 1180, n. 3.

[5] *Fr.* 3 § 2 *de collegiis et corporibus* 47, 22.

[6] Pernice, a. a. O. S. 1181, n. 3.

[7] *Fr.* 5 *pr. de statu hom.* 1, 5; § 4 *J. de iure pers.* 1, 3: *In servorum condicione nulla differentia est.* S. auch oben S. 12 u. S. 82[2].

Pekuliums unfähig und besitzt auch keine *testamenti factio passiva.*[1] Dann folgt die Persönlichkeit des *servus poenae*, die ebenfalls unfähig ist, ein *peculium* zu haben, jedoch eine beschränkte *testamenti factio passiva* besitzt.[2] Dann die des herrenlosen Sklaven, an dem noch ein Nießbrauch haftet; sie ist zwar auch des Pekuliums unfähig, aber sie hat eine unbeschränkte *testamenti factio passiva.*[3] An sie reiht sich die des gewaltunterworfenen Sklaven; sie hat ebenfalls eine unbeschränkte *testamenti factio passiva* und ist außerdem des Pekuliums fähig. Den Schlußstein der Stufenleiter bildet die Persönlichkeit des Staatssklaven, die nicht nur eine unbeschränkte *testamenti factio passiva* besitzt[4] und des Pekuliums fähig ist, sondern auch als selbständige und alleinige Herrin der Hälfte ihres Pekuliums erscheint. Dies zeigt sich darin, daß sie über die Hälfte ihres Pekuliums testieren kann.[5]

§ 16. Die Persönlichkeit des gewaltunterworfenen Sklaven im Privatstrafrecht.

I. Der römische Sklave war geradeso wie der römische Bürger fähig, private und öffentliche Delikte zu verüben.[6] Begeht der Sklave ein Privatdelikt, so wird er als Persönlichkeit und nicht als Sache[7] verpflichtet. Infolgedessen muß jeder neue Gewalthaber seine Persönlichkeit im Prozeß verteidigen, gleichgültig, ob ihn eine Schuld am Delikt des Sklaven trifft oder nicht. Wenn er sie aber nicht verteidigen und für sie nicht die Strafe zahlen will, so hat er das Recht, sie als die einzig verpflichtete Persönlichkeit dem Geschädigten hinzugeben[8]: *nam erat iniquum nequitiam eorum ultra ipsorum corpora dominis damnosam esse.* Der Hingegebene wird Schuldknecht des Geschädigten; seine Persönlichkeit zeigt sich aber in geradezu auffallender Weise darin, daß er sich durch Bezahlung der Schuld mit seinem erworbenen Gelde aus der Schuldknechtschaft lösen[9] kann.

---

[1] S. unten § 18.

[2] *Fr.* 8 § 4 *qui test. fac. poss.* 28, 1; *fr.* 6 § 6 *de iniusto rupto* 28, 3; *fr.* 25 § 3 *de adqu. vel omitt. her.* 29, 2; *fr.* 3 *pr. de his quae pro non script.* 34, 8. S. auch oben § 2 S. 13[7].

[3] Sie kann die Erbschaft oder das Vermächtnis für den Nießbraucher annehmen: *arg. fr.* 21 *de usufr.* 7, 1.

[4] *Fr.* 25 § 2 *de adquir. vel omitt. hered.* 29, 2.

[5] Ulpian 20, 17.

[6] *Fr.* 12 § 3 *de accusationibus* 48, 2: *Si servus reus postulabitur eadem observanda sunt, quae si liber sit ex senatus consulto Cotta et Messala consulibus* (20 nach Chr.).

[7] *Fr.* 14 *de o. et a.* 44, 7 (Ulpian): .... *obligati remanent;* vgl. auch *fr.* 174 *de verb. sign.* 50, 16 (Ulpian): .... *nemini esse furti obligatum promittit.*

[8] § 2 *J. de nox. act.* 4, 8; Gaius IV, 75.

[9] § 3 *J. de nox. act.*: *si autem damnum ei cui deditus est resarcierit, quaesita pecunia auxilio praetoris invito domino manumittetur.* Vgl. auch oben § 9, S. 51[4] und § 15, S. 87[7]. Aus *Coll.* 2, 3 könnte gefolgert werden, daß in der

Die früheren Romanisten erkannten nicht, daß der Sklave auch eine Persönlichkeit sei. Es war ihnen daher unmöglich, den wahren Grund der Noxalklage zu finden. Die große Mehrheit, der aus dem 19. Jahrhundert THIBAUT, GLÜCK und HASSE angehören, leitete den Grund der Noxalklage aus der Verantwortlichkeit des Eigentümers der schädigenden Sache ab. Bei jedem Delikt des Skaven mußten sie daher eine *culpa* des Eigentümers voraussetzen. Es ist nun das Verdienst ZIMMERNS[1], die Unhaltbarkeit dieser Ansicht nachgewiesen zu haben. Aber auch er ist noch nicht so weit gekommen, auch formell die Persönlichkeit des Sklaven anzuerkennen. Er erblickt im Sklaven immer noch nur die Sache.[2] Materiell aber erblickt er im Sklaven bereits eine Persönlichkeit, so wenn er vom Schutzherrn, vom Repräsentanten oder Defensor des Sklaven, ferner von der Pflicht der Sache spricht, den Schaden zu vergüten. Kann aber eine Sache einen Schutzherrn, Repräsentanten oder Defensor haben, kann sie verpflichtet sein, den Schaden zu vergüten?

Bezahlt der Herr den Betrag der vom Richter geschätzten Geldstrafe, um den Sklaven vor der Auslieferung als Schadenersatz zu bewahren, so bezahlt er nicht seine Schuld, sondern die des Sklaven als Persönlichkeit und dadurch wird diese Schuldnerin ihres Herrn.[3]

Geschah das Delikt mit Wissen des Herrn, d. h. hatte er es nicht verhindert, obschon er es hätte verhindern können[4], so ist er für den Schaden im eigenen Namen verantwortlich.[5] Zu der Mitwissenschaft ist Zurechnungs-

---

klassischen Zeit nur freie Personen (Hauskinder), die als Schadenersatz dem Verletzten hingegeben wurden, die Freilassung durch den Prätor erzwingen konnten, falls sie dem Verletzten mit ihrem erworbenen Gelde die Schadenssumme bezahlten. Die Stelle lautet: *Papinian libro definitionum secundo sub titulo de iudicatis. Per hominem liberum noxae deditum si tantum adquisitum sit quantum damni dedit, manumittere cogendus est a praetore, qui noxae deditum accepit: sed fiduciae iudicio non tenetur.* Aber ist es nicht denkbar, daß Papinian diese Stelle nur schrieb, um die Zulässigkeit des *iudicium fiduciae* bei freien Personen abzulehnen, ohne damit erklären zu wollen, daß der als Schadenersatz hingegebene Sklave sich nicht mit seinem erworbenen Gelde freikaufen könne? Vgl. dazu Gaius I, 140; IV, 79 und *c.* 4 § 25 *de bonis libert.* 6, 4.

[1] Das System der römischen Noxalklagen 1818. Zweites Kapitel.

[2] Am greifbarsten geht dies hervor aus seinen Ausführungen auf S. 37: „Da es nämlich dem Sklaven wie jeder Sache an aller Selbständigkeit fehlt, so kann der Kläger nur an ihren natürlichen Schutzherrn sich wenden. Diesen aber trifft die Klage durchaus nicht wegen irgendeiner Verantwortlichkeit, sondern als Repräsentant oder Defensor des Seinigen. Ginge nach beendigtem Prozeß das Urteil dahin, daß der Schade vergütet werden müsse, so wäre dieses wieder Pflicht der Sache selbst. Allein auch da macht es ihre Unselbständigkeit nötig, daß der Eigentümer an ihrer Stelle tätig werde usw."

[3] *Fr.* 16 *pr. de pec. leg.* 33, 8: .... *quidquid enim pro capite servi praestitum sit, in eo debitorem eum domini constitui.*

[4] *Fr.* 3 *de nox. act.* 9, 4: *Scientia sic accipienda est, si cum prohibere possit non prohibuit;* vgl. noch *fr.* 50 *de regulis iuris* 50, 17.

[5] *Fr.* 4 *de nox. act.* 9, 4; *fr.* 44 § 1; *fr.* 45 *pr. ad leg. Aqu.* 9, 2. *Fr.* 109 *de reg. iuris* 50, 17 bezieht sich dagegen auf die öffentlichen Delikte: *nullum crimen patitur is, qui non prohibet cum prohibere potest.*

fähigkeit erforderlich; daher haftet ein Pupill als Herr eines Sklaven niemals mit einer Klage auf die ganze Strafe (*in solidum*), d. h. ohne die Möglichkeit der *noxae deditio*, sondern nur mit einer Noxalklage[1], d. h. mit der Möglichkeit der *noxae deditio*. Der Sklave aber haftet als selbständige Persönlichkeit neben der des Herrn. Da nun aber der Herr den Sklaven im Zivilprozeß zu verteidigen hat, so haftet er dem Verletzten in doppelter Weise: einmal in seinem eigenen Namen und dann im Namen seines Sklaven. Der Verletzte hat also die Wahl zwischen der *actio directa* und der *actio noxalis* gegen den Herrn; beide Klagen stehen in Solutionskonkurrenz.[2] Es ist aber für den Herrn nicht gleichgültig, welche Klage der Verletzte wählt. Wählt er die *actio noxalis* und bezahlt der Herr die Strafsumme, so bezahlt er eine Schuld des Sklaven, der ihm nunmehr den Betrag schuldet.[3] Wählt er aber die *actio directa* und bezahlt der Herr die Strafsumme, zu der er verurteilt wird, so schuldet ihm der Sklave nichts, denn der Herr hat seine eigene Schuld bezahlt.[4]

Die Doppelhaftung des Herrn hat ferner die praktische Bedeutung, daß er weiter haftet, wenn er den Sklaven veräußert oder freiläßt oder wenn der Sklave stirbt. In diesen Fällen erlischt zwar seine Haftung im Namen des Sklaven, aber die Haftung im eigenen Namen dauert fort.[5] Veräußert der mitwissende Herr den Sklaven, so hat der Verletzte die

---

Es ist möglich, daß der Herr um das Delikt wußte, es aber nicht hindern konnte. Paulus bringt folgende Fälle (*fr.* 4 *pr. de nox. act.*): 1. Wenn der Sklave während des Freiheitsprozesses mit Wissen des Herrn das Delikt begeht. 2. Wenn der Sklave sich von seinem Herrn nicht beeinflussen läßt. 3. Wenn der Sklave zwar im Gesichtskreis des Herrn, aber jenseits eines Flusses das Delikt begeht.

[1] *Fr.* 110 § 2 *de reg. iur.* 50, 17: *Pupillus pati posse non intellegitur. Pati* bedeutet hier: *pati servum delinquere; fr.* 3; *fr.* 19 § 2 *de nox. act.* 9, 4. Vgl. auch Cuiacius, *opp. Tom.* V, *p.* 98.

[2] *Fr.* 4 § 2 *de nox. act.* 9, 4: *Cum dominus ob scientiam teneatur, an servi quoque nomine danda sit actio, videndum est: nisi forte praetor unam poenam a domino exigi voluit. ergo dolus servi impunitus erit? quod est iniquum: immo utroque modo dominus tenebitur, una autem poena exacta, quam actor elegerit, altera tollitur.*

Über die *actio directa* gegen den Täter oder Mitwisser, vgl. § 5 *J. de nox. act.* 4, 8; Gaius IV, 77. Es gibt aber auch eine *actio noxalis directa*, s. unten S. 107², 113³.

[3] S. oben S. 102³, 113³.

[4] Die doppelte Haftung des Herrn im Falle seiner Mitwissenschaft hatte ihre geschichtliche Entwickelung. Nach den 12 Tafeln haftete der Herr nur im Namen seines Sklaven, also nur mit der *actio furti noxalis*. Nach dem aquilischen Gesetz nur im eigenen Namen, also nur mit der *actio legis Aquiliae directa*. Es drang dann die Meinung Julians durch, daß der Herr in beider Namen haften müsse: *fr.* 2 § 1 *de nox. act.* 9, 4. Aus der Stelle geht aber nicht klar hervor, ob die doppelte Haftung nur bei der Sachbeschädigung oder auch beim Diebstahl eintrete. Denn Julian sagt nur, daß der Grundsatz der 12 Tafeln auch für die späteren Gesetze gelte und spricht nur von der *actio legis Aquiliae*. Kraft der Analogie ist aber der Grundsatz der Doppelhaftung auf alle Delikte auszudehnen.

[5] *Fr.* 5 § 1 *de nox. act.* 9, 4.

Wahl, den neuen Herrn mit der Noxalklage oder den alten Herrn mit der direkten Klage *in solidum* zu belangen. Die Haftung des Sklaven aber bleibt auch nach seiner Freilassung bestehen.[1] Jetzt kann er selbst mit der *actio directa* vom Verletzten belangt werden und hat der Herr im *iudicium noxale* für ihn die Strafsumme bezahlt, so kann er den Freigelassenen mit der *condictio indebiti* belangen.[2] Hat der Herr dem Sklaven befohlen, das Delikt zu verüben, dann haftet er allein[3], es wäre denn, daß das Privatdelikt die Grausamkeit eines schweren Verbrechens an sich habe.[4] Begeht der Sklave auf Befehl eines Tutors oder Kurators seines Herrn ein Vergehen, so wird er in der Regel ebenfalls nicht verpflichtet.[5] Begeht er auf Befehl seines Herrn einen Mord, so haftet er zwar im Privatstrafverfahren[6], nicht aber im öffentlichen.[7]

In den Fällen, wo der Herr vom Delikt des Sklaven weiß, oder ihm ein Delikt befohlen, das die Grausamkeit eines Verbrechens an sich trägt, entsteht eine elektive Klagenkonkurrenz, wobei noch zwei Möglichkeiten vorkommen können:

1. Wird der Sklave, der das Delikt verübt hatte, von seinem mitschuldigen Herrn veräußert, so hat der Verletzte die Wahl zwischen der Noxalklage gegen den neuen und der Klage auf Zahlung der Strafsumme gegen den alten Herrn. Stellt er die erste Klage an und wird ihm der Sklave als Schadenersatz ausgeliefert, so hat er noch eine

[1] *Fr.* 6 *h. t.*

[2] S. oben § 15, S. 87[6]; *arg. fr.* 13 *de condictione indebiti* 12, 6.

[3] *Fr.* 2 § 1 *h. t.*: .... *nam servum nihil deliquisse, qui domino iubenti obtemperavit*; vgl. noch *fr.* 169 *pr. de reg. iuris* 50, 17; *fr.* 1 §§ 12, 15; *fr.* 3 § 11, *de vi* 43, 16; *fr.* 15 § 3 *de leg. Corn.* 48, 10.

[4] S. oben § 15, S. 87[5]. *Arg. fr.* 157 *de reg. iuris* 50, 17 (Ulpian): *Ad ea quae non habent atrocitatem facinoris vel sceleris ignoscitur servis si vel dominis vel his qui vice dominorum sunt, veluti tutoribus vel curatoribus obtemperaverint; fr.* 20 *de o. et a.* 44, 7 (Alfenus): *Servus non in omnibus rebus sine poena domino dicto audiens esse solet, sicuti si dominus hominem occidere aut furtum alicui facere servum iussisset* ....; *fr.* 17 § 7 *de iniuriis* 47, 10 (Ulpian): .... *nec in omnia servus domino parere debet; fr.* 21 § 1 *de actione rerum amotarum* 25, 2 (Paulus): .... *quamvis servus in facinoribus domino dicto audiens esse non debeat* ....; *fr.* 11 § 7 *quod vi* 43, 24 (Ulpian): *Nam ad quaedam, quae non habent atrocitatem facinoris vel sceleris, ignoscitur servis, si vel dominis vel his qui vice dominorum sunt, obtemperaverint.*

Mommsen, a. a. O. S. 77, 78[2] hat den Unterschied, den die Quellen zwischen dem Befehl und der Mitwissenschaft des Herrn machen, übersehen. Er sagt, daß bei einem auf Befehl des Herrn verübten Delikt sowohl der Herr wie der Sklave als Täter gelten. Zum Belege führt er Stellen an, die sich aber auf die *scientia* bzw. auf das *non prohibere* und nicht auf den *iussus* des Herrn beziehen, so *fr.* 2 § 1; *fr.* 3; *fr.* 4 § 2 *h. t.*; *fr.* 44 § 1; *fr.* 45 *pr. ad leg. Aqu.* 9, 2.

[5] *Fr.* 157 *de reg. iuris* 50, 17; *fr.* 11 § 7 *quod vi aut clam* 43, 24; (beide Stellen sind von Ulpian, *ad edictum lib.* 71; *lex geminata*; s. Lenel, Pal. Nr. 1596 *in fine*).

[6] Vgl. *fr.* 20 *de o. et a.* 44, 7. So richtig auch Zimmern, a. a. O. S. 245 gegen Noodt trotz *fr.* 2 § 1 *h. t.*

[7] Dies hat Zimmern übersehen, vgl. *fr.* 17 § 7 *de iniuriis* 47, 10: *ceterum et si occiderit iussu domini, Cornelia eum eximemus.*

direkte Klage gegen den frühern Herrn auf die Differenz zwischen der Strafsumme und dem Wert des ausgelieferten Sklaven.[1]

2. Wird der Sklave, der das Delikt verübt hatte, freigelassen, so hat der Verletzte die Wahl zwischen der Klage auf Zahlung der Strafsumme gegen den Freigelassenen[2] und der Klage auf Zahlung der Strafsumme gegen den früheren Herrn. Mit der Zahlung der Strafsumme von einer Seite ist die andere Klage erloschen.

Die *actio noxalis* ist gegen den Sklaven, nicht gegen den Herrn gerichtet.[3] Der Herr aber verteidigt ihn vor Gericht als der allein Prozeßfähige.[4]

Die Verteidigung des Sklaven vor Gericht durch seinen Herrn wird aber beim öffentlichen Delikt ganz anders behandelt als beim privaten. Während er dort die Verteidigung vor Gericht übernehmen kann[5], muß er sie hier übernehmen. Die Verteidigung des verbrecherischen Sklaven liegt also im Belieben des Herrn; er ist dazu berechtigt, nicht verpflichtet. Zur Verteidigung des unfreien Delinquenten dagegen ist der Herr verpflichtet. Daher verwirkt der Herr keineswegs sein Eigentum, wenn er die Verteidigung des verbrecherischen Sklaven nicht übernimmt[6]; verweigert er aber die gerichtliche Verteidigung des unfreien

---

[1] *Arg. fr.* 17 *pr. h. t.* (Paulus): .... *iniquum est vilissimi hominis deditione alterum quoque liberari* ...., nach Eisele interpoliert.

[2] *Fr.* 6 *h. t.* (Ulpian).

[3] *Fr.* 9 § 1 *in fine, quod falso tutore* 27, 6: *et adversus eas personas quae alieno iuri subiectae sunt, noxales erunt*; § 7 *J. de nox. act.* 4, 8: *et ideo placuit in servos tantummodo noxales actiones esse proponendas.*

Wenn es dagegen heißt: *item in servum et in familiam iudicium dabo* (*fr.* 1 *pr. de incendio* 47, 9) oder: *et in eum Praetor hanc actionem pollicetur* (*fr.* 3 § 11 *de sepulchro viol.* 47, 12), so bedeutet das keine Noxalklage, was aus *fr.* 3 § 11 *cit.* deutlich hervorgeht: *noxalis actio cessat*; vgl. auch *fr.* 7 § 3 *de iurisdictione* 2, 1; s. unten § 18.

[4] Unter der Verteidigung vor Gericht müssen wir besonders die Verteidigung des Sklaven im Verfahren *in iudicio* verstehen; aber auch im Verfahren *in iure* kommt die Verteidigung zum Ausdruck; s. unten S. 110. Von dieser Verteidigung vor Gericht (*defensio*) ist in folgenden Stellen des Titels *de noxalibus actionibus* die Rede: *fr.* 17 § 1; *fr.* 24; *fr.* 26 §§ 5, 6; *fr.* 27 *pr.*; *fr.* 30; *fr.* 39 §§ 1, 2. In *fr.* 28, *fr.* 29, *fr.* 31, *fr.* 32, *fr.* 39 § 3 ist von der Nichtverteidigung vor Gericht (*non defendere, indefensam personam servi relinquere fr.* 29) die Rede. Nur insofern der Herr den Sklaven zu verteidigen hat, kann man auch sagen, daß die Noxalklage im Namen des Sklaven gegen ihn gerichtet sei; vgl. Zimmern, a. a. O., S. 120.

[5] *C.* 2 *pr. de accus.* 9, 2: .... *dominus eum defendere potest;* § 1 .... *ideo enim servum suum domino defendere permissum est.*

[6] *Fr.* 9 *de publ. iud.* 48, 1 (Marcian): *Sciendum est, si in capitali causa suum servum reum crimine factum quis non defenderit, non eum pro derelicto haberi, et ideo si absolutus fuerit, non liberum fieri, sed manere domini; fr.* 13 *de statu hominum* 1, 5 (Hermogenian): *Servus in causa capitali fortunae iudicii a domino commissus et si fuerit absolutus, non fit liber.*

Marcian und Hermogenian drücken sich nicht korrekt aus; sie sollten sagen, daß der Sklave nicht von der Gewalt seines Herrn frei wird. Denn selbst wenn der Herr sein Eigentum verwirken würde, würde der Sklave keine

Delinquenten, so verwirkt er das Eigentum am Sklaven[1] oder genauer, er muß das Eigentum am Sklaven auf den Kläger übertragen.[2]

Manche Schriftsteller nehmen an, daß bei den *actiones in rem* eine Verteidigungspflicht des Beklagten nicht bestehe.[3] Sie zeigt sich aber auch hier darin, daß, wenn er sie nicht richtig erfüllt, er den Besitz der Sache verliert.[4] Der Unterschied zwischen einer *actio in rem* und einer *actio noxalis* besteht vielmehr darin, daß diese eine *actio in personam* und zwar sowohl gegen die Persönlichkeit des Sklaven als gegen die Person des Herrn gerichtet ist.

Es ist hier der Ort, auf die sehr bestrittene Frage nach der Fassung der *intentio* in der Formula der Noxalklage einzugehen. Es sind drei Meinungen zu unterscheiden: Nach der ersten steht nur der Sklave als Verpflichteter in der *intentio.*[5] Nach der zweiten steht zwar der Herr als Verpflichteter in der *intentio*, aber der Name des verpflichteten Sklaven ist beigefügt *servi nomine.*[6] Nach der dritten wird der Sklave als Verpflichteter gar nicht in der *intentio* genannt.[7]

freie Persönlichkeit, sondern ein herrenloser Sklave verbleiben. Nun ist allerdings möglich (s. ZIMMERN, a. a O. S. 136, N. 10), daß Marcian und Hermogenian das Edikt des Kaisers Claudius vor Augen hatten, wonach dem Sklaven, welchen sein Herr wegen schwerer Krankheit (*infirmitas*) derelinquiert, die Freiheit zusteht; (*fr.* 2 *qui sine manum.* 40, 8; s. auch oben § 11 S. 68[9]) und daß sie lediglich feststellen wollen, daß dieser Tatbestand hier nicht vorhanden sei. Denn ein Sklave, der wegen eines Verbrechens angeklagt wird, sei nicht identisch mit einem schwer kranken Sklaven.

[1] *Fr.* 43 *h. t.* (Pomponius): .... *et carere omnium dominio potest, si eos non defendat;* vgl. noch *fr.* 33 *h. t.* (Pomponius): .... *sed carere debet eo quem non defendit.* S. auch oben § 13 S. 76[4].

[2] *Fr.* 29 *h. t.* (Gaius): .... *sed huic necesse est ius suum ad actorem transferre, perinde ac si damnatus esset.* Die Übertragung des Eigentums geschah wohl im Legisaktionen- und Formularprozeß durch *in iure cessio* unter prätorischem Zwange, worauf der Ausdruck *parte cedendo* in *fr.* 8 *de nox. act.* u. *parte cedat* in *fr.* 62 *pr. de furt.* 47, 2 hinweist. Durch *in iure cessio* erlangt der Kläger quiritarisches Eigentum. Dagegen geht beim Duktionsverfahren durch den Befehl des Prätors nur bonitarisches Eigentum auf den Kläger über: *fr.* 26 § 6 *h. t.; fr.* 2 § 1 *si ex nox. causa.* Beim Duktionsverfahren behält also der Herr trotz seiner Weigerung sein quiritarisches Eigentum am Sklaven, aber nur das *nudum ius Quiritium.* Das bonitarische Eigentum hat er endgültig verloren. Das Duktionsverfahren s. unten S. 115[4].

[3] S. z. B. KARLOWA, R. R. II, S. 108, n. 7.

[4] Dem: *invitus nemo rem cogitur defendere* des *fr.* 156 *pr. de reg. i.* 50, 17 (Ulpian) entspricht: *Noxali iudicio invitus nemo cogitur alium defendere* des *fr.* 33 *de nox. act.* 9, 4 (Pomponius). Dem: *Sed huic necesse est ius suum ad actorem transferre* des *fr.* 29 *de nox. act.* 9, 4 (Gaius) entspricht das: *cogitur ad me transferre possessionem.* Ulpian, *Inst. Vind. fr.* IV; s. noch *Vat. fr.* 92; *fr.* 80 *de rei vind.* 6, 1; *fr.* 45 *de dam. inf.* 39, 2; *fr.* 20 § 1 *de int. in iure* 11, 1.

[5] So DIETZEL in BEKKER und MUTHERS Jahrb. des gem. R. II, S. 418fg. SCHMIDT, a. a. O. S. 12, N. 20a.

[6] So KARLOWA, a. a. O.

[7] So LENEL, *Edictum perpetuum* 2. Aufl., S. 319. Seine Fassung der *intentio* der *actio furti noxalis* lautet: *quam ob rem Nm. Nm. aut pro fure damnum decidere aut Stichum servum noxae dedere oportet.*

Welches ist nun die richtige Fassung der *intentio*? Einen Teil davon scheint uns Ulpian hinterlassen zu haben im *fr.* 42 § 1 *de nox. act.*: .... *quia desiit verum esse propter eum dare oportere.* Gerade das *verum esse* bekundet, daß Ulpian die wirkliche Fassung der *intentio* angeben will. Nun hat aber Lenel ein Bedenken dagegen, daß uns hier Ulpian die wirkliche Fassung der *intentio* hinterlassen habe, denn der Herr hafte nicht *propter servum*, sondern *nomine servi* und *propter factum servi.* Dieses Bedenken ist aber vom logischen Standpunkte aus unhaltbar. Der Sklave ist es, der primär als Persönlichkeit wegen seiner Tat haftet. Der Herr dagegen haftet sekundär, nicht wegen der Tat, sondern wegen der Existenz seines Sklaven. Daher ist es logisch unanfechtbar, wenn in der *intentio* steht, daß der Herr *propter servum* zur Leistung verpflichtet sei. Die zweite Meinung ist daher vorzuziehen.

Die richtige Fassung der *intentio* der *actio furti noxalis* lautet daher: *quam ob rem Nm. Nm. propter servum Stichum aut pro fure damnum decidere aut Stichum noxae dedere oportet.*

Daß der Herr wirklich nur wegen der Existenz seines Sklaven und nicht wegen seiner Tat haftet, geht daraus hervor, daß mit der Existenz des Sklaven auch seine Haftung erlischt, was gerade Ulpian in *fr.* 42 § 1 *cit.* ausspricht.[1] Stirbt aber der Sklave nach der Litiskontestation oder wird er nach diesem Zeitpunkte frei, so bleibt die Haftung des Herrn bestehen.[2] Weil der Sklave primär seiner selbst wegen und der Herr sekundär wegen des Sklaven haftet, so können sie auch nicht als Korrealschuldner angesehen werden. Die Korrealschuldner haften alle primär; stirbt daher einer von ihnen, so haftet der andere weiter. Der Herr aber haftet nicht mehr, wenn der Sklave stirbt.[3] Von einer Art Gesamtschuld des Herrn und Sklaven könnte höchstens dann gesprochen werden, wenn die Tat unter Mitwissenschaft des Herrn ausgeführt wurde; dann haften beide selbständig. Aber auch hier liegt keine Korreal-, sondern eine Solidarobligation vor. Denn sie entsteht nicht aus einem

[1] Dasselbe geht auch aus *fr.* 5 § 1 *h. t.*, *arg. e contrario* hervor: .... *quod sive alienaverit servum, qui scit sive manumiserit sive decesserit servus, dominus tenetur.* Wenn also der Herr nicht Mitwisser der Tat ist, so hört seine Haftung mit dem Tode oder mit der Freilassung des Sklaven auf. Denn auch mit der Freilassung hört die sklavische Persönlichkeit auf zu existieren, *arg. fr.* 16 *h. t;* vgl. auch *fr.* 15 *h. t.*

[2] *Fr.* 26 § 4 *h. t.*: *Si is, quem desieris dolo possidere, decesserit prius quam hac actione convenireris liberaris, quia haec actio in locum directae actionis succedit* .... Daraus geht hervor, daß der Grundsatz auch bei der *actio noxalis directa* (*civilis*), d. h. der Klage gegen den Besitzer des Sklaven gilt; vgl. *fr.* 26 § 2: .... *utrum directo agere velit cum eo qui possidet, an praetoria cum eo qui desiit possidere.* Vgl. noch *fr.* 16 *h. t.*: *Si heres dolo malo fecerit, ne statu liberum in potestate haberet et propter hoc iudicium sine noxae deditione acceperit: et impleta condicione statutae libertatis condemnari debebit, sicuti mortuo servo condemnaretur.* Auch hier handelt es sich um die *actio praetoria;* dasselbe gilt aber auch von der *actio civilis*, s. auch unten S. 125[6].

[3] A. M. Brinz, Pandekten II, S. 218, dem schon Karlowa, a. a. O. widerspricht.

Rechtsgeschäft, sondern aus einem Delikt und zwischen der direkten Klage gegen den Herrn und der *actio noxalis* herrscht Solutions- nicht Konsumptionskonkurrenz.[1] Aus demselben Grunde liegt auch keine alternative Verbindlichkeit des Herrn vor, entweder die Geldstrafe zu bezahlen oder den Sklaven herauszugeben. Bei einer wirklichen alternativen Obligation, entweder eine Geldstrafe zu zahlen oder den Sklaven herauszugeben, wird der Schuldner nicht durch den Tod des Sklaven befreit.[2]

Begeht ein Untersklave ein Delikt, so lastet zunächst die Verteidigungspflicht auf dem Obersklaven. Da auch dieser prozeßunfähig ist, so hat ihn der Herr vor Gericht zu vertreten. Die Klage gegen den Herrn ist daher die *actio noxalis vicarii nomine*. Bezahlt der Herr die Strafe, zu der er verurteilt wird, so wird der Obersklave sein Schuldner; er haftet ihm aber nie für mehr als bis zum Betrage des Wertes des Untersklaven. Zieht nun der Herr vom Pekulium des Obersklaven den Betrag ab, so schuldet nunmehr der Untersklave dem Obersklaven den abgezogenen Betrag, der schließlich von dessen Pekulium abzuziehen ist.[3] Hat der Obersklave selbst den Befehl zum Delikt gegeben oder hat er davon gewußt und es nicht verhindert, so haftet er selber als Täter und

---

[1] *Fr.* 4 § 2 *h. t.*: .... *una autem poena exacta, quam actor elegerit, altera tollitur. Exigere* bedeutet hier eintreiben, einkassieren; s. HEUMANN-SECKEL, 2c. Zweifel könnte *fr.* 4 § 3 *cit.* erregen. Es heißt da: *contra quoque si cum eo qui scit cum noxae deditione actum sit, amplius in dominum detracta noxae deditione danda actio non est.* Aber nach dem letzten Satze: *in ipso autem iudicio si voluerit et scientiam domini arguere non est prohibendus*, kann der Kläger auch nach der *litis contestatio* im Verfahren vor dem *iudex* die Mitwissenschaft des Herrn beweisen und dann hat ihn der *iudex* auf die Geldstrafe zu verurteilen. Also trat mit der Litiskontestation keine Konsumption der Klage auf die Geldstrafe ein. Der vorhergehende Satz muß also so verstanden werden: Ist der Herr mit der Noxalklage belangt und verurteilt worden und hat er von seinem Rechte Gebrauch gemacht, den Sklaven herzugeben, so kann er nicht mehr mit der direkten Klage, welche nur auf Strafe geht, belangt werden.

[2] *Fr.* 34 § 6 *de contr. empt.* 18, 1; vgl. noch *fr.* 8 § 8 *de fideiuss.* 46, 1: *Si qui Stichum stipulatus fuerit, fideiussorem ita acceperit: Stichum aut decem fide tua iubes? non obligari fideiussorem Julianus ait .... ut mortuo Sticho teneatur ....* Diese Konsequenz der Haftung wegen des Sklaven hat schon DUAREN erkannt, *ad l.* 6 *tit. de re iud. p. m.* 670. Vgl. dazu ZIMMERN, a. a. O. S. 162.

[3] *Fr.* 16 *pr.* § 1 *de pec. leg.* 33, 8: .... *ibi enim propterea pretium vicarii deducendum, quod eo nomine ipse Stichus ob defensionem vicarii sui domino debitor constituatur.* Vgl. noch *fr.* 23 *de pec.* 15, 1; *fr.* 19 § 2 *de nox. act.* 9, 4. S. auch meine Ausführungen in der krit. Vierteljahrschr. 3. Folge, Bd. 4, S. 360 und Zeitschr. d. Savigny-St., Röm. Abt. Bd. 23, S. 61 fg. Die *actio noxalis vicarii nomine* ist aber keine *actio de peculio ordinarii.* Eine *actio de peculio* entsteht nur bei Kontrakten und Quasikontrakten des Sklaven, nicht bei Delikten. Schon POTHIER (*ad tit. de nox. act. nr.* 43 *fin. ad fr.* 19 § 2) macht darauf aufmerksam, daß in dem Satze: *ut de peculio servi tui ad noxam dedere vicarium damneris* nicht an eine *actio de peculio* zu denken sei. Der Satz bedeute lediglich, daß der Herr nur darauf zu verurteilen sei, den Untersklaven aus dem Pekulium des Obersklaven herauszunehmen und auszuliefern. Die letztere Behauptung ist allerdings nicht ganz korrekt, denn der Herr wird verurteilt, entweder die Geldstrafe zu zahlen oder den Sklaven auszuliefern.

die Klage gegen seinen Herrn ist die *actio noxalis* wegen seines Obersklaven (*propter servum ordinarium Ni. Ni. servi; Ni. Ni. nomine*) nicht die *actio vicarii nomine.*[1] Zahlt der Herr die Lösungssumme, zu der er verurteilt wird, so kann er sie ganz vom *peculium* des Obersklaven abziehen, nicht etwa bloß den Wert des Untersklaven.

Die Verteidigung des Sklaven wegen eines Privatdeliktes hat, wie seine Verteidigung wegen eines öffentlichen Deliktes da zu erfolgen, wo bewiesenermaßen das Delikt begangen wurde.[2] Ebenso ist der Herr verpflichtet, den Sklaven an dem Orte vor Gericht zu stellen (*exhibere*), wo das Delikt begangen wurde.[3] Stellt der Herr einen Bürgen dafür, daß er ihn wegen eines bestimmten Deliktes vor Gericht stellen werde[4], so kann er nur wegen dieses Deliktes abgeurteilt werden, nicht wegen eines anderen früher begangenen Deliktes, es wäre denn, daß ansonst die Noxalklage wegen des anderen früher begangenen Deliktes durch Verjährung in Verlust geraten würde.[5]

Unter folgenden Voraussetzungen hat jemand die Verteidigungspflicht gegenüber einem Sklaven: 1. Er muß Eigentümer des Sklaven sein[6]; 2. muß er *in iure* eingestehen, in der Lage zu sein, denselben vor Gericht stellen zu können oder wie sich die Quellen ausdrücken: er muß eingestehen, ihn in seiner *potestas* zu haben (*in sua potestate esse*).[7] Diese tatsächliche Gewalt über den Sklaven muß er nur im Zeitpunkt der Anstellung der Klage haben; gleichgültig ist es, ob er den Sklaven in dem früheren Zeitpunkte, wo er sich verfehlte, in seiner tatsächlichen Gewalt hatte.[8]

---

[1] *Fr.* 19 § 2 *cit.*: .... *ut tamen, si servi tui iussu vel sciente et patiente eo damnum vicarius dederit, noxalis actio servi tui nomine esse debeat.*

[2] *Fr.* 43 *de nox. act.* (Pomponius): *ubi deliquisse arguentur*; *fr.* 7 § 4 *de accus.* 48, 2 (Ulpian): *ubi deliquisse arguantur.* Auch die Bestrafung der Sklaven wegen eines öffentlichen Deliktes erfolgt da, wo sie bewiesenermaßen die Tat begangen haben *fr.* 7 § 4 *cit.* S. auch unten § 17.

[3] *Fr.* 43 *de nox. act.* 9, 4: .... *itaque servos dominus eodem loco exhibere debet ubi vim intulisse dicentur. Exhibere* bedeutet hier vor Gericht stellen; s. Heumann-Seckel 5. Obige Stelle führen sie aber nicht an. Zimmern, a. a. O., versteht unter *exhibere* ausliefern; s. z. B. S. 193. Dieses Mißverständnis erschwert ihm die richtige Erkenntnis und Auffassung des schwierigen Noxalprozesses.

[4] S. unten S. 110[6]: „*homo sub fideiussore factus.*“

[5] *Fr.* 2 § 2 *de cust. et exh. reor.* 48, 3 (Papinian): .... *nisi ex hoc temporalis actio in periculum cadat.* Es liegt kein Grund vor, hier eine Interpolation anzunehmen. Die *actiones noxales praetoriae* verjähren regelmäßig in einem *annus utilis*, s. unten S. 132[2].

[6] Ausnahmen s. unten S. 111[2].

[7] *Fr.* 2 § 1 *si ex noxali causa* 2, 9 (Paulus) verb. mit *fr.* 21 § 3 *de nox. act.* 9, 4; vgl. noch *fr.* 7 *pr. h. t.* (Ulpian) u. *fr.* 22 § 3 *h. t.* (Paulus). *Potestas* im Sinne der Noxalklage bedeutet nicht etwa *dominica potestas*, die rechtliche Gewalt, sondern nur die tatsächliche Gewalt (*potestas exhibendi fr.* 21 § 3 *cit.*). Es ist eine der Hauptschwächen der Zimmernschen Abhandlung, daß sie *potestas* in erster Linie als *dominica potestas* auffaßt, vgl. z. B. S. 274.

[8] *Fr.* 7 *pr. h. t.*

Die tatsächliche Gewalt hat der Herr in einigen Fällen selbst dann, wenn einem anderen die Detention des Sklaven zusteht, so wenn er ihn in Verwahrung gegeben oder verliehen hat. (Hat er doch die Möglichkeit, die Detention wieder zu erlangen).[1] In einigen Fällen selbst dann, wenn ein anderer im Besitze des Sklaven ist, so wenn er den Sklaven einem Prekaristen oder Pfandgläubiger in Besitz gegeben hat. Im letzteren Falle allerdings nur dann, wenn er Eigentümer einer genügend großen Geldsumme ist, um den Sklaven wieder auszulösen.[2] Selbst wenn am Sklaven ein Nießbrauch besteht, so kann ihn der Herr in einem Falle doch in seiner *potestas* haben, nämlich dann, wenn er ihn vom Nießbraucher für Arbeitsleistungen gemietet hat.[3] Ist der Sklave auf der Flucht, so besitzt ihn zwar der Herr (wohl eine *possessio ficta*), aber er hat ihn nicht in seiner *potestas*.[4] *In potestate habere* und *possidere* sind demnach nicht identisch.

Die Voraussetzungen der gerichtlichen Gestellungspflicht sind folgende: 1. Jemand muß die *dominica potestas* über einen Sklaven haben. 2. Er muß (*in iure*) anerkennen, daß er ihn in seiner tatsächlichen Gewalt (*potestas*) habe. 3. Er muß sich weigern, seine Verteidigung vor Gericht zu übernehmen.[5] Unter diesen Voraussetzungen ist er auch verpflichtet, Sicherheit dafür zu leisten, den Sklaven sobald als möglich vor Gericht zn stellen.[6] Genügt er weder der einen noch der anderen Pflicht, dann

---

[1] *Fr.* 22 *pr. h. t.* Das *maxime si copiam habeat reciperandi hominis* wird wohl interpoliert sein.

[2] *Fr.* 22 §§ 1 u. 2 *h. t.* Zimmern, a. a. O. S. 178 übersetzt § 2 *cit.* ungenau so: „wenn er so viel im Vermögen habe, daß er das Pfand ohne Beschwerlichkeit auszulösen imstande sei.“

[3] *Fr.* 19 § 1 *h. t.*

[4] Paulus, *Rec. sent.* II, 31, 37: *Servus qui in fuga est, a domino quidem possidetur, sed dominus furti actione eius nomine non tenetur, quia in potestate eum non habet.* Im Widerspruch dazu steht *fr.* 27 § 3 *ad leg. Aqu.* 9, 2. Cujaz in seinem Kommentar zu Pauli, *sent.* und Pothier, a. a. O. *tit. de nox. act.* Art. II § XIV wollen den Widerspruch durch die Annahme beseitigen, daß im *fr.* 27 § 3 *ad leg. Aqu.* der Herr die *repetendi facultas* habe. Die Lösung des Widerspruchs gibt aber die *lex Romana Burgundionum* 15. Danach haftet auch nach Paulus (*sent.*) der Herr, wenn der unfreie Delinquent zu ihm wieder zurückkehrt. Anders will Zimmern, a. a. O. S. 173, 178 und 179 den Widerspruch lösen. Nach ihm haftet der Eigentümer des Sklaven mit der Noxalklage auch dann, wenn er den Sklaven nicht im Besitze hat. Es ist diese Lösung eine Folge seiner mißverständlichen Auffassung der *potestas.* Er verstößt damit gegen den klaren Wortlaut der Quellen und die vor ihm herrschende Meinung, vertreten u. a. durch Mendoza, Faber und Pothier.

[5] *Fr.* 22 § 3 *h. t.* und *fr.* 2 § 1 *si ex noxali causa* 2, 9.

[6] *Fr.* 2 *si ex nox. c.* 2, 9: *cauturum cum primum potuerit se exhibiturum.* Die Sicherheit kann nicht durch Versprechen in Stipulationsform geleistet werden, sondern nur durch Stellung eines Bürgen. Dies kann man nicht etwa daraus ableiten, daß es in der Stelle *cauturum*, nicht *promittere cum primum potuerit se exhibiturum* heißt, denn *cavere* bedeutet manchmal (im Gegensatz zu *satisdare*) nur *promittere*, vgl. *fr.* 6 *qui satisdare cog.* 2, 8; es geht vielmehr hervor aus *fr.* 2 § 2

wird ihm *in iudicio* vom Richter eine Geldstrafe auferlegt; das Recht zur *noxae datio* hat er verwirkt.[1]

Die Verteidigungspflicht des Herrn schließt auch das Recht zur Verteidigung des Sklaven in sich. Der Nichteigentümer ist zur Verteidigung weder berechtigt noch verpflichtet, mit Ausnahme des Nießbrauchers und Pfandgläubigers.[2] Die Voraussetzung des Verteidigungsrechtes des Nießbrauchers oder Pfandgläubigers ist, daß der vor dem Prätor oder Prokonsul (*in iure*) anwesende Eigentümer des unfreien Delinquenten die Verteidigung ablehnt.[3]

Die Verteidigungspflicht des Nießbrauchers oder Pfandgläubigers zeigt sich aber darin, daß eine Strafe auf ihre Weigerung, die Verteidigung zu übernehmen, gesetzt ist. Nach ihrer Weigerung verbietet ihnen nämlich der Prätor oder Prokonsul die Ausübung ihres Rechtes. Dadurch verliert der Pfandgläubiger sein Recht sozusagen *ipso iure*, der Nießbrauch aber dauert formell noch fort, bis er durch Nichtausübung während der Verjährungszeit von einem Jahre, später von 10 Jahren untergeht.[4] Der Grund dieses Unterschiedes zwischen Pfandrecht und Nießbrauch ist wohl folgender: Der Prätor ist zwar imstande, ein kraft prätorischen Rechts entstandenes Recht durch Versagung seiner Geltendmachung aufzuheben, dagegen nicht ein kraft Zivilrecht erworbenes Recht, wie den Nießbrauch. Dieser kann nur durch einen vom Zivilrecht anerkannten Verlusttatbestand verloren gehen.[5]

---

in fine de custodia et exh. r. 48, 3 (Papinian): .... *quod in privatis quoque causis et hominibus sub fideiussore factis observatur. Homines sub fideiussore facti* sind Sklaven, für deren Gestellung vor Gericht wegen eines Privatdeliktes ein Dritter sich verbürgt; *homo sub fideiussore factus* ist also der unter Bürgschaft stehende oder gestellte Sklave. Das *facere* hat hier dieselbe Bedeutung wie in *c.* 1 *ad sc. Turpillianum* 9, 45: .... *eoque qui accusatur, sub custodia officii facto*: ein Angeklagter, der unter öffentliche Obhut gestellt ist. Das *sub custodia esse* des *fr.* 13 § 5 *de re militari* 49, 16: *cum sub custodia vel in carcere esset*, hat eine ähnliche Bedeutung; *factus esse* ist also gleich *fieri*. Leider hat Seckel diese überaus schweren Stellen übersehen. Dionys. Gothofredus zu *l.* 2 *h. t. n.* 44 meint: „*homines sub fideiussore facti dicuntur graeco more qui satisdare iudicio sisti promiserunt.*" Das trifft in mehrfacher Beziehung nicht zu. Einmal bedeutet *homines* nur Sklaven, die ein Delikt begangen haben. Folglich sind es nicht die Sklaven, welche Sicherheit dafür versprechen, sich vor Gericht zu stellen, sondern ihr Herr stellt für ihre Gestellung vor Gericht einen Bürgen.

Da der Dritte sich in klassischer Zeit durch *sponsio* für die gerichtliche Gestellung des Sklaven verbürgte, falls der Prozeß unter römischen Bürgern stattfand, so ist es möglich, daß die Stelle ursprünglich lautete: *hominibus sub sponsore factis*. So Lenel, vgl. Mommsen-Krüger n. 15.

[1] *Fr.* 22 § 3 *h. t.* (Paulus).

[2] Daß diese zur Verteidigung berechtigt sind, geht aus den Worten hervor: *defensio tibi permittenda est*, *fr.* 17 § 1 *h. t.*; *idem concedendum est fructuario vel cui pignoris nomine obligatus est*, *fr.* 26 § 6 *h. t.*; vgl. auch *fr.* 30 *h. t.*

[3] *Fr.* 17 § 1; *fr.* 26 § 6 *h. t.*

[4] *Fr.* 27 *pr. h. t.*; *fr.* 3 *si ex nox. c.* 2, 9; s. auch oben § 13 S. 76[3].

[5] Ähnlich schon Cujaz und Faber. S. Zimmern, a. a. O. S. 233, n. 46.

Der Nießbraucher ist der einzige von den Detentoren eines Sklaven, der verpflichtet ist, die Verteidigung zu übernehmen.[1]

Kehrt die zur Verteidigung des Sklaven berechtigte Person von einer längeren Abwesenheit zurück, ohne von dessen Delikt Kenntnis gehabt zu haben, so kann sie ihr Recht zur Verteidigung des Delinquenten immer noch ausüben.[2]

Behauptet ein Dritter, der nicht verteidigungsberechtigt ist, daß ein fremder Sklave der seinige sei, so wird er zwar nach Feststellung der Unwahrheit seiner Behauptung zur Verteidigung zugelassen, aber nur gegen Sicherheitsleistung durch Stellung eines Bürgen (*satisdatio*). Er wird also so behandelt, wie wenn er der Vertreter eines Verteidigungsberechtigten wäre.[3] Will aber ein Verteidigungsberechtigter die Verteidigung des Sklaven selbst übernehmen, so wird von ihm keine Sicherheitsleistung durch Stellung eines Bürgen (*satisdatio*) verlangt.[4]

Dieser Rechtssatz ist ein Ausfluß des allgemeinen Prinzips, daß, wer im Prozeß für sein eigenes Recht streitet, keine Sicherheit durch Stellung eines Bürgen zu leisten braucht.[5]

Die zur Verteidigung verpflichteten Personen verfallen zwar einer Strafe, wenn sie ihrer Pflicht nicht genügen, aber sie können nicht gezwungen werden, die Verteidigung des Sklaven wirklich zu übernehmen. Dagegen kann die Verpflichtung, das Verfahren vor dem Richter (*iudidicium*) ohne Verteidigung des Sklaven zu übernehmen, unter folgenden alternativen Voraussetzungen erzwungen werden: I. Entweder 1. Der Herr des unfreien Delinquenten gesteht *in iure* zu, daß er die tatsächliche Gewalt über ihn habe. 2. Er weigert sich, sowohl den Sklaven herauszugeben als ihn zu verteidigen.[6] II. Oder 1. Er leugnet *in iure*, die tatsächliche Gewalt zu haben. 2. Der Kläger weist ihm aber *in iure* nach, daß er sie hat.[7] Diese erzwingbare Verpflichtung, das *iudicium*

---

[1] S. auch Pothier, a. a. O. Art. III § 2, n. b.

[2] *Fr.* 30 *h. t.*

[3] *Fr.* 39 § 1 *h. t.*

[4] *Fr.* 39 § 1 *cit.* (Julian): *qui autem pro servo convenitur, satisdatione onerandus non est.*: *non enim offert se defensioni alieni servi.* Die Stelle scheint zwar nur davon zu sprechen, daß der Eigentümer des Sklaven von der *satisdatio* befreit sei, gemeint sind jedenfalls auch der Nießbraucher und der Pfandgläubiger.

[5] Vgl. § 1 *J. de satisd.* 4, 11; Gaius IV, 101; *fr.* 46 § 2 *de proc.* 3, 3; *fr.* 7 *pr.*; *fr.* 9 § 4; *fr.* 10; *fr.* 13 *pr.* § 1; *fr.* 15 § 2, § 6; *fr.* 22 § 1 *de dam. inf.* 39, 2; *fr.* 5 § 3 *quib. ex caus. in poss.* 42, 4; vgl. auch *t. D. qui satisd. cog.* 2, 8 (Ausnahmen Gaius IV, 102; 89). Keine Ausnahme von diesem Prinzip ist es, daß der Herr, der sich weigert, die Verteidigung seines Sklaven, den er in seiner tatsächlichen Gewalt hat, zu übernehmen, einen Bürgen dafür beibringen muß, daß der Sklave sich vor Gericht stellen werde; s. oben S. 110[6]. Hier lehnt er ja die Prozeßführung ausdrücklich ab.

[6] *Fr.* 21 *pr. h. t.*: .... *iudicium suscipiet omnimodo* ....; *fr.* 22 § 3 *h. t.*; *fr.* 2 § 1 *si ex nox. causa* 2, 9: .... *compellendum putat Vindius vel iudicio eum sisti promittere vel iudicium accipere.*

[7] *Fr.* 2 § 1 *si ex nox. causa* 2, 9 (Paulus): .... *sin vero falso neget in sua potestate esse, suscepturum iudicium sine noxae deditione* ....

ohne Verteidigung zu übernehmen, besteht aber unter denselben Voraussetzungen auch für den gutgläubigen Besitzer des Sklaven[1], ja sogar für den bösgläubigen.[2] Diese Klage entweder gegen den Herrn, der die tatsächliche Gewalt über den Sklaven hat, oder gegen den gut- oder bösgläubigen Besitzer des Sklaven, heißt *actio noxalis directa*.[3]

Im Gegensatz dazu gibt es eine *actio noxalis praetoria* gegen den Herrn oder den gut- oder bösgläubigen Besitzer, welche arglistigerweise die Gewalt über den Sklaven aufgegeben haben.[4] Auch die Verpflichtung, das *iudicium praetorium* zu übernehmen, ist erzwingbar. Der Grund ist derselbe wie beim *directum*. In der arglistigen Aufgabe der tatsächlichen Gewalt über den Sklaven liegt die Verweigerung der Verteidigung und gerichtlichen Gestellung des Sklaven.[5] Der Herr aber, der keine tatsächliche Gewalt über den schuldigen Sklaven besitzt und auch nicht *in iure* ausdrücklich oder stillschweigend zugesteht oder fälschlich leugnet, daß er sie besitze, ist nicht verpflichtet, den Schadensprozeß zu übernehmen. Er kann ihn ablehnen, ohne gezwungen zu sein, sein Eigentum am Sklaven zu übertragen.[6] Er ist auch nicht verpflichtet, einen Bürgen

[1] *Fr.* 11 *h. t.* (Ulpian).

[2] *Fr.* 13 *h. t.* (Gaius). Es besteht eine Antinomie zwischen *fr.* 11 *h. t.* und *fr.* 27 § 3 *ad legem Aqu.* 9, 2. Nach dem letzteren haftet der gutgläubige Besitzer eines Sklaven nicht für dessen Todschlag, nach dem ersteren dagegen für dessen Diebstahl. Die herrschende Meinung nimmt an, daß *fr.* 11 *h. t.* die Regel, *fr.* 27 *ad leg. Aqu.* die Ausnahme enthalte. Entgegengesetzter Anschauung huldigt Zimmern. Er hat aber übersehen, daß *fr.* 13 *h. t.* ganz allgemein davon spricht, daß nicht nur der gutgläubige, sondern auch der bösgläubige Besitzer eines unfreien Delinquenten zu haften habe und nicht, wie er sich S. 187 zugunsten seiner Ansicht ungenau ausdrückt, daß, wenn der nicht besitzende *dominus* nicht belangt werden könne, selbst der *malae fidei possessor* die Diebstahlsklage sich gefallen lassen müsse. Die Stelle lautet vielmehr: *Non solum adversus bona fide possessorem, sed etiam adversus eos qui mala fide possident, noxalis actio datur: nam et absurdum videtur eos quidem qui bona fide possiderent, excipere actionem, praedones vero securos esse.* Dazu kommt noch *fr.* 21 § 1 *h. t.*, wonach der gutgläubige Besitzer auch den abwesenden Sklaven verteidigen kann; vgl. noch *fr.* 28 *h. t.*: .... *ut summa iniquitate bonae fidei possessor adficiatur, si, cum ipso iure noxalis actio adversus eum competit*, ... und *c.* 21 *de furtis* 6, 2.

[3] *Fr.* 26 § 2 *h. t.*

[4] *Fr.* 26 § 2 *h. t.*: *an praetoria cum eo qui desiit possidere; fr.* 2 § 1 *si ex nox. causa* 2, 9; *fr.* 12 *h. t.*

[5] Manche Schriftsteller nehmen ohne genaue Kenntnis der Fälle an, daß eine erzwingbare Pflicht, das *iudicium noxale* zu übernehmen, ebensowenig bestehe, wie bei den *actiones in rem;* s. Karlowa, a. a. O. S. 108, n. 7, v. 8. Die richtige Ansicht vertritt schon Pothier, a. a. O. *de nox. act. Art.* III, § 2, *n. a*: *praecise cogitur iudicium accipere.*

[6] Das Gegenteil behauptet Zimmern, a. a. O. S. 180fg. Er stützt sich auf *fr.* 29 *h. t.* (Gaius): *Non solum autem qui in potestate non habet recusare potest noxale iudicium, verum etiam habenti in potestate liberum est evitare iudicium, si indefensam eam personam relinquat.: sed huic necesse est ius suum ad actorem transferre ....* Das *huic necesse est* bezieht sich aber nur auf den tatsächlichen Gewalthaber. Durch diese Übertragung des Eigentums vermag er dem

dafür aufzubringen, den Sklaven sobald als möglich vor Gericht zu stellen.[1]

II. Auf die Gestaltung des Privatstrafverfahrens gegen einen unfreien Delinquenten ist der Umstand von großem Einfluß, ob der Verletzte oder der Herr des Sklaven habhaft ist oder ob weder der Verletzte noch der Herr die tatsächliche Gewalt über ihn haben. Es sind also drei Fälle zu unterscheiden:

A. Ist der Verletzte des Sklaven habhaft, so kann er ihn fassen und vor den Prätor führen. Dort (*in iure*) findet eine Untersuchung hauptsächlich darüber statt, ob sich ein Verteidiger findet oder nicht. Findet sich kein Verteidiger, so wird der Sklave auf Befehl des Prätors vom Kläger abgeführt und tritt dadurch in dessen bonitarisches Eigentum.[2] Die Verhandlung kann sowohl in Gegenwart als auch in Abwesenheit des Herrn geführt werden.[3] Hat nun der Herr infolge Abwesenheit oder aus einem anderen Grunde die Verteidigung unterlassen, so kann ihm trotz Abführung des Sklaven nachträglich die Verteidigung vom Prätor erlaubt werden, wenn ihm ein Restitutionsgrund (z. B. notgedrungene Abwesenheit, Minderjährigkeit) zur Seite steht.[4] Der Verletzte muß dann den abgeführten Sklaven auf Anordnung des Prätors zur Verteidigung wieder vor Gericht stellen.[5] Diese Anordnung begegnet aber einer Schwierigkeit. Durch die Abführung ist nämlich der Sklave ins bonitarische Eigentum

---

Prozesse zu entgehen (*evitare iudicium*), während der Herr, der keine tatsächliche Gewalt über den Sklaven besitzt, den Prozeß einfach ablehnen kann (*recusare potest iudicium*), ohne das Eigentum am Sklaven übertragen zu müssen.

[1] Dies behauptet Zimmern, a. a. O. S. 195, der aber unter *exhibere* ausliefern versteht, s. oben S. 109[3]. Er stützt sich auf *fr.* 2 § 1 *si ex nox. causa* 2, 9 (Paulus): *Si absens sit servus, pro quo noxalis actio alicui competit, si quidem dominus non negat in sua potestate esse, compellendum putat Vindius .... cauturum, cum primum potuerit, se exhibiturum.* Die Stelle sagt klar und deutlich, daß nur der verpflichtet sei, diese Sicherheit zu stellen, welcher nicht leugnet, die tatsächliche Gewalt zu besitzen.

[2] *Fr.* 26 § 6 *h. t. in fine*: *iussu enim praetoris ductus in bonis fit eius qui duxit* (Paulus), vgl. auch *fr.* 32 *h. t.* und *fr.* 2 § 1 *in fine*: *si ex nox. causa* 2, 9 (Paulus).

[3] *Fr.* 26 § 6 *h. t.*: *Si absente domino ductus sit servus ....*

[4] *Fr.* 26 § 6 *h. t.*: .... *et in eadem causa sit, ut in integrum restitui possit, defensio permittitur eius nomine, qui ductus est* (Paulus) *fr.* 2 § 1 *cit.*: *ne ei absentia sua noceat* (Paulus).

Zimmern, a. a. O. S. 198, n. 11 nimmt als Restitutionsgrund auch Armut des Herrn an, gestützt auf *fr.* 2 § 1 *de custodia reorum* 48, 3. Papinian handelt aber hier von Sklaven, die wegen eines öffentlichen Delikts angeklagt sind. Diese werden von Amts wegen gefesselt, wenn ihr Herr nicht ihre Verteidigung übernimmt und für sie einen Bürgen stellt. Kann der Herr wegen Armut den Bürgen nicht stellen, so wird er nachträglich noch zur Bürgenstellung zugelassen, wenn nicht zu lange Zeit verstrichen ist. S. unten § 17. Im Privatstrafverfahren muß der Herr, der die Verteidigung seines eigenen Sklaven übernimmt, niemals einen Bürgen stellen, vgl. *fr.* 39 § 1 *h. t.*, also braucht er auch nicht wegen Armut restituiert zu werden.

[5] *Fr.* 26 § 6 *h. t.*: *exhiberi eum ad defendendum indulgere praetor debet.*

des Verletzten getreten und dadurch seine Noxalklage erloschen.[1] Daher muß nun auch ihm geholfen werden, nachdem der Herr des unfreien Delinquenten wieder in den früheren Zustand eingesetzt worden ist. Die alte Klage wird ihm wieder hergestellt.[2]

Weigert sich der anwesende Herr, die Verteidigung des Sklaven zu übernehmen, so sind der Nießbraucher oder Pfandgläubiger auf ihren Antrag zur Verteidigung zuzulassen.[3]

Dies Verfahren kann man Duktionsverfahren nennen.[4] Es kann die Einleitung zum ordentlichen Gerichtsverfahren bilden, nämlich dann, wenn ein Verteidigungspflichtiger oder dessen beauftragter oder freiwilliger Vertreter die Verteidigung des Delinquenten übernimmt. Wird aber die Verteidigung endgültig abgelehnt, so bildet die Abführung des Sklaven durch den Verletzten den Schluß des Verfahrens.

Das Duktionsverfahren stellt die selbständig verantwortliche Persönlichkeit des Sklaven ins hellste Licht. Er wird zuerst gefaßt und erst nachher erscheint sein Herr als Verteidiger vor Gericht; ja sein Herr kann ganz wegbleiben.[5]

Die selbständig verantwortliche Persönlichkeit des Sklaven betonen die zwölf Tafeln noch mehr als die spätere Gesetzgebung. Wird der Sklave beim Diebstahl auf der Tat ertappt, so wird an ihm von Amts wegen die Prügelstrafe vollzogen.[6] Das spätere prätorische Edikt aber führte die *actio noxalis* auf das Vierfache ein. Damit tritt die selbständig verantwortliche Persönlichkeit des Sklaven wieder in den Hintergrund.[7]

Ferner erklären die zwölf Tafeln den Sklaven allein für verantwortlich, wenn er das Delikt mit Wissen des Herrn verübt, während er, wie uns Celsus berichtet, nach der *lex Aquilia* in dem Falle gar nicht und nur der Herr verantwortlich war.[8]

---

[1] *Fr.* 26 § 6 *h. t.: quia placet dominii adquisitione extingui actionem; fr.* 2 § 1 *cit.: .... actio .... perempta eo quod ductus servus in bonis eius esse coepit.*

[2] *Fr.* 26 § 6: *sed et actori his casibus succurrendum est*; *fr.* 2 § 1 *cit*: *et actori actio restituenda est.*

[3] *Fr.* 26 § 6 *h. t.*: *idem concedendum est fructuario vel cui pignoris nomine obligatus est, si praesens dominus defendere noluerit.* S. auch oben S. 111[2].

[4] So Bekker, Besitz S. 57 fg.; er hat zuerst darauf aufmerksam gemacht und das einschlägige Quellenmaterial sorgfältig gesammelt. Zimmern hebt es in seiner umfangreichen Abhandlung nicht genügend hervor.

[5] Es hat eine unverkennbare Ähnlichkeit mit der *legis actio per manus iniectionem.* Auch hier wird der Schuldige vom Berechtigten ergriffen und vor den Prätor geführt und wenn sich kein Verteidiger findet, vom Berechtigten nach Hause gebracht und gefesselt. Gaius IV, 21. Es fehlt ihm aber die feierliche Wortformel des Klägers und die öffentliche Aufforderung zur Verteidigung.

[6] Gaius III, 189.

[7] Gaius III, 189: *sed postea improbata est asperitas poenae et tam ex servi persona, quam ex liberi quadrupli actio praetoris edicto constituta est.*

[8] S. oben S. 103[4] u. *fr.* 2 § 1 *h. t.* Nach Zimmern, a. a. O. S. 242 hat Celsus Unrecht.

B. Übt der Verletzte keine tatsächliche Gewalt über den unfreien Delinquenten aus, wohl aber dessen Herr, so kann von einem Duktionsverfahren keine Rede sein. Hier ist nur das *noxale iudicium directum* (*actio noxalis directa*) möglich, wobei der Herr verteidigungs- oder gestellungspflichtig ist.[1]

Gang des Verfahrens[2]: Der Verletzte ladet den Herrn des Sklaven vor den Prätor (*in ius vocatio*). Erscheinen beide am festgesetzten Termin *in iure* (vor dem Prätor), so stellt der Kläger an den Beklagten die Frage, ob er den Sklaven in seiner tatsächlichen Gewalt habe oder nicht.[3] Gesteht er es zu[4] oder leugnet er es nicht[5], so ist er alternativ zu drei Leistungen verpflichtet, entweder die Verteidigung des Sklaven zu übernehmen oder ihn sobald als möglich vor Gericht zu stellen oder den Prozeß zu übernehmen, ohne das Recht, den Sklaven als Ersatz der Strafe hinzugeben. Von diesen drei Pflichten ist nur die letzte erzwingbar.[6]

In welcher Reihenfolge wird nun der Kläger *in iure* die Erfüllung der drei Pflichten vom Gegner verlangt haben? Es liegt in der Natur der Sache, daß er zunächst die Verteidigung des Sklaven verlangt. Weigert sich der Gegner, die Verteidigung des Sklaven zu übernehmen, so verlangt er dessen Gestellung vor Gericht. Weigert sich der Beklagte, auch diese Pflicht zu erfüllen, dann zwingt er ihn zur Übernahme des Prozesses

---

[1] *Fr.* 43; *fr.* 21 § 3 *h. t.*; *fr.* 215 *de verb. sig.* 50, 16 (Paulus). Seckel-Heumann, *verb. directus e*) übersehen, daß es eine *actio directa noxalis* gibt, eben die Klage gegen den Herrn, der die tatsächliche Gewalt über den Sklaven hat. Sie verstehen unter der *actio directa* nur die Klage gegen den Täter selbst, im Gegensatz zur *actio noxalis* § 5 *J.* 4, 8; *fr.* 26 § 4 *D.* 9, 4. Aber gerade aus *fr.* 26 § 4 *h. t.*, welche Stelle sie für ihre Meinung anführen, geht die Richtigkeit meiner Ansicht hervor.

[2] Im Formularprozeß.

[3] Sog. *interrogatio in iure*, vgl. *fr.* 5, 14, 15, 16, 17, 20 *de interrog.* 11, 1. Durch diese *interrogatio in iure* tritt die Noxalklage in die vorderste Reihe der Klagen, welche noch in den Digesten den Formularprozeß mit seiner Trennung des Verfahrens *in iure* und *in iudicio* erkennen lassen. Zimmern, a. a. O. S. 264 sagt: „In beiden Fällen nämlich kann das Eigentum nur geleugnet werden, mag es Beklagter wie hier demnach besitzen (*sic*) oder wie dort aufgegeben haben." Danach müßte der Kläger an den Beklagten die Frage richten, ob er Eigentümer des Sklaven sei oder (wie Z. sich z. T. laienhaft ausdrückt) ob er Eigentum am Sklaven besitze. *Potestas* müßte also Eigentum bedeuten, was aber mit *fr.* 21 § 3 in Widerspruch steht; s. auch oben S. 109[7]. Dieser Irrtum Zimmerns zeigt sich auch auf S. 269, 270. Er ist die Folge eines anderen, nämlich daß mit der Noxalklage auch der Eigentümer belangt werden könne, der den Sklaven nicht in seiner tatsächlichen Gewalt habe, s. besonders S. 274. Die richtige Ansicht schimmert aber doch an einigen Stellen durch, z. B. S. 265, 268, N. 92.

[4] *Fr.* 22 § 3: *confitetur.*

[5] *Fr.* 2 § 1 *si ex nox. causa* 2, 9.

[6] *Fr.* 21 *pr. h. t.;* s. oben S. 112[6, 7]. Zimmern, a. a. O. hat diese Erzwingbarkeit übersehen.

ohne das Recht, den Sklaven hinzugeben statt die Strafe zu bezahlen.[1] Von dem Herrn, der auf Zahlung der Strafe belangt werden kann, ohne das Recht zu haben, den Sklaven an Zahlungsstatt hinzugeben, sagen die Quellen, er hafte *in solidum*.[2]

Übernimmt dagegen der Beklagte die Verteidigung des Sklaven, so übernimmt er damit auch den Prozeß, aber mit dem Recht, den Sklaven hinzugeben, statt die Strafe zu bezahlen.[3] Ist der Sklave abwesend, so ist die nächste Folge der Übernahme der Verteidigung die, daß der Herr Sicherheit dafür leisten muß, daß der Sklave sich dem Gericht stellen werde. Die Sicherheit leistet er durch gewöhnliche *promissio* (Stipulation).[4]

Das Recht, den Sklaven hinzugeben statt die Strafe zu bezahlen, behält er auch während des ganzen Verfahrens *in iudicio*; übt er es während des Verfahrens *in iudicio* unter Mitwirkung des Richters aus, so wird er absolviert.[5] Der Herr behält das Recht der Hingabe auch nach seiner Verurteilung[6], die alternativ entweder auf Bezahlung der Geldstrafe oder auf Hingabe des Sklaven lautet.[7] Ja es steht ihm sogar noch dann zu, wenn der Kläger gegen ihn die *actio iudicati* auf Zahlung der Geldstrafe erhebt.[8]

---

[1] Das geht besonders klar hervor aus *fr.* 21 *pr.* (Ulpian) u. *fr.* 22 § 3 *h. t.* (Paulus). Vgl. auch *fr.* 2 § 1 *cit.*: *aut si nolit defendere* . . . .

[2] Vgl. *fr.* 3 § 3 *nautae* 4, 9; *fr.* 1 § 5 *furti adversus nautas* 47, 5.

[3] Er haftet also nicht *in solidum*.

[4] *Fr.* 2 § 1 *si ex nox. causa* 2, 9: . . . . *vel iudicio eum sisti promittere*; (*vadimonium facere*, s. Lenel, *Ed. tit.* VII, § 19, S. 82). Falls er die Verteidigung ablehnt, muß er einen Bürgen dafür beibringen, daß er den Sklaven vor Gericht stellen werde; s. oben S. 110[6].

[5] *Fr.* 9, § 4 *de dolo malo* 4, 3 (Ulpian): *Et si servum pigneratum noxae mihi dederis per judicem et sis absolutus: de dolo teneris si apparuerit esse eum pignori datum.*

[6] *Fr.* 69 *de solutionibus* 46, 3 (Celsus): *Si hominem, in quo ususfructus alienus est vel qui erat pignori Titio obligatus, noxae dedisti, poterit is, cui condemnatus es* . . . . Vgl. *D.* 42, 1, 4, 8.

[7] *Fr.* 6 § 1 *de re iudicata* 42, 1 (Ulpian): *Decem aut noxae dedere condemnatus* . . . . entsprechend der *condemnatio* in der *formula* (§ 1 *J. de off. iudicis* 4, 17): *Et ideo si noxali iudicio addictus est, observare debet, ut si condemnandus videtur dominus ita debeat condemnare: Publium Maevium Lucio Titio decem aureis condemno aut noxam dedere.* Vgl. noch *Paul. sent.* I, 15, 1. Daß die *condemnatio* in der *formula* und die richterliche Verurteilung alternativ gefaßt waren, hat Zimmern, a. a. O. §§ 47 u. 48 seinen Gegnern gegenüber richtig hervorgehoben. Nur spricht er statt von der *formula* von der Klage.

[8] *Fr.* 6 § 1 *cit.*: . . . . *et ideo iudicati decem agitur* . . . . Zimmern sucht a. a. O. diese schwere Stelle zu erklären. Da er aber keine Kenntnis von den Institutionen des Gaius hat mit Ausnahme von III, 215 (vgl. Zimmern, a. a. O. S. 144, N. 28), so sind seine Ausführungen ungenügend. Der Gedankengang Ulpians in der, wie mir scheint, stark gekürzten Stelle ist folgender: Wenn sich der durch das Delikt eines Sklaven Geschädigte alternativ entweder die Zahlung einer Geldstrafe oder die Hingabe des Sklaven versprechen läßt, so begeht der Gläubiger eine *plus petitio causa*, wenn er mit der *actio ex stipulatu* nur auf die Geldstrafe klagt und verliert seinen Anspruch, Gaius IV, 53b. Das erste

Dem Herrn gleichgestellt sind der gut- wie der bösgläubige Besitzer des Sklaven; subsidiär sind die Personen, welche am Sklaven einen Nießbrauch oder ein Pfandrecht haben, zur Verteidigung verpflichtet.

Welchen Einfluß hat nun der Tod des Sklaven während des *iudicium noxale directum* auf die Rechte und Verbindlichkeiten des verklagten Herrn? Um diese Frage zu beantworten, müssen wir zwei Zeitabschnitte des Schadensprozesses unterscheiden: Die Zeit vor der Litiskontestation und die Zeit nach der Litiskontestation. Stirbt der Sklave vor der Litiskontestation, so erlischt die *actio noxalis directa.*[1] Stirbt dagegen der Sklave nach der Litiskontestation, so erlischt die Haftung des Herrn nicht.[2] In diesem Falle unterscheidet nun Huschke zu Gaius IV, 80 folgende Möglichkeiten: 1. Stirbt der Sklave durch die Schuld des verklagten Herrn, so dürfe der Herr den toten Sklaven nicht wegen der Schadenzufügung hingeben.[3] 2. Stirbt der Sklave durch Verschulden eines Dritten, m. a. W., wird er durch einen Dritten getötet, dann könne sich der Herr dadurch befreien, daß er seine aquilische Klage gegen den Täter an den Kläger abtrete.[4] 3. Stirbt der Sklave ohne irgend jemandes Verschulden, dann habe unter den römischen Juristen eine Streitfrage

Beispiel, das Gaius für die *plus petitio causa* bringt, entspricht dem Ulpians. Gaius: *Velut si quis ita stipulatus sit: sestertium decem milia aut hominem Stichum dare spondes?* Ulpian: *At si quis stipulatus est decem aut noxae dedere.* Der Grund, den Gaius für den Verlust des Anspruchs anführt, ist der, daß der Kläger in der *intentio* die Wahl dem Beklagten entzieht, die diesem kraft Vertrags (*iure obligationis*) zusteht. Ulpians Argumentation ist im Hinblick auf das *iudicium noxale* folgende: Soll der Gläubiger berechtigt sein, mit der *actio ex stipulatu* nur die Strafsumme zu verlangen, so müßte die Stipulation nur auf diese einzelne Leistung abgeschlossen sein. Soll er dagegen berechtigt sein, nur die Hingabe des Sklaven zu verlangen, so müßte die Stipulation nur auf diese einzelne Leistung abgeschlossen sein.

Der Unterschied zwischen dem *iudicium noxale* und der Stipulation besteht also darin, daß durch jenes niemals bloß die Verpflichtung zur Hingabe des Sklaven entstehen kann, wohl aber durch diese. Es gibt also wohl eine *actio ex stipulatu*, aber keine *actio iudicati* nur auf Hingabe des Sklaven. Selbst wenn die Verurteilung alternativ lauten würde, so würde der Kläger keine *plus petitio causa* begehen, wenn er nur auf die Geldsumme klagte. Lautet die Verurteilung nur auf Geld und klagt der Gläubiger auf die Geldstrafe, so hat der Schuldner trotzdem die Befugnis der Hingabe des Sklaven. Lautet dagegen die Stipulation nur auf Geld und klagt der Gläubiger auf die Geldsumme, so hat der Schuldner niemals das Recht der Hingabe des Sklaven. Denn dieses steht dem mit der Noxalklage belangten Beklagten kraft Gesetzes zu, nicht aber dem mit der Stipulationsklage auf Geld belangten Beklagten.

[1] *Fr.* 26 § 4; 39, § 4; 42 § 1 *hoc. tit.* Die Stellen sprechen den Grundsatz positiv aus.

[2] Das ergibt sich als *argumentum e contrario* aus den angeführten Quellenstellen.

[3] Er führt als Belegstellen *fr.* 16 *hoc. tit.* und *fr.* 37 § 1 *ad leg. Aqu.* 9, 2 an; aber beide Stellen sprechen nicht davon, daß der Herr den Tod des Sklaven verschuldet habe.

[4] *Fr.* 1 § 16 *si quadr.* 9, 1; die Stelle bezieht sich aber nicht auf einen Sklaven, sondern auf ein Tier. Immerhin dürfte Analogie anzuwenden sein.

bestanden, ob der verklagte Herr ohne weiteres haftfrei werde oder ob er erst dann von der Haftung befreit werde, wenn er den Überrest des Sklaven wegen des Schadens herausgebe.

Glücklicherweise sind wir in bezug auf die erste Möglichkeit durch den im Jahre 1898 aufgefundenen *Codex Augustodunensis* besser unterrichtet. Er enthält unter anderem einen Kommentar zu den §§ 80 und 81 des vierten Buches der gajanischen Institutionen, die bekanntlich beinahe unleserlich sind. Aus diesem Kommentar geht nun aber mit ziemlicher Sicherheit hervor, daß der Herr sogar nach seiner Verurteilung den toten Sklaven wegen des Schadens hingeben kann.[1] Dagegen kann der Eigentümer eines Tieres, der infolge der *actio de pauperie* verurteilt ist, sein totes Tier nicht wegen des Schadens herausgeben.[2] Auch der Hausvater, der im *iudicium noxale directum* wegen eines Deliktes seines Haussohnes verurteilt wurde, kann den toten Haussohn wegen des Schadens herausgeben.[3]

Kann man nun den Leichnam nach der Verurteilung wegen des Schadens herausgeben, gleichgültig, auf welche Weise der Sklave oder der Haussohn nach der Verurteilung gestorben ist? Nein, sie müssen eine ganz bestimmte Todesart erlitten haben: sie müssen durch ihren Gewalthaber hingerichtet worden sein.[4]

Daraus ergeben sich folgende Konsequenzen: Stirbt der Sklave nach der Verurteilung eines natürlichen Todes oder wird er von einem Dritten getötet, so erlischt das Recht zur Hingabe. Hat aber der Gewalthaber seinen Sklaven oder Haussohn nach dessen Verurteilung im Privatstrafprozeß selbst hingerichtet, so kann er entweder den ganzen Leichnam oder einen Teil davon wegen des Schadens hingeben, wozu nach der Meinung einiger Juristen auch die Haare oder Nägel gehören.[5] Nachdem also durch das richterliche Urteil im Privatstrafprozeß die Tat des Sklaven oder Haussohnes festgestellt ist, macht der

---

[1] § 82 des *Codex Augustodunensis* (Gaius): .... *si servi nomine condemnatus fuit dominus (potest) noxam dare etiam mortuum.* Ich folge hier der Ausgabe Krügers in der Zeitschr. der Savigny-Stiftung, R. A. 24, S. 375fg.

[2] § 83: *animal mortuum dedi non potest.* Das stimmt mit *fr.* 1 § 16 *si quadr. pauper.* 9, 1 überein. Mommsen, a. a. O. S. 835, n. 3 behauptet noch, daß nach den pseudogaianischen Fragmenten von Autun nach dem Tode des Tieres dem Kläger der Körper abzuliefern sei. Vgl. jedoch seine Berichtigungen.

[3] Folgende Stelle spricht m. E. für diese Befugnis, § 82: *nam si servi filiive nomine condemnatus fuit dominus vel pater.*

[4] Das geht unzweideutig aus § 85 hervor: .... *domino vel parenti etiam occidere eum et mortuum dedere in noxam.* Gaius IV, 81 widerspricht dem nicht.

[5] § 83: *(Et non solum si) totum corpus det, liberatur, sed etiam si partem aliquam corporis. denique tr(actatur de) capillis et unguibus an partes corporis sint. quidam enim dicunt* ....

Gewalthaber von seinem Rechte über Leben und Tod Gebrauch und schreitet zur Hinrichtung des Sklaven oder Haussohnes.[1]

Hatte nun der Gewalthaber noch zu Lebzeiten des Gaius wirklich das Recht, seinen Sklaven oder Haussohn hinzurichten, wenn durch richterliches Urteil festgestellt war, daß er ein Privatdelikt begangen hatte? Was zunächst den Sklaven anbetrifft, so hatte der Gewalthaber bis Antoninus Pius das unbeschränkte Recht, den Sklaven hinzurichten. Antoninus Pius gestattete aber dem Gewalthaber die Hinrichtung nur noch auf Grund einer *causa*.[2] Eine grundlose Hinrichtung bedrohte er mit der Strafe des Mordes. Dieses neue Recht war zu Lebzeiten des Gaius in Kraft getreten, vielleicht nur kurze Zeit bevor er seine Institutionen schrieb.[3] Konnte nun der Herr nach diesem neuen Rechte den Sklaven hinrichten, weil im Privatstrafprozeß festgestellt wurde, daß er ein Delikt begangen habe? Die Frage ist zu bejahen, denn ein gerichtlich festgestelltes Delikt des Sklaven ist ein Grund der Hinrichtung im Sinne des neuen Rechts[4], um so mehr als Privatdelikte manchmal den Charakter eines schweren Verbrechens an sich tragen können.[5] Also auch nach neuem Recht ist die Hinrichtung des Sklaven nach der Verurteilung des Herrn im *iudicium noxale directum* eine rechtmäßige und daher ist er auch befugt, den Leichnam oder Teile davon wegen des Schadens hinzugeben. Es scheint, daß erst Justinian diese Befugnis abgeschafft hat.[6]

Wie steht es nun mit dem Hinrichtungsrecht des Gewalthabers dem Haussohn gegenüber? Vor Auffindung des Gaiuskommentars von Autun gaben uns die Quellen in bezug auf seine historische Entwicklung verschiedene Rätsel auf. Soll wirklich das Hinrichtungsrecht den Söhnen gegenüber zur Zeit Hadrians und Antoninus Pius an und für sich unbeschränkt bestanden haben, während es zu derselben Zeit den Sklaven gegenüber durch eine allgemeine Gesetzesbestimmung so beschränkt wurde, daß man eher von einer Entziehung des Rechtes sprechen könnte? Und wieso konnte Hadrian den Vater, der seinen Sohn wegen angeblichen Ehebruchs mit seiner Stiefmutter auf der Jagd tötete, mit Deportation auf eine Insel bestrafen[7], wenn er sich nicht auf eine allgemeine Beschränkung des Rechtes stützen konnte? Und wie kommt Ulpian dazu,

---

[1] Vom Rechte des Gewalthabers über Leben und Tod des Haussohnes spricht § 85: . . . . *cum patris potestas talis est ut habeat vitae et necis pot⟨estatem⟩*, nicht dagegen von der *vitae et necis potestas* über den Sklaven, da diese wohl selbstverständlich ist.

[2] S. unten § 18.

[3] Gaius I, 53: *Sed hoc tempore etc.*

[4] Gaius I, 53 verlangt nicht eine *causa legibus cognita;* s. unten § 17, S. 140[3.4].

[5] S. oben S. 104[4].

[6] Sie wird in den justinianischen Quellen nicht mehr erwähnt. Es ist aber möglich, daß sie schon vor Justinian von einem christlichen Kaiser abgeschafft wurde.

[7] *Fr.* 5 *de lege Pompeia de parr.* 48, 9 (Marcian).

den Rechtssatz aufzustellen, der Vater müsse seinen Sohn, bevor er ihn hinrichte, beim Stadtpräfekten oder Provinzialstatthalter zwecks einer unparteiischen Untersuchung anklagen?[1] Jetzt wird das Dunkel aufgehellt. Der neuentdeckte Gaiuskommentar erzählt uns, daß schon die 12 Tafeln angeordnet haben, daß der Vater seinen Sohn nicht ohne gerechten Grund töten dürfe.[2] Die Interpretation folgerte daraus schon in republikanischer Zeit, daß der Vater seinen Sohn, bevor er ihn hinrichtet, dem staatlichen Richter zur Untersuchung zu übergeben habe.[3] Die 12 Tafeln scheinen aber dem Vater keine Strafe angedroht zu haben, falls er das Verbot überschritt und seinen Sohn ohne gerechten Grund und ohne richterliches Urteil tötete. Auch in der späteren republikanischen Zeit scheint es an einer Strafdrohung gefehlt zu haben.[4] Erst die Kaiser fangen an, in einzelnen krassen Fällen zu bestrafen. So Hadrian.[5] Die Kaiser schwankten also in der Beantwortung der beiden Fragen, in welchen Fällen der Vater zu bestrafen sei, wenn er das Verbot übertrat und mit welcher Strafe. Erst Kaiser Konstantin machte diesem doppelten Schwanken ein Ende und setzte die härteste Strafe, die *poena cullei* auf jede Übertretung des Verbotes.[6] Damit schaffte er endgültig das väterliche Hinrichtungsrecht ab.[7]

---

[1] *Fr.* 2 *ad leg. Cornel.* 48, 8: *Inauditum filium pater occidere non potest, sed accusare eum apud praefectum praesidemve provinciae debet.*

[2] § 86: .... *occi(dere) sine iusta causa, ut constituit lex* XII *tabularum.*

[3] § 86: .... *sed deferre iudici debet propter calumniam.*

[4] Schwer verständlich sind die Worte des Gaiuskommentars § 86: .... *sed deferre iu(dici) debet propter calumniam.* Bedeuten sie vielleicht, daß sich der Vater einer schikanösen Handlung schuldig macht, wenn er seinen Sohn ohne richterliches Urteil tötet? Die *lex Pompeia de parricidiis* (70 v. Chr.?) bezog sich nicht auf den Fall, daß der Vater den Sohn tötet, wohl aber auf den Fall, daß die Mutter ihren Sohn ermordet, *fr.* 1 *de lege Pomp.* 48, 9.

[5] S. oben S. 120[7]. Aus *fr.* 2 *ad leg. Corneliam* läßt sich nicht schließen, daß zur Zeit Ulpians der Vater der Strafe des Mordes anheimfiel, wenn er das Verbot übertrat, ebensowenig aus *c.* 3 *de patr. pot.* 8, 46, daß dies zur Zeit Kaiser Alexanders der Fall war.

[6] *L.* 1 *C. Th. de parricidiis* 9, 15 = *c.* 1 *de his qui* 9, 17 vom Jahre 318; vgl. auch § 6 *J. de publicis iudiciis* 4, 18.

[7] J. Gothofred in seinem Kommentar zur *l.* 2 *de lib. causa* 4, 8 (Mo. 4, 8, 6) meint, daß das väterliche Hinrichtungsrecht bereits zur Zeit der klassischen Juristen abgeschafft wurde. Wenn man ihm auch zugeben darf, daß in der *l.* 2 *de liberali causa* 4, 8 vom Jahre 323 Konstantin das Recht bereits mit Worten der Vergangenheit erwähnt (*permissa est*), so ist das einfach so zu erklären, daß er es selber ungefähr 5 Jahre vorher abgeschafft hat. G. stützt seine Meinung hauptsächlich auf *fr.* 2 *ad leg. Corneliam de sic.*, wir haben aber schon oben nachgewiesen, daß daraus die Abschaffung nicht geschlossen werden kann. Wenn Pithoeus, Marsilius und neuerdings auch Mommsen, a. a. O. S. 618, n. 4 das Wort der Vergangenheit, mit welchem Paulus *fr.* 11 *de lib. et posth.* 28, 2 das Hinrichtungsrecht des Vaters erwähnt, für justinianische Redaktion erklären, so muß man sich ihnen anschließen, trotzdem G. widerspricht, denn zur Zeit von Paulus hat es, wenn auch schon beschränkt, noch gegolten. Wenn G. behauptet, Marsilius, *ad cap.* 24 *duod. tab.* sei im Irrtum, wenn er aus *c.* 1 *de patr. qui fil.*

Aus dieser historischen Entwicklung des väterlichen Hinrichtungsrechtes geht hervor, daß es in der klassischen Zeit für den Fall, daß durch richterliches Urteil das Vergehen des Sohnes festgestellt war, unbeschränkt bestand, und daß daher in derselben Zeit der Vater die Befugnis hatte, den Sohn nach seiner Verurteilung im Privatstrafprozeß hinzurichten und den Leichnam oder Teile davon dem siegreichen Kläger an Stelle der Urteilssumme zu übergeben. Nachdem aber Konstantin das väterliche Hinrichtungsrecht ganz abgeschafft hatte, fiel auch jene damit zusammenhängende Befugnis hinweg.

Warum kann der mit der *actio de pauperie* belangte Herr nicht nach der Verurteilung das von ihm getötete Tier an Stelle der Urteilssumme dem Verletzten hingeben? Den Grund deuten die Gaiusfragmente von Autun an, wenn sie sagen: die Tiere sind keine vernunftbegabte Wesen.[1] Sie unterstehen daher keiner Hausgerichtsbarkeit.[2]

Die *actiones noxales directae* sind entweder volksrechtliche (*civiles*) oder amtsrechtliche (*honorariae*). Die volksrechtlichen stammen aus Gesetzen, die amtsrechtlichen aus dem prätorischen Edikt.[3]

Volksrechtliche sind: 1. Die *actio furti nec manifesti noxalis* aufs Doppelte.[4] 2. Die *actio furti concepti noxalis* aufs Dreifache.[5] 3. Die *actio furti oblati noxalis* aufs Dreifache.[6] 4. Die *condictio furtiva noxalis*.[7]

---

distr. schließe, daß Diokletian das väterliche Hinrichtungsrecht abgeschafft habe, so ist das richtig, aber nicht deswegen, weil es schon vorher abgeschafft war, sondern weil es erst später Konstantin abgeschafft hat. Aus *Coll. leg. Mos. et Rom.* 4, 8 will G. nur schließen, daß das väterliche Hinrichtungsrecht zur Zeit der *lex Julia de adulteriis* bestanden habe. Man kann aber auch nicht, wie er zu meinen scheint, daraus schließen, daß es zur Zeit Papinians nicht mehr bestanden habe, wenn auch Pithoeus, a. a. O. zu weit geht, wenn er sagt, daß die Frage an Papinian unmöglich gewesen wäre, wenn es damals nicht mehr gegolten hätte.

[1] § 87: *animalibus . . . . his quae ratione (carent).*

[2] Mommsen, a. a. O. behauptet zwar, das Tier werde (im römischen Recht) durchaus behandelt als gleich dem Menschen der sozialen Ordnung unterworfen. Wäre dies richtig, so müßte es der Hausgerichtsbarkeit unterstehen und der Herr hätte die Befugnis, nach seiner Verurteilung das Tier zu töten und statt der Urteilssumme hinzugeben.

[3] § 4 *J. de nox. act.* 4, 8: *Sunt autem constitutae noxales actiones aut legibus aut edicto praetoris.*

[4] Gaius III, 190 verb. mit § 4 *J. de nox. act.* Sie stammt aus den 12 Tafeln.

[5] Gaius III, 191 verb. mit § 4 *J. cit.* Sie stammt aus den 12 Tafeln.

[6] Gaius III, 191 verb. mit § 4 *J. cit.* Sie stammt ebenfalls aus den 12 Tafeln. Zimmern, der in § 15 a. a. O. ein Verzeichnis der Noxalklagen gibt, kennt diese drei Arten der *actio furti* nicht, da ihm die Institutionen des Gaius, von einer Ausnahme abgesehen, nicht bekannt waren; s. oben S. 117[8].

[7] *Fr.* 4 *de cond. furt.* 13, 1 (Ulpian): *Si servus (vel filius familias) furtum commiserit, condicendum est domino id quod ad eum pervenit: in residuum noxae servum dominus dedere potest.* Es ist aber dies keine echte Noxalklage, weil sie nicht auf Strafe geht. Daher geht sie auch nicht gegen den Freigelassenen; *fr.* 15 *eod. tit.* Diesen Grund hat Zimmern, a. a. O. S. 52, N. 70 übersehen. Er führt noch zur Begründung, daß die *condictio furtiva* in der Tat eine Noxalklage

5. Die *actio damni iniuriae legis Aquiliae noxalis.*[1] 6. Die *actio aquae pluviae arcendae noxalis.*[2] 7. Die *actio arborum furtim caesarum noxalis.*[3]

Amtsrechtliche Klagen: 1. Die *actio furti manifesti noxalis* aufs Vierfache.[4] Es kann also aus dem Diebstahl eines Sklaven sowohl eine zivilrechtliche als eine amtsrechtliche Noxalklage hervorgehen, je nachdem der Sklave auf der Tat ertappt wird oder nicht. 2. Die *actio iniuriarum noxalis*[5] auf eine Geldstrafe, deren Höchstbetrag bei der *iniuria atrox* der Prätor festsetzt. 3. Die *actio vi bonorum raptorum noxalis* auf das Vierfache.[6] 4. Die *actio de dolo noxalis.*[7] 5. Die *actio de servo corrupto*

---

sein könne, *fr.* 56 (nicht 57) *de o. et a.* 44, 7 (Pomponius) an, wodurch er verrät, daß er diese Stelle nicht verstanden hat. Sie handelt gar nicht von Noxalklagen, die gegen den Herrn seines Sklaven wegen gerichtet sind, sondern umgekehrt von Klagen, die dem Herrn seines Sklaven wegen gegen andere zustehen. Wird z. B. der Sklave von einem Dritten mißhandelt, so hat der Herr gegen diesen die *actio iniuriarum,* wird der Sklave von einem Dritten gestohlen, so hat der Herr gegen ihn die *actio furti.* Diese Klagen dauern auch nach der Freilassung oder der Veräußerung oder nach dem Tode des Sklaven fort: *eaedem durant, etiamsi servus postea vel manumissus vel alienatus vel mortuus fuerit.* Auch die *condictio ex furtiva causa* hat er, wenn der Sklave von einem Dritten gestohlen wird; aber diese Klage erlischt, wenn er den Besitz des Sklaven wieder erlangt oder wenn er ihn veräußert oder freiläßt.

Für die *condictio furtiva noxalis* ist Donell, *Comment. ad Cod. lib.* 6, *tit.* 5, *nr.* 39; dagegen Cujaz *ad tit. C. de cond. furt.* (*op. t.* 9, *p.* 23). Die *condictio furtiva* stammt aus keinem Volksgesetz, sondern wohl aus der *interpretatio iuris,* Gaius IV, 4.

[1] § 4 *J. cit.*; *fr.* 2, *fr.* 19 *pr. eod. tit.* 9, 4; *fr.* 27 § 11 *ad leg. Aqu.* 9, 2; *fr.* 14 § 7 *de servo corrupto* 11, 3; *fr.* 6 § 1 *nautae* 4, 9. Sie stammt aus dem ersten und dritten Kapitel der *lex Aquilia.*

[2] *Fr.* 6 § 7 *de aqua et aquae pl. arc.* 39, 3 (Ulpian): . . . . *sed si servus meus fecerit . . . . servum quidem noxae dedere debeo.* Die Klage stammt aus den 12 Tafeln: *fr.* 5 *ne quid in loco publico* 43, 8. Sie ist aber keine echte Noxalklage, aus demselben Grunde wie die *condictio furtiva* und daher geht sie nicht gegen den Freigelassenen. Eine Quellenstelle fehlt.

[3] *Fr.* 7 § 5 *arborum furtim caesarum* 47, 7. Sie ist eine echte Noxalklage, denn sie geht auf Strafe: *fr.* 7 § 6 *eod. tit.* Sie stammt aus den 12 Tafeln: *fr.* 1 *fr.* 11 *eod. tit.* und Plinius, *Nat. hist.* 17, 1, 7. Die Strafe betrug für jeden einzelnen Baum oder Strauch 25 *asses,* Plinius, a. a. O.

[4] Gaius III, 189.

[5] § 4 *J. cit.* u. *fr.* 17 § 4 u. § 7 *de iniuriis* 47, 10; Gaius III, 224.

[6] § 4 *J. cit.*

[7] *Fr.* 9 § 4 *a de dolo* 4, 3. Beim *dolus* eines Sklaven, der ein Pekulium hat, kann bald eine *actio de peculio,* bald eine *actio de dolo noxalis* angestellt werden. Verübt der Sklave in Pekuliarangelegenheiten einen *dolus,* so kann immer die *actio de peculio* angestellt werden. Verübt er ihn außerhalb von Pekuliarangelegenheiten, dann kann eine *actio noxalis* nur dann angestellt werden, wenn der *dolus* auch eine *actio doli* gegen einen Freien begründet hätte. Ebenso ist die *exceptio doli* wegen Arglist des Sklaven gegen die Klagen des Herrn in Pekuliarangelegenheiten immer statthaft, aber bei anderen Klagen nur, wenn der Sklave beim Abschluß des Rechtsgeschäftes selbst arglistig gehandelt hatte, nicht etwa erst nachträglich: *fr.* 4 § 17 *de doli exc.* 44, 4; vgl. dazu Zimmern, a. a. O. S. 53, N. 73.

noxalis aufs Doppelte.[1] 6. Die *actio quod metus causa noxalis* auf das Vierfache.[2]

Zu den amtsrechtlichen Noxalklagen sind auch die *interdicta noxalia* zu rechnen.[3] 7. Das *interdictum unde vi noxale.*[4] 8. Das *interdictum quod vi aut clam noxale.*[5]

Ferner gehören hierher eine Reihe von *actiones in factum.* 9. Die *actio in factum*[6] *noxalis* gegen den Herrn des Sklaven, welcher einen vor den Prätor Geladenen mit Gewalt wegführt oder verhindert, sich *in iure* einzustellen[7], auf eine arbiträre Geldstrafe.[8] 10. Die *actio in factum noxalis* gegen den Herrn des Sklaven, der arglistigerweise jemanden hindert, sich im Verfahren *in iudicio* (vor dem *iudex*[9]) einzustellen.[10] 11. Nach der herrschenden Meinung der römischen Juristen die *actio in factum*[11] *noxalis* gegen den Herrn des Sklaven, der einen in den Besitz eines gefahrdrohenden Grundstücks Eingewiesenen nicht zugelassen hat.[12] 12. Die *actio in factum noxalis* gegen den Herrn des Sklaven, der als Feldmesser falsch gemessen hat. Statt der Noxalklage kann aber auch die *actio civilis de peculio* angestellt werden.[13] 13. Die *actio in factum noxalis* gegen den Herrn des Sklaven, der als falscher Vormund arglistigerweise zu einem Rechtsgeschäft des Mündels sein Vollwort einlegte.[14] 14. Die *actio in factum noxalis* gegen Gastwirte, Schiffer und Stallwirte[15] wegen Sachbeschädigungen und Diebstählen ihrer Sklaven[16] auf das Doppelte.[17] 15. Die *actio de effusis vel deiectis noxalis* gegen den, dessen

---

[1] *Fr.* 5 § 3; *fr.* 14 § 2 *de servo corrupto* 11, 3.

[2] *Fr.* 16 § 1 *quod metus c.* 4, 2.

[3] *Fr.* 5 *de interdictis* 43, 1 (Paulus).

[4] *Fr.* 1 § 15 *de vi et de vi a.* 43, 16 u. *fr.* 5 *cit.*

[5] *Fr.* 7 § 1; *fr.* 14 *quod vi aut clam* 43, 24 u. *fr.* 5 *cit.*

[6] *Fr.* 5 § 3 *ne quis eum* 2, 7.

[7] *Fr.* 1 § 1 verb. mit *pr. eod. tit.*

[8] Gaius IV, 46.

[9] Zimmern, a. a. O. S. 55 sagt ungenau: „vor Gericht."

[10] *Fr.* 1 § 5; *fr.* 2 *de eo per quem f.* 2, 10.

[11] *Fr.* 17 § 3 *de damno inf.* 39, 2.

[12] *Fr.* 17 *pr. eod. tit.*

[13] *Fr.* 3 § 6 *si mensor* 11, 6 (Ulpian).

[14] *Fr.* 9 § 1 *quod falsus tutor* 27, 6.

[15] Zimmern, a. a. O. übersetzt *stabularii* ungenau mit „Stallleute".

[16] *Fr.* 7 § 4 *nautae* 4, 9; vgl. dazu *fr.* 6 *eod. tit.*; *fr.* 1 § 5 *furti adversus nautas* 47, 5.

[17] *Fr.* 7 § 1 *nautae* u. *fr.* 1 § 2 *furti adversus n.*

Dagegen gibt es keine *actio ex recepto noxalis.* Die *actio ex recepto* beruht nicht auf Delikt; auf sie beziehen sich nur *fr.* 1—5, *nautae* 4, 9. Sie geht nur auf Schadenersatz und nicht auf das Doppelte, sie ist passiv vererblich, *fr.* 3 § 4 *nautae*, während die *actio in factum* passiv unvererblich ist; *fr.* 7 § 6 *nautae.* Den Unterschied zwischen beiden Klagen festgestellt zu haben, ist das Verdienst Zimmerns, a. a. O., 10. Kapitel, S. 291 fg. Er behauptet aber S. 291, daß die *actio ex recepto* auf dem durch Rezeption eingegangenen Vertrag beruhe. Das ist nicht richtig. Schiffer, Gastwirte und Stallwirte haften auch dann mit dieser Klage, wenn zwar eine Aufnahme (Rezeption), aber kein gültiger Vertrag vorliegt,

Sklave ohne sein Wissen aus der Wohnung etwas gegossen oder geworfen hat aufs Doppelte bzw. auf 50 Goldstücke.[1] 16. Die *actio de posito vel suspenso noxalis* gegen den, dessen Sklave ohne sein Wissen auf dem Wetterdach oder Vordach des eigenen oder gemieteten Hauses etwas hinstellt oder aufhängt, durch dessen Sturz jemand beschädigt werden könnte, auf zehn *solidi.*[2] 17. Die *actio de sepulchro violato noxalis* gegen den Herrn, dessen Sklave in einem Grabe eine Hütte besitzt, auf 200 Goldstücke.[3] 18. Die *actio de albo corrupto noxalis* gegen den Herrn des Sklaven, welcher das ständige Album des Prätors arglistig verdirbt, auf 500 Goldstücke.[4]

C. Der dritte mögliche Fall ist der, daß weder der Verletzte noch der Eigentümer noch wer ihm gleichgestellt ist, des unfreien Täters habhaft sind. In diesem Falle kann in der Regel der Verletzte nichts machen; nur unter gewissen Voraussetzungen kann er das *iudicium noxale praetorium* anstrengen. Verpflichtet, dasselbe zu übernehmen, ist aber nur der, der arglistigerweise die tatsächliche Gewalt über den Sklaven aufgegeben.[5] Das Wesen dieses *iudicium noxale praetorium*[6] besteht nun darin, daß im Gegensatz zum *iudicium noxale directum* die Hingabe des Sklaven an Zahlungsstatt nicht gestattet ist.[7] Im Ausschlusse dieser

weil die von ihnen angestellten Personen (*magistri naves, ναυφύλακες, diaetarii, institores, fr.* 1 §§ 3 u. 5, *eod. tit.*) oder die Reisenden wegen jugendlichen Alters oder Entmündigung (*furiosi, prodigi*) nicht imstande sind, einen gültigen Vertrag abzuschließen. Das steht zwar nicht ausdrücklich in den Quellen, aber es ist auch nirgends gesagt, daß ein aufgenommener *impubes* oder *interdictus* keine Klage *ex recepto* gegen den Schiffer, Gastwirt, Stallwirt habe.

[1] *Fr.* 1 *pr. in fine, de his qui eff.* 9, 3.

[2] *Fr.* 5 §§ 6, 8 *eod. tit.* Über den Tatbestand der *actio de posito vel suspenso* gibt es zwei Ansichten. Nach der einen liegt ein Quasidelikt, nach der anderen ein wahres Delikt vor, weil nur der hafte, der die Sache aufgestellt oder aufgehängt habe; so Thibaut, Pandekten § 977. Unter den Anhängern der ersten Ansicht ist die Begründung eine verschiedene. Donellus, *Comm. Lib.* 15, *cap.* 43, Nr. 3, 4 meint, es sei deshalb hier von einem Quasidelikt die Rede, weil die Klage nicht wegen eines geschehenen, sondern erst drohenden Schadens stattfinde, was nur *maleficium proximum* sei. Nach Zimmern (a. a. O. § 92) ist es ein Quasidelikt, weil die Klage nicht immer gegen den Täter gehe, vgl. *fr.* 5 § 5 *de o. et a.; fr.* 5 § 12 *de his qui eff.*; aus beiden Gründen zusammengenommen, liegt der Tatbestand eines wahren Delikts nicht vor.

[3] *Fr.* 3 *pr.* verb. mit *fr.* 3 § 11 *de sep.* 47, 12; über die letztere Stelle vgl. auch unten § 18.

[4] *Fr.* 7 §§ 1 u. 3; *fr.* 9 *de iurisdict.* 2, 1; s. auch unten § 18. Auch die *actiones aquae pluviae arcendae, vi bonorum raptorum, de dolo, quod metus causa* u. a. hatten bekanntlich eine *formula in factum concepta.*

[5] *Fr.* 12; *fr.* 16; *fr.* 21 *pr. h. t.*

[6] Der Ausdruck steht in *fr.* 26 § 2. Man könnte es auch *iudicium noxale utile* bezeichnen. Es ist also vom Prätor eingeführt, während das *iudicium noxale directum* auf dem *ius civile* beruht.

[7] Es ist ein *iudicium sine noxae deditione, fr.* 16; *fr.* 21 § 2; *fr.* 22 § 4; *fr.* 26 § 5 *h. t.*; *fr.* 1 § 6 *de publicanis* 39, 4; oder ein *iudicium detracta noxae deditione, fr.* 39 *pr. h. t.*, während das *iudicium directum* ein *iudicium cum noxae deditione* ist, *fr.* 6 § 1 *de re iudicata* 42, 1.

Befugnis liegt die Strafe[1] für die Arglist des Beklagten. Dem, der arglistigerweise den Besitz aufgegeben, wird derjenige gleichgestellt, der *in iure* fälschlich geleugnet hatte, daß er die tatsächliche Gewalt habe.[2] Er kann aber die Strafe bis zum Zeitpunkte der Vollendung des Verfahrens *in iure* (Litiskontestation)[3] dadurch vermeiden, daß er gesteht, den Sklaven in seiner tatsächlichen Gewalt zu haben und die Verteidigung des abwesenden Sklaven übernimmt[3], nach der Vollendung des Verfahrens *in iure* nur noch dann, wenn er als gerechten Restitutionsgrund Minderjährigkeit geltend macht[4], oder wenn er vorsichtigerweise im Verfahren vor dem Prätor (*in iure*) die *exceptio doli generalis* in die Formula hat aufnehmen lassen. Erscheint er dann mit dem Sklaven vor dem Richter (*in iudicio*), ohne ihn zu verteidigen und der Kläger versteht sich dazu, ihn abzuführen, so wird er auf Grund der Einrede der allgemeinen Arglist freigesprochen.[5] Leugnet der Beklagte (*in iure*), daß er den Sklaven in seiner Gewalt habe, so überläßt es der Prätor dem Gutdünken des Klägers, durch Eid des Beklagten den Streit entscheiden zu lassen

[1] *Fr.* 26 § 5: . . . . *huius edicti poenam evitare, id est ut sine noxae deditione conveniatur.* Unrichtig ist aber die Behauptung, daß diese Strafe auch den treffe, welcher sich *in iure* arglistigerweise für den Eigentümer ausgebe, so CUIAZ, *tom.* V, *p.* 333 und GLÜCK Bd. 11, S. 263, N. 57, vgl. *l.* 39 § 1 *h. t.*; *fr.* 7, *fr.* 8 *de inter.* 11, 1. Es ist ein Verdienst ZIMMERNS, diese Behauptung a. a. O., § 89 fg. gründlich widerlegt zu haben. Wer sich aber im Streite als Eigentümer ausgibt, haftet, jedoch mit der Befugnis, den Sklaven an Zahlungsstatt hinzugeben. Kann er aber den Sklaven vom Eigentümer nicht erwerben, sei es wegen einer tatsächlichen oder rechtlichen Unmöglichkeit, so haftet er nicht, *fr.* 16 § 1 *de interr.* 11, 1. So richtig ZIMMERN, a. a. O. § 91. Nach der bisherigen Meinung handelte es sich in *fr.* 16 § 1 *cit.* nur um eine juristische Unmöglichkeit des Eigentumserwerbs.

[2] *Fr.* 22 § 4 *h. t.* Nur scheinbar fällt er unter die dritte Möglichkeit, da er ja in Wirklichkeit im Besitze des Sklaven ist.

[3] *Fr.* 26 § 5: . . . . *postea fateri poteris nisi si iam lis adversus te contestata est.* In der Auffassung der Litiskontestation schließe ich mich an HÖLDER und SECKEL-HEUMANN *v. contestari* an. Aber auch nach WLASSAK ist der Zeitpunkt der *litis contestatio* am Ende des Verfahrens *in iure.* Praktisch besteht zwischen ihnen kein Unterschied.

[4] *Fr.* 26 § 5 *h. t.*: *Octavenus ex causa etiam lite contestata tibi succurrendum utique si aetas tua ea sit ut ignosci tibi debeat.*

Andere Restitutionsgründe gegen die Strafe des Leugnens gibt es nicht; auch nicht den des weiblichen Geschlechts, vgl. *fr.* 110 § 4 *de reg. iur.* 50, 17 und dazu CUIAZ, *tom.* V, *p.* 98.

Es gibt also bei den Noxalklagen zwei Fälle, in denen sich der Herr der *in integrum restitutio* bedienen kann. Einmal wenn das Duktionsverfahren stattgefunden hat *fr.* 26 § 6 *h. t.* und zweitens beim Leugnen des Besitzes. Im ersten Falle gibt es als Restitutionsgrund außer der Minderjährigkeit noch notgedrungene Abwesenheit (nicht Armut, s. oben S. 114[4]); im letzteren Falle nur Minderjährigkeit. Liegt etwa hier ein *iudicium rescindens* und *rescissorium* vor? (*fr.* 28 § 5, 6 *ex quib. caus.* 4, 6; *Ulp. Disp. fr. argentoratense* II, 1a; vgl. dazu *D.* 15, 1, 32). Nein; bei diesen wird der Kläger restituiert und ihm eine verlorene Klage zurückgegeben und hier der Beklagte, indem ihm die verlorene Befugnis, den Sklaven an Zahlungsstatt (*fr.* 26 § 6) hinzugeben, wieder eingeräumt wird.

[5] *Fr.* 39 § 3 *h. t.*

oder die Wortformel der Noxalklage, die das Recht der *noxae deditio* nicht enthält, vorzusagen[1], mit welcher er durchdringt, wenn er *in iudicio* den Beweis erbringt, daß der Sklave in der tatsächlichen Gewalt des Gegners sei oder daß dieser arglistigerweise die Gewalt über ihn verloren habe. Der Beklagte wird dann auf die Geldstrafe verurteilt. Kann der Kläger diesen Beweis nicht erbringen, so verliert er seinen Anspruch.[2]

Wählt der Kläger den anderen Weg, durch Eid des Beklagten den Streit zu entscheiden, so befiehlt der Prätor dem Beklagten zu schwören, daß er den Sklaven nicht in seiner tatsächlichen Gewalt, noch sie arglistigerweise aufgegeben habe. Verweigert der Beklagte den Eid, dann wird er als ungehorsam gegen den prätorischen Befehl vom Richter zur Privatstrafe verurteilt, ohne des Rechts der Hingabe an Zahlungsstatt teilhaftig zu sein.[3] Schwört der Beklagte den ihm vom Kläger zugeschobenen und vom Prätor anbefohlenen Eid, so ist der Streit wie durch einen Vergleich zugunsten des Beklagten entschieden. Eine *actio de dolo* gegen den meineidigen Beklagten gibt es nicht. Dagegen unterliegt er der öffentlichen Strafe wegen Meineids.[4] Keine Ausnahme von dem Grundsatz ist es, wenn gegen den Herrn, der den schuldigen Sklaven nach geschworenem Eide in seine tatsächliche Gewalt bekommen hat, eine neue Noxalklage gegeben wird.[5]

III. Besondere Eigentümlichkeiten gewährt das Privatstrafverfahren gegen einen unfreien Täter, wenn an ihm eine vertragsmäßige oder vertraglose Gemeinschaft besteht. Die Quellen haben uns folgende besondere Fälle hinterlassen:

1. Der eine Miteigentümer weiß von dem Delikt des Sklaven, der andere nicht. Hier sind nun zwei Möglichkeiten vorhanden: a) Der Verletzte klagt gegen den Teilhaber, der vom Delikte keine Kenntnis hatte, mit der *actio noxalis directa cum noxae deditione.* Dieser macht von seinem Rechte der Hingabe an Zahlungsstatt Gebrauch. Ist nun der mitwissende Teilhaber befreit? Nein, der Verletzte kann gegen ihn mit der selbständigen Deliktsklage vorgehen, bei welcher von dem Rechte der Hingabe an Zahlungs-

---

[1] Wlassak, Litiskontestation S. 53.

[2] *Fr.* 22 § 4 *h. t.; fr.* 21 § 4 *h. t.*

[3] *Fr.* 21 § 4 *h. t.*: ... *qui condemnantur quasi contumaces.* Nach Naber interpoliert.

[4] *Fr.* 21 *de dolo* 4, 3 (Ulpian): .... *Pomponius autem per iusiurandum transactum videri, quam sententiam et Marcellus libro octavo digestorum probat: stari enim religioni debet*; *fr.* 22 *de dolo* (Paulus): *Nam sufficit periurii poena.* Labeo vertrat noch die Ansicht, daß eine Betrugsklage gegen den Meineidigen zulässig sei, *fr.* 21 *cit.*

[5] *Fr.* 21 § 6 *h. t.* In diesem Falle liegt übrigens gar kein Meineid vor. Nach Ansicht von Sabinus geht die Klage entweder auf Bezahlung der Geldstrafe oder auf Gestellung des Sklaven. Nach Neratius nur auf Zahlung einer Geldstrafe (*detracta noxae deditione*). Wohl eine Streitfrage zwischen den Sabinianern und Prokulianern. (Neratius war Prokulianer, vgl. *fr.* 2 § 53 *de origine iuris* 1, 2).

statt keine Rede ist.[1] Der Beklagte wird aber nur zur Strafe verurteilt unter Abzug des Wertes des an Zahlungsstatt hingegebenen Sklaven. Im Verhältnis zueinander (bei der *actio communi dividundo*) muß aber jeder Teilhaber seinen Anteil an der Summe, zu der einer verurteilt worden ist, tragen; dem Mitwisser fällt nicht etwa die ganze Summe zur Last.[2] b) Der eine Miteigentümer hat das Delikt befohlen, der andere weiß nichts davon. Dann haftet nur der, welcher es befohlen hat; gegen ihn geht eine selbständige Klage. Das Recht der Hingabe an Zahlungsstatt steht ihm nicht zu, denn der Sklave ist ohne Schuld.[3] Auch im Verhältnis zueinander (bei der *actio communi dividundo*) fällt dem, welcher das Delikt befohlen hat, die ganze Summe zur Last.[4]

2. Alle Miteigentümer sind Mitwisser des Delikts. Dann haftet jeder mit der selbständigen Deliktsklage, ohne daß ihm das Recht der Hingabe an Zahlungsstatt zuständе.[5] Die Klagen stehen aber in keiner Konsumptionskonkurrenz.[6] Aber auch in keiner Solutionskonkurrenz, weil die Klagen auf eine Privatstrafe und nicht auf Schadensersatz gehen.[7]

3. Keiner der Miteigentümer weiß vom Delikt des Sklaven. Dann haftet zwar jeder auf das Ganze[8], aber ihnen steht das Recht der Hingabe an Zahlungsstatt zu. Nur wenn der in Anspruch genommene Miteigentümer das Eigentum an dem Sklaven ganz überträgt, werden alle befreit; es genügt nicht, daß er bloß seinen Anteil am Miteigentum überträgt.[9] Das ganze Eigentum am Sklaven und nicht bloß seinen Anteil am Miteigentum kann er aber nur übertragen, wenn er von den übrigen Teilhabern dazu ermächtigt wird. Waren sie zur Ermächtigung nicht bereit und wird er deshalb zur Geldstrafe verurteilt, so kann er mit der Gemeinschaftsteilungs- oder Erbteilungsklage von ihnen Ersatz verlangen. Der Teilhaber ist aber nicht verpflichtet, den Prozeß zu übernehmen. Er kann sich vielmehr dadurch davon befreien, daß er seinen Anteil am Miteigentum zediert (eine Art *beneficium cessionis*). Der Verletzte kommt dadurch in eine eigentümliche Lage: Er ist jetzt Miteigentümer des unfreien Täters geworden; also hat er keine Noxalklage mehr. Auch hat er an und für sich keine Regreßklage gegen die übrigen Teilhaber, weil das Delikt vor der Gemeinschaft stattgefunden hat. Aber aus Billigkeits-

---

[1] *Fr.* 5 *pr. in fine h. t.* (Ulpian).

[2] *Fr.* 17 *h. t.* (Paulus).

[3] *Fr.* 2 § 1 *h. t.*; *fr.* 157 *de reg. iuris* 50, 17; *fr.* 169 *eod.*: *Is damnum dat, qui iubet dare: eius vero nulla culpa est, cui parere necesse sit* (Paulus).

[4] *Fr.* 17 *h. t.*: *Illud iniquum est eum, qui iussit servum facere, consequi aliquid a socio, cum ex suo delicto damnum patiatur* (Paulus).

[5] *Fr.* 5 *h. t.*: . . . . *detracta noxae deditione.*

[6] *Fr.* 5 *h. t.*: . . . . *nec altero convento alter liberabitur.*

[7] *Fr.* 5 *cit.*: . . . . *quivis eorum tenebitur detracta noxae deditione.* Man sprach früher in einem solchen Falle von einer kumulativen Klagenkonkurrenz.

[8] *Fr.* 8 *h. t.*: . . . , *in solidum.*

[9] *Fr.* 8 *h. t.*: . . . . *nec ferendus est, si partem dedere fuerit paratus.*

gründen wird ihm die Teilungsklage als Regreßklage gegeben.[1] 4. Der eine Miteigentümer gibt arglistigerweise die tatsächliche Gewalt über seinen Eigentumsanteil am unfreien Täter auf, der andere nicht. Dann hat der Verletzte die Wahl, ob er gegen den, welcher den Sklaven besitzt, mit dem *iudicium directum* (*cum noxae deditione*) oder gegen den, der arglistigerweise den Besitz aufgegeben hat, mit dem *iudicium praetorium* (*sine noxae deditione*) vorgehen will.[2] 5. Alle Miteigentümer geben arglistigerweise die tatsächliche Gewalt über den unfreien Täter auf. Dann hat der Verletzte die Wahl, welchen der Miteigentümer er mit der *actio praetoria* (*sine noxae deditione*) verklagen will. Jeder haftet aufs Ganze; aber es herrscht Solutionskonkurrenz der Klagen.[3] 6. Verübt der gemeinsame Sklave an einem der Miteigentümer irgendein Delikt, z. B. Sachbeschädigung oder Diebstahl, so hat der Verletzte gegen seine Mitgenossen keine Noxalklage, weder die *actio legis Aquiliae noxalis* noch die *actio furti noxalis*. Ihm steht nur die Gemeinschaftsteilungsklage zu.[4] In der Formula der Teilungsklage wird vom Prätor dem Richter die Befugnis gewährt, den Anteil des Beklagten am Eigentum des schuldigen Sklaven

---

[1] *Fr.* 8 *h. t.*: . . . . *sed melius est dicere, competere ei communi dividundo iudicium.* Nach Faber interpoliert.

[2] *Fr.* 26 § 2: . . . . *electio erit actoris, utrum directo agere velit cum eo qui possidet, an praetoria cum eo qui desiit possidere.* Die Klagen stehen wohl in Solutionskonkurrenz.

[3] *Arg. fr.* 39 *pr.* (Julian). Im Schlußsatz der Stelle fehlt das Wort *non*; er lautet nämlich: *neque enim amplius praestare actori debet, quam ut detracta noxae deditione agere possit cum eo cum quo noxali iudicio experiri potuisset, si servus exhiberetur.* Es muß offenbar heißen *si servus non exhiberetur*, vgl. *fr.* 22 § 3 *h. t.* (Paulus) und *fr.* 21 pr. (Ulpian). S. auch oben S. 112[6].

[4] *Fr.* 62(61) *pr. de furtis* 47, 2 (African). Den Grund, warum ein Miteigentümer nicht gegen den anderen die *actio furti noxalis* hat, nennt eine alte Rechtsregel: *huius modi hominis gratia, pro quo noxalem furti actionem suscipere aliquis compellitur, adversus alium furti actionem habere non concedens*, c. 21 § 1 *de furt.* 6, 2. Nach dieser Regel würde aber der Miteigentümer nur dann keine Noxalklage gegen den anderen haben, wenn er vom gemeinschaftlichen Sklaven bestohlen würde, wohl aber bei anderen Rechtsverletzungen. Die Regel wurde aber auf alle Delikte des gemeinschaftlichen Sklaven ausgedehnt, so in *fr.* 41 *h. t.* auf das *damnum iniuria datum*, so in *fr.* 17 § 9 *de iniuris* 47, 10 auf die *iniuria*. Im ersteren spielt Julian, im letzteren Ulpian mit deutlichen Worten auf die Regel an; Ulpian auch in *fr.* 8 *h. t.* Ohne auf sie hinzuweisen, dehnt sie Paulus auf die Verführung eines Sklaven aus. Er gibt als Grund an, daß es gerade so wenig zulässig sei, wegen der Verletzung durch einen gemeinschaftlichen Sklaven zu klagen, wie wegen der Verletzung durch einen eigenen, *fr.* 14 § 2 *de servo corrupto* 11, 3. Letztere Stelle erwähnt die Teilungsklage nicht, vgl. auch *fr.* 43 § 12 *de furtis* 47, 2 u. *fr.* 27 § 1 *ad leg. Aqu.* 9, 2.

Einen gänzlich abweichenden Grund gibt Ulpian in *fr.* 27 § 1 *ad legem Aqu.* 9, 2 für die Versagung der Noxalklage unter Miteigentümern an: *ne sit in potestate servi, ut tibi soli serviat.* Wäre das *tibi* richtig, so müßte unser gemeinschaftlicher Sklave deinen Sklaven getötet haben, während das *fr.* lautet: *Si servus communis, id est meus et tuus servum meum occiderit* . . . . Das ist Zimmern und dem von ihm S. 211 fg. angeführten Juristen nicht aufgefallen. Besser ist die Leseart der Basiliken, die auch Mommsen billigt: „*utri soli serviat.*"

dem Kläger zuzusprechen oder den Beklagten auf den einfachen Schadensersatz zu verurteilen.[1]

IV. Sklaven, die vor dem Prätor oder dem Richter (*in iure* oder *iudicio*) abwesend sind, kann nur der verteidigen, in dessen Eigentum sie unbestritten stehen oder dem sie unbestritten im guten Glauben dienen.[2] Fremde Sklaven kann man nur verteidigen, wenn sie *in iure* oder *iudicio* anwesend sind. Ist es bestritten, ob der Sklave den, der ihn verteidigen will, gehöre, bzw. im guten Glauben diene oder nicht, so kann er ihn nur verteidigen, wenn der Sklave *in iure* oder *iudicio* anwesend ist.[3] Dagegen können die Steuerpächter ihre abwesenden Sklaven wegen Sachbeschädigung, Diebstahl und Raub, die sie unter öffentlichem Vorwand begangen haben, nicht verteidigen. Sie müssen sie vor Gericht

---

[1] Gaius IV, 42. Aber auch aus den Digesten geht dieser Inhalt der Formula der Teilungsklage hervor und zwar gerade der Teilungsklage, die nach einem Delikt des gemeinsamen Sklaven angestellt wird. Besonders deutlich aus *fr.* 16 § 6 *familiae erc.* 10, 2 (Ulpian): .... *quare agentem familiae erciscundae iudicio consecuturum, ut aut ei servus adiudicetur aut litis aestimatio in simplum offeratur* ....; weniger deutlich aus *fr.* 62(61) *pr. de furtis* 47, 2 (African): .... *arbitrio iudicis contineri, ut aut damnum praestet, aut parte cedat.* Es ist nicht zu verwundern, daß vor Auffindung der gajanischen Institutionen die Gelehrten diese Stellen nicht richtig verstanden haben, so auch Zimmern und die von ihm angeführten Juristen Accursius, Giphanius, Cujacius und Mendoza. Sie meinen, es läge im Belieben des Beklagten, dem Kläger seinen Anteil am Eigentum zu übertragen und sich so von der Verpflichtung, den Schadensersatz zu zahlen, zu befreien; s. a. a. O. S. 202, 209 und besonders S. 212. Daher machen sie Ulpian (*fr.* 27 § 1 *ad legem Aqu.* 9, 2) den Vorwurf, daß es ja auch bei der *actio communi dividundo* im Belieben des Sklaven liege, welchem Herrn er dienen wolle. Es liege im Belieben des Sklaven, „dem schlauen Ulpian die ganze List" zu verderben, S. 213. Der Hauptsache nach bestehe zwischen der Noxalklage und der Teilungsklage nur der Unterschied, daß diese aufs einfache, jene auf Strafe gehe, S. 209. Aus dem obigen Grunde kennen sie den Unterschied nicht, daß bei der Noxalklage der Beklagte die Befugnis der Hingabe hat, ohne daß der Richter darauf zu erkennen braucht, während bei der Teilungsklage der Richter von der prätorischen Erlaubnis Gebrauch machen muß, dem Kläger den Anteil des Beklagten zuzuschlagen (*arbitrio iudicis contineri ut parte cedat*). Die *Vulgata* hat *partem cedere*, eine Lesart, die offenbar jenem Irrtum zu verdanken ist. Das *parte cedere* deutet auf das unfreiwillige Aufgeben des Anteils.

[2] Verpflichtet dazu ist er nicht, falls er sie nicht in seiner Gewalt hat.

[3] *Fr.* 21 § 1 *h. t.* (Ulpian): *Eos quorum nomine noxali iudicio agitur etiam absentes defendi posse placuit, sed hoc ita demum si proprii sint servi: nam si alieni, praesentes esse oportet, aut si dubitetur, utrum proprii sint an alieni. Quod ita puto accipiendum, ut si constet vel bona fide servire, etiam absentes possint defendi.* Zimmern, a. a. O. S. 128 behauptet, im Zweifel nehme man die günstigere Meinung an und gestatte die Defension der Abwesenden. Damit verstößt er gegen den klaren Wortlaut die Stelle: .... *nam si alieni, praesentes esse oportet, aut si dubitetur, utrum proprii sint an alieni* .... Wenn sie fremde Sklaven sind, so müssen sie gegenwärtig sein und ebenso wenn es bestritten ist, ob sie eigene oder fremde sind. Das *aut* ist hier nicht im ausschließenden, sondern im verbindenden Sinne gemeint, wie im *interdictum quod vi aut clam*, vgl. *c.* 4 § 1b *de verb. sign.* 6, 38.

stellen, und wenn sie dies nicht tun, gleichgültig ob sie es können oder nicht, so richtet sich gegen sie die Klage auf das Doppelte des Schadens, ohne daß sie die Befugnis haben, die Sklaven an Zahlungsstatt hinzugeben.[1]

V. Die *actio noxalis directa civilis* ist aktiv[2] und passiv vererblich, falls der unfreie Täter noch am Leben ist.[3] Die passive Vererblichkeit ist eigentlich keine Vererblichkeit, sondern hängt damit zusammen, daß der jeweilige Eigentümer des unfreien Täters haftet.[4] Die Klage gegen den Herrn als Mitwisser des Delikts seines Sklaven ist zwar aktiv vererblich, passiv aber unvererblich.[5] Die *actio praetoria* (*sine noxae deditione*) gegen den, der *in iure* fälschlich geleugnet hatte, daß er die tatsächliche Gewalt über den unfreien Täter habe, ist aktiv und passiv unvererblich.[6] Dagegen fehlt es an einer ausdrücklichen Bestimmung über die Vererblichkeit der prätorischen Klage gegen den, der arglistigerweise seine Gewalt über den Sklaven aufgegeben hat. Es liegt aber auf der Hand, daß auch sie (bis zur Litiskontestation) aktiv und passiv unvererblich ist wie die prätorische Klage gegen den, der fälschlich geleugnet hatte, daß er die tatsächliche Gewalt über den Sklaven habe.[7]

---

[1] *Fr.* 1 § 6; *fr.* 2; *fr.* 3 *pr. de publicanis* 39, 4. Diese Stelle ist auch ein Beweis gegen die Ansicht Zimmerns, daß man die Noxalklage auch gegen den Herrn richten könne, der den schuldigen Sklaven nicht in seiner Gewalt habe. Das ist nur ausnahmsweise gegen die Steuerpächter gestattet wegen Diebstahl, Raub und Sachbeschädigung ihrer Sklaven, die sie unter öffentlichem Vorwand begehen: *sive habeant eos in potestate sive non, sive possint exhibere sive non possint.* Diese Ausnahme bestätigt die Regel. Die Ausnahmsstellung der Steuerpächter wird damit begründet, daß sie nur redliche Sklaven zur Ausübung ihrer öffentlichen Befugnisse auswählen sollen, *fr.* 3 *pr. eodem tit.*

[2] *Fr.* 42 § 2 *h. t.*: .... *nec tantum nobis, verum etiam successoribus nostris competent* (Ulpian).

[3] *Fr.* 7 *pr. h. t.*: .... *et heres meus tenetur si noxius vivat.*

[4] *Fr.* 42 § 2 *h. t.*: .... *sed non quasi in successores, sed iure dominii*, vgl. auch *fr.* 1 § 17 *si quadrup.* 9, 1: .... *sed eo iure quo domini sint.* Es liegt hier eine durch das Eigentum einer Sache vermittelte Verpflichtung vor. Sie bildet die Grundlage der *actiones in rem scriptae.*

[5] *Fr.* 5 § 1: .... *sed si ipse dominus decesserit, heres eius non tenetur.* Für die aktive Vererblichkeit fehlt es an einer Belegstelle; sie ist aber selbstverständlich.

[6] *Fr.* 26 § 5 (Paulus): ....(*Neque heredi*) *neque in heredem, quod defunctus mentitus est actio danda est.* Cujaz *op. tom.* V. *p.* 234 gibt als Grund der aktiven Unvererblichkeit an, daß die Lüge *in personam*, nicht *in rem* geschehe; sie habe also einen persönlichen, keinen dinglichen Charakter. Zimmern, a. a. O. S. 273 begründet sie damit, daß die Lüge jederzeit widerrufen werden könne. Er hätte sagen sollen: bis zur Litiskontestation. Nach der Litiskontestation ist auch diese Klage aktiv vererblich, vgl. § 1 *in fine J. de perp. et temp. act.* 4, 12. Mommsens Annahme einer Interpolation ist unbegründet.

[7] *Fr.* 26 § 5 *h. t.* Der Grund der aktiven Unvererblichkeit ist folgender: Der Beklagte kann bis zur Litiskontestation die Gewalt über den schuldigen Sklaven wieder erlangen und damit die arglistige Aufgabe der Gewalt wieder rückgängig machen. Nach der Litiskontestation aber ist die Klage aktiv und passiv vererblich, § 1 *in fine J. cit.*

VI. Die *actiones noxales directae* waren unverjährbar, solange der unfreie Täter lebte, gleichgültig ob sie auf Zivilrecht oder Amtsrecht beruhten.[1] Die *actiones praetoriae noxales* verjähren dagegen in einem *annus utilis*.[2]

§ 17. Die Persönlichkeit des gewaltunterworfenen Sklaven im häuslichen und öffentlichen Strafrecht.

Hinsichtlich der Aburteilung und Bestrafung des gewaltunterworfenen Sklaven wegen seiner verbrecherischen Handlungen ist scharf zwischen der häuslichen und staatlichen Gerichtsbarkeit zu unterscheiden.[3] Die öffentliche Gerichtsbarkeit kann die mangelnde häusliche ersetzen, so, wenn der Herr den Sklaven zum Verbrechen anstiftet. Dann wird der gewaltunterworfene Sklave schon vor seiner Freilassung öffentlich bestraft.[4] Wird durch die staatliche Gerichtsbarkeit ein mit öffentlicher Strafe bedrohtes Vergehen des Sklaven gegen seinen Herrn festgestellt, so hat der Herr die Wahl, entweder selber die vom Staate verhängte Strafe am Sklaven zu vollstrecken oder die Bestrafung ganz dem Staate zu überlassen.[5]

I. Die Hausgerichtsbarkeit. Der Herr kann gegen den Sklaven selbst dann einschreiten, wenn gegen den Sklaven weder ein privater noch ein öffentlicher Prozeß möglich ist.[6] Gerade bei diesen Delikten

---

[1] *Fr.* 42 § 2 *h. t.* (Ulpian): *hae actiones perpetuae sunt locumque habebunt tamdiu quamdiu servi dedendi facultatem habemus.*

[2] Es fehlt zwar an einer einschlägigen Belegstelle, aber in der Regel verjähren die vom Prätor eingeführten Klagen in dieser Frist. Ausnahmen: *fr.* 17 § 3 *de damno inf.* 39, 2; *fr.* 7 § 6 *nautae* 4, 9.

[3] Mommsen, a. a. O. S. 17 nennt die häusliche Gerichtsbarkeit „Hauszucht" und verwirft die Begriffe „Hausgerichtsbarkeit" und „Hausgericht"; sie seien dem römischen Recht unbekannt und ein Widerspruch im Beisatz. Aus dem Gaiuskommentar von Autun geht aber hervor, daß die Gerichtsbarkeit von seiten des Herrn über den Sklaven nicht bloß als Hauszucht, sondern als wirkliche Gerichtsbarkeit angesehen wurde; s. oben § 16, S. 120.

[4] So, wenn der Sklave durch den Herrn zu öffentlicher Gewalttätigkeit angestiftet wird, *c.* 8 § 1 *ad legem Juliam* 9, 12.

[5] Vgl. *fr.* 38 § 4 *de poenis* 48, 19.

[6] So bei Diebstahl des Sklaven gegen seinen Herrn, *fr.* 17 *pr. de furtis* 47, 2 (Ulpian): . . . . *neque enim qui potest in furem statuere, necesse habet adversus furem litigare;* bei betrügerischer Rechnungsführung durch den Haussklaven, *fr.* 23 § 4 *ad leg. Aquiliam* 9, 2. Diese Handlungen sind aber vom Staatsgesetz verboten, obschon der Staat gegen die Sklaven nicht einschreitet; vgl. auch § 12 *J. de oblig.* 4, 1. Ein Zweifel bestand nur darüber, ob der Diebstahl der

der Sklaven ohne staatliche Reaktion bestätigen uns die Quellen, daß ihre Herren gegen sie eine regelrechte gerichtliche Untersuchung mit Verhör und Folter angestellt haben.[1] Um so mehr muß man annehmen, daß ihre Herren gegen sie auch bei den Delikten, die gegen andere gerichtet sind, eine regelrechte gerichtliche Untersuchung vornehmen. Die Herrschaft der Willkür in der Hausgerichtsbarkeit kann nur als Ausnahme bezeichnet werden.[2] Für das Verfahren gilt das Prinzip der Heimlichkeit und der Inquisition. Der Herr wird aber in wichtigeren Fällen, z. B. beim Verfahren gegen hochgebildete und wertvolle Sklaven, wohl auch Berater zur gerichtlichen Verhandlung zugezogen haben.[3] Der Herr fällt sein Urteil nicht öffentlich, sondern im Hause.[4] Als Strafen verhängt er die verschärfte oder einfache Todesstrafe, verschärfte oder einfache Freiheitsstrafe[5], Leibesstrafe, Verbannung aus Rom und Verweisung aufs Land.[6] Auch Geldstrafen konnte er seinen Sklaven auferlegen, da sie eigenes Geld erwerben konnten.[7]

A. Das die Willkür der Herren beschränkende Hausstrafrecht der Sklaven beruhte auf allgemeinem römischen Gebrauch und allgemeiner römischer Gewohnheit. Es hatte den Charakter eines wirklichen erzwingbaren Rechtes. Denn schon in republikanischer Zeit schritten gegen Willkür der Herren in der Hausgerichtsbarkeit die Zensoren ein.[8] Auch wurde von Staats wegen ein öffentlicher Schiedsrichter aufgestellt, welcher die Klagen der Sklaven wegen Rechtswidrigkeiten ihrer Herren anhören sollte. Als solche gelten insbesondere grausame und unzüchtige Behandlung und schlechte Verpflegung.[9]

Ehefrau verboten sei. Nerva und Cassius verneinten die Frage, während Sabinus und Prokulus sie bejahten; vgl. *fr.* 1 *de act. rer. am.* 25, 2. A. M. Mommsen, a. a. O. S. 21 fg.

[1] *Fr.* 23 § 4 *ad leg. Aqu.* 9, 2: .... *de quo quaestionem habere destinaveram, ut fraudium participes eruerentur.* Aus der Stelle geht auch hervor, daß der Herr die gerichtliche Untersuchung durch Vertreter vornehmen lassen kann, vgl. auch Petronius, *cap.* 30; Cato, *De re rustica cap.* 5.

[2] A. M. Mommsen, a. a. O. S. 23.

[3] A. M. Mommsen, a. a. O., der nur zugibt, daß in wichtigeren Fällen bei Hauskindern Berater nach allgemeinem römischen Gebrauch hinzugezogen wurden. Für Sklaven vgl. Petronius, *cap.* 53; Plutarch im *M. Cato maior* XXI: *Τοὺς δ' ἄξιον εἰργᾶσθαί τι θανάτου δόξαντας ἐδικαίου κριθέντας ἐν τοῖς οἰκέταις πᾶσιν ἀποθνήσκειν, εἰ καταγνωσθεῖεν.*

[4] Mommsen, a. a. O. S. 25 *n.* 2.

[5] S. unten S. 156.

[6] *Fr.* 35 § 3 *de hered. instit.* 28, 5: .... *proinde si servus fuerit missus in villam interim illic futurus, quia dominum offenderat, quasi ad tempus relegatus* .... Das ältere öffentliche Strafrecht kannte die Relegation nicht erst in der Kaiserzeit wurde sie dem häuslichen Sklavenstrafrecht entnommen; s. Mommsen, a. a. O. S. 23.

[7] S. oben § 15 S. 87 V. Mommsen, S. 23 verneint es.

[8] Dionys. 20, 5; Mommsen, a. a. O. S. 24 n. 1.

[9] Seneca, *De benef.* 3, 22.

B. In der Provinz war es auf Grund eines Reskriptes des Kaisers Antoninus Pius das Amt des Statthalters, Beschwerden der Sklaven wegen Grausamkeit, Unzucht und Hungernlassens entgegenzunehmen.[1] Gleichzeitig setzt Pius dem absoluten Züchtigungsrecht der Herren Schranken. Gestattet ist nur eine solche Züchtigung, deren Maß und Grund von den Strafgesetzen anerkannt ist.[2] Überschritten nun die Herren ihr gesetzlich beschränktes Züchtigungsrecht, so konnten sie zwar strafrechtlich nicht zur Verantwortung gezogen werden, wohl aber erlitten sie vermögensrechtliche oder familienrechtliche Nachteile. Die gepeinigten Sklaven hatten nämlich auf Grund der kaiserlichen Verordnung die Befugnis, einen Wechsel ihres Herrn herbeizuführen.[3] Den Ersatz ihres grausamen durch einen milden Herrn können sie auf folgendem Wege erreichen: Sie flüchten sich in eine Freistätte (*asylum*) oder zu den Standbildern der Kaiser. Bei dem Stadtpräfekten oder bei den Provinzialstatthaltern konnten sie dann ihre Beschwerden vortragen und ihren Verkauf an einen anderen Herrn verlangen.[4] Der Stadtpräfekt oder die Provinzialstatthalter waren verpflichtet, ihre Beschwerde zu untersuchen. Fanden sie die Beschwerden für gerechtfertigt, so hatten sie den Verkauf der mißhandelten Sklaven anzuordnen[5] unter der Bedingung, daß sie nicht mehr in die Gewalt ihrer grausamen Herren zurückfallen sollten.[6] Eine den Sklaven ungünstige Bedingung durfte dem Kauf nicht

---

[1] *Fr.* 2 *de his qui* 1, 6 (Ulpian): .... *quae sint partes praesidis, ex rescripto divi Pii .... manifestatur.* Unzüchtige Behandlung wird hier bald mit *compellere ad impudicitiam turpemque violationem* (Ulpian), *intolerabilis iniuria* (Pius) bezeichnet. Vgl. noch *Collatio leg.* 3, 3, 1—4.

[2] *Fr.* 1 § 2 *de his qui* 1, 6: *Sed hoc tempore nullis hominibus qui sub imperio Romano sunt, licet supra modum et sine causa legibus cognita in servos suos saevire .... sed et maior asperitas dominorum eiusdem principis constitutione coercetur*; *coercere* hier = einschränken, nicht bestrafen; vgl. auch *fr.* 1 *pr. quod cuiuscumque univers. nomine* 3, 4. Die Munizipalbehörden hatten von jeher nur ein mäßiges Züchtigungsrecht ihren Sklaven gegenüber; eine Hinrichtung durften sie nicht vornehmen, *fr.* 12 *de iurisd.* 2, 1.

[3] Diese gesetzliche Befugnis geht aus den Worten des *fr.* 17 § 12 *de aedil. aed.* 21, 1: .... *qui id facit quod publice facere licere arbitratur* hervor. Allerdings fügt Pius seiner Verordnung noch eine ganz allgemein gehaltene Strafdrohung hinzu: *Qui si meae constitutioni fraudem fecerit, sciat me admissum severius exsecuturum.* Ohne ein bestehendes Strafgesetz hatte schon der Vorgänger von Pius, Hadrian, eine umbrische Matrone auf 5 Jahre ausgewiesen, weil sie ihre Sklavinnen aus geringfügigen Ursachen aufs grausamste behandelte, *fr.* 2 *de his qui cit.* und *Coll.* 3, 3, 4.

[4] *Se venales postulare, fr.* 17 § 12 *cit.* Petitus (*ad leg. Aquil. lib.* 1, *tit.* 1) meinte, die Stelle handle von den Sklaven, welche sich mit ihrem Gelde loskaufen wollten. Mit Recht bemerkt d'Arnaud, a. a. O. *cap.* 12, daß der Ort, wo diese unterhandeln, weder eine Freistätte noch ein Standbild des Kaisers sei, sondern das Haus ihres Herrn.

[5] „*Veniri iube*", Mommsen-Krüger, *n.* 33 zu *fr.* 2 *de his qui* 1, 6.

[6] *Fr.* 2 *de his qui* 1, 6; *Coll.* 3, 3, 3. S. auch oben § 15, S. 92 X[7].

beigefügt werden.[1] Den Herren sollte aber der Preis ausbezahlt werden.[2]

C. Kaiser Severus übertrug es dem Amte des Stadtpräfekten, Beschwerden der Sklaven, die zu den Bildsäulen flohen, wegen Grausamkeit, Unzucht und schlechter Verpflegung (Hungernlassen) entgegenzunehmen.[3] Er ging aber weiter als Pius. Die Überschreitung des gesetzlichen Züchtigungsrechtes sollte nicht bloß vermögensrechtliche oder familienrechtliche, sondern auch strafrechtliche Folgen nach sich ziehen. Die Strafe war entweder *relegatio in insulam* oder *deportatio in insulam*. Die Insel wird vom Kaiser bezeichnet.[4] Die *deportatio in insulam* ist für den Herrn die schwerere Strafe. Er verliert das Bürgerrecht im Augenblick, wo der Stadtpräfekt das Verbannungsurteil verkündet.[5] Fällt der Provinzialstatthalter das Verbannungsurteil, so tritt der Verlust erst mit der Bestätigung des Urteils und der Bezeichnung der Insel durch den Kaiser ein.[6] Durch die *relegatio in insulam* verliert er zwar nicht das Bürgerrecht, wird aber infam.[7] Angesichts dieser schweren Strafen, die dem grausamen Herrn drohten, ist es verständlich, wenn der Freie, der einen Sklaven grundlos anstiftet, zu den Bildsäulen zu fliehen, um seinen Herrn der Grausamkeit zu bezichtigen, ebenfalls einer schweren Bestrafung entgegensieht. Der Herr konnte gegen den Anstifter sowohl im Zivilwege

---

[1] § 2 *J. de his qui* 1, 8: .... *cogantur servos bonis condicionibus vendere.* Ältere Schriftsteller, wie Pithoeus (*ad coll. leg. Mos. et Rom.*) meinten, diese guten Bedingungen bezögen sich auf den Herrn, es seien Bedingungen, die für den Verkäufer günstig sind. Die richtige Meinung vertraten schon Noordtkerk, *Ad leg. Petr. cap.* 3, d'Arnaud, a. a. O., *cap.* 12. Harte Bedingungen (*durae condiciones*) sind, daß der verkaufte Sklave in Fesseln gehalten werde: *fr.* 17 § 19 *de aed. ed.* 21, 1; daß er niemals freigelassen werde: *fr.* 6 *pr. de serv. exp.* 18, 7; *fr.* 25 *de statulib.* 40, 7; *fr.* 3 § 15 *de s. c. Sil.* 29, 5; oder endlich, daß er interniert (verbannt) werde: *fr.* 17 § 19 *de aed. ed.* 21, 1. Die Formel dieser Bedingung lautete: *ne intra loca serviant*: *fr.* 25 *de statulib.* 40, 7 (Modestinus) oder: *ne aliquo loci moretur*: *fr.* 1 *de servis exp.* 18, 7 (Ulpian); *fr.* 17 § 19 *de aed. ed.* 21, 1: *exportandus.* Solche harte Bedingungen wurden nur beim Verkauf verbrecherischer Sklaven abgeschlossen. Leider hat Seckel-Heumann die Bedeutung von *servus exportandus* nicht angegeben. M. E. bedeutet *exportare* für Sklaven dasselbe wie *deportare* für Freie.

[2] Steht weder in *fr.* 2 *de his qui* 1, 8, noch in *Coll.* 3, 3, 3, noch in Gaius I, 53, sondern in § 2 *J. de his qui* 1, 8: *ut pretium dominis daretur.* Hat erst Justinian die Entschädigung des Expropriierten eingeführt? Krüger in seiner kleinen Ausgabe der Institutionen Justinians hat dies auffallenderweise übersehen. Er spricht die Worte: *ut pretium dominis daretur* durch die Zeichen ⊢ ⊣ Gaius zu.

[3] *Fr.* 1 § 8 *de officio praef.* 1, 12; vgl. *fr.* 1 *pr. eod. t.* Grausamkeit = *saevitia* (ebenso Seneca); Unzucht = *obscenitas* (bei Seneca *libido*); schlechte Verpflegung = *fame premere* (bei Seneca *avaritia*).

[4] *Fr.* 1 § 3 *de officio praef.* 1, 12.

[5] *Fr.* 2 § 1 *de poenis* 48, 19: .... *statimque post sententiam praefecti amisisse civitatem videtur.*

[6] *Fr.* 2 § 1 *cit.*

[7] *Arg. fr.* 13 § 7 *de his* 3, 2.

mit der im *edictum perpetuum* aufgestellten *actio de servo corrupto* das Doppelte des Interesses[1] als auch im öffentlichen Strafverfahren wegen eines *crimen extraordinarium* eine strenge Bestrafung verlangen.[2]

D. Als grausame Maßregel der Herren gegen ihre Sklaven muß auch die Entmannung durch Kastration angesehen werden. Ein Senatsbeschluß vom Jahre 83(?) n. Chr. verbot daher die Kastration der Sklaven und bedrohte den Herrn, der seinen Sklaven einem Chirurgen zur Kastration überlieferte, mit Einziehung des halben Vermögens.[3] Konstantin bedrohte den Chirurgen, der in der Stadt Rom Sklaven zu Eunuchen machte, mit einer Kapitalstrafe. Zugleich sollte das Lokal, wo die Kastration stattfand und der mit Wissen und Willen seines Herrn verschnittene Sklave konfisziert werden.[4] Justinian setzte für alle eine Strafe fest, die in seinem Reiche an Freien oder Sklaven die Kastration vornahmen oder vorzunehmen versuchten. Die Männer bedrohte er mit der Strafe der Talion, die Frauen mit Verbannung und Konfiskation des Vermögens.[5] Außerdem bestimmte er, daß alle kastrierten Sklaven frei sein sollten.[6]

E. Besondere Maßnahmen traf das römische Recht gegen die Prostitution von Sklavinnen. Hier muß man zwei Perioden unterscheiden: Die Zeit vor den christlichen Kaisern und die Zeit unter diesen Kaisern.

1. In der ersten Periode konnte die Sklavin, deren Herr sie prostituierte, sich nur wegen unzüchtiger Behandlung an den Stadtpräfekten oder an den Provinzialstatthalter wenden.[7] Diese Behörden konnten zwar anordnen, daß die prostituierte Sklavin unter der Bedingung verkauft und tradiert werde, daß sie nicht mehr in die Gewalt ihres Herrn zurückkehren solle, aber frei wurde sie nicht.[8] Prostituiert ein

---

[1] *Fr.* 1 *pr. de servo corrupto* 11, 3. Die Klage ist eine *actio perpetua*: *fr.* 13 *pr. hoc tit.*

[2] *Fr.* 5 *de extraordin. crim.* 47, 11: *ad infamandum dominum* deutet darauf hin, daß die Strafe, die dem Herrn drohte, eine infamierende war.

[3] *Fr.* 6 *ad legem Corneliam* 48, 8 (Venuleius Saturninus).

[4] *C.* 1 *de eunuchis* 4, 42. Dagegen gehören § 6 *J. de lege Aquilia* 4, 3; *fr.* 7 § 8; *fr.* 8 *pr. ad leg. Aqu.* 9, 2 nicht hierher. *Secare* bedeutet hier schneiden (operieren) zur Heilung eines kranken Sklaven, nicht kastrieren.

[5] *Nov.* 142, *cap.* 1.

[6] *Nov.* 142, *cap.* 2. Diese Bestimmung erklärte er für zwingendes Recht, so daß alle gegenteiligen Abmachungen, mögen sie in öffentlichen oder Privaturkunden abgefaßt sein, ungültig sein sollten.

[7] Die Prostitution gehört zur *intolerabilis iniuria*, zum *compellere ad impudicitiam turpemque violationem.* Vgl. auch noch *fr.* 24 § 3 *de pign. act.* 13, 7: *improbatum* und *fr.* 6 *pr. de serv. export.* 18, 7: *contumelia.* Die christlichen Kaiser haben für die Prostitution noch stärkere Ausdrücke: *ministerium prostituti pudoris explere*: *l.* 1 *C. Th. de lenonibus* 15, 8; *quae minor poena est, quam si praecepto lenonis cogatur quispiam coitionis sordes ferre, quas nolit*: *l.* 2 *C. Th. eod. tit.*

[8] *Fr.* 2 *de his qui* 1, 6; § 2 *J. de his qui* 1, 8; *Coll. leg.* 3, 3, 3; Gaius I, 53. S. auch oben S. 134.

Gläubiger die ihm verpfändete Sklavin, so wird sie sofort vom Pfandrecht befreit.[1]

Stärkere Wirkungen hatte die Prostitution einer Sklavin dann, wenn sie unter der Bedingung verkauft wurde, daß sie nicht prostituiert werde. Handelte der Käufer dieser Bestimmung zuwider, so erlangte die Sklavin auf Grund von Konstitutionen Kaiser Hadrians und Mark Aurels im Freiheitsprozeß die Freiheit.[2]

2. In der christlichen Kaiserzeit war die Reaktion der Gesetzgebung gegen die Prostitution der Sklavinnen eine kräftigere. Kaiser Konstantius verordnete im Jahre 343, daß die Geistlichen der christlichen Kirche und die Christen selber die Befugnis haben (*coemendi facultatem*) christliche Sklavinnen von der Prostitution in Bordellen loszukaufen. Ihre Herren konnten gezwungen werden, sie zu verkaufen. (Eine Art Enteignungsrecht).[3]

Das Enteignungsrecht war durch folgende nähere Bestimmungen eingeschränkt: a) Es stand nur solchen Personen zu, von denen notorisch feststand (*noscuntur*, *demonstrantur*), daß sie Geistliche der christlichen Kirche oder Christen sind. b) Es mußte ein angemessener Preis (*pretium competens*) bezahlt werden. c) Losgekauft konnten nur solche Sklavinnen werden, von denen es offenkundig war (*dinoscuntur*), daß sie sich dem christlichen Glauben angeschlossen hatten.

Die losgekauften Sklavinnen wurden aber nicht frei, sondern blieben Sklavinnen. Sie wechselten nur ihre Herren; aus der Gewalt eines Bordellhalters kamen sie nun in die Gewalt eines Geistlichen der christlichen Kirche oder eines Christen.

In der Bekämpfung der Prostitution von Sklavinnen macht Theodos II. einen gewaltigen Schritt vorwärts. Er erließ im Jahre 428 ein Gesetz, wonach die Sklavinnen, welche von ihren Herren gegen ihren Willen in Bordellen prostituiert wurden, mit Hilfe der Bischöfe, der Gerichte oder der obersten städtischen Beamten ihre Freiheit erlangen sollten. Abgesehen davon, daß die Herren durch die Befreiung ihr Eigentum und ihre Gewalt über die Sklavinnen verloren, sollten sie auch noch zu der Strafe der Verbannung und der Bergwerksarbeit verurteilt und ihr Vermögen eingezogen werden.[4] Theodos II. verbot dann durch ein Gesetz

---

[1] *Fr.* 24 § 3 *de pign. act.* 13, 7 (Ulpian). Die Stelle ist wahrscheinlich interpoliert; verdächtig ist insbesondere das *ilico*; so Pernice, vgl. Mommsen-Krüger, *n.* 21.

[2] *Fr.* 6 *qui sine man.* 40, 8: .... *competit libertas ex constitutione divi Marci; c.* 1 *si mancipium ita venierit* 4, 56: *libertate competente secundum interpretationem eiusdem principis* (*divi Hadriani*); vgl. *c.* 2 *eod.* Dagegen geht dies aus *fr.* 56 *de contr. empt.* 18, 1 nicht hervor. In *fr.* 6 *pr. de serv. export.* 18, 7 könnte das *aut libera iudicetur* (im Freiheitsprozeß?) darauf hindeuten.

[3] *L.* 1 *C. Th. de lenonibus* 15, 8.

[4] *L.* 2 *C. Th. de lenonibus* 15, 8; *c.* 6 *de spect.* 11, 41. Daß es sich um die Prostitution von Sklavinnen in Bordellen handelt, geht aus dem Worte *ancilla* hervor, das zweimal in der Stelle vorkommt. *defensor* ist der höchste Stadtbeamte; s. Heumann-Seckel. Die Einziehung des Vermögens wird angedeutet durch: *proscripti*.

vom Jahre 439 die Bordelle in Konstantinopel, indem er die Bordellhalter mit schweren Prügelstrafen und Ausweisung aus Konstantinopel bedrohte. Die von den Bordellhaltern prostituierten eigenen oder fremden Sklavinnen sollten durch den Freiheitsprozeß zur Freiheit gelangen (*vindicatio in libertatem*). Die freigeborenen prostituierten Mädchen sollten von dem gottlosen Dienstvertrag (*conductio impia*) befreit werden. Auch dem höchsten kaiserlichen Beamten (*praefectus praetorio*) Florentius droht der Kaiser eine Geldstrafe von 20 Pfund Goldes an, falls er das Gesetz nicht ausführe.[1]

F. Das Reskript des Kaisers Pius setzte auch der allzu sparsamen und geizigen Verpflegung Schranken.[2] Der Herr war verpflichtet, die Sklaven nach ihrem Rang und ihrer Würde zu ernähren und zu kleiden.[3] Übertritt der Herr die gesetzlichen Schranken der Sparsamkeit, so erwirbt der hungernde Sklave nach dem Reskript des Kaisers Pius die Befugnis, seinen Herrn zu wechseln, nach dem Reskript des Kaisers Sever auch die Befugnis, strafrechtliche Verfolgung zu beantragen.

G. Wenn der Willkür des Herrn in bezug auf grausame, unkeusche und geizige Behandlung der Sklaven Schranken gesetzt waren, so mußten ebenfalls solche gegen willkürliche Tötung der Sklaven bestehen. Die Tötung eines fremden Sklaven wurde infolge der Interpretation des sullanischen Gesetzes als Mord bestraft.[4] Der Herr hatte die Wahl, entweder im Strafprozeß die Anklage wegen eines Kapitalverbrechens zu erheben, oder im Zivilprozeß die Klage aus dem aquilischen Gesetz wegen Sachbeschädigung[5] oder beides zugleich.[6]

Was die Tötung eines eigenen Sklaven anbetrifft, so hätte es bei schrankenloser Willkür den Herren nahe gelegen, ihre invaliden, stummen, blinden, tauben, epileptischen und wahnsinnigen Sklaven als Lästige

---

[1] *Novella Th.* 18 *de lenonibus.*

[2] Mit den Worten: *ne auxilium contra famem denegetur* . . . . dann: *si vel durios habitos quam aequum est.*

[3] *Fr.* 15 § 2 *de usufructu* 7, 1: *sufficienter autem alere et vestire debet secundum ordinem et dignitatem mancipiorum.* Dies wird allerdings nur vom Nießbraucher gesagt, aber das gilt auch vom Eigentümer. Von der Verpflichtung, dem Sklaven auch eine standesgemäße Wohnung zu geben, wird nirgends gesprochen. Vielleicht liegt der Grund, abgesehen vom milden italischen Klima, in den guten Wohnungsverhältnissen der Sklavenhalter.

Die Verpflichtung des Herrn zur Ernährung und Kleidung des Sklaven geht auch hervor aus *fr.* 40 § 1 *de pec.* 15, 1. Erwirbt ein Sklave Nahrungsmittel oder Kleidungsstücke, so fallen sie in sein Vermögen, nicht ins Vermögen des Herrn. Vgl. noch Seneca, *De beneficiis lib.* 3, *cap.* 21. S. oben S. 87 V.

[4] *Coll.* 1, 3, 2 (Ulpian); *fr.* 1 § 2 *ad leg. Corneliam* 48, 8 (Marcian).

[5] Gaius III, 213: *Cuius autem servus occisus est, is liberum arbitrium habet, vel capitali crimine reum facere eum, qui occiderit vel hac lege damnum persequi.*

[6] *Fr.* 23 § 9 *ad leg. Aqu.* 9, 2 (Ulpian): *Si dolo servus occisus sit, et lege Cornelia agere dominum posse constat: et si lege Aquilia egerit, praeiudicium fieri Corneliae non debet.* Aus Gaius III, 213 allein geht diese Befugnis nicht hervor. Mommsen, a. a. O. S. 616, *n.* 3 druckt aber nur sie ab.

(*onerosi*) zu töten. Daß sie aber in der Regel von ihren Herren geduldet wurden, geht aus den Quellen genügend hervor.[1] Immerhin ist bemerkenswert, daß die erste gesetzliche Schranke die Tötung von lästigen Sklaven betrifft. So bestimmt Kaiser Claudius, daß der Herr, welcher seinen kranken und leidenden (*aeger et adfectus*) Sklaven tötet, wegen Mordes zur Verantwortung gezogen werden kann.[2]

Mit der Hinrichtung als einer im Hausgericht verhängten Strafe hat dieses Strafgesetz wohl nichts zu tun. Eine solche Hinrichtung war in alter Zeit unter keinen Umständen ein Mord. Bald aber beschäftigte sich die Gesetzgebung auch mit ihr. Die erste gesetzliche Beschränkung der auf Grund eines hausgerichtlichen Urteils vollzogenen Hinrichtung stellt die *lex Petronia* auf.[3] Im Zusammenhang mit der *lex Petronia* wurden mehrere Senatsbeschlüsse erlassen. In Gemäßheit dieser Gesetze (*post*) wurde dem Herrn die Befugnis (*potestas*) entzogen, nach seinem Gutdünken seine Sklaven, die seiner Meinung nach ein Delikt begangen hatten, zum öffentlichen Kampfe mit wilden Tieren zu übergeben.[4] Er sollte vielmehr den Täter dem staatlichen Gericht überweisen und diesem stand dann allein die Befugnis zu, den Sklaven der Strafe der Volksfesthinrichtung zu überantworten, falls sich die Anklage des Herrn als richtig herausstellte.[5]

Welche Strafe stand nun dem Herrn bevor, der den petronischen Volksbeschluß und die zu ihm gehörigen Senatsbeschlüsse übertrat? Er fiel vermutlich unter das Mordgesetz.[6]

Während die *lex Petronia* nur für eine bestimmte Art der Hin-

---

[1] *Fr.* 3 §§ 7—11 *ad s. c. Silanianum* 29, 5; *fr.* 43 § 6 *ad aed. ed.* 21, 1; *fr.* 8 § 4 *mand.* 17, 1.

[2] SUETON, Claudius 25: *Quod si quis necare quem mallet quam exponere, caedis crimine teneri;* MOMMSEN, S. 616, *n.* 4.

[3] Das Alter dieses Gesetzes ist sehr bestritten. Nach D'ARNAUD, *De iure servorum cap.* VII ist es unter Augustus erlassen worden. Die Veranlassung dazu sei die Geschichte des Androklus (GELLIUS 5, 14, 27) gewesen. Nach MOMMSEN, S. 926, *n.* 2 ist es nicht später als Tiberius erlassen worden. Der genaue Inhalt ist nicht bekannt.

[4] MOMMSEN, a. a. O., S. 925 fg. nennt eine solche Hinrichtung Volksfesthinrichtung.

[5] *Fr.* 11 § 2 *ad legem Corneliam* 48, 8 (Modestinus): *Post legem Petroniam et senatus consulta ad eam legem pertinentia dominis potestas ablata est ad bestias depugnandas suo arbitrio servos tradere: oblato tamen iudici servo si iusta sit domini querella, sic poenae tradetur.*

[6] Die Stelle von Modestin steht unter dem Titel: *ad legem Corneliam.* MOMMSEN spricht sich S. 926, wo er die *lex Petronia* erwähnt, über diese Frage gar nicht aus. Auffallend ist auch, daß er das Gesetz an einer anderen Stelle, wo er es unbedingt hätte anführen sollen, mit Stillschweigen übergeht. S. 617 nämlich sagt er: „Die nicht im Wege der Hauszucht vollzogene Tötung des Unfreien durch den Eigentümer ist schwerlich schon in früherer Zeit, sondern wohl erst durch Konstantin unter den Mordbegriff gezogen worden." In der Note 2 erwähnt er nur die hadrianische Verordnung (s. unten), nicht die hierher gehörige *lex Petronia.* Auch im Sachregister findet sie sich nicht.

richtung, nämlich die Volksfesthinrichtung, die Überweisung des unfreien Täters an das staatliche Gericht vorschrieb, gebot Hadrian diese Überweisung allgemein für jede Art der Hinrichtung[1] und stellte jede eigenmächtige Hinrichtung eines Sklaven unter das Mordgesetz.[2]

Hadrians Adoptivsohn und Nachfolger, Antoninus Pius, führte das zu allgemein gehaltene Strafgesetz seines Vaters näher aus: Wer ohne einen den Gesetzen bekannten Grund seinen Sklaven tötet, begeht einen Mord und verfällt der Strafe des Mordes.[3] Welches sind nun die Volksgesetze, die den zureichenden Grund für die Hinrichtung des unfreien Täters feststellen? Es sind dies offenbar diejenigen *leges iudiciorum publicorum*, welche die Todesstrafe auf gewisse Verbrechen des Sklaven androhen. Ein zureichender Grund zur Hinrichtung eines Sklaven ist also nur dann vorhanden, wenn der Sklave ein Verbrechen begangen hat, das nach den Volksgesetzen Todesstrafe verdiente.[4] Antoninus Pius bestimmt also nicht wie sein Vater, daß der Herr, der seinen Sklaven

---

[1] *Vita Hadriani* 18: *servos a dominis occidi vetuit eosque iussit damnari per iudices, si digni essent.*

[2] A. M. Mommsen, a. a. O., S. 617, *n.* 2, der aber den historischen Zusammenhang der hadrianischen Verordnung mit der *lex Petronia* und den zugehörigen Senatsschlüssen auffallenderweise übersieht. Daß ein Kaiser Hadrian bei dem schon bestehenden Rechtszustand bloß die Sklavenbesitzer ermahnt habe, die ihnen schuldhaft erscheinenden Sklaven an die Gerichte zur Untersuchung abzugeben, ohne eine Strafe auf die eigenmächtige Tötung des Sklaven anzudrohen, ist wenig wahrscheinlich.

[3] *Fr.* 1 § 2 *de his qui al.* 1, 6 (Gaius): *Sed hoc tempore nullis hominibus qui sub imperio Romano sunt licet supra modum et sine causa legibus cognita in servos suos saevire. nam ex constitutione divi Antonini qui sine causa servum suum occiderit, non minus puniri iubetur quam qui alienum servum occiderit.* Da die ungerechtfertigte Tötung des eigenen Sklaven der Tötung eines fremden Sklaven gleichgestellt wird, diese aber unter dem Mordgesetz steht (s. oben S. 138 G), so fällt auch jene darunter. Vgl. noch § 2 *J. de his qui* 1, 8; Gaius I, 53, der aber das „*legibus cognita*" übergeht. Die *causa legibus cognita* wird allerdings in *fr.* 1 § 2 *cit.* zunächst nur für die grausame Behandlung der Sklaven im allgemeinen verlangt. Die Tötung ist aber nur eine Unterart der grausamen Behandlung; also bildet auch für sie die *causa legibus cognita* die Voraussetzung.

Es ist wahrscheinlich, daß Pius nicht sagte: *sine causa „legibus cognita"*, daß vielmehr Justinian diese Worte einschob. Aber auch Pius hat wohl unter *causa occidendi* ein todeswürdiges Verbrechen verlangt. S. auch oben § 16, S. 120.

[4] Nach Mommsen, a. a. O., S. 616, *n.* 5 ist ein zureichender Grund für die Tötung eines Sklaven nicht auf die strafrechtliche Todeswürdigkeit beschränkt gewesen. Er stützt sich dabei auf Gaius I, 53, wo der Zusatz *legibus cognita* nicht steht. Auffallend ist, daß er diesen Zusatz überhaupt nicht anführt.

Eine Tabelle der nach römischem Strafrechte todeswürdigen Verbrechen und zwar sowohl für die verschärfte als einfache Todesstrafe hat Mommsen, a. a. O., S. 1045—46 aufgestellt. Danach gibt es im ganzen 30 todeswürdige Verbrechen, die ein Sklave begehen kann, und zwar sind 15 davon der verschärften Todesstrafe würdig, 15 der einfachen.

hinrichtet, ohne ihn vorher dem staatlichen Richter zur Untersuchung und Aburteilung übergeben zu haben, ein Mörder sei. Er läßt scheinbar die eigenmächtige Hinrichtung zu; aber der Herr, der eigenmächtig seinen Sklaven hinrichtet, läuft Gefahr, wegen Mordes angeklagt und wenn das Gericht findet, es habe kein gesetzlicher Grund zur Hinrichtung vorgelegen, in die Strafe des Mordgesetzes verurteilt zu werden.[1] Durch diese Drohung übte das Gesetz einen starken, psychologischen Zwang auf den Herrn aus, seinen Sklaven dem staatlichen Gericht zu überweisen, wenn er dessen Hinrichtung wünschte, jedoch seiner Sache nicht sicher war, und so erreichte Antoninus Pius indirekt, was Hadrian direkt befahl.[2]

Der Herr braucht aber nicht als Ankläger (*accusator*) gegen seinen verbrecherischen Sklaven aufzutreten, um im ordentlichen Strafprozeß vor den Geschworenen (*quaestiones publicae*) das Verbrechen des Sklaven feststellen zu lassen, sondern es genügt die Erhebung einer Querel, um das Kognitionalverfahren in Gang zu setzen.[3] Nur in einem Falle ist der Herr infolge eines Reskriptes Kaiser Mark Aurels, Nachfolger des Antoninus Pius genötigt, eine Anklage im ordentlichen Strafprozeß zu erheben, dann nämlich, wenn er behauptete, daß sein Sklave mit seiner Gattin Ehebruch getrieben habe.[4]

---

[1] Die *lex Cornelia* drohte dem Mörder Deportation an. In der Kaiserzeit wurde der Mord bei Geringen mit verschärfter Todesstrafe (Kreuzigung, Volksfesthinrichtung), bei Standespersonen mit einfacher Todesstrafe bestraft; Paulus, *Sent.* V, 23, 1; 16. Vgl. *Coll.* 1, 2, 2 u. 8, 4, 2.

[2] A. M. Mommsen, S. 616, *n.* 5. Nach ihm kann der Staat einem Herrn, der seinen verbrecherischen Sklaven im Hausgericht zum Tode verurteilt und dann hingerichtet hat, nichts anhaben. „Ein zureichender Grund ist immer die Verurteilung des verbrecherischen Sklaven im Hausgericht, das in keiner Weise eingeschränkt werden sollte." (Hier spricht er auf einmal von „Hausgericht", während er S. 17 den Begriff der Hausgerichtsbarkeit und des Hausgerichts verwirft; s. oben S. 132[3]). Die von ihm angeführten Stellen *fr.* 96 *de verb. obl.* 45, 1; *fr.* 53 § 3 *de leg.* 1 u. *fr.* 6 § 3 *de s. c. Silaniano* 29, 5 sprechen nicht gegen das im Text Vorgetragene. Ist der Herr seiner Sache vollkommen sicher, so kann er selber das Todesurteil sprechen und vollziehen. Er weiß dann, daß ihm die staatliche Rechtspflege nichts anhaben kann. Und in den von Mommsen angeführten Stellen ist der Herr in der Tat seiner Sache sicher. In *fr.* 96 *de verb. obl. cit.* ertappt der Herr den Sklaven auf der Tat: *in facinore deprehenderit*; in *fr.* 6 § 3 *de s. c. Sil. cit.* ist er selbst das Objekt eines versuchten Mordes: er wird von seinem Sklaven zum Zwecke der Ermordung überfallen, *appetitus*, und in *fr.* 53 § 3 *de leg. cit.* heißt es ausdrücklich, daß der Sklave die Todesstrafe verdient habe, (*hoc est merentem*). Kein Zusatz der Glosse, wie Haloander meint.

[3] Dies geht aus *fr.* 11 § 2 *ad leg. Corneliam* 48, 8 hervor: *si iusta sit domini querella.*

[4] *Fr.* 5 *de accus.* 48, 2 (Ulpian): . . . . *post hoc igitur rescriptum accusandi necessitas incumbet domino servum suum* . . . . Vgl. aber *fr.* 1 § 5 *de officio praef. urbi* 1, 12.

Pothier, a. a. O. zum *tit. de officio praef. urbi* III c betrachtet diese Stelle als einen Beweis dafür, daß das alte Recht des Herrn, die Todesstrafe am Sklaven selbst zu vollstrecken, zur Zeit von Mark Aurel verschwunden sei. Dies trifft

Nach der Verordnung von Antoninus Pius waren zwar die Herren in der Regel gezwungen, durch das staatliche Gericht feststellen zu lassen, ob ein todeswürdiges Verbrechen ihrer Sklaven vorlag oder nicht. Wenn aber das staatliche Gericht die Todeswürdigkeit des Verbrechens festgestellt hatte, wurde der verbrecherische Sklave dem Herrn zurückgegeben und ihm stand dann die Wahl der Hinrichtungsart zu, ob z. B. der verbrecherische Sklave gekreuzigt oder verbrannt oder im Kampfe mit wilden Tieren getötet oder einfach enthauptet werden sollte. Dies änderte sich unter den darauffolgenden Kaisern Mark Aurel und Lucius Verus (den *divi fratres*). Sie entzogen den Herren die Wahl der Hinrichtungsart ihrer verbrecherischen Sklaven, selbst wenn die verurteilten Sklaven ihnen zurückgegeben wurden.[1] Dieselben Kaiser haben auch bestimmt, daß der Herr nicht das Recht habe, eine vom staatlichen Gericht über seinen Sklaven verhängte andere Strafe (als die Todesstrafe) zu verschärfen, falls ihm der Sklave zur Bestrafung zurückgegeben wird.[2]

Die Hausgerichtsbarkeit der Herren war also durch die Gesetze Hadrians, Pius und Mark Aurels in bezug auf das Recht, den Sklaven zum Tode zu verurteilen, von seltenen Ausnahmen abgesehen, abgeschafft. Er konnte die Todesstrafe wohl noch vollstrecken, wenn ihm der Sklave vom staatlichen Gericht zurückgegeben wurde, die freie Wahl der Hinrichtungsart war ihm aber entzogen. Er war also nicht mehr der Richter, sondern nur noch der Henker seines verbrecherischen Sklaven, wie auch nach dessen Verurteilung im Privatstrafprozeß.[3]

---

nicht zu, wie die obigen Ausführungen ergeben. Ertappt er seinen Sklaven auf einem todeswürdigen Verbrechen, so kann er die Todesstrafe sofort selbst vollstrecken. Vgl. auch *fr.* 25(24) *pr. in fine ad leg. Jul. de adult.* 48, 5.

[1] Das geht aus *fr.* 42 *de contr. emt.* 18, 1 hervor: *domini neque per se neque per procuratores suos possunt saltem criminosos servos vendere ut cum bestiis pugnarent* (Marcian). Heumann-Seckel bezweifelt die Echtheit des „*saltem*“. Das Wort gebraucht aber auch schon Quinctilian, *Decl.* 296, s. auch d'Arnaud, a. a. O. *cap.* 8; jedoch hat er Unrecht, wenn er gegen Noordkerk behauptet, daß *saltem* hier nicht *ne quidem* bedeutet. Danach kann der Herr einen Sklaven, der ein Verbrechen begangen hat, dessen Todeswürdigkeit durch das staatliche Gericht festgestellt ist, nicht zur Volksfesthinrichtung verkaufen.

Was ist nun für ein Unterschied zwischen diesem Reskript der kaiserlichen Brüder und dem petronischen Volksbeschluß mitsamt den zugehörigen Senatsbeschlüssen? Diese verboten nur, daß der Herr noch nicht zum Tode verurteilte Sklaven zur Volksfesthinrichtung verkaufe; gerichtlich zum Tode Verurteilte aber konnte er dazu verkaufen. Seit dem Reskript der Brüder aber nicht mehr. Ähnlich interpretiert d'Arnaud, a. a. O., *cap.* 8.

[2] *Fr.* 5 *pr. de manum.* 40, 1: *ex sacris constitutionibus divorum fratrum .... utique non maiorem ex ea causa poenam constituturus ....* (Marcian). Vgl. auch *fr.* 38 § 4 *de poenis* 48, 19 (Paulus).

[3] S. oben § 16 S. 120[6]. Der verurteilte Sklave wird dem Herrn auch bei anderen Strafen auf seinen Wunsch vom Gericht zurückgegeben, vgl. *fr.* 5 *de manum.* 40, 1: .... *nisi forte dominus reddi eum sibi maluerit*; *fr.* 38 § 4 *de poenis* 48, 19: .... *si ipse dominus malit.* Vgl. noch *fr.* 16 § 1 *de publ. et vect.* 39, 4; *fr.* 10 *pr. de poenis* 48, 19 (Macer).

H. Die Hausgerichtsbarkeit des Herrn bestand also in der Regel nur noch in einem Züchtigungsrecht. Die Züchtigungsstrafe mußte aber eine mäßige[1] (*non supra modum*) und von den Strafgesetzen auf das Delikt des Sklaven angedroht sein (*cum causa legibus cognita*).[2] Die Hausgerichtsbarkeit der römischen Sklavenhalter über ihre Haussklaven war also Ende des zweiten Jahrhunderts n. Chr. gerade so beschränkt, wie diejenige der Gemeindebehörden über die Gemeindesklaven.[3]

In zwei Fällen kann also nach den Gesetzen des Antoninus Pius und Mark Aurels der Herr seinen Sklaven rechtmäßig und daher straflos töten. Der eine Fall ist die Hinrichtung des verbrecherischen Sklaven wegen eines durch die Strafgesetze für todeswürdig erklärten Verbrechens, sei es, daß seine Täterschaft vor oder nach der Hinrichtung durch das staatliche Gericht festgestellt ist.

Rechtmäßig ist die Tötung auch dann, wenn der Tod des schuldigen Sklaven eintritt infolge einer berechtigten Züchtigung, sofern der Herr den Tod nicht beabsichtigte.[4]

Nach den Gesetzen von Antoninus Pius und Mark Aurel liegt andererseits in folgenden zwei Fällen eine rechtswidrige und wegen Mords strafbare Tötung des eigenen Sklaven vor: 1. Der Herr tötet seinen Sklaven durch Hinrichtung, ohne daß er ein nach den Strafgesetzen

---

[1] *Fr.* 1 § 2 *de his qui* 1, 6.

[2] Dies verlangte möglicherweise erst Justinian, s. oben S. 140[3].

[3] *Fr.* 12 *de iurisdictione* 2, 1, s. oben S. 134[2]. Als mäßige Züchtigungsstrafe für Sklaven gilt die Auspeitschung, *flagellis verberare*, *fr.* 6 *de acc.* 48, 2; *fr.* 10 *pr. de poenis* 48, 19. Ein Unterschied besteht aber zwischen der Gerichtsbarkeit der Herren und der Gemeindebehörde. Die Herren konnten die Todestrafe selber vollstrecken, die Gemeindebehörden nicht.

[4] Paul., *Coll.* 3, 2: *Servus si plagis defecerit, nisi id dolo fiat, dominus homicidii reus non potest postulari.* Auf den ersten Fall einer rechtmäßigen Tötung beziehen sich *fr.* 53 § 3 *de leg.* 1 und *fr.* 96 *de verb. obl.* 45, 1. Anders Mommsen, a. a. O., S. 617, *n.* 2. Er behauptet hier, daß es dem Herrn auch nach Hadrian ohne weiteres gestattet war, den schuldhaften Sklaven an die Arena abzugeben. Wir haben aber gesehen, daß die Hingabe des verbrecherischen Sklaven zum Kampfe mit wilden Tieren durch die römische Gesetzgebung anfangend mit der *lex Petronia* bis zu dem Reskript der kaiserlichen Brüder verboten war. Diese Gesetze führt er selber auffallenderweise in der genannten Note an. Er stützt sich zum Schluß auf Gaius III, 146. Gaius handelt hier aber gar nicht vom Kampf mit wilden Tieren, sondern von öffentlichen Schwertermensuren zur Volksbelustigung (*cruenta spectacula*, *c. un. de gladiatoribus* 11, 44). Zu solchen brauchen aber nicht verbrecherische Sklaven verkauft zu werden, sondern Sklaven, die in Fechterschulen (*ludi*, Gaius I, 13) zu Gladiatoren ausgebildet wurden. Diese wurden entweder mit ihrer Einwilligung an die Arena verkauft; dann geschah ihnen kein Unrecht, *volenti non fit iniuria*, oder ohne ihre Einwilligung, falls sie vom staatlichen Richter zum Schwert verurteilt waren (*damnati ad gladium*). Das *S. C. de sumptibus ludorum gladiatorum minuendis*, Bruns, 7 *ed. pag.* 207 *sq.* scheint beide Fälle zu berücksichtigen. Der Sklave, der mit seinem Willen an die Arena verkauft wird, scheint Anspruch auf den 5. Teil des Preises gehabt zu haben, *servus autem quintam excipiat.*

todeswürdiges Verbrechen begangen hat, sei es, daß dies vom staatlichen Gericht vor oder nach der Hinrichtung festgestellt war. Der Herr verfällt dem Mordgesetz.[1] 2. Der Tod des Sklaven tritt zwar nur infolge einer Züchtigung ein, aber er war vom Herrn beabsichtigt (*dolo fiat*).[2] Dieser zweite Fall war nicht so leicht juristisch abzutun. Er veranlaßte folgende Frage: Aus welchen Umständen läßt sich die Absicht des Herrn schließen, daß er seinen Sklaven durch die Züchtigung töten wollte? Diese Frage wurde vor und nach Kaiser Konstantin verschieden beantwortet. Vor Konstantin sah man nach dem Vorbilde des mosaischen Rechts auf die Länge des Zeitraums, innerhalb welchen der Sklave nach der Züchtigung starb.[3] Stirbt der Sklave unter den Hieben des Herrn, dann liegt nach vorkonstantinischem Recht eine wegen Mords strafbare rechtswidrige Tötung vor. Stirbt er aber einige Tage nach der Züchtigung, so ist die Tötung eine rechtmäßige und daher straflose.[4]

Nach konstantinischem Rechte dagegen kommt es auf die Art der Mittel an, die der Herr bei der Züchtigung seines Sklaven anwendet.[5] Aus gewissen Züchtigungsmitteln geht der Wille des Herrn, seinen Sklaven zu töten (*voluntas occidendi*) unwiderleglich hervor, so, wenn der Herr auf seinen Sklaven schwere Prügel, Steine oder Waffen wirft und tödlich verwundet oder ihn an einem Strick aufhängen oder hinabstürzen läßt oder ihm Gift einflößt oder ihn von wilden Tieren zerfleischen oder foltern läßt.[6] Als Folterungsmittel werden beschrieben Flammen, welche

---

[1] A. M. Mommsen. Nach seiner Meinung ist nur die nicht im Wege der Hauszucht vollzogene Tötung des Unfreien durch den Eigentümer durch Konstantin unter den Mordbegriff gezogen worden, a. a. O. S. 617, *n*. 3.

[2] *Coll.* 3, 2 (Paulus).

[3] *Exod.* 21, *vers.* 20, 21, vgl. auch Paulus, *sent.* V, 23, 5 = *Coll.* 2, 7.

[4] Vgl. auch *Coll. leg.* 3, 4, 1. Stirbt ein Sklave infolge schwerer Krankheit, nachdem er eine Züchtigung erlitten hatte, so kann der Herr nicht wegen Mordes angeklagt werden. Die Stelle bietet eine Schwierigkeit. Was heißt: .... *calumniae accusationem emergere innocentiae ratio non permittit*? Heißt das, die Unschuld läßt es nicht zu, daß die Anklage wegen des Verbrechens der *calumnia* erhoben wird? Daß der Herr durch Tötung des Sklaven sich des Verbrechens der *calumnia* schuldig macht, ist ausgeschlossen. *Calumniae* ist hier vielmehr Genetiv des Inhalts. Also ist der Satz so zu übersetzen: Die Unschuld läßt es nicht zu, daß eine falsche Anklage (wegen Mords) erhoben wird.

Paulus, *Sent.* V, 23, 5 = *Coll.* 2, 7 macht von obiger Regel zwei Ausnahmen, in denen die Tötung doch eine rechtswidrige und strafbare ist: Einmal, wenn die Wunde eine (absolut) tödliche war; zweitens, wenn die Verletzung mit Absicht so beigebracht wurde, daß der Tod erst nach einiger Zeit eintreten mußte, vgl. Huschke, a. a. O. *n*. 11. Die letzte Ausnahme ist bei der Züchtigung eines Sklaven ausgeschlossen.

[5] *L.* 1 *C. Th. de emendatione serv.* 9, 12 = *c.* 1 *eod. tit.* 9, 14; ähnlich *fr.* 1 § 3 *ad leg. Corn. de sic.* 48, 8; *fr.* 6 § 6 *de re mil.* 49, 16.

[6] Tierhetze und Folteruug werden als öffentliche Strafen bezeichnet: *c.* 1 *cit.*: .... *vel dilaniaverit poenis publicis corpus.*

die Glieder des Sklaven verbrennen[1] und die Folterbank (*eculeus*).[2] Liegen diese Tatbestände vor, dann verfällt der Herr dem Mordgesetz.[3] Wendet dagegen der Herr einfache Züchtigungsmittel an, so ist sein Wille zu töten ausgeschlossen; er bleibt straflos, selbst wenn der Tod des Sklaven infolge der Züchtigung eintrat.[4] Einfache Züchtigungsmittel sind: die Peitsche[5], der Stock, die Rute und bis Hadrian das Arbeitshaus (*ergastulum*).[6]

II. Die staatliche Strafrechtspflege.

A. Für die Persönlichkeit des gewaltunterworfenen Sklaven sind die Strafgesetze geradesogut aufgestellt wie für die Persönlichkeit eines Freien. Erleidet ein Freier eine *capitis deminutio maxima*, so bleibt er daher den Strafgesetzen unterworfen und für seine Verbrechen verantwortlich.[7] Der Sklave kann in der Regel auf Grund aller Volksgesetze wegen Verbrechen angeklagt werden. Ausgenommen ist die *lex Julia de vi privata*, weil dem auf Grund dieses Gesetzes Verurteilten der dritte Teil seines Vermögens vom Staate entzogen wird, welche Strafe auf den nach Zivilrecht vermögenslosen Sklaven nicht anwendbar ist.[8] Ausgenommen sind aus demselben Grunde jene Gesetze, welche auf das Verbrechen eine Geldstrafe oder eine Kapitalstrafe, wie die *relegatio*, androhen.[9] Auch auf Grund der *lex Cornelia iniuriarum* kann der Sklave nicht in Anklagezustand versetzt werden. Der Urheber dieser Bestimmung war Cornelius Sulla.[10] Dagegen wird die *lex Pompeia de parricidiis* auf die

---

[1] *C.* 1 *cit.*: .... *exurendo oblatis ignibus membra* ....

[2] *C.* 1 *cit.*: .... *artus atro sanguine permixta sanie defluentes prope in ipsis adegerit cruciatibus vitam relinquere saevitia immanium barbarorum;* vgl. auch *c.* 7 § 1 *de malef.* 9, 18; *c.* 1 *de numerariis* 12, 49.

[3] *C.* 1 *cit.*: .... *tunc reus homicidii sit.* Schon nach früherem Rechte verfiel der Herr immer der Strafe des Mordes, wenn er den Sklaven gehetzten wilden Tieren preisgab; s. oben S. 139⁶.

[4] *L.* 2 *C. Th. hoc titulo* 9, 12: .... *totiens etenim dominum non placet morte servi reum homicidii pronuntiari, quotiens simplicibus quaestionibus domesticam exerceat potestatem. Quaestio* hier = Züchtigung, wie schon Gothofred, a. a. O. hervorhebt; *quaestio simplex* = *quaestio simpliciter facta*, oder *castigatio modica*; vgl. *fr.* 12 *de iurisdict.* 2, 1.

[5] *Fr.* 10 *pr. de poenis* 48, 19; vgl. noch *fr.* 4 § 1 *de incendio* 47, 9; *fr.* 45 *de iniuriis* 47, 10.

[6] S. unten S. 156¹.

[7] *Fr.* 2 § 3 *de capite minutis* 4, 5 (Ulpian): *nemo delictis exuitur quamvis capite minutus sit.*

[8] *Fr.* 12 § 4 *de accus.* 48, 2 (Venuleius Saturnius).

[9] *Fr.* 12 § 4 *cit.*

[10] *Fr.* 12 § 4 *cit. in fine.* Hier bemerkt nun Venuleius ausdrücklich, daß dem Sklaven im außerordentlichen Verfahren eine härtere Strafe drohe. Kann nicht auch der Sklave in den übrigen Ausnahmefällen im außerordentlichen Verfahren bestraft werden? Trotz des Schweigens haben wir keinen Grund, die Frage zu verneinen.

Sklaven analog angewandt und können sie auf Grund derselben angeklagt werden.[1]

Das öffentliche Strafverfahren ist grundsätzlich das gleiche für die Persönlichkeit eines Freien wie für die Persönlichkeit eines gewaltunterworfenen Sklaven.[2] Aber der Verstoß des Sklaven gegen die Strafgesetze wird für gefährlicher gehalten als der Verstoß eines Freien, und daher ist die Strafe, die dem Sklaven droht, immer eine andere[3], und in der Regel eine härtere.[4]

B. Gegen den verbrecherischen Sklaven muß bald das Offizial- oder Kognitionalverfahren, bald das Anklageverfahren eingeleitet werden.

1) Das Verfahren von Amts wegen muß gegen eine Gesamtheit von Haussklaven (*familia*) unter folgenden Voraussetzungen eingeleitet werden: Ihr Herr oder dessen Hauskind[5] wird ermordet. Das unfreie Hausgesinde befindet sich zur Zeit der Ermordung mit dem Ermordeten unter demselben Dache[6] oder an einem Orte, wo die Stimme des Ermordeten oder das mörderische Vorgehen (*insidia*) vernommen werden konnte.[7] Unter diesen Voraussetzungen wird die Gesamtheit aller Haussklaven gefoltert und verhört, gleichgültig, ob sie im Testamente des Ermordeten freigelassen sind oder nicht.[8] Vom peinlichen Verhöre befreit sind noch nicht geschlechtsreife Sklaven und Sklavinnen[9], körperlich und geistig

---

[1] *Fr.* 12 § 4 *cit.* Als Grund gibt Venuleius an, daß die Natur der Sklaven die gleiche sei wie die der Freien, daß also auch die Sklaven Eltern und sonstige Verwandte haben, wie sie im 1. Kapitel der *lex Pompeia* aufgezählt sind; s. auch oben § 15, S. 94 XI. Über die Anklagefähigkeit des Sklaven auf Grund der *lex Julia de adulteriis*, vgl. unten S. 147 u. oben S. 95.

[2] Nach einem Senatsbeschluß vom Jahre 20 nach Chr.; vgl. *fr.* 12 § 3 *eod. tit.* So bedurfte es auch zur Anklage eines Sklaven wegen eines Verbrechens einer Anklageschrift mit der Unterschrift des Anklägers, *c.* 13 *de accus.* 9, 2, *C. Th.* 9, 1, 14; wer unfähig war, einen Freien eines Verbrechens anzuklagen, konnte auch keinen Sklaven wegen eines Verbrechens in Anklagezustand versetzen, *arg. fr.* 5 *de accus.* 48, 2. Dagegen gibt es eine Reihe von tiefgreifenden Unterschieden zwischen dem Strafverfahren gegen Sklaven und gegen Freie. Einige davon kommen im Laufe der Darstellung zum Ausdruck.

[3] *Fr.* 16 § 3 *de poenis* 48, 19 (Claudius Saturnius): .... *aliter enim puniuntur ex isdem facinoribus servi quam liberi.*

[4] Vgl. z. B. *c.* 8 *pr. ad legem Juliam de vi publ.* 9, 12.

[5] *Fr.* 1 § 7 *de sen. consulto Sil.* 29, 5. Mommsen, a. a. O., S. 630, *n.* 5 spricht nur vom Haussohn, obschon es heißt: *domini appellatione et filius familias, ceterique liberi, qui in potestate sunt continentur.*

[6] *Fr.* 1 § 26 *de s. c. Sil.* 29, 5; Paul., *Sent.* III, 5, 3.

[7] *Fr.* 1 § 27 *eod. tit.;* Paulus, *Sent.* III, 5, 6; *c.* 12 *de his quib.* 6, 35.

[8] Paulus, *Sent.* III, 5, 6.

[9] *Fr.* 1 § 33 *h. t.* Sie werden nur zur Abschreckung mit einem Riemen oder einer Rute geschlagen. Mommsen, S. 631, *n.* 6 behauptet, daß im Kindesalter stehende ausgeschlossen sind. Das ist ungenau: auch diejenigen, welche das Kindesalter (das 7. Lebensjahr) überschritten haben, sind ausgeschlossen, sofern sie noch nicht geschlechtsreif sind.

Kranke und Gebrechliche.[1] Vom peinlichen Verhör sind ferner befreit die Sklaven, welche sich zwar in derselben Gegend, wo der Mord geschah, befanden, aber wegen der großen Entfernung von ihm keine Wahrnehmung machen konnten.[2] Ferner diejenigen, welche zwar den Mord wahrnahmen, aber wegen unfreiwilliger Einsperrung oder Inkettenlegung keine Hilfe bringen konnten.[3] Endigt der Herr durch Selbstmord, so sind dessen Sklaven vom peinlichen Verhör befreit, es wäre denn, daß sie den Selbstmord hätten verhindern können.[4] Diejenigen Sklaven, bei denen die obigen Voraussetzungen zutreffen, werden nach der Folterung hingerichtet, weil sie ihrer Verpflichtung, ihren Herrn vor der Ermordung zu schützen, nicht nachgekommen sind.[5] Nach der Ermordung eines Ehegatten wird das unfreie Gesinde auch des anderen Ehegatten gefoltert, trotz der bestehenden Gütertrennung.[6]

2) Ursprünglich konnte der Herr kraft seiner Hausgerichtsbarkeit gegen seinen Sklaven wegen angeblichen Ehebruchs mit seiner Frau ein Untersuchungsverfahren einleiten und ihn in einem peinlichen Verhör foltern lassen, um dann, wenn der Sklave unter den Folterqualen ein Geständnis ablegte, gegen seine Frau gemäß den Bestimmungen der *lex Julia de adulteriis coercendis* vorzugehen.

Gegen dieses der Frau wenig günstige Recht des Mannes wandte sich Antoninus Pius. Er verbot dem Herrn, seinen Sklaven wegen angeblichen Ehebruchs mit seiner Frau der Folterung zu unterwerfen und gebot ihm, zunächst gegen sie die Anklage wegen Ehebruchs zu erheben.[7] Zu dem Zwecke mußte er nach den Bestimmungen der *lex Julia de adulteriis* zunächst eine Scheidung der Ehe herbeiführen.[8] Nachher kann er sofort die Frau anklagen, selbst wenn sie eine neue Ehe

---

[1] *Fr.* 3 *pr.* § 7—11 *h. t.* Hierher gehört auch der Stumme, wenn zur Unterdrückung des Mordversuchs nur Hilferufe möglich waren.

[2] *Arg. fr.* 1 § 30 *h. t.* und Spartianus, *Vita Hadriani* 18 *in fine.*

[3] *Fr.* 3 § 6 *h. t.* Mommsen, a. a. O., S. 630, *n.* 5 vergißt, „unfreiwillig" hinzuzufügen, obschon dies von Ulpian scharf hervorgehoben wird: *sic tamen, si non data opera voluerint se ita includi, ne opem ferre possint.*

[4] *Fr.* 1 § 22 *h. t.;* Paulus III, 5, 4.

[5] Paulus, *Sent.* III, 5, 7. 8; *fr.* 1 § 28 *hoc. tit.* Daher werden die Sklaven, deren Herr durch Gift oder auf ähnliche Weise heimlich umgebracht wurde, nicht bestraft.

[6] Diese Erweiterung des *s. c. Silanianum* wurde durch das *s. c. Neronianum* (auch *Pisonianum* oder *Claudianum* genannt) eingeführt: Paulus, *Sent.* III, 5, 5; *fr.* 1 § 15 *h. t.*

[7] *Fr.* 34 *pr. ad leg. Juliam* 48, 5: *Si quis adulterium in servo suo comissum dicat in eam, quam uxorem habuit, divus Pius rescripsit accusare potius mulierem eum debere, quam in praeiudicium eius servum suum torquere.*

[8] *Fr.* 12 § 10 *ad leg. Jul. de adult.* 48, 5 (Papinian): . . . . *ignorare non debuisti, durante eo matrimonio, in quo adulterium dicitur esse comissum, non posse mulierem ream adulterii fieri.*

eingeht, da sein eigener Sklave noch nicht wegen Ehebruchs anklagefähig war.[1]

Das Recht des Herrn, seinen eigenen Sklaven wegen Ehebruchs mit seiner Frau anzuklagen (m. a. W. die Anklagefähigkeit des Sklaven wegen Ehebruchs), führte erst Mark Aurel ein.[2] Hatte nun der Mann die Absicht, seine Frau wegen Ehebruchs mit seinem eigenen Sklaven anzuklagen, so war er gezwungen, folgenden Weg einzuschlagen: Zunächst mußte er seine Ehe durch Scheidung auflösen.[3] Zwei Möglichkeiten: Entweder seine Frau verheiratet sich wieder, bevor er ihr die Anklage mitteilt oder sie bleibt ledig.

Im ersten Falle ist er gezwungen, zunächst seinen eigenen Sklaven innerhalb einer Frist von zwei Monaten, von der Scheidung an gerechnet, wegen Ehebruchs mit seiner Frau anzuklagen.[4] Wird der Sklave wegen Ehebruchs verurteilt, dann erst gelangt die Anklage gegen seine Frau zur Durchführung.[5] Die Anklage gegen seine Frau mußte er ebenfalls innerhalb einer Frist von zwei Monaten nach der Scheidung erheben.[6] Die Zeit aber, die er braucht, um den Sklaven zur Verurteilung zu bringen, wird in die Frist nicht eingerechnet.[7] Erhebt er die Anklage gegen seine Frau, die sich nach der Scheidung wiederum verheiratet hat, ohne vorher den Sklaven zur Verurteilung wegen Ehebruchs gebracht zu haben, so kann sich die Frau auf Verjährung stützen.[8] Die Frau kann sich aber auch auf die Verjährung stützen, wenn seit dem Ehebruch 5 Jahre verstrichen sind, selbst wenn die zwei Monate nach der Scheidung ihr Ende noch nicht gefunden haben.[9]

Im zweiten Falle konnte der Mann seine Frau sofort nach der

---

[1] *Arg. fr.* 2 *pr. h. t.*: .... *ex lege Julia servatur, ut, cui necesse est ab adultero incipere, quia mulier ante denuntiationem nupsit, non alias ad mulierem possit pervenire, nisi reum peregerit.*

[2] *Fr.* 5 *de accus.* 48, 2: .... *sed ex rescripto divi Marci etiam adversus proprium servum accusationem instituere dominus potest.*

[3] *Fr.* 12 § 10 *h. t.* Der Mann kann durch einseitige Aufkündigung (*repudium*) die Scheidung der Ehe herbeiführen; die Aufkündigung geschieht durch Erklärung gegenüber dem anderen Ehegatten: *tuas res tibi habeto fr.* 2 § 1 *de divortiis* 24, 2; *res* bedeuten hier die Lebensverhältnisse.

[4] *Fr.* 2 *pr. h. t.*: .... *recesse est ab adultero incipere, quia mulier ante denuntiationem nupsit*; *fr.* 5 *de acc.* 48, 2: .... *post hoc igitur rescriptum accusandi necessitas incumbet domino servum suum* ....

[5] *Fr.* 2 *pr. h. t.*: .... *peregisse autem non alias quis videtur, nisi et condemnaverit.*

[6] *Fr.* 12 § 6 und *fr.* 30 § 5 *h. t.*

[7] *Fr.* 4 *pr. h. t.*: .... *quod et in eo dici potest, qui ab adultero vel adultera coepit: nam adversus eum, adversus quem non coepit, desinunt ei tempora cedere.*

[8] *Fr.* 5 *de accus. cit.*: .... *ceterum iuste mulier nupta praescriptione utetur.*

[9] *Fr.* 30 § 5 *h. t.*: *praeterea si ex die divortii sexaginta dies sint, ex die vero commissi criminis quinquenuium pareteriit, debuit dici nec mulierem posse accusari.*

Scheidung in Anklagezustand wegen Ehebruchs bringen, ohne vorher seinen Sklaven anklagen zu müssen.

Verzichtete der Mann darauf, seine Frau wegen Ehebruchs mit seinem Sklaven anzuklagen[1] oder war die Anklage wegen Ablebens der Frau unmöglich geworden, dann hatte es für den Herrn wenig Zweck, seinen Sklaven wegen Ehebruchs anzuklagen, falls ihm ein anderer Weg offen stand, seinen Sklaven der öffentlichen Strafe zuzuführen. Es ist sehr wahrscheinlich, daß gerade für solche Fälle ihm Kaiser Sever die Befugnis gewährte, sich an den Stadtpräfekten zu wenden. Auf seinen Antrag eröffnet dann dieser ein amtliches Untersuchungsverfahren gegen den des Ehebruchs beschuldigten Sklaven.[2]

Erhebt der Mann gegen jemand die Anklage wegen Ehebruchs mit seiner Frau, obschon er sich nicht von ihr hat scheiden lassen und ergibt sich, daß der Angeklagte Sklave ist, so kann dieser (seit Diokletian) nicht wie ein Freier[3] die Einrede vorbringen, daß sein Herr sich nicht von seiner Frau habe scheiden lassen.[4]

---

[1] Der Mann ist nicht verpflichtet, seine Frau wegen Ehebruchs anzuklagen. Es gibt nur einen Fall, wo er sich von seiner Frau wegen Ehebruchs scheiden lassen muß, nämlich der, daß die Ehebrecherin auf frischer Tat ertappt wird; vgl. *fr.* 3 § 3 *de acc.* 48, 2; *fr.* 2 § 3 *h. t.; fr.* 30 *pr. h. t.; c.* 2, 11 *ad leg. Jul.* 9, 9; Paulus II, 26, 8 = *Coll.* 4, 12, 7: *Eum qui in adulterio deprehensam uxorem non statim dimiserit, reum lenocinii postulari placuit.*

[2] *Fr.* 1 § 5 *de off. praef. urbi* 1, 12 (Ulpian): *Si quis servum suum adulterium commisisse dicat in uxorem suam, apud praefectum urbi erit audiendus.* Auf den ersten Anblick steht *fr.* 5 *de accus.* 48, 2 (Ulpian) mit *fr.* 1 § 5 *cit.* in Widerspruch. Obige Darstellung sucht ihn durch die historische Rechtsentwicklung zu erklären. Mommsen, a. a. O., S. 692, n. 8 hat für seine Erklärung nur folgende Worte: „Daß der Herr seinen Sklaven vor den Stadtpräfekten zitiert, gehört allerdings dem späteren Umsichgreifen der öffentlichen Koerzition an."

[3] *Fr.* 12 § 10 *h. t.*; *c.* 11 *h. t.* 9, 9.

[4] *C.* 25 *h. t.* 9, 9 (Diokletian): . . . . *sin vero eundem servum esse cognoveris, remotis praescriptionis impedimentis in adulterium crimen protinus debebis inquirere, ac si eum detectum in eo flagitio esse perspexeris, poenam decernere, quam in adulterii crimen legum sanctio statuit.* Es scheint, daß zur Zeit des Kaisers Sever der Sklave diese Einwendung machen konnte und erst Diokletian sie den Sklaven entzogen hat. Denn *c.* 11 *h. t.* vom Jahre 224 (Alexander) lautet ganz allgemein: *crimen adulterii maritum retenta in matrimonio uxore inferre non posse nemini dubium est.* Nur unter dieser Voraussetzung befriedigt die Einführung des amtlichen Verfahrens gegen den ehebrecherischen Sklaven ein wirkliches Bedürfnis.

Angesichts dieses ergiebigen Quellenmaterials über den ehebrecherischen Sklaven ist es nicht recht verständlich, wenn Mommsen, a. a. O., S. 692, *n.* 8 erklärt: „Die Rechtsfolgen des Ehebruchs mit dem Sklaven werden, abgesehen von dem Tötungsrecht *Coll.* 4, 3, 2 auffallend selten erwähnt (*Dig.* 48, 5, 34 *pr.*; *Cod.* 9, 9, 25.) Nicht ohne Bedenken haben die Rechtsgelehrten die Ehebruchsklage gegen die Ehebrecherin da zugelassen, wo sie gegen den Ehebrecher, z. B. weil er verstorben war, nicht angestellt werden konnte. Auch bei dem Ehebruch mit dem Sklaven ist das Verfahren gegen ihn erschwert, insbesondere wenn derselbe im Eigentum der schuldigen Frau oder des Anklägers steht. Vielleicht ist unsere Rechtsüberlieferung in dieser Hinsicht lückenhaft.

C. Wird der Sklave wegen irgendeines Verbrechens angeklagt, so kann der Herr durch die *actio ad exhibendum* gezwungen werden, den Sklaven öffentlich vorzuführen.[1] Er darf ihn nicht verbergen. Hat der Sklave in einer anderen Provinz ein Verbrechen begangen, als in der, wo der Herr seinen Wohnsitz hat, so kann ihn dieser nicht in seine Provinz zurückrufen.[2] Der Sklave, dessen gerichtliche Gestellung verlangt wird, darf aber nur wegen des Verbrechens abgeurteilt werden, wegen dem seine gerichtliche Gestellung erfolgt, nicht wegen eines anderen Verbrechens, das er vorher begangen hat.[3]

Der Herr kann nun die Verteidigung seines im öffentlichen Strafprozeß wegen eines Verbrechens angeklagten Sklaven übernehmen.[4] Sie besteht, abgesehen von der Teilnahme an den gerichtlichen Verhandlungen (*iudicio sistere*) in der Beantwortung der Behauptungen des Anklägers[5] und in der Antretung des Unschuldsbeweises.[6] Der Herr ist aber zur Verteidigung seines Sklaven nicht verpflichtet und daher verliert er das Eigentum nicht an ihm, wenn er die Verteidigung ablehnt.[7] Es kann der Sklave auch durch einen Prozeßbevollmächtigten des Herrn verteidigt werden, ebensogut wie durch den Herrn selbst.[8] Verteidigt der Herr den Sklaven, der wegen eines todeswürdigen Verbrechens angeklagt ist, so wird ihm vom Staate auferlegt, unter Bürgenstellung zu versprechen, daß der Sklave

---

Wie sie liegt, muß über das Bedenken hinweggegangen werden, da es sonst bei solchem Ehebruch an jedem Rechtsschutz fehlen wird." Die Hauptstellen, *fr.* 5 *de accus.* 48, 2 u. *fr.* 1 § 5 *de off. pr. urbi* 1, 12, die er hier nicht erwähnt, sind ihm aber auch bekannt, s. S. 22, *n.* 2. Er scheint sie aber im Laufe der Arbeit wieder aus den Augen verloren zu haben.

[1] *C.* 2 *ad exhibendum* 3, 42: *Si criminis alicuius reus servus postulatur, per ad exhibendum actionem produci a domino, non celari debet.*

[2] *Fr.* 7 § 4 *de accus.* 48, 2: . . . . *non posse revocare in provinciam suam* . . . .

[3] *Fr.* 2 § 2 *de custodia* 48, 3 (Papinian): *Qui exhibendi postulati sunt propter aliam causam, alterius criminis, quod ante admissum est rei non recipiuntur.*

[4] *C.* 2 *pr. de accus.* 9, 2: *Si cuiusdam criminis obnoxius servus postulatur, dominus eum defendere potest*; § 1 *servum suum, domino defendere permissum est.* Cujaz zu *l.* 17 *de accus.* (*tom.* 5, *p.* 1185 *sq.*) behauptet, ein Freier könne sich nicht durch einen anderen verteidigen lassen. Er stützt sich dabei auf *fr.* 13 § 1 *de publ. iud.* 48, 1. Der anwesende Freie kann sich auch durch einen anderen verteidigen lassen, aber nicht der abwesende. Der Unterschied zwischen Sklaven und Freien ist vielmehr der: Der Freie kann sich von vornherein selbst verteidigen, nicht aber der Sklave.

[5] *C.* 2 *pr. cit.*: . . . . *accusatoris intentionibus responsurum.*

[6] *C.* 2 § 1 *cit.*: . . . . *ut pro eo possit competentes adlegationes offerre. Adlegatio* = Unschuldsbeweis; vgl. *tit. C.* 5, 63: *si falsis adlegationibus excusatus sit.* Heumann-Seckel hat „Anführung von Entschuldigungsgründen."

[7] *Fr.* 9 *de publ. iud.* 48, 1 (Marcian). Anders bei den Privatdelikten; s. oben § 16, S. 105 und *fr. ult. de nox. act.* 9, 4.

[8] *Fr.* 11 *de publ. iud.* 48, 1 (Maecianus): *Servus per procuratorem domini aeque ac per dominum defendi potest.*

sich vor dem Strafgericht stellen werde.[1] Das durch Bürgschaft gesicherte Versprechen, daß der Sklave sich vor Gericht stellen werde, kann auch von einem Dritten geleistet werden.[2] Leistet es der Herr oder ein Dritter nicht, so wird der Sklave zur Sicherheit von Amts wegen gefesselt (*vincula publica*); er kann jedoch auch gefesselt seine Verteidigung selber führen.[3]

Es bestand unter den römischen Juristen eine Streitfrage, ob der Herr seinen Sklaven aus den staatlichen Fesseln befreien könne, wenn er nachträglich Bürgschaft dafür anbiete, daß der Sklave sich vor Gericht stellen werde. Die Zweifel gegen diese Befugnis des Herrn waren um so stärker, als Kaiser Domitian verordnete, daß die gesetzlichen Bestimmungen (des turpillianischen Senatsbeschlusses aus dem Jahre 61 n. Chr.) über die Niederschlagung von Anklagen gegen Verbrecher auf die wegen eines Verbrechens angeklagten und von Amts wegen gefesselten Sklaven keine Anwendung finden solle. Der Strafprozeß gegen diese solle erst mit dem Urteile beendigt werden.[4] Aber die Ansicht von Papinian drang durch, daß in zwei Fällen der Sklave von seinem Herrn durch nachträgliche Bürgenstellung aus den Fesseln befreit werden könne: Einmal, wenn sein Herr zur Zeit der Anklage abwesend war; zweitens, wenn er wegen Armut nicht imstande war, die Bürgschaft aufzubringen, obschon er bereit war, die Verteidigung zu übernehmen. In diesen beiden Fällen soll dem Herrn die Befreiung ohne Schwierigkeiten gestattet werden, es wäre denn, daß er erst nach Ablauf einer längeren Frist den Antrag stelle.[5] Wird

---

[1] *Fr.* 17 *de accus.* 48, 2 (Modestinus): *Si servum dominus in crimine capitali defendat, sistendum satisdato promittere iubetur.* Nannte man dieses Versprechen in älterer Zeit auch *vadimonium*? Und liegt hier vielleicht eine Interpolation vor? Ich möchte es verneinen, da die *leges iudiciorum publicorum* jünger sind als der Legisaktionenprozeß. Außerdem wird das *vadimonium* dem Kläger geleistet, die *promissio* aber dem Staate; das *vadimonium* enthält das Versprechen, sich selbst vor Gericht zu stellen, die *promissio* aber das Versprechen, daß der Herr seinen Sklaven vor Gericht stellen werde.

[2] *Fr.* 2 *pr. de custodia r.* 48, 3 (Papinian): *Si servus capitali crimine postuletur, lege publicorum cavetur, ut sistendum vel a domino vel ab extero satisdato promittatur.* Daß das durch Bürgschaft gesicherte Versprechen auch von einem Dritten gestellt werden kann, hat Cuiaz zu *l.* 17 *de acc.* (*tom.* 5 *p.* 1185 *sq.*) übersehen.

[3] *Fr.* 2 *pr. cit.*: .... *quod si non defendatur, in vincula publica coici iubetur, ut ex vinculis causam dicat. Causam dicere* = seine Verteidigung führen; vgl. auch *D.* 29, 5, 25, 1. Ein Freier wird im Strafverfahren nie gefesselt, außer wenn er geständig ist, *fr.* 5 *de cust. reorum* 48, 3; *fr.* 4 *pr. in fine ad leg. Juliam majest.* 48, 4.

[4] *Fr.* 16 *ad Sc. Turpillianum* 48, 16 (Paulus): .... *ne iudicium finiatur.* Auch die Gerichtsferien haben keinen Einfluß auf den Sklavenstrafprozeß. Also ein tiefgreifender Unterschied zwischen dem Strafverfahren gegen Sklaven und Freie!

[5] *Fr.* 2 § 1 *h. t.* Die Ansicht von Papinian ist um so richtiger, als sie gar nicht gegen das Reskript des Kaisers Domitian (81—96 nach Christus) verstieß. Dieser wollte nur verhindern, daß die Strafprozesse gegen die Sklaven vor

der Sklave nicht von seinem Herrn verteidigt, so wird er nicht etwa sofort zur Bestrafung abgeführt, sondern es wird ihm gestattet, sich selber zu verteidigen oder sich von einem Dritten (selbstverständlich Freien) verteidigen zu lassen. Auch der Strafrichter hat die Verpflichtung, seine Verteidigung insofern zu führen, als er die Beweise für seine Schuldlosigkeit ebenfalls erheben muß.[1]

Für den verurteilten Sklaven kann der Herr oder ein Dritter in seinem Namen gegen das Urteil das Rechtsmittel der Berufung einlegen. Legt weder der Herr noch ein Dritter in dessen Namen Berufung ein, so kann der Sklave selber das Rechtsmittel einlegen.[2] Liegt aber die sofortige Bestrafung des verurteilten Sklaven im öffentlichen Interesse, so ist die Berufung nicht statthaft, wie z. B. bei einem verurteilten Räuberhauptmann, Volksaufwiegler und Leiter einer Verschwörung.[3]

D. Die häusliche und die öffentliche Strafgerichtsbarkeit stehen in einem gegenseitigen Unterstützungsverhältnis.[4] Sie leisten sich gegenseitig Rechtshilfe.

1. Staatliche Rechtshilfe: Es ist dem Herrn gestattet, unter Verzicht auf seine eigene Gerichtsbarkeit seinen verbrecherischen Sklaven dem staatlichen Richter zur Bestrafung zu überlassen.[5] Der staatliche Richter war nach der Überlassung verpflichtet, die Untersuchung vorzunehmen, je nach Befund die Strafe zu verhängen und zu vollstrecken.[6]

---

dem Urteil abgebrochen wurden. Durch die Befreiung des Sklaven von den Fesseln wird aber der Prozeß nicht beendigt, sondern er läuft ruhig weiter, nur mit der Änderung, daß der Sklave jetzt von seinem Herrn verteidigt wird.

[1] *Fr.* 19 *de poenis* 48, 19 (Ulpian): *Si non defendantur servi a dominis, non utique statim ad suplicium deducuntur, sed permittitur eis defendi* (vgl. auch *fr.* 2 *pr. de cust.* 48, 3: .... *ut ex vinculis causam dicat*) *vel ab alio, et qui cognoscit, debebit de innocentia eorum quaerere.* Der Sklave kann also subsidiär auch von einem anderen als seinem Herrn verteidigt werden. Dies hat Cujaz zu *l.* 17 *de accus.* (*tom.* 5 *p.* 1185 *sq.*) übersehen.

[2] *Fr.* 15 *de appell.* 49, 1 (Marcellus), s. auch oben § 15, S. 91 IX.

[3] *Fr.* 16 *eod. tit.* (Modestinus).

[4] Ansicht Mommsens, a. a. O., S. 898.

[5] Es ist dies allerdings nur vom Gläubiger ausgesprochen, der den Sklaven im Pfandbesitz hat. Was aber dem Pfandgläubiger gestattet ist, ist wohl auch dem Eigentümer des Sklaven erlaubt. *Fr.* 24 § 3 *de pign. act.* 13, 7: .... *plane si pro maleficiis suis coercuit vel vinxit vel optulit praefecturae vel praesidi, dicendum est pigneraticia creditorem non teneri.*

[6] Mommsen, a. a. O., S. 898, *n.* 2 meint, daß wenigstens in der Theorie die magistratische Erledigung der Schuldfrage erforderlich war. Daß das staatliche Gericht verpflichtet war, die Schuldfrage zu prüfen, geht indirekt auch hervor aus *fr.* 11 § 2 *ad leg. Cornel.* 48, 8: .... *oblato tamen iudici servo, si iusta sit domini querella, sic poenae tradetur.* Auch Mommsen schließt aus der Stelle das richtige Prinzip, meint aber, daß dies nur ausnahmsweise geschehen sei. Ich kann mir aber nicht denken, daß das staatliche Gericht sich in der Regel mit dem Vollzug der vom Herrn verhängten Strafe begnügt hätte, wenn ihm dieser den verbrecherischen Sklaven überläßt. Das hätte die Würde des Staates nicht zugelassen.

2. Häusliche Rechtshilfe. Der umgekehrte Fall, daß die staatliche Gerichtsbarkeit von der häuslichen unterstützt werden kann, wird in den Quellen mehrfach erwähnt. Das Prinzip, das der Staat dabei befolgt, besteht darin, daß er dem Herrn nur die Vollstreckung der Strafe, nicht aber ihre Festsetzung überläßt oder höchstens ihm gestattet, an die Stelle der staatlich verhängten Strafart eine gleichwertige Strafart zu setzen und zu vollstrecken.[1]

Die Fälle sind folgende: Wendet sich ein Sklave an den Stadtpräfekten oder an den Provinzialstatthalter mit der Behauptung, daß er sich von seinem Herrn mit seinem Gelde losgekauft habe[2], so wird er von diesem, wenn sich seine Behauptung als unrichtig herausstellt, zur Bergwerksarbeit verurteilt. Auf Antrag seines Herrn wird er ihm zur Vollstreckung der Strafe überlassen. Dabei kann der Herr keine höhere Strafart bestimmen, sondern nur eine gleichwertige, z. B. Kettenstrafe (*poena vinculorum*).[3]

Ein zweiter Fall ist folgender: Ein Sklave hat Ärzte oder Professoren beleidigt. Er wird vom staatlichen Gericht zur Auspeitschung verurteilt und dem Herrn zur Strafvollstreckung übergeben. Der Herr kann aber hier keine andere Strafart an die Stelle setzen. Nur kann er die Strafe durch Zahlung einer Geldsumme von 20000 *Nummi* (= 4000 Mark) an den Fiskus lösen.[4]

Über die häusliche Rechtshilfe gibt es sogar einen allgemeinen Rechtssatz: Wird ein Sklave vom staatlichen Gericht wegen eines Verbrechens zur Kettenstrafe verurteilt, so wird er vorher von Amts wegen ausgepeitscht und erst dann seinem Herrn zur Strafvollstreckung übergeben.[5] Dem Herrn ist es aber nicht freigestellt, die Dauer der häuslichen Freiheitsstrafe in Fesseln zu bestimmen. Maßgebend für sie ist vielmehr die Dauer der öffentlichen Zwangsarbeit, zu welcher ein Freier verurteilt werden würde, wenn er dasselbe Verbrechen begangen hätte,

[1] Im Gegensatz dazu erkennt MOMMSEN, a. a. O., S. 898, *n.* 3 als Prinzip an, daß dem Herrn vom Staate bei der Strafzumessung keine Schranken gesetzt werden dürfen, weil dies mit dem Wesen der Unfreiheit nicht vereinbar sei. Wie wir sehen werden, widerspricht er damit den Quellen.

[2] S. oben § 15, S. 88 zu V 2.

[3] *Fr.* 5 *pr. de manum.* 40, 1 (Marcian) und *fr.* 38 § 4 *de poenis* 48, 19 (Papinian). Beide scheinen sich zu widersprechen. Aber der Widerspruch ist nur scheinbar. Beide betonen vielmehr übereinstimmend, daß es auf den Willen des Herrn ankomme, ob die häusliche Rechtshilfe Platz greife oder nicht. Will er seinen Sklaven selbst bestrafen, dann wird ihm der Sklave zur Strafvollstreckung übergeben; will er das nicht, so vollstreckt der Staat die von ihm verhängte Strafe am Sklaven. Der Unterschied ist nur der: Marcian betont den Willen des Herrn, den Sklaven selber zu bestrafen, Papinian dagegen den Willen des Herrn, daß der Staat seinen Sklaven bestrafen solle. Zu Kettenstrafe vgl. FESTUS *p.* 165.

[4] Der Sklave bleibt bis zur Zahlung der Strafsumme als Pfand im Besitz des Fiskus. *L.* 1 *C. Th. de medicis et professoribus* 13, 3.

[5] *Fr.* 10 *de poenis* 48, 19; vgl. auch *fr.* 34 *pr. eod. tit.*; *c.* 10 *de poenis* 9, 47.

wie der Sklave. Ihre Dauer wird schon im Urteil bestimmt.[1] Begeht z. B. ein Freier einen einfachen Viehdiebstahl, so wird er zur Prügelstrafe und zu einem Jahre öffentlicher Zwangsarbeit verurteilt; macht sich dagegen ein Sklave des einfachen Viehdiebstahls schuldig, so wird er gegeißelt und zur Abbüßung einer einjährigen Zwangsarbeit in Fesseln seinem Herrn übergeben.[2] Begeht der Freie einen schweren Viehdiebstahl, so wird er bisweilen zu lebenslänglicher öffentlicher Zwangsarbeit verurteilt, der Sklave aber unter gleichen Umständen gegeißelt und zur Abbüßung einer lebenslänglichen häuslichen Zwangsarbeit in Fesseln dem Herrn übergeben.[3] Wird aber der zur häuslichen Zwangsarbeit verurteilte Sklave auf Befehl des Provinzialstatthalters dem Herrn übergeben, ohne daß im Urteil die Dauer der Freiheitsstrafe bestimmt ist, dann ist sie eine lebenslängliche.[4] Der Sklave bleibt aber im Eigentum des Herrn, gleichgültig, ob er zu lebenslänglicher oder zeitlicher (häuslicher) Zwangsarbeit verurteilt wird.[5] Ein Sklave wird grundsätzlich nicht zu öffentlicher, sondern nur zur häuslichen Zwangsarbeit verurteilt; geschieht es trotzdem, so liegt ein „Irrtum" vor.[6] Umgekehrt wird ein Freier grundsätzlich nicht zu häuslicher, sondern nur zur öffentlichen Zwangsarbeit verurteilt. Geschieht es trotzdem, so liegt ein „unglaublicher" staatlicher Mißgriff vor.[7]

Dem Herrn steht es frei, die Vollstreckung der häuslichen Zwangsarbeitsstrafe an seinem Sklaven abzulehnen. Lehnt er ab, so wird dies so angesehen, als verzichte er auf sein Eigentum. Dann schreitet der Staat zum Verkaufe des Sklaven; findet sich kein Käufer, so wird der Sklave von Amts wegen der öffentlichen Zwangsarbeit, und zwar auf Lebens-

---

[1] *Fr.* 10 *pr. de poen.* 48, 19: .... *et ex quibus (causis) liber fustibus caesus in opus publicum datur, ex his servus sub poena vinculorum ad eius temporis spatium, flagellis caesus domino reddi iubetur.* Vgl. auch *c.* 10 *eod. tit.*

[2] Paulus V, 18, 1 verb. mit *fr.* 10 *pr. de poen.*

[3] Paulus V, 18, 2 = *Coll.* 11, 2, 1 verb. mit *fr.* 10 *pr. de poenis.*

[4] *C.* 10 *de poenis* 9, 47 (Alexander im J. 224): *Servus sub poena vinculorum sine temporis praefinitione domino reddi iussus sententia praesidis provinciae perpetuo vinctus esse debet.* Diese Stelle beweist die Richtigkeit der obigen Behauptung, daß die Dauer der häuslichen Arbeitsstrafe schon im Urteil bestimmt wird.

[5] *Fr.* 8 § 13 *de poenis* 48, 19: *Sed sive in perpetua vincula fuerit damnatus servus sive in temporalia, eius remanet, cuius fuit antequam damnaretur.* Damit soll der Gegensatz zwischen der Strafe der häuslichen Zwangsarbeit und der Strafe der Bergwerksarbeit hervorgehoben werden; vgl. *fr.* 8 § 12 *h. t.* S. auch unten S. 155.

[6] *Fr.* 34 *pr. de poenis* 48, 19 (Papinian); vgl. auch *c.* 6 *de poenis* 9, 47. Dieser Grundsatz liegt im Interesse des Eigentümers des Sklaven; vgl. auch Mommsen, a. a. O., S. 953, *n.* 1. Trotz der Verurteilung zur öffentlichen Zwangsarbeit auf Zeit wird der Sklave nach Verbüßung der Strafe dem Herrn wieder zurückgegeben.

[7] *C.* 6 *de poenis* 9, 47.

zeit unterworfen. Findet sich dagegen ein Käufer, so ist dieser verpflichtet, die Vollstreckung der Strafe zu übernehmen.[1]

Die Strafe der häuslichen Zwangsarbeit in Fesseln wird in den Quellen regelmäßig bezeichnet mit *poena vinculorum*, ausnahmsweise mit *vincula* schlechtweg.[2]

---

[1] *Fr.* 10 *pr. in fine de poenis* 48, 19. Daß der Käufer zur Vollstreckung verpflichtet ist, wird nicht ausdrücklich gesagt, ist aber selbstverständlich.

[2] Anders Mommsen; er behauptet a. a. O. S. 952, *n.* 1, daß *vincula* schlechtweg *vincula publica* bedeuten und *vincula publica* seien gleichbedeutend mit *opus publicum*. Nach ihm wären also *vincula* schlechtweg gleichbedeutend mit öffentlicher Zwangsarbeit. Es verlohnt sich der Mühe, den Irrtum Mommsens näher nachzuweisen.

Als Quellenstellen, die von *vincula* schlechtweg reden, führt er zunächst an Paulus V, 17, 1 (er meint V, 17, 2). Sie lautet: *Summa supplicia sunt crux, crematio decollatio*; *mediocrium autem delictorum poenae sunt*: *metallum, ludus, deportatio*; *minimae relegatio, exilium, opus publicum, vincula.* Wäre die Ansicht Mommsens richtig, so hätte sich Paulus eines Pleonasmus schuldig gemacht, indem er *opus publicum* doppelt aufzählt. Das hat auch Mommsen eingesehen und daher sagt er a. a. O.: „Wenn Paulus V, 17, 1 (= V, 17, 2) bei Aufzählung der Strafmittel *opus publicum* und *vincula* nebeneinander nennt, so darf vielleicht daran gedacht werden, daß bei kurzer Haft der Arbeitszwang leicht zurücktritt oder wegfällt.“ Also bedeutet nach Mommsen *vincula* hier kurze Haft. Gehört aber kurze Haft wirklich zum römischen Strafensystem?

Dann *fr.* 7 *de poenis* 48, 19 (Callistratus): (*Coercitio corporis*) *veluti fustium, admonitio*: *flagellorum, castigatio*: *vinculorum, verberatio.* Wenn die Stelle nicht verdorben ist, so bedeutet auch hier *vincula* die für Sklaven bestimmte häusliche Zwangsarbeit in Fesseln, denn auch die vorher genannte *flagellorum* (*castigatio*) ist eine Strafe nur für Sklaven; vgl. *fr.* 10 *pr. de poenis.*

Dann *fr.* 8 § 13 *h. t.* Hier wird aber ausdrücklich davon gesprochen, daß ein Sklave zu *vincula* verurteilt wird. Da aber ein Sklave grundsätzlich nicht zur öffentlichen Zwangsarbeit verurteilt werden kann (*fr.* 34 *pr. h. t.*), so bedeuten hier *vincula* zweifellos die häusliche Zwangsarbeit.

Dann *fr.* 33 *h. t.* (Papinian). Auch diese handelt ausdrücklich von Sklaven, die zu *vincula temporaria* verurteilt sind, also zur häuslichen Zwangsarbeit.

Es gibt nur eine einzige Ausnahme, daß ein Sklave nicht zur häuslichen, sondern zur öffentlichen Zwangsarbeit verurteilt wird, das ist der Fall der *fr.* 10 *pr. in fine*; (s. oben S. 154). Mommsen zählt allerdings S. 953, *n.* 1 noch vier weitere Ausnahmefälle auf, nämlich *fr.* 8 § 13 und *fr.* 33 *h. t.*; ferner *c.* 6 und *c.* 10 *h. t.* Von diesen 4 Fällen könnte man höchstens *fr.* 8 § 13 als Ausnahme ansehen. Man könnte sagen, wenn hier *vincula* häusliche Zwangsarbeit bedeuten würde, so wäre es selbstverständlich, wenn der Sklave im Eigentum des Herrn verbliebe. Aber Ulpian wollte eben den Gegensatz zu den in § 12 desselben *fr.* aufgezählten Sklavenstrafen feststellen, bei welchen der Herr das Eigentum verliert, falls sein Sklave dazu verurteilt wird. Unerklärlich ist es, wie Mommsen dazu kommt, *c.* 10 *h. t.* als Ausnahmefall zu bezeichnen, da sie ausdrücklich sagt: *sub poena vinculorum domino reddi iussus.* — *C.* 6 *h. t.* hat nur dann einen Sinn, wenn *vincula* die häusliche Zwangsarbeit bedeuten. Eine wirkliche Ausnahme zählt Mommsen nicht auf. Mit Willen des Herrn kann der Sklave dann zur öffentlichen Zwangsarbeit verurteilt werden, wenn der Sklave fälschlicherweise gegen ihn behauptet hat, daß er sich mit seinem Gelde losgekauft habe, *fr.* 5 *de man.* 40, 1 u. *fr.* 38 § 4 *de poenis.*

Mit der Strafe der häuslichen Zwangsarbeit in Fesseln ist die Einrichtung des Sklavenzwingers (*ergastulum*) enge verbunden.[1]

Den zur lebenslänglichen häuslichen Zwangsarbeit verurteilten Sklaven wurde sehr wahrscheinlich ein äußeres Zeichen eingebrannt.[2]

Es gibt aber Sklavenstrafen, die dem Herrn niemals zur Vollstreckung (etwa durch eine gleichwertige Strafe) übertragen werden, das sind die Strafen des Bergwerks (*metallum*), der Bergwerksarbeit (*opus metalli*), des Kampfes mit wilden Tieren zur Volksbelustigung (*ludus venatorius*). Der Herr verliert durch die Strafvollstreckung sein Eigentum auf immer.[3] Wird

---

[1] In den justinianischen Quellen wird das *ergastulum* nicht genannt, wohl aber im *Codex Theodosianus* und zwar in der *l.* 8 *de tironibus* 7, 13 und in der *l.* 3 *de poenis* 9, 40. In der letzten Stelle bedeutet aber *ergastulum* unbestritten ein öffentliches Gefängnis. Aber auch in der ersten Stelle hat es richtiger Ansicht nach dieselbe Bedeutung, vgl. J. GOTHOFREDUS, a. a. O. zu dieser Konstitution.

Um so häufiger wird das *ergastulum* in seiner Bedeutung als Sklavenzwinger in der nichtjuristischen Literatur erwähnt. Es war ein ländliches Gefängnis (*rusticus carcer*) JUVENALIS, *Sat.* 14, *vers.* 24. Um die Flucht der gefangenen Sklavensträflinge zu verhüten, war der Sklavenzwinger sehr stark befestigt, COLUMELLA, *De re rustica lib.* 1, *cap.* 8, *vers.* 15 u. *lib.* 11, *cap.* 1, *vers.* 40. Die zur Zwangsarbeit in Fesseln verurteilten Sklaven wurden nicht zu den leichteren ländlichen Arbeiten verwandt, sondern nur zu der schweren Arbeit des Umgrabens des Ackers, OVID, *Tristia lib.* 4, *elog.* 1, *vers.* 5; LUCANUS, *Lib.* 7, *vers.* 487; JUVENALIS, *Sat.* 11, *vers.* 79.

Hadrian hob nun nach Aussage von SPARTIANUS (*vita Hadriani cap.* 18) die *ergastula* auf, nachdem schon Tiberius für ihre Reinigung Sorge getragen hatte (SUETON, Tiberius, *cap.* 8). Von der Aussage SPARTIANS gibt es zwei Lesarten, die ältere: *ergastula servorum et libertorum tulit* (so auch J. GOTHOFRED zu *l. unica de her. petit.* 2, 22), und die neuere: *ergastula servorum et liberorum tulit* (so J. GOTHOFRED zu *l.* 8 *de tironibus* 7, 13; D'ARNAUD, a. a. O. *cap.* 9; MOMMSEN und H. JORDAN). D'ARNAUD behauptet aber, daß es auch nach Hadrian Sklavenzwinger gegeben habe. Er stützt sich dabei auf CLAUDIANUS, der jünger sei als Hadrian. Der sagt aber (*lib.* 11, *vers.* 343 *in Eutropium*) nur, daß es gefesselte und gezeichnete Sklaven gebe. Einen direkten Beweis für die Existenz von *ergastula* für Sklaven nach Hadrian liefert er nicht. Damit wird auch die von ihm vorgeschlagene Lesart hinfällig: *ergastula servorum et liberorum, lavacra pro sexibus separavit.* Eine Trennung der Geschlechter in den öffentlichen Gefängnissen führte erst Konstantin im Jahre 340 ein, *c.* 3 *de custodia reorum* 9, 4 (= *C. Th.* 9, 3, 3).

Die Privatgefängnisse für Freie hoben Theodos I. im Jahre 386 (*l.* 1 *C. Th. de privati carceris custodia* 9, 11) und Kaiser Zeno im Jahre 486 (*c.* 1 *de privatis carceribus inhibendis* 9, 5) auf, beide aber nur für die Diözöse Ägypten. Justinian hob sie im Jahre 529 (*c.* 2 *cod. tit.*) für das ganze Reich auf.

[2] So berichtet Gaius I, 13 von Sklaven, denen Zeichen eingebrannt sind. Vgl. ferner PETRONIUS, *Sat.* 103, 105; PLINIUS, *Hist. nat. l.* 18, *cap.* 3. *C. Th.* 9, 40, 2. Es ist möglich, daß auch anderen Sklaven ein Zeichen eingebrannt wurde. Die so Gezeichneten konnten niemals durch Freilassung römische Bürger werden, sondern nur die Persönlichkeit eines *peregrinus dediticius* erlangen, Gaius I, 13.

[3] *Fr.* 8 § 12 *de poenis*; s. auch oben S. 154. Wer zum Bergwerk verurteilt wird, trägt schwerere Fesseln als der zur Bergwerksarbeit Verurteilte. Wer dem Bergwerk entspringt, wird mit dem Tode, wer der Bergwerksarbeit entläuft, mit Bergwerk bestraft, *fr.* 8 § 6 *h. t.* und *fr.* 5 § 3 *de variis cognitionibus* 50, 13.

ein Sklave, der die Strafe der häuslichen Zwangsarbeit verbüßt hat, nachträglich von seinem Herrn, unter welchem er die Strafe verbüßte oder von einem anderen freigelassen, so erlangt er nur die Persönlichkeit eines *peregrinus dediticius*, kann also niemals die Persönlichkeit eines römischen Bürgers oder eines *Latinus* erwerben.[1]

E. Die Persönlichkeit des Sklaven ist gegen falsche Anklage im öffentlichen Strafprozeß ebenso geschützt, wie die Persönlichkeit eines Freien.[2] Wird nämlich der Sklave wegen eines Verbrechens im öffentlichen Strafprozeß angeklagt, auf Antrag der Folterung unterworfen und freigesprochen, dann haftet der Ankläger nicht nur zivilrechtlich auf den doppelten Schadensersatz[3], sondern er macht sich auch strafrechtlich des *crimen calumniae* schuldig.[4] Er kann also bei demselben Gericht[5] des Verbrechens der *lex Remmia* angeklagt werden. Die Verurteilung macht ihn infam.[6]

§ 18. Die Persönlichkeit des herrenlosen Sklaven im bürgerlichen, sakralen und prozessualen Recht.

I. Die Frage nach der Handlungsfähigkeit eines herrenlosen Sklaven läßt sich nicht allgemein beantworten. Wir müssen vielmehr unterscheiden zwischen den verschiedenen Arten herrenloser Sklaven. Betrachten wir zunächst die Handlungsfähigkeit des derelinquierten Sklaven. Ist der Rechtssatz ausnahmslos richtig, daß die Rechtfähigkeit des Sklaven nur ein Abglanz der Rechtsfähigkeit des Herrn ist, daß also der Sklave keine eigene Rechtsfähigkeit besitzt, sondern höchstens eine von seinem Herrn abgeleitete[7], dann ist der derelinquierte Sklave ganz rechtlos, denn er besitzt nicht einmal diese abgeleitete Rechtsfähigkeit, wäre also gänzlich ohne Rechtsfähigkeit[8] und damit ohne Handlungsfähigkeit.[9] Dieser

---

[1] Gaius I, 13, 14.

[2] Auch dieser Schutz läßt sich nicht erklären durch die Theorie von der rein sachlichen Natur des Sklaven, s. oben S. 92.

[3] Wohl mit der *actio legis Aquiliae*: *fr.* 9 *de calum.* 3, 6 (Papinian): *in duplum pretium accusator domino damnatur.* Nicht wegen der *calumnia*, wie Mommsen, a. a. O., S. 491, *n.* 2 anzunehmen scheint, sondern weil diese Klage gegen den Leugnenden aufs Doppelte geht, Gaius IV, 9.

[4] *Fr.* 9 *cit. de calum.* 3, 6: *Separatum est etenim calumniae crimen* . . . .

[5] Mommsen, a. a. O., S. 494, *n.* 7.

[6] *Fr.* 1 *pr. de his qui not.* 3, 2. Nicht bezeugt ist die Brandmarkung mit einem *K*, worauf Papinian in *fr.* 13 *de testibus* 22, 5 hinweist.

[7] Pernice, Labeo Bd. 1, S. 112 *nr.* 4 u. 5; 145; 147; 367.

[8] So bezeichnet ihn auch Karlowa, Röm. Rechtsgeschichte, Bd. 2, S. 101 und Schmidt; s. oben § 1. Sie fassen dabei aber in korrekter Weise alle *servi sine domino* ins Auge, also auch den, an dem ein Ususfrukt haftet. Auch Pernice, Labeo Bd. 7, S. 112 *nr.* 4 u. 5; 145; 147; 367 spricht allgemein dem, der keinen Herrn hat, die Rechtsfähigkeit ab, nennt aber den derelinquierten Sklaven und nach labeonischer Auffassung den *servus hereditarius*.

[9] So ausdrücklich Pernice, a. a. O., insbesondere S. 145.

Satz steht zwar in seiner Allgemeinheit nicht im *corpus iuris.*[1] Im Gegenteil läßt sich aus *fr.* 3 *de peculio* 15, 1 schließen, daß auch dem gewaltfreien Sklaven Handlungsfähigkeit zukomme, so daß wegen seiner Kontrakte die *actio de peculio* angestellt werden kann. Ulpian spricht hier vom gewaltfreien Sklaven im allgemeinen und führt dann den Erbschaftssklaven als Beispiel an. Ihm haben wir aber die Eigenschaft eines herrenlosen Sklaven abgesprochen, daher können wir dem Ausspruche Ulpians für unsere Untersuchung keinen Wert beilegen.[2]

Um nun die Handlungsfähigkeit des derelinquierten Sklaven näher zu untersuchen, sind folgende Fragen zu beantworten: Kann ein derelinquierter Sklave ein *peculium* haben? Ein *peculium* im Rechtssinne nicht. Hatte er vor der Dereliktion ein solches, so verliert er es durch die Dereliktion.[3] An ihn hat also Ulpian gar nicht gedacht. — Kann sich ein derelinquierter Sklave etwas mit rechtlicher Bedeutung versprechen, eine Sache manzipieren oder tradieren lassen? Davon, daß sich der derelinquierte Sklave etwas promittieren läßt, sprechen in der Tat die Quellen.[4] Javolen sagt hier, daß das, was ein derelinquierter Sklave sich hat versprechen lassen, für den Herrn, der ihn aufgab, keine Wirksamkeit habe. Er sagt allerdings nicht, daß die Stipulation, die der Sklave abgeschlossen, überhaupt wirkungslos sei. Wirkung könnte sie vielleicht dann haben, wenn sich der derelinquierte Sklave später einem neuen Herrn unterwerfen würde. Kann dann nicht der neue Herr die vom Sklaven vor der Unterwerfung abgeschlossene Stipulation geltend machen? Javolen beantwortet diese Frage nicht, sondern nur die, ob der neue Herr die Stipulation geltend machen kann, welche der Sklave nach der Unterwerfung abgeschlossen hat.[5] Man könnte nun behaupten, daß der Erbschaftssklave vor Antritt der Erbschaft von seiten des Erben in einer ähnlichen Lage sei, wie der derelinquierte Sklave vor der Adprehension von seiten des neuen Herrn. Von den Stipulationen eines Erbschaftssklaven handeln einige Quellenstellen.[6] Diese sagen uns, daß der Erbschaftssklave dann durch die Stipulation dem künftigen Erben erwirbt, wenn er sie in seinem eigenen Namen, nicht im Namen des künftigen

[1] Nur Theophilus stellt ihn auf *de stip. serv.* 3, 17 *pr.*: *Οἱ οἰκέται ἀπρόσωποι ὄντες ἐκ τῶν προσώπων τῶν οἰκείων δεσποτῶν χαρακτηρίζονται*; vgl. auch Theophil., *De capitis deminutione* 1, 16 § 4. Vgl. noch Paschasius Diaconus, *De spiritu sancto lib.* II, *caput* IV; Migne, *Patrol. lat. tom.* 62, *pag.* 29 C—D: *Et sicut apud nos homines Filius patris familias juxta patrem vel servus juxta Dominum, personae propriae locum non habet.*

[2] Er ist zwar gewaltfrei, aber nicht herrenlos. S. oben § 2.

[3] Eine Quellenstelle, die diesen Satz ausspricht, fehlt. Man könnte aber analog *fr.* 1 § 30 *dep.* 16, 3 und *fr.* 7 § 18 *de pactis* 2, 14 heranziehen, insbesondere den Satz: *non solet ei proficere, si quid in servitute egit, post libertatem.*

[4] *Fr.* 36 *de stip. serv.* 45, 3.

[5] *Quod si ab alio adprehensus est, stipulatione ei adquirere poterit.* So faßt auch Pothier, a. a. O. 45, 3, *art.* I § 1 *num.* 1 (b) die Stelle auf: *quam interponet, postquam et apprehensus est.*

[6] *Fr.* 16 *de stip. serv.* 45, 3; *fr.* 41 *de reb. cred.* 12, 1.

Erben abgeschlossen hat.[1] Man könnte nun daraus die Sätze ableiten: Hat ein derelinquierter Sklave sich etwas in seinem Namen versprechen lassen, so kann der neue Herr, dem er sich unterwirft, die aus der Stipulation hervorgehende Forderung für sich geltend machen. Hat er aber sich etwas ausdrücklich für seinen zukünftigen Herrn versprechen lassen, so ist die Stipulation nichtig. M. E. mit Unrecht. Die Ähnlichkeit der Lage ist eine bloß scheinbare und in Wirklichkeit nicht vorhanden. Der Unterschied ist folgender: Bei der ruhenden Erbschaft ist mit Sicherheit zu erwarten, daß sie später ein Erbe mitsamt dem Erbschaftssklaven erwirbt, beim derelinquierten Sklaven aber ist eine künftige Adprehension ganz unsicher.

Nehmen wir an, der derelinquierte Sklave habe tatsächlich durch Manzipation oder Tradition wertvolle Sachen erworben (von einem rechtlichen Erwerb kann ja keine Rede sein). Nachträglich unterwerfe er sich einem neuen Herrn. Wird dieser neue Herr Eigentümer der Sache, wenn die objektiven Voraussetzungen des Eigentumsüberganges bei der Manzipation oder Tradition erfüllt waren, oder wird er mindestens Besitzer? Und, wenn ja, gilt er als Eigentümer bzw. Besitzer von dem Augenblicke an, in welchem dem Sklaven die Sachen manzipiert bzw. tradiert wurden? Auf diese Fragen schweigen die Quellen. M. E. lassen sich auch hier nicht die Rechtssätze über den Erbschaftssklaven analog heranziehen.[2] Wir müssen also die Frage verneinen, und nur zugeben, daß der neue Herr den Besitz der Sachen dann erwirbt, wenn er sie einzeln adprehendiert.

Entstehen aus Kontrakten, die ein derelinquierter Sklave abgeschlossen hat, Naturalobligationen? Da er tatsächlich durch Manzipation oder Tradition oder auf sonstige erlaubte Weise, z. B. durch Okkupation, wertvolle Sachen erwerben kann, so wird man ihm auch die Möglichkeit zugestehen müssen, seine Kontraktschulden tatsächlich zu bezahlen. Hier kommt nun der berühmte Ausspruch Ulpians in Betracht: *Ex contractibus autem civiliter quidem (servi) non obligantur, sed naturaliter et obligantur et obligant.*[3] Ulpian drückt sich hier so allgemein aus, daß wir die Frage bejahen dürfen. Der derelinquierte Sklave wird also durch seine Kontrakte naturaliter obligiert. Erlangt er die Freiheit[4], so können seine Gläubiger wegen Kontraktschulden nicht gegen ihn klagen. Wohl aber können seine Deliktsobligationen nach erlangter Freiheit klagbar gegen ihn geltend gemacht werden. Dieser Grundsatz ist zwar auch nicht ausdrücklich in den Quellen für den derelinquierten Sklaven ausgesprochen, aber er gilt für einen Sklaven,

---

[1] Vgl. *fr.* 16 *cit.*: *Servus hereditarius futuro heredi nominatim dari stipulatus nihil agit, quia stipulationis tempore heres dominus eius non fuit*; *fr.* 41 *cit. quod si sibi dari stipulatus esset, dicendum hereditati eum adquisisse.* Hier handelt es sich allerdings um einen *bona fide serviens*; dasselbe wird aber wohl auch für einen wirklichen Erbschaftssklaven gelten.

[2] *Fr.* 1 §§ 5 u. 16 *de adquir. vel amitt. poss.* 41, 2.

[3] *Fr.* 14 *de o. et a.* 44, 7.

[4] S. unten §§ 20 fg.

der freigelassen worden ist[1], und es steht nichts im Wege, ihn analog auf unseren Fall anzuwenden.

Kann ein Dritter sich einen derelinquierten Sklaven aus einem Kontrakte verpflichten? Diese Frage beantwortet wieder Ulpians berühmter Ausspruch: .... *sed naturaliter et obligantur et obligant.* Es kann sich also ein Dritter naturaliter den derelinquierten Sklaven aus Kontrakten verpflichten. Ja, Savigny und Scheurl meinten sogar, daß Ulpian bei dem *obligant* gerade die Kontrakte herrenloser Sklaven ins Auge gefaßt habe[2] oder die Kontrakte der Sklaven mit ihrem Herrn bzw. mit anderen gewaltunterworfenen Personen.[3] M. E. verhält es sich gerade umgekehrt. Sein Ausspruch ist wohl in erster Linie von den Kontrakten zu verstehen, welche die gewaltunterworfenen Sklaven mit dritten Personen abschlossen. Das römische Recht verstattete den gewaltunterworfenen Sklaven einen weiten Spielraum freier Erwerbstätigkeit mit Dritten. Die Herren drückten zu diesem Verkehr mit Dritten ein Auge zu. Nur so ist es zu verstehen, daß sich die Sklaven mit ihrem Gelde loskaufen konnten.[4]

Die bisherigen Betrachtungen setzen voraus, daß sich der derelinquierte Sklave als solcher aufführt und die Absicht hat, unter die Herrschaft eines neuen Herrn zu treten. Er kann sich aber in den Besitz der Freiheit setzen.[5]

Ist nun aber nicht der derelinquierte Sklave, der sich nicht mehr als Sklave, sondern als Freier aufführt, ein solcher, der sich mit Willen des Herrn im Besitz der Freiheit befindet?[6] Keineswegs. Bei der Dere-

---

[1] *Fr.* 20 *de o. et a.* 44, 7; *fr.* 157 *pr. de r. i.* 50, 17; *fr.* 17 § 7 *de iniuriis* 47, 10.

[2] *Fr.* 14 *de o. et a.* 44, 7.

[3] S. Kritische Vierteljahrsschrift, 6. Bd. (1864), S. 513.

[4] *Fr.* 4 § 1; *fr.* 5; *fr.* 6 *de manum.* 40, 1; vgl. noch *fr.* 53 *de iud.* 5, 1; Orelli, *Inscriptionum vol.* I, *n.* 29, 83 und oben § 16 V; Seneca, *Epist.* 80, 4; Tacitus, *Annal.* 14, 42.

[5] Die Römer nannten den Besitz der Freiheit *possessio libertatis*, *fr.* 28 *de liberali causa* 40, 12. Den Besitz der Freiheit erlangen heißt *possessionem libertatis consequi*, *fr.* 28 *cit.* Im Besitze der Freiheit sein *in possessionem libertatis esse*, *fr.* 41 *eod. tit.*, oder *in possessione libertatis esse*, *fr.* 10 *eod. tit.*, oder *in possessione libertatis morari*, *fr.* 12 § 1 *eod. tit.* Von Sklaven, die sich als Freie aufführen, spricht *fr.* 2 *de fugitivis* 11, 4 (Callistratus); vgl. auch *c.* 6 *de fugitivis servis* 6, 1.

[6] Welches diejenigen sind, welche mit dem Willen des Herrn im Besitze der Freiheit sich befinden (*fr.* 28 *de lib. causa*), erfahren wir nur aus *fr. Dossith.* 5. Danach sind es die nicht rechtsgültig Freigelassenen, so der durch Testament freigelassene minderjährige Sklave, s. auch oben § 8. Vor der *lex Junia* war er tatsächlich ein herrenloser Sklave, der aber rechtlich noch in der Gewalt seines Freilassers stand. Alles, was er erwarb, sei es, daß er sich etwas versprechen oder manzipieren ließ, oder durch sonstige Tatbestände erwarb, fiel diesem zu: *Omnia tamen quasi servus adquirebat manumissori: nam sive quid stipulabatur vel mancipio accipiebat vel ex quibuscunque causis aliis adquisierat, domini hoc faciebat.* Mit einem Worte: Das ganze Vermögen des Freigelassenen gehörte dem Patron: *id est manumissi omnia bona ad patronum pertinebant,*

liktion fehlt der Freilassungswille. Das Motiv der Dereliktion ist die Abneigung gegen den Sklaven; der Herr will zwar nichts mehr von ihm wissen[1], aber er will nicht, daß er frei sei. Daher fällt ihm auch der Erwerb des derelinquierten Sklaven nicht zu: *nec potest eius operibus uti, quem eo iure ad se pertinere noluit.*[2] Das, was der derelinquierte Sklave im bösgläubigen Besitze der Freiheit auf Grund einer Stipulation, Manzipation, Tradition oder eines sonstigen Tatbestandes erwirbt, bildet sein tatsächliches Vermögen.[3] So müssen wir denn anerkennen, daß ein derelinquierter Sklave, der sich als Freier aufführt, nur tatsächlich Handlungsfähigkeit besaß, daß er sich nur tatsächlich Vermögen erwerben konnte. Tatsache und Recht stehen hier wie so oft miteinander im Widerspruch. Wie sich die Tatsache in Recht verwandeln kann, wird unten gezeigt werden.[4]

Die gleiche Rechtsstellung wie der derelinquierte Sklave haben nun alle anderen herrenlosen Sklaven, mit Ausnahme dessen, an dem ein Nießbrauch besteht, also z. B. der *servus vacans,* der Sklave, der früher *servus poenae* war[5], der *vindicta* freigelassene minderjährige Sklave, ja sogar der, an dem ein Nießbrauch besteht, nach Beendigung des Nießbrauchs.

Betrachten wir nun die Handlungsfähigkeit des herrenlosen Sklaven, an dem ein Nießbrauch besteht. Auch auf ihn könnte man jenen Satz des Theophilus[6] anwenden und sagen, daß er keine Rechtsfähigkeit besitze, da er keinen Herrn habe. Aber hier tritt der Nießbraucher in die Bresche. Was der Sklave durch seine Arbeit oder mit Mitteln des Nießbrauchers erwirbt, das erwirbt er dem Nießbraucher.[7] Wenn er sich also innerhalb dieser Schranken etwas versprechen oder zu Eigentum übertragen läßt, so erwirbt er es dem Nießbraucher.[8] Die Möglichkeit, durch ausdrückliche Willenserklärung den Erwerb dem Eigentümer zuzuwenden[9], fällt hier selbstverständlich weg. Eine Erbschaft kann er für den Nießbraucher dann erwerben, wenn er zu dessen Gunsten als Erbe eingesetzt ist; ein Vermächtnis dann, wenn er es für ihn annimmt.[10] Für allen übrigen Erwerb gelten die gleichen Regeln, wie beim derelinquierten Sklaven.

Was die familienrechtlichen Beziehungen des herrenlosen Sklaven anbetrifft, so läßt sich darüber wohl folgendes sagen: Geht der herrenlose Sklave mit einem Weibe eine Geschlechtsverbindung ein, so

---

Dos. 5. *fin.* vgl. Gaius III, 56. Nach der *lex Junia* wurden sie Freie, *Latini Juniani,* aber ihr Nachlaß gehörte ihren Freilassern, als ob die *lex* nicht erlassen worden wäre, Gaius III, 56. Sie leben als Freie, sterben aber als Sklaven.

[1] *Omnino a se reiecit, fr.* 36 *de stip. serv.* 45, 3. [2] *Fr.* 36 *de stip. serv.* 45, 3.

[3] Anders Voigt, Die XII Tafeln 2, 74 *n.* 12.

[4] S. unten § 30 S. 194 fg. [5] S. oben § 2 S. 11[8].

[6] *Pr. J. de stipul. serv.* 3, 17.

[7] Gaius II, 91, 92; III, 164, 165; Ulpian 19, 21; Paulus V, 7, 3; *fr.* 21 *de usufr.* 7, 1; *fr.* 5 § 4a *si usufr.* 7, 6; *fr.* 49 *pr. de adqu. vel amitt.* 41, 2.

[8] *Fr.* 21 *de usufruct.* 7, 1: *sive stipuletur sive ei possessio fuerit tradita. Vat.* 71[b].

[9] *Fr.* 37 § 5 *de a. r. d.* 41, 1. [10] *Fr.* 21 *de usufr.* 7, 1.

liegt ein *contubernium* vor. Die daraus entspringenden Kinder stehen untereinander und mit ihren Eltern in einer *cognatio naturalis*[1], und es besteht deshalb zwischen Eltern und Kindern und zwischen Geschwistern ein Ehehindernis.[2] Die Kinder aus einem derartigen *contubernium* sind entweder frei, wenn die Mutter eine Freie ist, oder gewaltunterworfene Sklaven, wenn die Mutter eine fremde Sklavin ist, oder herrenlose Sklaven, wenn die Mutter eine herrenlose Sklavin ist. Denn die Kinder folgen dem Stande der Mutter: *iure enim communi maternam conditionem natum sequi necesse est.*[3]

II. Welches war nun die Stellung des herrenlosen Sklaven im Sakralrecht?[4] Er kann für sich Rechte erwerben und Verbindlichkeiten eingehen und zwar im Gebiete des Gelübdes, der Weihe, des Eides und des Begräbnisses.[5] Er kann ein Gelübde ablegen und wird dadurch verpflichtet. Erfüllt er es nicht, so kann er der göttlichen Strafe ebenso verfallen wie ein Freier, der sein Versprechen nicht erfüllt.[6] Der herrenlose Sklave kann sich Dritten gegenüber durch Eid verpflichten.[7] Umgekehrt sind auch eidliche Versprechen Dritter an ihn verbindlich.[8] Die Begräbnisstätte eines herrenlosen Sklaven ist *locus religiosus.*[9] Der Grund dafür liegt darin, daß der in *iusta servitute* befindliche Sklave zum römischen Volke gehört, und zwar m. E. nicht bloß sakralrechtlich, wie PERNICE meint[10], sondern auch nach zivilem Rechte.[11]

Ein herrenloser Sklave konnte in der Kaiserzeit Mitglied geistlicher Genossenschaften[12] und der *collegia tenuiorum* werden und konnte darin sogar ein Amt bekleiden.[13] Eine Zustimmung des Herrn, die sonst erforderlich ist, fällt bei ihm selbstverständlich hinweg.[14] Setzt er als Mitglied der Genossenschaft im Testament einen Dritten zum Erben ein, so befolgt die Genossenschaft seine Anordnung.[15]

---

[1] Siehe GRADENWITZ, a. a. O. S. 161, und die von ihm angeführten Stellen in *n.* 2 u. 3.

[2] *Fr.* 8, *fr.* 14 § 2, 3; *fr.* 56 *de ritu nupt.* 23, 2.

[3] *L.* 7 *in fine C. Th. de liberali causa* 4, 8.

[4] S. oben § 15 S. 97 XII.

[5] S. PERNICE, a. a. O. S. 1174.

[6] PERNICE, a. a. O. S. 1175. Nach *fr.* 2 § 1 *de pollic.* 50, 12 ist das Gelübde der Sklaven nur unter *auctoritas* des Herrn verbindlich; das bezieht sich nur auf das Gelübde des gewaltunterworfenen Sklaven, nicht auch auf das des herrenlosen Sklaven.

[7] PERNICE, a. a. O. S. 1175, n. 3 und 4.

[8] S. PERNICE, a. a. O. S. 1178.

[9] *Fr.* 2 *pr. de relig. et sumpt.* 11, 7: *Locum in quo servus sepultus est religiosum esse Aristo ait.*

[10] A. a. O. S. 1179.

[11] S. oben § 15 S. 100[1].

[12] PERNICE, a. a. O. S. 1180 *n.* 2.

[13] PERNICE, a. a. O. *n.* 3.

[14] *Fr.* 3 § 2 *de colleg. et corpor.* 47, 22.

[15] *Collegium funeraticium Lanuvinum* II, 1. BRUNS, *Fontes ed. septima pag.* 390. PERNICE, a. a. O. S. 1181 *n.* 3 spricht davon, daß der Sklave im Testament über die Grabstelle zugunsten eines anderen verfügt, aber die Quellen reden ausdrücklich von der Einsetzung eines Erben: *nisi si quis testamento heres nominatus erit.*

Es ist klar, daß alles, was wir von der Stellung des herrenlosen Sklaven im Sakralrechte gesagt haben, nur unter der Voraussetzung gilt, daß er sich als solcher aufführt und sich nicht in den Besitz der Freiheit setzt.

III. Stellung im Privatstrafrecht. Leider fehlen uns hier Quellenstellen, welche sich auf den herrenlosen Sklaven unmittelbar anwenden lassen. Aber wir können ohne große Schwierigkeiten die Nutzanwendungen aus dem Privatstrafrecht der gewaltunterworfenen Sklaven für die herrenlosen Sklaven ziehen.

Für die aufgegebenen und ihnen gleichgestellten herrenlosen Sklaven kommt in der Regel nur das Duktionsverfahren in Betracht.[1] Gelingt es dem Verletzten, den Täter zu fassen, so führt er ihn vor den Prätor, und da sich in der Regel kein Verteidiger findet, so führt ihn der Verletzte auf Befehl des Prätors ab und erwirbt an ihm auf originäre Weise bonitarisches Eigentum.[2]

Anders gestaltet sich die Sache, wenn ein herrenloser Sklave, an dem ein Nießbrauch besteht, ein Delikt begeht. Hier ist der Nießbraucher beim Duktionsverfahren zur Übernahme der Verteidigung verpflichtet. Weigert er sich, vor dem Magistrat die Verteidigung zu übernehmen, so verliert er zwar nicht sein Recht, aber es wird ihm vom Prätor[3] oder vom Prokonsul[4] die gerichtliche Geltendmachung *(actio, persecutio)* des Nießbrauchs verweigert. Auf Befehl des Prätors führt der Kläger den herrenlosen Sklaven ab und erwirbt an ihm auf originäre Weise bonitarisches Eigentum. Es besteht zwar formell noch ein Nießbrauch an ihm, der aber gerichtlich nicht geltend gemacht werden kann. Er bleibt bestehen, bis er durch die erzwungene Nichtausübung in der gesetzlichen Frist erlischt.[5]

Übernimmt dagegen der Nießbraucher die Verteidigung, so geht das Duktionsverfahren in das *noxale iudicium directum* über. Er behält

---

[1] Daß von einem *iudicium noxale directum* und von einem *iudicium noxale praetorium* keine Rede sein kann, beweist mit bestimmten Worten *fr.* 38 § 1 *de nox. act.* 9, 4 (Ulpian): . . . . *ne eius nomine qui sine domino sit, furti sit actio.* Gemeint ist ein aufgegebener Sklave: *servus qui pro derelicto habetur.*

[2] Eine Verpflichtung zur Verteidigung besteht beim aufgegebenen Sklaven für niemanden. Denkbar wäre es aber, daß ein Dritter, der den herrenlosen Sklaven in seiner tatsächlichen Gewalt hat, die Verteidigung übernimmt und einen Bürgen dafür beibringt, daß der Täter sich vor Gericht stellen werde. Dann geht das Vorführungsverfahren in das *iudicium noxale directum* über; der Verteidiger hätte das Recht, den herrenlosen Sklaven nach der Verurteilung wegen des Schadens hinzugeben. Der siegreiche Kläger erlangt dann an ihm auf originäre Weise bonitarisches Eigentum, *arg. fr.* 27 § 1 *h. t.* Bezahlt der Verteidiger die Strafsumme, so erwirbt er dadurch allein noch nicht das Eigentum am herrenlosen Sklaven, weder bonitarisches noch quiritarisches, selbst wenn sich dieser dauernd seiner Herrschaft unterwirft; s. unten § 28.

[3] *Fr.* 3 *si ex nox. causa* 2, 9.

[4] *Fr.* 27 *pr. h. t.*

[5] *Fr.* 27 *pr. h. t.*: *ususfructus autem, etiamsi persecutio eius denegetur, ipso iure durat eo usque, donec non utendo (constituto tempore) pereat.* (Justinian).

aber nach seiner Verurteilung das Recht der Hingabe, wie es der Natur des *iudicium directum* entspricht.[1] Macht er davon Gebrauch, so erwirbt der Kläger am herrenlosen Sklaven auf originäre Weise das bonitarische Eigentum. Bezahlt er die Strafsumme, so erwirbt er dadurch allein nicht das Eigentum am herrenlosen Sklaven, wohl aber bleibt sein Nießbrauch als geschütztes Recht bestehen.

IV. Stellung im öffentlichen Strafrecht. Darüber gibt es keine direkten Quellenstellen; dagegen lassen sich aus dem öffentlichen Strafrecht für die gewaltunterworfenen Sklaven Folgerungen für den herrenlosen Sklaven ziehen.

Beim derelinquierten Sklaven fehlte es an einer Hausgerichtsbarkeit. In bezug auf den herrenlosen Sklaven, an dem ein Nießbrauch bestand, hatte wohl der Nießbraucher ein mäßiges Züchtigungsrecht, zu keiner Zeit aber das Recht über Leben und Tod. Abgesehen von diesem Züchtigungsrecht des Nießbrauchers bleibt für den herrenlosen Sklaven nur die staatliche Strafrechtspflege übrig, sei es das Offizial- (Kognitional-), sei es das Akkusationsverfahren. In beiden Fällen fehlt es selbstverständlich an der Querel bzw. der Akkusation des Hausherrn; ebenso an dessen Verteidigung. Doch kann die Verteidigung bei dem herrenlosen Sklaven, an dem ein Nießbrauch besteht, der Nießbraucher übernehmen und bei jedem herrenlosen Sklaven auch ein beliebiger Dritter.[2] Da aber wohl in den seltensten Fällen jemand für den herrenlosen Sklaven die Verteidigung übernimmt und Bürgen dafür beibringt, daß er sich vor Gericht stellen wird, so wird er in der Regel von Amts wegen gefesselt. Er kann aber in Fesseln sich selber verteidigen oder durch einen Dritten sich verteidigen lassen.[3] Wird er verurteilt, so kann er in Ermangelung eines Herren selber Berufung einlegen. Ist er dagegen als Räuberhauptmann, Volksaufwiegler oder als Haupt einer Verschwörung verurteilt worden, so wird ihm die Berufung versagt.[4] Es besteht aber ein scharfer Gegensatz zwischen dem *noxale iudicium directum* und dem *iudicium publicum*; dort verliert der Nießbraucher die gerichtliche Geltendmachung seines Nießbrauchs, wenn er die Verteidigung ablehnt, hier nicht. Übernimmt er aber die Verteidigung, so hat er einen Bürgen dafür aufzubringen, daß sich der Täter vor Gericht stellen wird; ebenso jeder Dritte, der die Verteidigung übernimmt.[5]

Bei der Strafvollstreckung fehlt es an der gegenseitigen Unterstützung der Hausgerichtsbarkeit und der öffentlichen Strafrechtspflege. Jedoch ist möglich, daß, wenn die Fesselstrafe über den herrenlosen Sklaven verhängt wurde, der Gegenstand eines Nießbrauchs war, er dem Nießbraucher zu ihrer Vollstreckung auf Zeit oder lebenslänglich abgegeben

---

[1] S. oben § 16 S. 116 fg.

[2] S. oben § 17 S. 151[2] und *fr.* 2 *pr. de custodia* 48, 3: .... *vel ab extero* ....

[3] S. oben § 17 S. 151[3] und *fr.* 19 *de poenis* 48, 19.

[4] S. oben § 17 S. 152[3] und *fr.* 15 u. 16 *de appell.* 49, 1. Die Ausnahmefälle passen gerade auf einen herrenlosen Sklaven.

[5] *Arg. fr.* 2 *pr. de cust. et exh. reor.* 48, 3.

wurde. Weigerte sich der Nießbraucher, den Strafvollzug zu übernehmen, so konnte wohl die öffentliche Aufforderung zur käuflichen Übernahme des Sklaven eintreten. Dieselbe fand wohl bei jedem herrenlosen Sträfling statt. Dem sich Meldenden wurde dann der verbrecherische Sklave mit der Verpflichtung übergeben, die Fesselstrafe zu vollstrecken.[1] Meldete sich kein Käufer, so wurde wohl der herrenlose Verbrecher zur lebenslänglichen öffentlichen Arbeit abgeführt[2] und wurde ein Strafsklave.[3]

In einigen Fällen des Sklavenstrafrechts verlangen die Quellen weder die Anwesenheit noch die Verteidigung des Herrn. Sie passen daher ungezwungen auf den herrenlosen Sklaven. Es sind folgende: Beschädigt er den vom Prätor in irgendeiner Urkunde aufgestellten dauernden Jurisdiktionsplan, so wird er von Amts wegen der Folterung unterworfen.[4] Begeht er bei Gelegenheit einer Feuersbrunst, eines Erdbebens, eines Schiffbruchs einen Raub, so wird er ebenfalls öffentlich bestraft.[5] Läßt er sich zu einer schweren Beleidigung hinreißen, so kann er vom Verletzten ergriffen und dem Strafrichter (*praeses*) übergeben werden, der ihn dann nach stattgefundener Untersuchung (Kognitionalverfahren) mit Geißeln auspeitschen läßt.[6] Zur Zeit Konstantins des Großen konnte der herrenlose Sklave auch wegen leichterer Beleidigungen im außerordentlichen Verfahren gegeißelt werden.[7] Kastriert ein herrenloser Sklave jemanden, so verfällt er der Todesstrafe.[8]

Der herrenlose Sklave konnte grundsätzlich wegen aller gesetzlichen Verbrechen in Anklagezustand versetzt werden.[9] So war er auch des Adulteriums[10] und des Parricidiums[11] fähig. Er wurde grundsätzlich härter bestraft als ein Freier.[12]

---

[1] S. oben § 17 S. 155[1] und *fr.* 10 *pr. de poenis* 48, 19.

[2] *Arg. fr.* 10 *pr. cit.*

[3] S. oben § 2 S. 11[1].

[4] *Arg. fr.* 7 § 3 *de iurisdict.* 2, 1: *in servos autem si non defenduntur a dominis, corpus torquendum est.*

[5] *Arg. fr.* 1 *pr.* u. § 1 *de incendio, ruina, naufragio* 47, 9: *pr. .... in servum ....* § 1 .... *et quamquam sint de his facinoribus etiam criminum executiones ....*

[6] *Arg. fr.* 9 § 3 *de iniuriis* 47, 10: *si atrocem iniuriam servus fecerit, si quidem dominus praesens sit, potest agi de eo: quod si afuerit praesidi offerendus est, qui eum flagris rumpat.*

[7] *Fr.* 45 *h. t.* 47, 10 (Hermogenian): *et servi quidem flagellis caesi dominis restituuntur.* Die Rückgabe an den Herrn fällt selbstverständlich weg.

[8] *Fr.* 4 § 2 *ad legem Corneliam* 48, 8: .... *sed et in servos, qui spadones fecerint, ultimo supplicio animadvertendum esse.*

[9] *Arg. fr.* 12 § 4 *de accusat.* 48, 2: .... *Omnibus autem legibus servi rei fiunt* ....

[10] *Arg. fr.* 42 *de verb. sign.* 50, 16; *fr.* 5 *de accus.* 48, 2; *fr.* 1 § 5 *de officio praef.* 1, 12.

[11] *Fr.* 12 § 4 *de accus.* 48, 2.

[12] *Arg. fr.* 12 § 4 *cit.*: .... *sed durior ei poena extraordinem imminebit*; *fr.* 28 § 16 *de poenis* 48, 19: *maiores nostri in omni supplicio severius servos quam liberos .... punierunt.* S. auch oben § 4; Mommsen, Strafrecht, S. 951 *n.* 7; 1032 *n.* 2; siehe besonders die Übersicht der geschärften Strafen für Unfreie, S. 1045—1049.

V. Passive Deliktsfähigkeit. Begeht ein Dritter an einem derelinquierten Sklaven ein Privatdelikt, so entsteht in Ermangelung eines Herrn keine Privatklage. Wird dagegen an einem herrenlosen Sklaven, an dem ein Nießbrauch besteht, ein Privatdelikt verübt, so kann unter Umständen der Nießbraucher die Deliktsklage erheben. So ist er berechtigt, bei Tötung des Sklaven die *actio legis Aquiliae utilis* gegen den Täter anzustellen[1], desgleichen, wenn jemand den Sklaven verwundet.[2]

Wurde ein herrenloser Sklave widerrechtlich geprügelt oder gefoltert, so schritt der Prätor von Amts wegen ein.[3]

Die widerrechtliche Tötung eines herrenlosen Sklaven fällt unter das Mordgesetz.[4]

Wer einen herrenlosen Sklaven kastriert, verfällt der Strafe des Mordgesetzes.[5]

---

[1] *Arg. fr.* 17 § 3 *de usufructu* 7, 1: .... *si quis servum occiderit, utilem actionem exemplo Aquiliae fructuario dandam numquam dubitavi.*

[2] *Arg. fr.* 11 § 10 *ad. leg. Aquil.* 9, 2: *An fructuarius vel usuarius legis Aquiliae actionem haberet, Julianus tractat: et ego puto melius utile iudicium ex hac causa dandum*; *fr.* 12 *eod. tit.*: *Sed et si proprietatis dominus vulneravit servum vel occiderit, in quo ususfructus meus est, danda est mihi ad exemplum legis Aquiliae actio in eum* .... Aus dieser Untersuchung ergibt sich, daß ein Dritter durch Delikte dem herrenlosen Sklaven selbst nicht, auch nicht *naturaliter*, obligiert werden kann, und das stimmt mit dem berühmten Ausspruch Ulpians überein, der nur davon spricht, daß Dritte durch Kontrakte dem Sklaven *naturaliter* obligiert werden können, *fr.* 14 *de o. et a.* 44, 7.

[3] *Arg. fr.* 15 § 35 *de iniuriis* 47, 10: .... *hanc enim et servum sentire palam est.* Vgl. auch Gaius III, 222.

[4] *Fr.* 1 § 2 *ad leg. Corn.* 48, 8: *Et qui hominem occiderit, punitur non habita differentia, cuius condicionis hominem occidit.*

[5] *Fr.* 4 § 2 *ad leg. Cornel.* 48, 8: .... *nemo enim liberum servumve invitum sinentemve castrare debet.*

Dritter Abschnitt.

Die Untergangstatbestände der Persönlichkeit des herrenlosen Sklaven.[1]

§ 19. Übersicht.

Die Persönlichkeit eines herrenlosen Sklaven kann untergehen entweder dadurch, daß er in die Gewalt eines neuen Herrn tritt oder dadurch, daß er die Freiheit erlangt.

Für die erste Untergangsmöglichkeit sind verschiedene Tatbestände vorhanden. Zunächst eine Gruppe, wonach ein herrenloser Sklave infolge eines Privatstrafverfahrens in die Gewalt eines neuen Herrn kommt.[2] Daran reiht sich der Fall, daß der Fiskus entweder ihn selbst durch Besitzergreifung in seine Gewalt bringt[3], oder sein Aneignungsrecht an Dritte veräußert, die dann den herrenlosen Sklaven ihrer Gewalt unterwerfen[4], ferner der Fall, daß jemand durch Aufnahme eines jugendlichen herrenlosen Sklaven Eigentum an ihm erwirbt[5], ferner der Fall, daß die Behörde einen bettelnden, herrenlosen Sklaven einem neuen Herrn zuspricht[6] und endlich der, daß ein herrenloser Sklave öffentlich verkauft wird.[7]

Zweite Untergangsmöglichkeit. Seine Freiheit kann der herrenlose Sklave auf Grund folgender Tatbestände erlangen: Einmal durch Erlöschen des Nießbrauchs[8], zweitens dadurch, daß ihm der Staat zur Belohnung die Freiheit verleiht[9], drittens dadurch, daß der Richter im Freiheitsprozeß zugunsten seiner Freiheit entscheidet.[10] Viertens durch Freiheitsersitzung.[11]

---

[1] Über den Ausdruck Untergangstatbestand vgl. oben S. 9[4].
[2] S. unten § 20. [3] S. unten § 21.
[4] S. unten § 22. [5] S. unten § 23.
[6] S. unten § 25. [7] S. unten § 26.
[8] S. unten § 27. [9] S. unten § 28.
[10] S. unten § 29. [11] S. unten § 30.

Erste Abteilung.

Der herrenlose Sklave tritt in die Gewalt eines neuen Herrn.

§ 20. Infolge eines Privatstrafverfahrens.

Diesen Tatbestand bezeugen die Quellen entweder direkt oder liefern die nötige Unterlage dazu. Hier sind mehrere Tatbestände möglich.

Wir beginnen mit folgendem Fall: Ein gewaltunterworfener Sklave hat ein Delikt begangen und wird von seinem Herrn im Hinblick auf den drohenden Privatstrafprozeß derelinquiert.[1] Nun faßt ihn der Verletzte und bringt ihn vor den Prätor. Da kein Verteidiger für den Sklaven auftritt, führt ihn der Kläger auf Befehl des Prätors ab und erwirbt an ihm in originärer Weise das durch die *actio Publiciana* geschützte bonitarische Eigentum.[2]

Auch in dem Falle, daß der aufgegebene Sklave während seiner Herrenlosigkeit das Delikt begeht, kann ohne Zweifel das Duktionsverfahren angewandt werden mit dem Erfolg, daß der Verletzte auf Befehl des Prätors bonitarisches Eigentum am herrenlosen Täter erwirbt. Wird der herrenlose Täter vom Nießbraucher oder von jemandem, dem er sich unterworfen hatte, im *iudicium noxale directum* verteidigt und geben ihn diese nach der Verurteilung wegen des Schadens hin, so erwirbt der Verletzte an ihm ebenfalls bonitarisches Eigentum.[3]

Nicht so einfach ist folgender Fall: Gegen einen gewaltunterworfenen Sklaven wird das Duktionsverfahren vorgenommen. Der Herr lehnt vor dem Prätor die Verteidigung ab und verliert infolgedessen sein bonitarisches Eigentum. Der Pfandgläubiger aber übernimmt sie und erlangt ein obsiegendes Urteil. Der Sklave ist zwar jetzt herrenloser Sklave[4], aber der Gläubiger hat sein Pfandrecht gewahrt. Treten die gesetzlichen Voraussetzungen ein, so kann er sein Veräußerungsrecht ausüben. Er verkauft und manzipiert den herrenlosen Sklaven an einen Dritten, der infolgedessen quiritarisches, nicht bloß bonitarisches Eigentum an ihm erwirbt.[5] Der herrenlose Sklave tritt nunmehr in die Gewalt seines neuen Herrn.

---

[1] Vgl. *fr.* 38 § 1 *de nox. act.* 9, 4 (Julian).

[2] *Fr.* 6 *de Publ. in rem a.* 6, 2: *Item si servum ex causa noxali, quia non defendebatur, iussu praetoris duxero et amisero possessionem, competit mihi Publiciana*; *fr.* 28 *in f. de nox. act.* 9, 4: .... *eademque dicenda sunt et si, cum ab eo non defenderetur, iussu praetoris eum duxerim, quoniam isto quoque casu iustam causam possidendi habeo.*

[3] S. oben § 18 S. 163.

[4] *Fr.* 26 § 6 *de nox. act.* 9, 4 und oben § 4. Er ist ohne bonitarischen Eigentümer.

[5] Das *nudum ius Quiritium* des früheren Herrn blieb ja noch bestehen; s. oben § 16 S. 105.

§ 21. Die manus iniectio des Fiskus. Der Stand der Bewerber (Petitoren) und Angeber (Delatoren).

Dem römischen Fiskus stand das Recht der *manus iniectio* an herrenlosen Sklaven zu.[1] Übt der Fiskus sein Recht an einem herrenlosen Sklaven selber aus, so tritt dieser in seine Herrschaft und sein Eigentum. Die Herrenlosigkeit des Sklaven hat ein Ende gefunden. Dies Recht wird dem Fiskus zunächst in bezug auf einen Sklaven zugesprochen, der zu einer ledigen Erbschaft gehört.[2]

Man könnte nun einwerfen, daß die angeführte *l.* 2 § 5 *si vagum petatur mancipium* 10, 12 nicht bestätigt, daß dem Fiskus an allen herrenlosen Sklaven das Recht der *manus iniectio* zustehe, denn sie spreche ausdrücklich nur von zwei Arten von herrenlosen Sklaven, nämlich von denjenigen Sklaven, welche zu einer ledigen Erbschaft gehören und daher herrenlos sind: *his qui aut dominis sine herede defunctis inveniuntur dominos non habere* und von den Sklaven, welche infolge der Verurteilung wegen eines Verbrechens Strafsklaven geworden waren und deswegen ihre bisherigen Herren verloren hatten, denen aber nachträglich die Strafe erlassen wurde: *aut servi poenae aliquando facti ac postmodum liberati iudicialibus dominos amisere sententiis.* Wir finden aber in

---

[1] *L.* 2 *C. Th. si vagum petatur manc.* 10, 12 von Valentinian (15. Juli 365): . . . . . *contra in his, qui aut dominis sine herede defunctis inveniuntur dominos non habere aut servi poenae aliquando facti ac postmodum libertati iudicialibus dominos amisere sententiis, postremo in universis, de quibus iniectio manus fisco rite praebetur, munificentiae principali congruus patebit effectus.*

[2] Das ledige Erbe konnte ursprünglich von jedermann ersessen werden. Cicero, *De legibus* 2, 19. *Tertio loco, si nemo sit heres, is, qui de bonis, quae eius fuerint, quom moritur, usu ceperit plurimum possidendo.* Vgl. auch mein Institutionen-System, Kap. I. Seit der *lex Julia et Papia Poppaea* wird es unter dem Namen *bona caduca* dem Staate, und zwar ursprünglich dem *aerarium populi Romani* (Ulpian 28, 7, Gaius II, 150, 286a; III, 78), später dem Fiskus unter dem Namen *bona vacantia* überlassen. Vgl. *fr.* 1 *pr. de successorio ed.* 38, 9; *c.* 5 *de bonis auct. iud.* 7, 72; *fr.* 96 § 1 *de leg.* I: *Quotiens lege Julia bona vacantia ad fiscum pertinent* . . . . Vgl. auch *c.* 4 *de bon. vac.* 10, 10 (entnommen der *l.* 30 *C. Th. de petit.* 10, 10). Gothofredus in seinem Kommentar zu *l.* 30 *cit.* (*tom.* III, *pag.* 484) meint, daß vor dieser *lex* (vom 8. Juli 421) die Güter eines ohne Testament Verstorbenen vom Fiskus erworben wurden, obschon er einen gesetzlichen Erben hinterlassen hatte. Er verweist auf Symmachus, *Lib.* 10 *ep.* 55 (= *lib.* 10 *ep.* 41 *ed.* O. Seeck) und *lib.* 9 *ep.* 117 (= *lib.* 9 *ep.* 146 *ed.* O. Seeck). Hier steht aber: *nam quae iure ac legibus sunt relicta, alienari impetratione non possunt.* M. E. kann das nur heißen, daß der Fiskus diese Güter nicht erwirbt und daher auch nicht übertragen kann. In der Kaiserzeit (unter Kaiser Sever?) ist das *aerarium populi Romani* vom Fiskus des Cäsars aufgesogen worden, vgl. *fr.* 17 § 1 *de v. s.* 50, 16; Voigt, Römische R. G. Bd. 2 S. 401 *n.* 17. Nach Mitteis, Römisches Privatrecht, S. 353, *n.* 10, Ziff. 1 hat der Fiskus das Aerar in bezug auf die *bona vacantia* noch später als Sever aufgesogen.

unserem Gesetz eine Generalklausel, welche dem Fiskus das Recht der *manus iniectio* an allen herrenlosen Sklaven zuspricht: *postremo in universis, de quibus iniectio manus fisco rite praebetur.* Hier könnte man aber wieder einwerfen, diese angebliche Generalklausel sage eigentlich nur, daß dem Fiskus auch an anderen Sklaven das Recht der *manus iniectio* zustehe, aber nicht an welchen; sie sage also nicht, daß dem Fiskus an allen herrenlosen Sklaven das Recht der *manus iniectio* zustehe.

Wenn auch zuzugeben ist, daß die Fassung der Generalklausel glücklicher sein könnte, so gewährt sie doch dem Fiskus an allen wirklich herrenlosen Sklaven rechtmäßig (*rite*) die *manus iniectio.* Dies läßt sich zunächst durch den Zusammenhang des § 5 mit den vorhergehenden Paragraphen des Gesetzes nachweisen. Die §§ 1—4 nennen nämlich diejenigen Personen, an denen dem Fiskus das Recht der *manus iniectio* nicht zusteht und daher auch nicht von ihm zu Eigentum erworben werden können. Als solche nennt § 1 Sklaven, welche sich der Herrschaft ihrer Herren durch Flucht oder auf sonstige Weise entzogen haben: ... *de quorum dominio fuga vel quo alio genere discesserint qui petuntur*; § 2 Grundhörige, die der Herrschaft eines Grundherrn unterworfen sind: *si quis etiam vel tributarius repperitur vel inquilinus ostenditur, ad eum protinus redeat, cuius se esse profitetur*; § 4 den freien Menschen (neben dem freigelassenen Grundhörigen *plebeius*): *quisquis autem plebeium se adserit esse vel liberum, fide rei ostensa ab omni molestia vindicetur.*

Nach Abzug der Personen, an welchen dem Fiskus das Recht der *manus iniectio* nicht zusteht und welche daher auch nicht von ihm zu Eigentum erworben werden können, bleiben nur die herrenlosen Sklaven übrig, gleichgültig, durch welchen Tatbestand sie entstanden sind. Es fallen also z. B. auch die durch Dereliktion entstandenen herrenlosen Sklaven darunter. Dies letztere läßt sich sogar durch eine Quellenstelle positiv nachweisen, nämlich durch die früher bereits genannte *l.* 12 *C. Th. de annona et tributis* 11, 1. Sie spricht dem Fiskus das Recht der *manus iniectio* an Sklaven zu, die von ihrem Eigentümer mitsamt dem Grundstücke, das sie bewirtschaftet haben, derelinquiert worden sind. Es soll aber derjenige, der vom Fiskus unentgeltlich auf dem Wege der Petition die Sklaven zu Eigentum erworben hat, die rückständigen Grundsteuern für das verlassene Grundstück bezahlen.[1]

Der Fiskus konnte also an allen herrenlosen Sklaven durch *manus iniectio* Eigentum erwerben. Er übte jedoch in der Regel sein Recht nicht selbst aus, sondern er übertrug es schenkungshalber gewissen Personen, welche darum bei ihm eingekommen waren, den sog. *petitores* (Bewerbern).[2]

---

[1] *L.* 12 *cit.*: *Quisquis ex desertis agris veluti vagos servos liberalitate nostra fuerit consecutus, pro fiscalibus pensitationibus ad integram glebae professionem, ex qua videlicet servi videantur manere, habeatur obnoxius.*

[2] Von diesen Petitoren spricht *l.* 1 *C. Th. si vagum pet. manc.* 10, 12 und von der Freigebigkeit des Fiskus bzw. des Kaisers *l.* 2 § 5 *C. Th. eod. tit.*: ....

Für *mancipia vaga* gab es nun, wie für alle *bona vacantia* und *caduca* sog. *delatores* (Angeber), welche den Fiskus und solche Privatpersonen, welche um die Erlangung des Eigentums daran beim Kaiser einkommen wollten, darauf aufmerksam machten.[1] *Delator* war übrigens nicht bloß der Angeber von *bona vacantia et caduca*, sondern auch von *fideicomissa tacita* und *bona proscriptorum.*[2] Den Stand der Delatoren hat wahrscheinlich schon die *lex Julia et Papia Poppaea* eingeführt.[3] Sie scheint auch eine Belohnung für den Delator eingeführt zu haben.[4] Wie groß diese war, steht nicht fest; jedenfalls war sie größer als der vierte Teil des dem Fiskus anheimfallenden Vermögens.[5] Nicht jedermann

---

munificentiae principali congruus patebit effectus, vgl. auch den Ausdruck in der *l.* 1 *cit.*: .... *impetrati beneficii.* Außerdem spricht *lex* 20 *C. Th. de pet.* 10, 10 von der Petition von solchen Sklaven, welche ohne Zweifel zu den *bona vacantia* gehören: *Plerisque mancipia vaga, tacita fidei commissa, bona vacantia et caduca monstrantibus quies possidentibus abnegatur.* Dagegen gehören die *servi vagi* der *l.* 12 *de annona et tributis* 11, 1 nicht zu den *bona vacantia,* sondern es sind unfreie Grundhörige, die ein Grundeigentümer mitsamt dem Grundstück derelinquiert hat, s. auch oben S. 170.

[1] Von solchen *delatores* bei den *vaga mancipia* spricht die angeführte *l.* 20 *C. Th. de petitionibus* und nennt den Namen ausdrücklich: .... *nisi una cum delatore suscipiant* ....; außerdem aber erwähnen ihn *l.* 1 und 2 *C. Th. si vagum petatur manc.* mehrmals: .... *aliis quam delatoribus* .... *ut delatoribus primitus in medio conlocatis* .... *ex delatorum isdem re atque substantia* ....

[2] Vgl. *l.* 20 *cit. de pet.*; *l.* 17 *C. Th. de bon. proscript.* 9, 42 und insbes. *l.* 30 *pr. C. Th. de pet.* 10, 10.

Der Ausdruck *delator* hat noch eine zweite Bedeutung; *delator* ist auch der Ankläger, insbesondere derjenige, der aus Gewinnsucht Anklage erhebt (*s. quadruplator*). Die beiden Begriffe werden auseinandergehalten im *Cod. Theod. l.* 2 § 1 *de libertis et eor. lib.* 4, 10: *Quod si delatores accusatoresve* .... und in *l.* 3 *ne praet. crim. mai. servus* 9, 6: .... *criminis delator atque accussator* ....; vgl. auch Paulus, *Sent.* V, 13.

[3] Tacitus, *Annal.* 3, 25: *ceterum multitudo periclitantium gliscebat, cum omnis domus delatorum interpretationibus subverteretur, utque antehac flagitiis, ita tunc legibus laborabatur.* Vgl. auch *annal.* 3, 28: *acriora ex eo vincla, inditi custodes, et lege Papia Poppaea praemiis iuducti, ut, si a privilegiis parentum cessaretur, velut parens omnium populus vacantia teneret.* Unter *custodes* sind *delatores* zu verstehen, s. Heineccius, *Comm. ad legem Juliam et Pap. Popp.*, *Amstelaedami* 1731, *p.* 444. Nach Gothofredus, *Capita legis Juliae* (*opera minora Lugduni Batavorum* 1733, *pag.* 239) ist es *cap.* XXXVI, nach Heineccius a. a. O., *cap.* XIV der *lex Julia*, welches den Stand der Delatoren einführt. Sie stellen den Wortlaut folgendermaßen wieder her: *Si qui incapaci relictum ad aerarium detulerit, et convicerit, praemii nomine* .... *partem bonorum consequitur.*

[4] *Fr.* 15 § 1 *de iure fisci* 49, 14. Junius Mauricianus *libro tertio ad legem Juliam et Papiam*: *Si quis delatorem subiecerit, tantum in aerarium deferat, quantum praemii nomine delator consecuturus fuisset, si vicisset.* Nach Gothofredus bestimmte *cap.* XXXVI, nach Heineccius *cap.* XIV der *lex* die Belohnung; s. oben Anm. 3.

[5] Sueton, Nero *cap.* 10: *Praemia delatorum Papiae legis ad quartas redegit.* Daß der vierte Teil des anheimfallenden Vermögens gemeint ist, dafür spricht *fr.* 15 § 3 *de iure fisci*, wonach derjenige, der sich selbst angibt, daß er

war fähig, *delator* zu sein. Absolut unfähig waren u. a. Frauen, die Senatoren (*clarissimi viri*), die wegen eines Verbrechens Verurteilten (*damnati*), die Veteranen und Soldaten; relativ unfähig Tutoren, Kuratoren, Prokuratoren.[1]

Der Stand der Petenten oder der Petitoren oder Postulatoren war jedenfalls der *lex Julia et Papia Poppaea* unbekannt. Er scheint aber im 4. und 5. Jahrhundert zu einer gefährlichen Blüte gelangt zu sein. Der Habsucht der Petitoren treten viele kaiserliche Gesetze entgegen.[2] Einem dieser Gesetze hat der Gesetzgeber Ausschließlichkeit verliehen, ein Beweis, von welcher Empörung er gegen die Petitoren ergriffen war.[3] Das Gesuch (die Bitte, das Verlangen), das die Bewerber an den Kaiser stellen, heißt *petitio*.[4] Stellen mehrere Personen zusammen das Gesuch, so heißen sie *competitores* oder *conpetitores*. Sie scheinen besonders gefährlich gewesen zu sein.[5] Ihr Gesuch heißt *conpetitio*.[6] Die Bewerber waren in

---

nicht zu erwerben imstande sei, zur Belohnung die Hälfte des Vermögens erlangt. Daraus will Heineccius a. a. O. *p.* 445 schließen, daß die ursprüngliche Belohnung des Delators die Hälfte des anheimfallenden Vermögens gebildet habe. A. M. Beroaldo, den H. anführt.

[1] *Fr.* 18 *pr.* §§ 1—9, *de iure fisci* 49, 14.

[2] Folgende *leges* des Titels *de petitionibus et ultro datis et delatoribus C. Th.*: *l.* 8, 9, 11, 12, 13, 14, 15, 16, 18, 20, 21, 22, 23, 24, 25, 27, 29, 30, 31, 32 u. 34; ferner *l.* 2, 4, 5 *C. Th. de bonis vac.* 10. 8; *l.* 2, 3 *de incorporatione* 10, 9.

[3] *L.* 4 *de bon. vac.* 10, 8: .... *ut constitutio et de praeterito et deinceps habeat firmitatem.* Sie rührt von Kaiser Konstantius her, dessen Vorgänger Konstantin auch anderen Gesetzen Ausschließlichkeit verlieh, wie z. B. *l.* 1 *C. Th. de commissoria rescindenda* 3, 2: .... *quae cum praeteritis praesentia quoque depellit et futura prohibet.* Vgl. mein intertemporales Privatrecht I § 13 und II §§ 9 u. 10.

[4] Vgl. die Rubrik des Titels 10, 10: *de petitionibus*; ferner *l.* 8, 9, 18, 21, 24 *h. t.*; *l.* 17 *de bon. prosc.* 9, 42; *l. ult. de bonis vac.* 10, 8. Auch die *l. un. C. Th. de clericorum et monachorum* 5, 3 handelt von den *petitores* und *petitiones* in unserem Sinne: .... *ita ut, si qua litigia ex huiusmodi petitionibus in iudiciis pendent, penitus sopiantur nec liceat petitori post huius legis publicationem iudicium ingredi*; s. dazu Gothofredus, *Commentar. tom.* 1, *pag.* 479, *not.* Z und weiter unten.

[5] *L.* 30 *h. t.*: *caduca mortuorum bona tunc ad competitores iubemus ex nostra largitate transferri.* — *L.* 31 *h. t.*: .... *cui desistente competitore consuli volumus etiam de sumptibus et litis expensis.* *L.* 33 *h. t.*: .... *conpetitorum non tantum vitia conprimimus, sed ipsum etiam nomen abolemus.* *L. un. de quinquennii praescriptione* 4, 15: *conpetitorem quinquennii possessor eliminet.* *L.* 3 *de incorporatione* 10, 9: .... *illud conpetitoribus conpendium relexantes* ....

[6] *L.* 23 *de bonis prosc.* 9, 42: *eorum facultates, qui pro criminibus suis meruere puniri, omni penitus conpetitione submota fisco nostro iubemus addici*; *l. ult. de incorporatione* 10, 9: *et moris veteris instituto incorporationem bonorum anteferri conpetitionis effectui decernimus*; *l. un. de quinquennii praescr.* 4, 15: .... *conpetitiones obreptione rescissa* ....; vgl. noch *l.* 29 *de petit.* 10, 10: *nullum patimur conpetitioni subiacere viventem*; *l.* 30 § 1 *eod. tit.*: *Ubi tamen impetratae conpetitionis auctoritas possessorem convenerit* .... Davon ist auch das *verbum conpetere* abgeleitet mit seinem Gerundium, *l.* 27 § 6 *de pet.*: *viventium quoque bona a conpetendi licentia vindicamus.*

der Regel solche Personen, welche zur Dienerschaft des Kaisers gehörten[1], wie z. B. die kaiserlichen Haushofmeister (*castrenses sacri palatii*)[2] und die Diener der kaiserlichen Kammer.[3] Schon Theodosius II. und Valentinian III. machten im Jahre 426 einen Anlauf, wenigstens den Stand der *conpetitores* zu unterdrücken.[4] Das Institut der Petitio aber blieb bestehen.[5] Erst Justinian verbot die *petitiones* und damit ging der Stand der *petitores* unter.[6]

Die *manus iniectio* hat hier die Bedeutung einer eigenmächtigen und außergerichtlichen Festnahme eines herrenlosen Sklaven von seiten des Fiskus auf Grund seines Privilegs. Da aber in der Regel der Fiskus sein Recht auf den Petitor überträgt, so besteht auch in diesem Falle die Ausübung der *manus iniectio* in der eigenmächtigen und außergerichtlichen Festnahme eines herrenlosen Sklaven von seiten einer Privatperson auf Grund eines ihr vom Fiskus übertragenen Rechtes.

---

[1] *L.* 2 *C. Th. si petitionis socius* 10, 14: *nonnulli in nostro vel patris nostri obsequio constituti* . . . .

[2] *L.* 1 *si petit. socius* 10, 14, *Imp. Constantinus A. ad Mygdonium castrensem palatii*; s. auch den *tit. de castrensianis* 6, 32.

[3] *L.* 34 *de pet.* 10, 10: *si quis ex his, qui sacro nostro cubiculo serviunt, ad petitionem caducorum* . . . . Die Sitte, daß aus der Dienerschaft des Kaisers die Bewerber hervorgehen, wirft ein Licht auf ihren Ursprung. Sie scheint im dritten Jahrhundert nach Christus entstanden zu sein. LAMPRIDIUS berichtet nämlich vom Kaiser Sever Alexander, daß er die entdeckten Schätze zum Teil an seine Diener verschenkte. *Alexander Severus cap.* 46: *thesauros repertos is, qui reppererant, donavit et, si multi essent, addidit his eos, quos in suis habebat officiis.*

[4] Vgl. *l.* 33 *h. t.*: *sed ipsum etiam nomen abolemus.*

[5] *L.* 34 *h. t.* (Gesetz vom Jahre 430): *si quis ex his, qui sacro nostro cubiculo serviunt, ad petitionem caducorum ad fiscum pertinentium adspiraverit, cum inpetrabile huius fuerit postulatum, lege, qua pars dimidia vindicatur aerario, protinus absolvatur.*

[6] Dies beweist einmal die *c. un. si liberalitatis imperialis socius sine herede defecerit* 10, 14, verglichen mit *l.* 2 *C. Th. si petitionis socius sine herede defecerit* 10, 14, der sie entnommen ist. Schon der Titel deutet die Unterdrückung des Instituts an, aber auch in der *constitutio* selbst ist alles beseitigt, was auf die *petitio* oder *impetratio* Bezug hat. Der Vergleich lehrt, wie sorgfältig TRIBONIAN jedes Wort, das den Stand der *petitores* voraussetzt, ausmerzt und entweder gar nicht oder durch andere ersetzt.

Einen zweiten Beweis liefert *l. un. C. Th. de clericorum et monachorum* 5, 3, verglichen mit *c.* 20 *de episcopis et clericis* 1, 3, die ihr entnommen ist. TRIBONIAN hat den Schluß, der von den *petitores* und *petitiones* handelt, weggelassen; s. oben und GOTHOFREDUS, *Comment. tom.* I, *pag.* 479, *not.* *.

Ein dritter Beweis ergibt sich aus *c.* 3 *de requirendis* 9, 40, verglichen mit *l.* 29 *C. Th. de pet.* 10, 10, der sie entnommen ist. Anfang und Ende der letzteren, welche von den *petitores* handeln, sind ausgelassen, und auch der aufgenommene Text ist so verarbeitet, daß von einer *conpetitio* keine Spur mehr sich findet; s. MOMMSEN, *Codex Theodosianus pag.* 548, *vers.* 2—8.

§ 22. Die Delation und Petition herrenloser Sklaven.

Auch gegen den Mißbrauch der Delation und Petition herrenloser Sklaven treffen die Kaiser Maßregeln.[1]

Die vornehmste dieser Maßregeln hat den Zweck, die Feststellung zu ermöglichen, ob die *vaga mancipia*, welche gefordert werden, wirklich herrenlose Sklaven seien. Die Gefahr lag nämlich nahe, daß Plebeier und Freie als herrenlose Sklaven gefordert wurden.[2] Ferner solche, die zwar derelinquierte Sklaven waren, aber Grundhörige blieben. So die *servi adscripticii*, die ihr Grundstück verlassen hatten, weil es vom Herrn aufgegeben war. Die Petition derselben war zwar gestattet, aber nur, wenn der Petent die ganze Grundsteuer für das verlassene Grundstück auf sich nahm.[3] Ferner Sklaven, welche sich durch Flucht oder auf

---

[1] Es geschah dies in vier Gesetzen. Von Kaiser Valentinian rühren drei Gesetze her: *l.* 1, 2 *C. Th. si vagum petatur mancipium* 10, 12 und *l.* 12 *de annona et tributis* 11, 1; von Theodosius I. ein Gesetz, nämlich *l.* 20 *de petitionibus* 10, 10.

[2] *L.* 2 § 4 *si vagum pet. manc.*: *quisquis autem plebeium se adserit esse vel liberum, fide rei ostensa ab omni molestia vindicetur et ad ea loca, ex quibus eum esse claruerit, remittatur*; *l.* 25 *de pet.*: *cum per Illyrici partes barbaricus speraretur incursus, numerosa incolarum manus sedes quaesivit externas, in cuius ingenuitatem adsidua petitorum solet libido grassari eique inlicite iugum servitutis imponere. Igitur praescribtum tua sublimitas recognoscat, ut Illyricianos omnes, quos patria complectitur vel alia quaelibet terra susceperit, petere non liceat.* Vgl. auch *l. un. C. Th. de ingenuis qui tempore tyranni serv.* 5, 8; vgl. auch Salvianus Massiliensis, *Lib.* 5 *de gubernatione Dei cap.* IX, *Parisiis* 1608, *pag.* 169; *Monumenta Germaniae tom.* I *pars prior recens. Carolus Halm pag.* 63, *vers.* 45. Welches Standes ist der *plebeius*? Einen Wink gibt uns C. Sollius Apollinaris Sidonius. Wenn eine *persona tributaria sive colonaria* freigelassen wurde, so verwandelte sie sich in eine *persona plebeia*. *Epist. l.* V, 19, 2: .... *mox cliens factus e tributario plebeiam potius incipiat habere personam quam colonariam.* Der Plebeius ist also ein Freigelassener, ein *libertus* und daher dem Freigeborenen (*liber*) nicht ebenbürtig.

[3] *L.* 12 *de annona et trib.* 11, 1. Sie werden auch *mancipia rustica* genannt. Die Freilassung eines *mancipium rusticum* ist aber verboten, s. Seeck, a. a. O. Geschieht sie dennoch, so befreit sie ihn nicht von der Scholle; er bleibt *servus adscripticius*. Damit hängt zusammen, daß ihn auch die Dereliktion von seiten seines Herrn nicht von der Scholle befreit. Vgl. *l.* 12 *C. Th. de annona et tributis* 11, 1. Daher wird er nicht als *vagus servus* schlechthin bezeichnet, sondern als *veluti vagus servus*; daher haftet an ihm noch die Grundsteuer. Abweichend Seeck, a. a. O. Er übersieht, daß der Herr, der seinen Acker „wüst liegen“ läßt, auch die an ihn gefesselten Sklaven derelinquiert, und daß gerade deswegen dem Fiskus das Recht zusteht, sie einzuziehen und beliebig zu verschenken. Seine Behauptung, der Herr hätte noch in den früheren Jahren Konstantins das Recht gehabt, auch diese Art von Sklaven zu verkaufen, allerdings mit einer Beschränkung, läßt sich aus *l.* 2 *C. Th. sine censu vel reliquis fundum conparari non posse* 11, 3 nicht ableiten.

sonstige Weise der Herrschaft der Herren tatsächlich entzogen hatten, rechtlich aber immer noch in deren Eigentum standen.[1] Endlich Grundhörige (*tributarii, inquilini seu coloni alieni*), die der Herrschaft eines Grundherrn unterworfen waren.[2]

Derjenige, welcher einen angeblich herrenlosen Sklaven auf Grund eines kaiserlichen Reskriptes zum Geschenk erhalten hatte, ist verpflichtet, sich mit dem Delator auf einen Prozeß einzulassen und umgekehrt ist auch dieser verpflichtet, den Prozeß zu übernehmen.[3] In diesem Prozeß stellt nun der Richter das personale Rechtsverhältnis des geforderten Menschen fest.[4] Der Geschenknehmer darf nicht früher zur Erlangung des Eigentums die *manus iniectio* vornehmen, als bis im Feststellungsverfahren das endgültige Urteil unter den Parteien dahingehend gefällt worden ist, daß der geforderte Mensch wirklich ein herrenloser Sklave sei.[5] Bis dahin ist die *manus iniectio* aufzuschieben und darf von keinem anderen Gericht ein Urteil über den Stand des geforderten Menschen erlassen werden.[6] Läßt sich der Geschenknehmer mit dem Delator nicht in den Prozeß ein, so verwirkt er die Vorteile des Geschenkes.[7]

Die gerichtliche Untersuchung führt der Statthalter (*ordinarius, rector*). Sie soll möglichst sorgfältig sein. Stellt sich heraus, daß der geforderte Mensch ein fremder Sklave ist, dann soll er unter sicherem Geleit seinem Herrn zurückgegeben werden.[8] Ergibt sich, daß er ein Plebeius oder ein

---

[1] *L.* 2 § 1 *si vagum petatur*: . . . . *solliciteque ac diligenter interrogent, de quorum dominio fuga vel quo alio genere discesserint qui petuntur* . . . .

[2] *L.* 2 § 2 u. 3 *eod. tit.*: *si quis etiam vel tributarius repperitur vel inquilinus ostenditur, ad eum protinus redeat, cuius se esse profitetur.* Vgl. über sie Seeck in der Enzyklopädie von Pauly-Wissowa *verb. colonatus*, S. 496 fg.

[3] *L.* 2 *pr.* § 1 *si vag. pet. m.*: *quicumque habuerit super vagi mancipii postulatione rescribtum non prius quicquam inquietudinis moliatur, quam facta eius allegatione sollemniter delatorem, a quo fuerit instructus, expresserit etc.* S. auch *l.* 8 *de petit.* 10, 10: *qui largientibus nobis aliquid fuerint consecuti, cum delatoribus suis ad iudicia veniant, in iure consistant, negotia persequantur, ut adseveratio delatorum prodat fisco debitas facultates.*

[4] *L.* 2 §§ 1—4 *h. t.* Gothofredus drückt sich in seinem Kommentar so aus: *servo ipso in iudicio constituto.* Dies ist insofern unrichtig, als der angeblich herrenlose Sklave im Prozeß keine Parteirolle spielt.

[5] *L.* 2 *pr. cit.*: *nec ante aliquis quem poposcerit per manus iniectionem aestimet vindicandum, quam definitiva inter partes fuerit dicta sententia.*

[6] Dies läßt sich analog aus der *l.* 5 *C. Th. de iure fisci* 10, 1 entnehmen: *defensionis facultas danda est his, quibus aliquam inquietudinem fiscus infert, cum facultates eorundem athuc controversia pendente inquietari describique fas non sit. Ubi ergo controversia extiterit fisco alicuius patrimonium vindicante, aput eum omnibus facultatibus constitutis cognitio ventiletur, ut, cum rei exitus debere eos vindicari probaverit etc.*

[7] *L.* 2 *pr. si vag. p. m.*: *careat etiam, si eum prodere supersederit, fructu et commoditate beneficii.*

[8] *L.* 2 § 1 *in f. cit.*: *ad dominum sub prosecutione revocetur.*

Freier ist, so soll er von jeder Belästigung befreit und in seine Heimat zurückgeschickt werden.[1]

Hat Justinian, der, wie bereits gesagt[2], das ganze Institut der Petitoren und Delatoren aufhob, auch das Recht des Fiskus, die *manus iniectio* am herrenlosen Sklaven vorzunehmen, aufgehoben? Man könnte geneigt sein, diese Frage zu bejahen; denn er hat die Hauptstelle, welche dies Recht des Fiskus bestätigt, die *l.* 2 *C. Th. si vagum petatur mancipium* 10, 12 nicht aufgenommen. Aber diese Annahme wird erschüttert durch die Tatsache, daß die *lex* 12 *C. Th. de annona et tributis* 11, 1 als *c.* 3 *pr. de agricolis censitis vel colonis* 11, 48 mit Streichung des letzten Satzes und einer unwesentlichen Änderung erscheint: *Quisquis ex desertis agris veluti vagos servos liberalitate nostra fuerit consecutus, pro fiscalibus pensitationibus ad integram terrae professionem, ex qua videlicet servi manere videntur etc.* Diese Stelle setzt das Recht des Fiskus zur *manus iniectio* an herrenlosen Sklaven als fortbestehend voraus und ebenso den Brauch, dieses Recht schenkweise auf andere frei zu übertragen, wahrscheinlich ohne Berücksichtigung von Delatoren und Petitoren.

§ 23. Kann der herrenlose Sklave okkupiert werden?

In der älteren Literatur wird die Möglichkeit, einen herrenlosen Sklaven zu okkupieren, von einigen Schriftstellern bejaht. So sehen Cuiacius, Schulting und Pothier in der Dereliktion eines Sklaven einen *iactus missilium.* Danach könnte der derelinquierte Sklave von jedermann okkupiert werden.[3] Sehr energisch ist Jean Barbeyrac für die Okkupationsmöglichkeit des derelinquierten Sklaven eingetreten. Der derelinquierte Sklave gehöre dem ersten Okkupanten.[4] Nach Karlowa ist der *servus sine domino* lediglich Sache. Er hat gar keine Persönlichkeit.[5] Er ist eine *res nullius* und Gegenstand für den Eigentumserwerb durch Okkupation und zwar macht Karlowa keinen Unterschied, ob der *servus sine domino* durch Dereliktion oder auf andere Weise entstanden ist.[6] Ebenso sind nach K. A. Schmidt die *servi sine domino* keine Personen, sondern nur herrenlose Sachen.[7] Auch er muß also,

---

[1] *L.* 2 § 4 *cit.*: *quisquis autem plebeium se adserit esse vel liberum, fide rei ostensa ab omni molestia vindicetur et ad ea loca, ex quibus eum esse claruerit, remittatur.*

[2] S. oben S. 173[6].

[3] S. oben § 12 S. 72.

[4] A. a. O.: *Mais si un Maître temoignoit abandonner son Esclave, celui-ci étoit au premier occupant selon la règle générale touchant les choses abandonnées.*

[5] Röm. Rechtsgesch. Bd. 2 S. 101.

[6] Vorlesungen über römische Rechtsgeschichte § 51 (Nach meinen Aufzeichnungen).

[7] A. a. O. S. 2, *n.* 6.

wie Karlowa, die Konsequenz ziehen, daß jeder herrenlose Sklave ohne Unterschied seiner Entstehung okkupiert werden kann.

Es ist nun unsere Aufgabe zu untersuchen, ob die herrenlosen Sklaven wirklich okkupierbar waren. Im Gegensatze zu den letztgenannten Schriftstellern, welche alle herrenlosen Sklaven unterschiedslos der Okkupation preisgeben, nehmen wir unbedingt die herrenlosen Sklaven, an welchen ein Nießbrauch besteht, davon aus und beschränken unsere Untersuchung auf die Frage, ob die derelinquierten Sklaven okkupiert werden konnten, wie Cujaz, Pothier und Barbeyrac behaupten. Um unserer Untersuchung System und Richtung zu geben, teilen wir die derelinquierten Sklaven in drei Gruppen ein: 1. neugeborene oder in jugendlichem Alter derelinquierte Sklaven; 2. wegen Krankheit, Alter oder Invalidität derelinquierte Sklaven; 3. erwachsene und gesunde derelinquierte Sklaven. Von diesen drei Gruppen scheidet zunächst die zweite aus dem Rahmen unserer Betrachtung aus, denn bei ihr kann seit dem klaudianischen Edikt von einer Okkupation keine Rede sein[1], da sie durch Dereliktion die Freiheit erwerben.[2] Die Frage, ob die sofort nach der Geburt oder die im jugendlichen Alter derelinquierten Sklaven okkupierbar waren, ist in den Quellen ausdrücklich bejaht.[3] Es bleibt also nur übrig zu untersuchen, ob derelinquierte erwachsene und gesunde Sklaven okkupiert werden konnten.

Mit Recht wird mancher die Frage aufwerfen: Aus welchen Gründen erfolgt die Dereliktion eines solchen? Bei den ersten beiden Gruppen liegt das Motiv klar zutage. Der Herr will sich einer wirtschaftlichen Last entledigen. Der neugeborene, der alte und gebrechliche, der kranke Sklave fordert von ihm nur Opfer in Geld oder Geldeswert, ohne ihm in absehbarer Zeit finanzielle Vorteile zu bringen. Was aber kann den Herrn veranlassen, einen älteren gesunden Sklaven zu derelinquieren? Bei näherem Zusehen lassen sich aber Motive denken, die den Herrn zu diesem anscheinend unwirtschaftlichen Schritte drängen können. Nehmen wir an, der ältere und gesunde Sklave hat verbrecherische Neigungen, er ist, mit Lombroso zu sagen, ein geborener Verbrecher. Nun sind zwei Fälle denkbar: Der Sklave hat bereits gegen Dritte Delikte begangen. Da hat der Herr auch ein wirtschaftliches Interesse an der Dereliktion, er will sich durch sie von der Haftung befreien.[4] Dieser Fall scheidet

---

[1] Dies erkennt auch Barbeyrac, a. a. O. an.

[2] *Fr.* 2 *qui sine manumissione ad libertaten perveniunt* 40, 8: *servo, quem pro derelicto dominus ob gravem infirmitatem habuit, ex edicto divi Claudii competit libertas. Nov.* 153 *cap.* 1: . . . . *nam si legibus nostris praeceptum est, ut servi aegrotantes a dominis neglecti et quasi desperata eorum valetudine a possessoribus curatione digni non habiti omnino in libertatem eripiantur* . . . .

[3] S. unten § 24 S. 183 fg.

[4] Das ist der Fall des *fr.* 38 § 1 *de noxal. act.* 9, 4: . . . . *si servum pro derelicto habeam, qui tibi furtum fecerat* . . . .

aber für unsere Untersuchung der Frage, ob der derelinquierte Sklave okkupiert werden könne, aus. Denn hier greifen nicht die materiellen Vorschriften über den Eigentumserwerb durch Okkupation, sondern die Vorschriften des Duktionsverfahrens ein. Der Verletzte okkupiert den Sklaven nicht, sondern er ergreift ihn, führt ihn vor den Prätor und, da ihn niemand verteidigt, erlangt er durch dessen Befehl, also durch öffentliche Willenserklärung das bonitarische Eigentum an ihm.[1] Oder aber der Eigentümer derelinquiert den Sklaven, bevor er Delikte gegen Dritte begangen hat. Das Motiv ist hier die Furcht, daß der Sklave, dessen Charakter er kennt, künftig Verbrechen an Dritten begehen könnte, für die er einstehen müßte, oder auch der Ärger, den er ihm schon bereitet hat, sei es durch Injurien gegen ihn und seine Familie, sei es durch Beschädigungen seines Eigentums und Vermögens.

Kann nun in diesem Falle der derelinquierte Sklave von jedem beliebigen Dritten okkupiert werden? Die aufgeworfene Frage scheint *fr.* 36 *de stipulatione servorum* 45, 3 zu bejahen: *quod si ab alio adprehensus est, stipulatione ei adquirere poterit.* Um nun zu entscheiden, ob in Wirklichkeit unsere Quellenstelle die Frage bejaht, ist die Vorfrage zu beantworten, was meint Javolen mit dem *adprehendere* in *servus ab alio adprehensus est?* Meint er damit den Eigentumserwerb am Sklaven oder bloß den Besitzerwerb? Um dies festzustellen, wollen wir die Bedeutung des *adprehendere* in allen römischen Quellenstellen betrachten, welche das Wort enthalten und zwar auf Grund des Vokabulariums.[2] Es liegt wohl am nächsten zu untersuchen, ob Javolen selbst in anderen Stellen das Wort *adprehendere* gebraucht und, wenn ja, in welchem Sinne. In der Tat gebraucht Javolen das Wort *adprehendere* außer in unserer Stelle noch in drei anderen Fragmenten: *fr.* 24 *de adquirenda vel amittenda possessione* 41, 2; *fr.* 51 *eod. tit.; fr.* 115 *de verb. sign.* 50, 16. In welchem Sinne? Das Ergebnis der Untersuchung ist überraschend. In allen drei Fragmenten gebraucht Javolen das Wort *adprehendere* im Sinne von Besitz ergreifen, wobei der Eigentumserwerb entweder ganz ausgeschlossen ist oder nicht in Betracht kommt. Deutlich kommt das im *fr.* 115 *de v. s. cit.* zum Ausdruck: *quidquid enim adprehendimus, cuius proprietas ad nos non pertinet aut nec potest pertinere, hoc possessionem appellamus.* Aber auch im *fr.* 24 *in fine de a. vel a. p.: quod vero ex maleficiis adprehenditur, id ad domini possessionem ideo non pertinet, quia nec peculii causam adprehendit.* In diesem Falle verschafft das *adprehendere* nicht einmal juristischen Besitz, geschweige Eigentum. Ebenso kommt im *fr.* 51 *de a. vel a. p.* der Eigentumserwerb nicht in Betracht: *in eo puto hanc quaestionem consistere, an, etiamsi corpore acervus aut amphorae adprehensae non sunt, nihilo minus*

[1] *Fr.* 2 § 1 *si ex noxali causa ag.* 2, 9: .... *sed si servus praesens est, dominus abest nec quisquam servum defendit, ducendus erit iussu praetoris*: .... *ductus servus in bonis eius esse coepit.*

[2] *Vocabularium iurisprudentiae Romanae tomus* I, *pag.* 225, *vers.* 5—21.

traditae videantur. Aus diesen drei Stellen Javolens läßt sich mit großer Wahrscheinlichkeit schließen, daß es auch in der vierten, d. h. in unserer Stelle mit *adprehendere* nicht den Eigentumserwerb, sondern nur den Besitzerwerb bezeichnen will.

Hier könnte man aber einwerfen, es wäre doch möglich, daß Javolen in unserer Stelle *adprehendere* im Sinne des Eigentumserwerbes gebraucht habe, wenn nachgewiesen werde, daß in den übrigen einschlägigen Quellenstellen des römischen Rechts *adprehendere* regelmäßig die Bedeutung des Eigentumserwerbs besitze. Nun aber tritt *adprehendere* in der überwiegenden Mehrzahl der einschlägigen Stellen im Sinne des Besitzerwerbes an einer körperlichen Sache auf, wobei der Eigentumserwerb entweder ganz ausgeschlossen ist, oder nicht in Betracht kommt. Von diesen Stellen rühren von Ulpian neun her: *fr.* 11 § 6 *de pign. act.* 13, 7; *fr.* 10 *de pign. et hyp.* 20, 1; *fr.* 21 § 3 *de evict.* 21, 2 (Julian); *fr.* 7 § 17 *de publ. act.* 6, 2; *fr.* 10 *de condict. furt.* 13, 1; *fr.* 8 § 1 *familiae herc.* 10, 2; *fr.* 4 *de adquir. vel amitt. poss.* 41, 2; *fr.* 3 § 8 *de tab. exh.* 43, 5; *fr.* 25 § 5 *de her pet.* 5, 3. Von Julian drei: *fr.* 38 § 2 *de adquir. vel amitt. p.* 41, 2; *fr.* 7 § 4 *pro emptore* 41, 4; *fr.* 1 *pr.* § 1 *de Salv. interd.* 43, 33. Von Paulus drei: *fr.* 1 § 10, § 21 *de adquir. vel amitt. p.* 41, 2; *fr.* 4 § 7, § 22 *de usurp. et usuc.* 41, 3; *fr.* 47 *eod. tit.* Von Neratius zwei: *fr.* 41 *de usurp. et usuc.* 41, 3; *fr.* 84 *pr. de furtis* 47, 2. Von Papinian eine: *fr.* 95 § 9 *de solut. et lib.* 46, 3. Von Scaevola eine: *fr.* 17 *de usu et usu fr. et red.* 33, 2. Von Macer eine: *fr.* 7 § 2 *de leg. Jul. repet.* 48, 11. Von Gaius drei: *fr.* 5 § 6 *de adquir. rer. dom.* 41, 1; I, 121; IV, 16.

Gegenüber diesen dreiundzwanzig Stellen gibt es nun nur drei Stellen, worin durch *adprehendere* Eigentum erworben wird; aber diese Wirkung wird ausdrücklich ausgesprochen und nicht als etwas Selbstverständliches stillschweigend übergangen. So Ulpian im *fr.* 12 § 5 *de usufructu* 7, 1: .... *nisi ea, ut interim fierent proprietarii, mox adprehensi fructuarii efficientur.* So Neratius im *fr.* 14 *pr. de adqu. rer. dom.* 41, 1: .... *nec dissimilis condicio eorum est atque piscium et ferarum, quae simul atque adprehensae sunt, sine dubio eius, in cuius potestatem pervenerunt, dominii fiunt.* So Paulus im *fr.* 1 § 1 *de adquirenda vel amitt. poss.* 41, 2: .... *nam haec protinus eorum fiunt, qui primi possessionem eorum adprehenderint.*

Im Gegensatze zu diesen drei Stellen, worin der Jurist ausdrücklich sagt, daß in diesem Falle Eigentum durch Adprehension erworben wird, steht eine andere, worin der Jurist sagt, daß in diesem Falle kein Eigentum erworben werde. Paulus im *fr.* 2 § 8 *de lege Rhodia de iactu* 14, 2: .... *res autem iacta domini manet nec fit adprehendentis, quia pro derelicto non habetur.* Nicht hierher gehört Ulpian XIX, 7: *harum rerum dominium ipsa traditione adprehendimus.* Hier bezieht sich das *adprehendere* nicht auf eine körperliche Sache, sondern auf ein (abstraktes) Rechtsverhältnis, das Eigentum, was dem römischen Juristen um so leichter wird, als er im Eigentum eine *res corporalis* erblickt.[1] *Adprehendere* bedeutet auch noch das Ergreifen eines flüchtigen verbrecherischen Sklaven, um ihn zu verhaften.[2] Diese Bedeutung kommt für unseren Fall nicht in Betracht, da wir es nicht mit einem flüchtigen verbrecherischen Sklaven, der im Eigentum und in der Gewalt jemandes steht, sondern mit einem derelinquierten Sklaven zu tun haben. Ebensowenig die übertragene Bedeutung.[3]

Aus dieser Untersuchung geht mit großer Wahrscheinlichkeit hervor, daß in unserem Fragment durch Adprehension am herrenlosen Sklaven nicht Eigentum, sondern nur Besitz erworben wird. Wäre das erstere die Meinung Javolens, so hätte er es ausdrücklich gesagt, wie es Ulpian, Neratius und Paulus getan haben. Daß aber Javolen gar nicht daran denkt, daß der Adprehendent Eigentum am herrenlosen Sklaven erworben habe, läßt sich aus der Stelle selbst beweisen. Javolen begründet seine Behauptung, daß der adprehendierte Sklave durch eine Stipulation dem Adprehendenten erwerben könne, mit den rätselhaften Worten: *nam et haec genere quodam donatio est.* Wäre in den Augen Javolens der Adprehendent Eigentümer des herrenlosen Sklaven geworden, so hätte er seine Behauptung einfach damit begründet, daß der Sklave jetzt in der *dominica potestas* des neuen Herrn stehe.

Was bedeuten nun die Worte? Das *haec* muß auf die Stipulation bezogen werden, die ja unmittelbar vorher genannt ist. Es entspricht dies der natürlichen Auffassung und der Grammatik.[4] Also bedeuten die Worte: *nam et haec genere quodam*[5] *donatio est:* denn diese Stipulation ist gewissermaßen eine Schenkung. Nach Javolen kann also der Sklave deswegen dem Adprehendenten durch eine Stipulation erwerben, weil diese gewissermaßen eine Schenkung sei. Der Beschenkte ist der Adprehendent; er erwirbt unentgeltlich ein Forderungsrecht *(actio ex stipulatu).* Seine Eiwilligung zur Schenkung liegt in der Adprehension des Sklaven. Daß dies die wahre Meinung Javolens ist, geht aus seiner Begründung hervor, warum der derelinquierte Sklave seinem früheren Herrn durch eine Stipulation nicht mehr erwerben könne. Durch die Dereliktion verzichte er darauf, von seinen zukünftigen Stipulationen Gebrauch zu machen und könne daher aus Stipulationen, die der Sklave nach der Dereliktion abschließt, nichts erwerben: *nec potest eius operibus uti, quem eo iure ad se pertinere noluit.* (*quem*) *omnimodo a se reiecit.* Also erklärt sich um-

---

[1] S. mein Institutionen-System, Kap. VIII B. Immerhin ist es aber unrichtig, wenn Kuebler dieses ulpianische Fragment unter die Gruppe I stellt, wo *adprehendere* in seiner eigentlichen Bedeutung gebraucht werden soll. Es gehört vielmehr unter die Gruppe II, wo es im übertragenen Sinne verwandt wird.

[2] Vgl. *Vocabularium pag.* 255, *vers.* 21—32.

[3] *Vocabularium pag.* 255, *vers.* 32—39.

[4] Nach Schulting und Pothier bezieht sich das *haec* auf die Dereliktion und Adprehension. Der Derelinquent ist der Schenker, der Gegenstand der Schenkung der Sklave und der Adprehendent der Beschenkte, s. oben § 12 S. 72.

[5] *Genere quodam* = *quodammodo*; Seckel-Heumann, *v. genus*, Ziff. 4.

gekehrt der Adprehendent bereit, von den künftigen Stipulationen des herrenlosen Sklaven Gebrauch zu machen. Der Schenker ist der Dritte, der dem Sklaven promittiert. Bekanntlich pflegt man die Schenkungen einzuteilen in *donationes dando, promittendo* und *liberando.*[1] Wir haben es hier mit einer *donatio promittendo* zu tun. Teilt man sie mit BEKKER[2] in translative, konstitutive und restitutive ein, so liegt eine konstitutive Schenkung vor.

Eine Frage ist noch zu beantworten: Ist es notwendig, daß der Sklave, um für den Adprehendenten zu erwerben, die Stipulation auf dessen Namen abschließt? Javolen erwähnt diese Voraussetzung nicht, also verneint er stillschweigend die Frage. Der Adprehendent erwirbt also auch dann aus der Stipulation des Sklaven eine Forderung, wenn dieser sich selbst versprechen läßt. Javolen wendet also die Regel, welche für den Eigentümer gilt, auch auf den Adprehendenten an.[3]

Wir kommen also zu dem Ergebnis, daß nach dem *fr.* 36 *de stip. serv.* 45, 3 durch Adprehension kein Eigentum am derelinqierten Sklaven erworben wird, m. a. W., daß das römische Recht einen Eigentumserwerb durch Okkupation am derelinquierten, erwachsenen und gesunden Sklaven nicht gestattet. Wie ist nun das zu erklären? Der derelinquierte Sklave ist doch eine herrenlose Sache. Allerdings, aber er ist nicht bloß eine herrenlose Sache, sondern er hat noch eine andere Eigenschaft, er ist eine Persönlichkeit. Darin, daß die Römer keine Okkupation am derelinquierten Sklaven zulassen, liegt die wichtigste Anerkennung der Persönlichkeit auch des herrenlosen Sklaven.

Kann nun aber der herrenlose Sklave nicht mit dem neuen Herrn einen Unterwerfungsvertrag schließen, mit der Wirkung, daß dieser das Eigentum an ihm erwirbt? Nach römischem Recht kann der Sklave mit seinem Herrn einen Vertrag über seine Freilassung schließen, dem bürgerliche Wirksamkeit beigelegt wird.[4] Kann aber ein Sklave einen solchen Vertrag mit seinem Herrn abschließen, so ist nicht einzusehen, warum nicht auch obiger Vertrag gültig sein soll. Untersuchen wir nun denselben etwas näher und stellen wir seine Art fest. Ist es etwa ein Dienstvertrag, weil der Sklave den Willen gefaßt hat, dem neuen Herrn dauernd zu dienen? Etwa ein Dienstvertrag auf Lebenszeit? Nein, er ist mehr als das; es ist ein Vertrag, durch den der Sklave in ein Gewaltverhältnis eintritt. Er ist also eher zu vergleichen mit dem Arrogationsvertrag. Durch diesen tritt eine freie Person eigenen Rechtes in die väterliche Gewalt einer freien Person eigenen Rechts ein, durch jenen dagegen eine unfreie Person eigenen Rechts in die Herrengewalt einer freien Person

[1] S. z. B. BARON, Pandekten § 68.

[2] System des heutigen Pandektenrechts § 100.

[3] *Fr.* 1 *pr. de stip. serv.* 45, 3: *cum servus stipuletur, nihil interest, sibi an domino an vero sine alterutra eorum adiectione dari stipuletur.*

[4] S. oben § 15 V S. 87; *fr.* 4 *pr.*; *fr.* 5 *de manum* 40, 1; *fr.* 38 § 4 *de poenis* 48, 19; *fr.* 1 § 1 *de officio praefecti urbi* 1, 12; *fr.* 53 *de iudiciis* 5, 1.

eigenen Rechts. Dieser Vertrag bildet das Gegenstück zum Vertrag über die Freilassung. Dort beabsichtigt der Sklave durch den Vertrag aus der Gewalt seines alten Herrn, hier in die Gewalt eines neuen Herrn zu treten.

Wird nun durch diesen Vertrag ein rechtliches Gewaltverhältnis, die *dominica potestas*, begründet? Die Frage ist zu verneinen und zwar schon auf Grund des *fr.* 36 *de stipul. serv.* 45, 3, falls der Adprehension ein solcher Vertrag vorausgegangen ist. Das nimmt wohl Javolen stillschweigend an, und trotzdem läßt er, wie wir gesehen haben, keine *dominica potestas* entstehen, sondern nur ein tatsächliches Gewaltverhältnis; dieses ist ähnlich dem, welches zwischen einem gutgläubig dienenden Freien und seinem gutgläubigen Herrn besteht. In beiden Fällen erwirbt der Besitzer durch die Stipulationen des Dienenden.[1]

Die Ergebnisse unserer Untersuchung gehen also dahin, daß kein Eigentumserwerb durch Okkupation an einem erwachsenen herrenlosen Sklaven möglich ist, daß höchstens ein Vertrag zwischen ihm und dem neuen Herrn abgeschlossen werden kann, der aber kein rechtliches, sondern nur ein tatsächliches Gewaltverhältnis erzeugt. Sie werden durch eine Stelle des Gesetzes Valentinians aus dem Jahre 365 bestätigt.[2] Es handelt sich um folgenden Tatbestand: Ein Grundeigentümer hat, um der Grundsteuer zu entgehen, sein Grundstück mitsamt seinen darauf arbeitenden Sklaven derelinquiert. Den derelinquierten Sklaven (*servi vagi*) wird nun von einem Besitzer anderer Ländereien gestattet, auf seine Besitzungen zu kommen. In dieser Stelle können wir deutlich den Vertrag erkennen, der zwischen dem erwachsenen herrenlosen Sklaven und dem neuen Herrn abgeschlossen wird. Er kommt zustande auf Grund einer Anfrage von seiten des Sklaven, auf die Besitzung des neuen Herrn übertreten zu dürfen, verbunden mit dem Angebot, ihm seine Dienste zu leisten, und der Annahme des Angebotes von seiten des Herrn durch Gestattung des Übertrittes.[3] Tritt der herrenlose Sklave auf sein Grundstück über, so erlangt er nur die tatsächliche Gewalt über ihn. Daß kein rechtliches Gewaltverhältnis durch den Vertrag begründet wird, erhellt aus dem Gegensatze zwischen dem ersten und zweiten Satze des Gesetzes. Nach dem ersten erwirbt derjenige, welcher den herrenlosen Sklaven auf Grund kaiserlicher Freigebigkeit erlangt hat (*liberalitate nostra consecutus*) an ihm das Eigentum und damit die rechtliche Gewalt. Im zweiten Falle ist davon keine Rede; hier wird bloß ein tatsächliches Gewaltverhältnis ge-

[1] Vgl. *fr.* 20; *fr.* 33 § 1; *fr.* 34 *de stip. ser.*, vgl. mit *fr.* 36 *eod. tit.*

[2] *L.* 12 *C. Th. de annona et tributis* 11, 1 = *C.* 3 *de agricolis censitis vel colonis* 11, 48.

[3] *L.* 12 *cit.*: *Quisquis ex desertis agris veluti vagos servos liberalitate nostra fuerit consecutus, pro fiscalibus pensitationibus ad integram glebae professionem, ex qua videlicet servi videantur manere, habeatur obnoxius. Id etiam circa eos observari volumus, qui ex huiusmodi fundis servos ad possessiones suas transire permiserint.*

schaffen. Daran wird auch dann nichts geändert, wenn der Herr die rückständigen Grundsteuern des verlassenen Grundstückes bezahlt, wozu ihn der Kaiser verpflichtet.

Unsere Forschungen ergeben also den Rechtssatz: Nur der Fiskus hat das Recht, das Eigentum an einem erwachsenen herrenlosen Sklaven zu erwerben und zwar nicht etwa durch Okkupation, sondern durch *manus iniectio*. Dieses Recht übt er nicht selbst aus, sondern überträgt es unentgeltlich auf andere.[1]

§ 24. Die Aufnahme ausgesetzter, neugeborener oder jugendlicher Sklaven.

Das Wort Okkupation kommt als Bezeichnung des Eigentumserwerbs für diese Art herrenloser Sklaven nirgends vor, dagegen steht fest, daß bei ihnen bis auf Justinian ein Erwerb des Eigentums durch ihre Aufnahme (*collectio*) und Sorge für ihre Person zulässig war. Dies wird für die klassische Zeit bewiesen durch das *fr. ult. pro derelicto* 41, 7. Lucius Titius erwirbt an einer derelinquierten jugendlichen Sklavin dadurch das Eigentum, daß er sie aufnimmt und für sie sorgt. Als Eigentümer ist er nun in den Stand gesetzt, sie freizulassen. Die Freilassung ist notwendig, um sie zur Freiheit zu führen.[2] Wir nehmen an, daß das, was für die Aufnahme jugendlicher Sklaven in klassischer Zeit galt, auch für die Aufnahme neugeborener ausgesetzter Sklaven gegolten hat.[3] Dies

---

[1] S. oben § 21 S. 170[2]. Soweit ich sehe, ist dieser römische Rechtsatz bis jetzt von keinem Schriftsteller entdeckt worden.

[2] S. oben § 9 S. 52.

[3] In den Papyri sind mir über die Aussetzung neugeborener Kinder zwei Stellen bekannt geworden. In Nr. 1104 der Berliner griechischen Urkunden, Bd. 4, Heft 6 vom Jahre 1908 ist die Rede davon, daß eine schwangere Witwe Dionysarion in einem Vertrage mit ihrer Schwiegermutter Hermione sich in bezug auf die Mitgift für befriedigt erklärt und sich das Recht vorbehält, ihr zu erwartendes Kind auszusetzen. Vgl. G. A. Gerhard in der Deutschen Literaturzeitung 1909, Nr. 39, Spalte 2465.

Die zweite Stelle findet sich im Menander-Papyrus in Kairo (*Perikeiromene vers.* 95, 105 fg.). Daraus geht hervor, daß zu Menanders Zeit Kindesaussetzungen in Athen häufig gewesen sind. Vgl. dazu Koerte in dem Bericht der sächsischen Gesellschaft (phil. hist. Kl.), 60. Bd. (1908), insbes. S. 171, A. 2. In beiden Stellen handelt es sich um die Aussetzung von freigeborenen, nicht von unfreien Kindern.

Was die Frage anbetrifft, ob in den neugefundenen Lustspielen Menanders die ausgesetzten freigeborenen Kinder durch die Aufnahme Sklaven werden oder ihre Freiheit behalten, so läßt sich als Regel feststellen, daß sie ihre Freiheit behalten und dem Stande ihrer Pflegeeltern folgen. Prüfen wir die in Betracht kommenden Lustspiele Menanders auf diesen Punkt:

In Heros wird die dienende Stellung den ausgesetzten Zwillingen, des Knaben Gorgias und des Mädchens Plangon nicht durch ihre Aussetzung und Aufnahme

galt im wesentlichen auch in der christlichen Kaiserzeit. Nach einem Gesetz Konstantins aus dem Jahre 331[1] tritt ein mit Wissen und Willen des Herrn ausgesetztes neugeborenes Sklavenkind, gleichgültig welchen Geschlechts, aus dessen Eigentum und wird also zunächst herrenloser Sklave. An ihm kann nun ein Dritter unter gewissen Voraussetzungen Eigentum erwerben.[2] Daß der Aussetzende durch die Aussetzung sein Eigentum am Sklavenkind verliert, geht daraus hervor, daß ihm das Gesetz ausdrücklich die Befugnis zur Vindikation desselben ab-

zuteil, sondern sie gelten als Kinder eines verschuldeten Freigelassenen Tibeios. Daher dient Gorgias dem Gläubiger seines Pflegevaters Laches als Schuldknecht, um mit seiner Arbeit die Schuld zu tilgen; ebenso dient ihm Plangon mit einer Sklavin zusammen. Vgl. bes. *vers.* 26, 35, 37, 40 (*editio minor* von Koerte).

In Perikeiromene bestätigt sich am klarsten die Regel. Auch hier werden Zwillinge ausgesetzt, das Mädchen Glykera und der Knabe Moschion. Dieser folgt dem Stande seiner reichen Pflegemutter Myrrhina, während die Glykera dem Stande der armen alten Pflegemutter folgend, Konkubine eines korinthischen Soldaten Polemon wird.

In Georgos handelt es sich um keine Aussetzung, da die Zwillinge von ihrer Mutter Myrrhina heimlich aufgezogen werden.

Werfen wir für unsere Frage noch einen Blick auf die von Menander abhängigen römischen Dichter Plautus und Terenz. Auch hier kann man die Regel feststellen, daß die ausgesetzten freigeborenen Kinder durch die Aufnahme nicht Sklaven werden, sondern ihre Freiheit behalten und dem Stande der Pflegeeltern folgen.

Bei Plautus kommen zwei Lustspiele in Betracht. In der *Cistellaria* wird das ausgesetzte Mädchen Selenium von der Kupplerin Melaenis wie ein eigenes Kind auferzogen, gilt als Freie und heiratet den Freien Alkesimarchus. Vgl. *T. Macci Plauti comodiae recensuit F. Ritschelius tomi* IV *fasciculus* V, I, 2, 4 *sq.* und I, 3, 23 *sq.*

Auch in *Casina* wird das ausgesetzte Mädchen durch die Aufnahme nicht Sklavin. Es wird von der freigeborenen Ehefrau Cleostrata unter dem Namen Casina auferzogen und heiratet, nachdem es der Gefahr einer Ehe mit einem Sklaven glücklich entgangen ist, den Freien Euthynicus; vgl. *eod. loco tomi* IV *fasciculus* I, *prolog. vers.* 33—46 u. 79—82.

Dagegen gehört *Rudens* nicht hierher. Da wird das Mädchen Palästra nicht ausgesetzt, sondern geraubt; vgl. *eodem loco tomi* III *fasciculus* III, IV, 4, *vers.* 61.

Dem ausgesetzten Kinde wurde ein Kästchen (*cistellaria*) mitgegeben (*Cistellaria* III, *vers.* 5 *sq.*) und die darin befindlichen Gegenstände zählt hier Plautus genau auf IV, 4, *vers.* 112 sq. Vgl. dazu Kidduschin 73b.

Von den Lustspielen des Terenz kommt für unsere Frage *Heautontimorumenos* in Betracht. Das Mädchen Antiphila läßt ihre Mutter Sostrata durch ein altes Weib aussetzen. Von wem sie auferzogen wurde, wird nicht gesagt. Sie bleibt aber frei und heiratet nach ihrer Wiederauffindung durch die Eltern (Sostrata und Chremes) den Freien Clinia. Vgl. *Terenti commoediae, ed. Reinoldus Klotz volumen primum* IV, 1, *v.* 36 *sq.*

Dagegen gehört *Eunuchus* nicht hierher. Das Mädchen Pamphila wird geraubt, nicht ausgesetzt, vgl. *eod. loco* I, 2, *v.* 28 *sq.* Es wird allerdings wie eine Sklavin zunächst verschenkt, dann verkauft.

[1] *L.* 1 *C. Th. de expositis* 5, 9.

[2] Vgl. auch oben § 9, S. 53[2].

spricht.[1] Die Voraussetzungen des Eigentumserwerbes sind nun folgende: Der Erwerber muß den ausgesetzten neugeborenen Sklaven aufnehmen (*colligere*) und ihn durch Unterhalt und Pflege zur Tüchtigkeit (*robur*) aufziehen.[2] Konstantin legt es ganz in die Hand des Aufnehmenden, den Personenstand des Aufgenommenen zu bestimmen. Behandelt er ihn als seinen Sklaven, so bleibt er Sklave, behandelt er ihn als seinen Sohn, so wird er frei. Eine Freilassung ist nicht mehr notwendig, um ihn zur Freiheit zu führen.[3] Dasselbe, was er für die Aussetzung eines neugeborenen Sklavenkindes bestimmt hat, verordnet Konstantin auch für die Aussetzung eines neugeborenen Hauskindes.[4] Der *pater familias* verliert also durch die Aussetzung seine väterliche Gewalt, und es ist dem Aufnehmenden anheimgestellt, ob er an dem aufgenommenen Kinde die *patria* oder *dominica potestas* erwerben will. Behandelt er es als sein Hauskind, dann erwirbt er die erstere; behandelt er es als seinen Sklaven, dann die letztere. Sehr oft war wohl die Aussetzung eines neugeborenen Sklaven- oder Hauskindes und die nachfolgende Aufnahme nur ein Scheingeschäft, um ein anderes Geschäft zu verdecken, nämlich den Kinderhandel.[5] Aussetzung und Aufnahme waren bequemer als der Verkauf. Der Handel vollzog sich im geheimen. Denn Konstantin nahm von der Beurkundung der Aufnahme eines ausgesetzten neugeborenen Kindes Abstand, schrieb dagegen die Aufnahme einer Urkunde über den Verkauf eines neugeborenen Kindes vor.[6]

Das Recht, durch Aufnahme und Übernahme der Pflege an einem ausgesetzten Sklavenkinde Eigentum zu erwerben, bestätigte ein Gesetz des Kaisers Honorius aus dem Jahre 412.[7] Es schweigt über die Wirkung der Aussetzung eines (jugendlichen) Hauskindes, erweitert aber die Vorschrift auf die Aussetzung eines jugendlichen Freigelassenen.[8] Das Gesetz schweigt auch darüber, ob der Aufnehmende nach seinem freien Ermessen bestimmen kann, ob das aufgenommene Sklavenkind Sklave bleibt oder Freier wird bzw. das aufgenommene Libertenkind

[1] .... *omni repetitionis inquietudine penitus submovenda eorum, qui servos aut liberos scientes propria voluntate domo recens natos abiecerint ....*

[2] *Quicumque puerum vel puellam proiectam de domo patris vel domini voluntate scientiaque, collegerit ac suis alimentis ad robur provexerit ....*

[3] *L.* 1 *cit.*: *eundem retineat sub eodem statu, quem apud se collectum voluerit agitare, hoc est sive filium sive servum eum esse maluerit.*

[4] *L.* 1 *cit.*: .... *proiectam de domo patris .... qui servos aut liberos scientes ....*

[5] S. auch oben § 10, S. 62[3].

[6] *L.* 1 *C. Th. de his qui sang.* 5, 10: *qui enim pretium conpetens instrumento confecto dederit, ita debet firmiter possidere, ut et distrahendi pro suo debito causam liberam habeat.*

[7] *L.* 2 *C. Th. de expositis* 5, 9: *nullum dominis vel patronis repetendi aditum relinquimus, si expositos quodammodo ad mortem voluntas misericordiae amica collegerit, nec enim dicere suum poterit, quem pereuntem contempsit.*

[8] *L.* 2 *cit.*: *nullum dominis vel patronis.*

frei bleibt oder Sklave wird, m. a. W., ob er am Kind die *dominica* oder die *patria potestas* erwerben will. Es bleibt also das alte Recht bestehen.

Der Kaiser begnügte sich aber nicht mit dieser Bestätigung, sondern er fügte noch eine Bestimmung hinzu, um einerseits die Sicherheit, andererseits die Reinheit des Eigentumserwerbs zu gewährleisten. Es soll nämlich unverzüglich eine Urkunde durch den Bischof über den ganzen Tatbestand aufgenommen werden.[1] Die Urkunde sollte auch ein Zeugnis darüber enthalten, daß der Eigentumserwerb am Kinde nicht wider die guten Sitten und im bösen Glauben stattgefunden habe, m. a. W., daß kein Kinderraub vorliege.[2]

Die Urkunde soll den Erwerber nicht nur schützen gegen die Ansprüche des früheren Eigentümers, sondern auch gegen alle zukünftigen Verdächtigungen wegen Menschenraubs.[3]

Im Zeitalter Justinians waren die wirtschaftlichen Verhältnisse und auch die Rechtsanschauungen andere geworden. Justinian trug diesen Änderungen dadurch Rechnung, daß er dem Aufnehmenden den Eigentumserwerb entzog. Dies geht einmal daraus hervor, daß er die letzte Bestimmung unseres Gesetzes über die Beurkundung des Eigentumserwerbs nicht in seinen Kodex aufnahm[4], andererseits spricht er es ausdrücklich und mit klaren Worten aus, daß er dem Aufnehmenden

---

[1] . . . . *si modo testis episcopalis subscriptio fuerit subsecuta, de qua nulla penitus possit esse cunctatio.*

[2] Daß ein derartiger Kinderraub schon im zweiten Jahrhundert nach Christus nicht ungewöhnlich war, bezeugt Tertullian: *Opera ed.* Reifferscheid *et* Wissowa, *pars* 1, *pag.* 87, *vers.* 23: *Pusio honeste natus fortuita neglegentia comitum ultra januam progressus iter praetereuntibus tractus domo excidit. qui eum nutrierat Graeculus, vel a limine Graeculo more captaverat intrans inde mutatus Asiae aetate Romam in venalicio refertur.*

[3] Das geht hervor aus dem Beschluß einer gallicanischen Synode, des *Concilium Vasense.* S. Jacocus Gothofredus, *Comment. tom.* I, *pag.* 480; s. die *acta conciliorum et epistolae decretales ac constitutionum summorum pontificum tom. primus conciliorum collectio regia maxima studio P. Joannis Harduini, Parisiis* 1715, *pag.* 1790. *Canon* IX lautet: *de expositis quia conclamata ab omnibus querela prodessit eos non misericordiae jam nec canibus exponi quos colligere calumniarum metu quam his inflexa praeceptis misericordiae mens humana contrectet.* Auch das *concilium Arlesense secundum* (452 *a. d.*) nahm im *canon* 51 den Rechtssatz an. S. a. a. O., *tomus* II. Die Worte dieses Konzils finden sich im *lib. Sextus capitularium cap.* 144, vgl. Walter, *Corpus iuris Germanici tom.* II, *pag.* 616. Bemerkenswert ist, daß eine kurze Verjährungsfrist von 10 Tagen zum Wiedererwerb des ausgesetzten Kindes festgesetzt wird. Nach Ablauf derselben soll der Aufnehmende gegen jede Anfeindung gesichert sein. Interessant ist, daß in der *Epistula collectionis* (Walter, *Corp. i. G. tom.* III, *pag.* 379) die Verwandtschaft unseres Tatbestandes mit dem Kinderhandel durch den Hinweis auf die *lex unica C. Th. de his qui sang.* 5, 10, die sich auf den offenen Kinderhandel bezieht, zugegeben wird. Ein Preis wird auch bezahlt, aber nicht dem Vater, sondern der Kirche.

[4] Vgl. *c.* 2 § 1 *de infantibus expos.* 8, 51.

das Recht entziehe, den Personenstand des Kindes zu bestimmen.[1] Die ausgesetzten Kinder sollen vielmehr unter allen Umständen Freie werden.[2]

§ 25. Der gerichtliche Zuspruch eines bettelnden, herrenlosen Sklaven. Der Stand der Proditoren.

Nehmen wir an, ein herrenloser Sklave macht aus der Bettelei ein öffentliches Gewerbe. Ein Angeber (*proditor*) zeigt ihn der Behörde an. Es erfolgt eine gerichtliche Untersuchung darüber, welchem Stande er angehört und ob er dem Körper und dem Alter nach arbeitsfähig sei. Nun sind folgende Möglichkeiten denkbar: Die Untersuchung ergibt, daß er ein herrenloser Sklave und arbeitsfähig ist; dann fällt er ins Eigentum desjenigen, der ihn angezeigt und den Beweis seines Bettelgewerbes erbracht hat (*prodiderit ac probaverit*), d. h. des Proditors.[3] Stellt sich heraus, daß der Bettler ein fremder Sklave und körperlich rüstig ist, so erwirbt der Proditor auch Eigentum an ihm, der frühere Eigentümer aber hat gegen denjenigen, welcher seinem flüchtigen Sklaven Unterschlupf gewährte oder ihn zur Bettelei anstiftete, eine Klage auf Schadenersatz.[4] Ergibt sich dagegen, daß der Bettler von Geburt frei ist, so erwirbt derjenige, der ihn angezeigt und den Beweis seiner Bettelei erbracht hat, d. h. der Proditor, an ihm das ewige Kolonat, m. a. W. der freie Bettler wird sein Grundhöriger.[5]

Dieses Gesetz erließ Valentinian II. im Jahre 382 an den Präfekten der Stadt Rom. In jener Zeit scheint Rom von Leuten förmlich überschwemmt worden zu sein[6], die aus der Bettelei ein öffentliches Gewerbe (*quaestus publicus*) machten und überall in allen Gassen, auf öffentlichen

[1] *C.* 3 *pr. eod. tit.*: *sed neque his, qui eos nutriendos sustulerunt, licentiam concedi penitus (cum quadam distinctione) eos tollere et educationem eorum procurare, sive masculi sive feminae, ut eos vel loco libertorum vel loco servorum aut colonorum aut adscripticiorum habeant.*

[2] *Nov.* 153 *cap.* 1: *quoscumque igitur eum in modum in ecclesiis vel vicis vel aliis locis abiectos esse probatum fuerit, eos omnibus modis liberos esse iubemus, etiamsi actori certa aliqua probatio suppetat, qua eiusmodi personam ad suum dominium pertinere ostendat.*

[3] *L. un. C. Th. de mendicantibus* 14, 18: *cunctis adfatim, quos in publicum quaestum incepta mendicitas vocabit, inspectis exploretur in singulis et integritas corporum et robur annorum, adque ea inertibus et absque ulla debilitate miserandis necessitas inferatur, ut eorum quidem, quos tenet condicio servilis, proditor studiosus et diligens dominium consequatur ....*

[4] *L. un. eod. tit.*: *salva dominis actione in eos, qui vel latebram forte fugitivis vel mendicitatis subeundae consilium praestiterunt.*

[5] *L. un. eod. tit.*: .... *eorum vero, quos natalium sola libertas prosequatur, colonatu perpetuo fulciatur quisquis huiusmodi lenitudinem prodiderit ac probaverit ....*

[6] S. Gothofredus, *Comment. Tom.* 5 *pag.* 285.

Straßen, in den Kirchen und Kapellen die christliche Mildtätigkeit in Anspruch nahmen. Besonders drastisch spricht sich Ambrosius, der Zeitgenosse Valentinians über die seiner Zeit herrschende Bettelei aus.[1] Kaiser Valentinian verfolgte mit seinem Gesetze folgende Zwecke: Das Publikum sollte vor der zudringlichen Bettelei geschützt, das Vermögen der Kirche nicht durch allzu reichliches Almosengeben erschöpft, die Stadt Rom von zweifelhaften Elementen gesäubert und der Landwirtschaft frische Kräfte dauernd zugeführt werden.

Justinian nahm das Gesetz Valentinians beinahe unverändert in den Kodex auf und sanktionierte damit den Stand der Proditoren[2], doch nur eine Nachahmung der Delatoren und Petitoren. Im Jahre 539 erließ er aber die Novelle 130 über denselben Gegenstand. Ähnlich wie Valentinian verfolgte er in diesem Gesetz folgende Zwecke: der Entvölkerung in den Provinzen einen Riegel vorzuschieben, die Stadt Konstantinopel von zweifelhaften Elementen zu säubern, den öffentlichen Arbeiten und der Landwirtschaft frische Kräfte dauernd zuzuführen, Kirche und Private vor zudringlicher Bettelei zu schützen. Die Untersuchung überträgt er einem kaiserlichen Beamten, dem er den Namen eines *quaesitor* beilegt[3] und die ganze Fremdenpolizei unterstellt.[4] Ergibt sich aus seiner Untersuchung, daß der Bettler ein in der Stadt Geborener und körperlich noch tüchtig ist und keine gerechte Veranlassung zur Bettelei hat, so soll er ihn schleunigst den öffentlichen Arbeiten überweisen, ohne Unterschied, ob er dem unfreien oder dem freien Stande angehört. Ein in der Stadt geborener herrenloser Sklave, der bettelt, wird also sofort den öffentlichen Arbeiten überwiesen.[5] Stellt sich aber heraus, daß der Bettler aus der Provinz stammt und nur zu dem Zwecke in die Stadt eingewandert ist, um durch Bettelei oder gar durch Delikte seinen Unterhalt zu erwerben, dann ist zu untersuchen, ob er ein fremder Sklave ist oder dem freien Stande angehört. Ergibt sich, daß er ein fremder Sklave ist, dann soll ihn der *quaesitor* auch gegen seinen Willen seinem Herrn zurückgeben; ergibt sich aber, daß er dem freien Stande angehört, so soll er ihn in seine Heimat zurückschicken.[6]

---

[1] *Lib.* 2 *de officiis ministrorum cap.* 16; *opera studio et labore monachorum e congregatione* S. Mauri, *Parisiis* 1690, *tom.* II, *pag.* 88 B—C. *Liquet igitur debere esse liberalitatis modum, ne fiat inutilis largitas. Sobrietas tenenda est, maxime sacerdotibus ut non pro iactantia, sed pro iustitia dispensent. Nusquam enim maior aviditas petitionis. Veniunt validi, veniunt nullam causam nisi vagandi habentes, et volunt subsidia evacuare pauperum, exinanire sumtum: nec exiguo contenti, maiora quaerunt, ambitu vestium captantes petitionis suffragium, et natalium simulatione licitantes incrementa quaestuum. His si quis facile deferat fidem, cito exhaurit pauperum alimoniis profutura compendia. Modus largiendi adsit, ut nec illi inanes recedant, neque transcribatur vita pauperum in spolia fraudulentorum.*

[2] *C. un. de mendicantibus validis* 11, 26.

[3] *Cap.* 1 *pr.*

[4] *Cap.* 1 § 1.

[5] *Cap.* V *pr.*

[6] *Cap* IV.

Von den Proditoren ist also keine Rede mehr. Justinian hob also mit dieser Novelle im Jahre 539 ihren Stand auf, wie schon füher den Stand der Delatoren und Petitoren.[1] Er glaubte die entstandene Lücke durch Errichtung des neuen Amtes (des Quaesitors) ausgefüllt zu haben, was aber nicht ganz der Fall war. Stellt sich nämlich heraus, daß der aus der Provinz zugewanderte Bettler ein herrenloser Sklave ist, so fehlt es jetzt an einer gesetzlichen Bestimmung, in wessen Eigentum er fallen soll. Früher fiel er ins Eigentum des Proditors.

§ 26. Öffentlicher Verkauf herrenloser, zur Fesselstrafe verurteilter Sklaven.

Einen Untergangstatbestand der Persönlichkeit eines herrenlosen Sklaven bietet uns auch das römische Sklavenstrafrecht. Wird die Fesselstrafe (*poena vinculorum*) über einen herrenlosen Sklaven verhängt, so wird er wohl öffentlich zum Kauf ausgeboten.[2] Meldet sich ein Käufer, so wird er ihm gegen Bezahlung des Kaufpreises zu Eigentum übertragen[3], selbstverständlich mit der Verpflichtung, die Fesselstrafe an ihm zu vollstrecken. Dieser Tatbestand kann eintreten, wenn der herrenlose Sklave wegen Viehdiebstahls[4], wegen Umhauens von Fruchtbäumen[5], wegen Tempelraubs am Tage[6] oder wegen Bäderdiebstahls verurteilt wird.[7]

---

[1] S. oben § 21 S. 173[1].

[2] S. oben § 17 S. 165[1].

[3] *Arg. fr.* 10 *pr. de poenis* 48, 19: .... *si sub poena vinculorum domino reddi iussus non recipiatur, venumdari et, si emptorem non invenerit, in opus publicum et quidem perpetuum tradi iubetur.* Der Kaufpreis fällt hier dem Fiskus zu, während er beim gewaltunterworfenen Sklaven wohl dem Herrn übergeben wird.

[4] Paulus, *Sent.* V, 18, 1.

[5] Paulus, *Sent.* V, 20, 6.

[6] Paulus, *Sent.* V, 19, 1.

[7] Paulus, *Sent.* V, 3, 5.

Zweite Abteilung.

Der herrenlose Sklave erwirbt die Freiheit.

§ 27. Erwerb der Freiheit durch Erlöschen des Nießbrauchs.

Ein Testator setzt einen anderen als den Nießbraucher seines Sklaven zum Erben ein und läßt den Sklaven testamentarisch unter einer Bedingung frei. Tritt nun die Bedingung während des Bestehens des Nießbrauchs ein, so wird der Sklave zunächst ein herrenloser Sklave, an dem ein Nießbrauch besteht.[1] Mit der Beendigung des Nießbrauchs erlangt aber der herrenlose Sklave seine Freiheit; er wird Freigelassener.

Verwandt mit diesem Falle ist folgender: Ein Sklave, an dem ein Nießbrauch besteht, wird in nicht feierlicher Form, z. B. *inter amicos* ohne Einwilligung des Nießbrauchers freigelassen. Er verwandelt sich zunächst in einen herrenlosen Sklaven, an dem ein Nießbrauch besteht, tritt aber mit dem Erlöschen des Nießbrauchs in den Stand der *Latini Juniani* ein.[2] Das Erlöschen des Nießbrauchs und damit die Freiheit des herrenlosen Sklaven kann auch durch nachträglichen Verzicht des Nießbrauchers auf sein Recht herbeigeführt werden.

Anders ist es dagegen, wenn ein Sklave, an dem ein Nießbrauch besteht, ohne Einwilligung des Nießbrauchers in feierlicher Form *vindicta* freigelassen wird. Hier bleibt er auch nach Erlöschen des Nießbrauchs nach vorjustinianischem Recht herrenloser Sklave.[3] Daher kann auch ein nachträglicher Verzicht des Nießbrauchers auf sein Recht ihn nicht mehr frei machen. Peter Faber[4] vertrat dagegen die Ansicht, daß der Verzicht ihn frei mache. Nach ihm hat sogar die Beendigung des Nießbrauchs rückwirkende Kraft, so daß also der Freigelassene niemals herrenloser Sklave gewesen, sondern vom Zeitpunkt der Freilassung an als frei anzusehen wäre.[5]

---

[1] S. oben § 13 S. 76[1].

[2] S. oben § 13 S. 75[5].

[3] S. oben § 13 S. 74[8].

[4] *Liber semestrium secundus Lugduni* 1598, *pag.* 287. *Nam interim quidem liber non fit, sed servus sine domino est quamdiu scil. ususfructus durat. sic enim accipiendum esse reor, quod est ab Ulpiano traditum in institutionibus aut regularum libris. ex post facto autem insecuta morte vel voluntate ac ratihabitione fructuarii vel alias extincto usufructu convalescere libertatem et ad id tempus quo a domino imposita fuit retrotrahi.*

[5] Gegen Faber sprechen dieselben Gründe, die wir oben gegen Mommsen ausgeführt haben. S. oben § 13 S. 75[1—4].

Diese Untersuchung macht es uns möglich, folgenden Ausspruch Savignys auf seine Richtigkeit zu prüfen: „Auf der anderen Seite aber konnten die herrenlosen Sklaven niemals in Libertinität geraten“.[1] Er berücksichtigt bei diesem Ausspruch nur die Strafsklaven und die Kriegsgefangenen, die in seinen Augen herrenlose Sklaven sind. „Wurden sie also frei“, sagt er, „(durch Restitution des Verurteilten, oder durch Postliminium des Gefangenen), so wurden sie wieder *ingenui*. Paulus IV, 8, 24.“ Das ist richtig, aber die Strafsklaven und die Kriegsgefangenen sind gar keine herrenlosen Sklaven im Sinne des römischen *ius civile*[2], also kommen sie für unsere Frage gar nicht in Betracht. Wie verhält es sich aber mit dem herrenlosen Sklaven, den Savigny als dritten Fall anführt, nämlich mit dem Freigelassenen, an dem ein Nießbrauch besteht? Bei der testamentarischen Freilassung und bei der Freilassung in nicht feierlicher Form verwandelt sich zweifellos der herrenlose Sklave nach Erlöschen des Nießbrauchs in einen *libertus*, gerät also in Libertinität.

§ 28. Erwerb der Freiheit durch staatliche Verleihung.

Die Fälle sind enthalten in einem besonderen Titel des *Codex*: *pro quibus causis servi praemium adquirunt libertatem* 7, 13.[3] Von den vier Fällen finden drei auf den herrenlosen Sklaven Anwendung. Eine Entschädigung des Herrn fällt hier selbstverständlich fort. 1. Zeigt ein herrenloser Sklave Münzer an, welche heimlicherweise falsches Geld prägen, so wird ihm vom Staate das römische Bürgerrecht und damit die vollkommene Freiheit verliehen.[4] 2. Zeigt ein herrenloser Sklave die Entführung einer Jungfrau an, so wird er dann vom Staate mit der Freiheit bedacht, wenn das Verbrechen durch Verheimlichung in Vergessenheit geraten war, oder die Verletzte auf dessen Verfolgung verzichtet hatte.[5] 3. Verrät ein herrenloser Sklave einen fahnenflüchtigen Soldaten, so verleiht ihm der Staat die Freiheit.[6]

---

[1] System I § 55, S. 359 a.

[2] S. oben § 2 S. 16[2].

[3] S. oben § 15 S. 93 B.

[4] *C.* 2 *tit. cit.*; vgl. *l.* 2 *C. Th. de falsa moneta* 9, 21 und *c.* 1 *de falsa moneta* 9, 24. Nach justinianischem Recht ist die Unterscheidung zwischen dem römischen Bürgerrecht und der latinischen Freiheit weggefallen; vgl. *c.* 7, 6 *de Latina libertate tollenda.*

[5] *C.* 3 *h. t.* Nach vorjustinianischem Recht erhielt er nur die latinische Freiheit, vgl. *l.* 1 § 4 *C. Th. de raptu virginum* 9, 24.

[6] *C.* 4 *eod. tit.* Auch das vorjustinianische Recht unterschied hier nicht zwischen römischem Bürgerrecht und latinischer Freiheit; vgl. *l.* 4 *C. Th. de desert.* 7; 18.

§ 29. Erwerb der Freiheit durch gerichtliche Entscheidung im Freiheitsprozeß.

Nehmen wir an, der herrenlose Sklave befinde sich im Besitz der Freiheit und es werde nun gegen ihn von seiten eines angeblichen Herrn die Personenstandsfrage (*quaestio status*) erhoben, oder genauer gesagt, die Rückforderung aus dem Besitze der Freiheit in die Sklaverei (*vindicatio ex libertate in servitutem*). Da in der Regel keine Ungewißheit darüber herrscht, daß der Herr seinen angeblichen Sklaven in die Sklaverei und zwar unter seine Herrschaft fordern will und nicht umgekehrt der herrenlose Sklave danach trachtet, sich aus der sklavischen Herrschaft des angeblichen Herrn in die Freiheit zu bringen, so hat der Herr die Beweislast. Er muß beweisen, daß der Gegner Sklave und zwar sein Sklave sei.[1] Die Stellung des herrenlosen Sklaven ist also in der Regel im Freiheitsprozeß eine sehr günstige. Gelingt es dem Angreifer nicht, dessen sklavischen Stand nachzuweisen, so erläßt der Richter die *pronuntiatio eum, qui de libertate sua litigat, ingenuum videri.* Versäumte der Angreifer den Termin, so konnte die *pronuntiatio* nur lauten: *eum, qui de libertate sua litigat servum non videri.*[2] Ist aber dieser Urteilsspruch erlassen, so hat der herrenlose Sklave von Rechts wegen die Freiheit erlangt. Es kann allerdings die gerichtliche Feststellung, daß er frei geboren sei (*sententia ingenuitatis*) angefochten und wieder aufgehoben werden, aber nur zu seinen Lebzeiten. Nach seinem Tode ist ihre Anfechtung und Aufhebung selbst innerhalb der Frist von 5 Jahren ausgeschlossen, auch wenn sie bereits vor dem Tode gerichtlich anhängig gemacht war.[3]

Von dieser Regel gibt es dann eine Ausnahme, wenn der Sklave sich im Besitze eines Herrn befindet, der ihn adprehendiert hat und zwischen beiden der Freiheitsprozeß stattfinden soll. Hier ist es nun zweifelhaft, ob es sich um eine Rückforderung aus der Freiheit in die Sklaverei oder aus der Sklaverei in die Freiheit handelt. Daher muß in einem Vorverfahren entschieden werden, um was es sich handle. Dabei kommt es darauf an, ob der Sklave ohne bösen Glauben im Besitz der Freiheit

---

[1] *Fr.* 7 § 5 *de liberali causa* 40, 12: *Si quis ex servitute in libertatem proclamat, petitoris partes sustinet: si vero ex libertate in servitutem petatur, is partes actoris sustinet qui servum suum dicit.*

[2] Vgl. *fr.* 27 § 1 *eod. tit.*

[3] *Fr.* 1 § 3 *ne de statu defunct.* 40, 15: *sed interdum et intra quinquennium non licet de statu defuncti dicere: nam oratione divi Marci cavetur, ut, si quis ingenuus pronuntiatus fuerit, liceat ingenuitatis sententiam retractare, sed vivo eo qui ingenuus pronuntiatus est, non etiam post mortem, in tantum, ut etiam, si coepta quaestio fuit retractationis, morte eius extinguatur, ut eadem oratione cavetur.*

gewesen sei oder nicht.[1] Dieses Vorverfahren endigt daher mit einer *pronuntiatio*, die entweder so lautet: *eum qui de libertate sua litigat, in libertate sine dolo malo fuisse* oder *eum qui de libertate sua litigat, in libertate non fuisse aut dolo malo fuisse.* Im ersten Falle hat der, welcher die *vindicatio ex libertate in servitutem* erhebt, die Beweislast, im anderen Falle der, welcher seine Freiheit verteidigt.[2] Nach Julian sind alle diejenigen *sine dolo malo in libertate*, die glauben frei zu sein und sich als Freie aufführen.[3] Er stellt also dafür zwei Erfordernisse auf: den Glauben, frei zu sein und die Aufführung als Freier. Varus und Ulpian ergänzen die zweite Voraussetzung noch dahin, daß die Aufführung als Freier keine heimliche sein darf, sie muß eine offene sein.[4] Von diesen beiden Erfordernissen des nicht bösgläubigen Besitzes der Freiheit kann der herrenlose Sklave das zweite ohne Schwierigkeit erfüllen. Ob aber auch das erste? Nur beim geborenen herrenlosen Sklaven ist der Glaube möglich, daß er ein Freier sei.[5] Nur bei ihm würde daher die Beweislast dem Herrn zufallen.

Für den herrenlosen Sklaven gibt es noch einen Weg, durch Urteilsspruch zur Freiheit zu gelangen. Der herrenlose Sklave erhebt durch einen Freiheitsvertreter (*adsertor libertatis*) die gerichtliche Freiheitserklärung (*proclamatio ad libertatem*), ohne daß ihm ein richtiger Widersacher (*iustus contradictor*) gegenübersteht, der ihn in die Sklaverei vindiziert. Der Beweis der Freiheit und die Erlangung eines der Freiheit günstigen Urteils war nicht allzu schwierig. Dies beweist der Umstand, daß die Römer genötigt waren, gegen den Mißbrauch der gerichtlichen Freiheitserklärung und des Freiwerdens durch Urteilsspruch ein Gesetz zu erlassen, das sog. *S. c. Domitianum.*[6] Danach konnte jedermann aus dem Volke innerhalb einer Frist von fünf Jahren nach dem Urteil[7] eine Feststellungsklage erheben, wenn ein Sklave infolge heimlichen Einverständnisses mit seinem Herrn für freigeboren erklärt wurde. Der Zweck war, zu verhindern, daß auf diese Weise niedrige Elemente in den Senat eindrangen.[8] Die Frage, ob der Senatsbeschluß auch Anwendung findet, wenn ein herrenloser Sklave ohne einen richtigen Widersacher durch richterliches Urteil für freigeboren erklärt wird, ist wohl zu verneinen, denn

[1] *Fr.* 7 § 5 *cit.*

[2] *Fr.* 7 § 5 *cit.*: *et si forte apparuerit eum, qui de libertate sua litigat, in libertate sine dolo malo fuisse, is qui se dominum dicit actoris partes sustinebit et necesse habebit servum suum probare: quod si pronuntiatum fuerit eo tempore, quo lis praeparabatur, in libertate eum non fuisse aut dolo malo fuisse, ipse qui de sua libertate litigat debet se liberum probare.*

[3] *Fr.* 10 *de liberali causa* 40, 12.

[4] *Fr.* 10 *cit.*; *fr.* 12 § 1 *eod. tit.*

[5] S. oben § 3 S. 18[5].

[6] *Fr.* 1 *de collusione detegenda* 40, 16.

[7] *Fr.* 2 *eod. tit.*

[8] *Fr.* 1 *cit.*: *ne quorundam dominorum erga servos nimia indulgentia inquinaret amplissinum ordinem ....*

von einem heimlichen Einverständnis des Sklaven mit seinem Herrn[1] kann selbstverständlich keine Rede sein. Doch könnte vielleicht der Senatsbeschluß analog auf diesen Fall ausgedehnt worden sein.[2] Aber in diesem Falle würde er nicht wieder herrenloser Sklave, weil er dann in die Herrschaft des siegreichen Klägers träte.[3]

§ 30. Erwerb der Freiheit durch Ersitzung.

Wir treten nun zur Beantwortung einer schwierigen Frage: Kann der herrenlose Sklave die Freiheit durch Ersitzung erlangen? Wir wollen dabei zwischen der ordentlichen und außerordentlichen Ersitzung unterscheiden.

I. Ordentliche Ersitzung. Daß ein Sklave die Freiheit ersitzen kann, ist quellenmäßig verbürgt. So erlangt ein Sklave, der zum Nachteil des Fiskus freigelassen wurde, durch 10jährigen Besitz der Freiheit die rechtliche Freiheit. Während der 10 Jahre verjährt die *revocatio in servitutem* des Fiskus und damit Hand in Hand läuft die Ersitzung der Freiheit.[4] Diese Ersitzung hat drei Eigenschaften: Einmal liegt ihr ein Rechtstitel zugrunde, nämlich eine, wenn auch anfechtbare, Freilassung. Zweitens findet sie unter Anwesenden statt, weil der Fiskus immer als anwesend anzusehen ist und drittens beträgt ihre Frist 10 Jahre.

Nach einem Gesetze Diokletians und Maximians vom Jahre 300 kann ein Sklave die Freiheit unter folgenden Voraussetzungen ersitzen: 1. Ein Rechtstitel (*iustum initium*); 2. gutgläubiger Freiheitsbesitz; 3. Ablauf von 20 Jahren; 4. keine Unterbrechung.[5]

Ein Gesetz Konstantins vom Jahre 331 enthält folgenden Fall: Ein Freier ist mit einer fremden Sklavin eine Geschlechtsverbindung eingegangen und erzeugt mit ihr ein Kind. Da das Kind dem Stande seiner Mutter folgt, so hat es den Stand eines Sklaven, aber es kann die Freiheit in 16 Jahren ersitzen (gleichgültig, ob unter Anwesenden oder Abwesenden), auf Grund eines Rechtstitels. Drei Rechtstitel werden im Gesetz selbst genannt: 1. *redemptio a servitute;* 2 *vicarii traditio servuli;* 3. *peculii adsignatio.*[6]

Die Bedeutung dieser drei Titel ist bestritten. G. GOTHOFREDUS[7]

---

[1] *Fr.* 1 *cit.*: . . . . *quod paterentur servos suos in ingenuitatem proclamare.*

[2] Vgl. *fr.* 3 *eod. tit.*: *cum non iusto contradictore quis ingenuus pronuntiatus est, perinde inefficax est decretum, atque si nulla iudicata res intervenisset: idque principalibus constitutionibus cavetur.*

[3] *Fr.* 1 *cit. in fine*: *ut, si quis probasset per collusionem quicquam factum, si iste homo servus sit, fieret eius servus qui detexisset collusionem.*

[4] *Fr.* 16 § 3 *qui et a quibus man. liberi non fiunt* 40, 9 (Aristo zit. von Paulus).

[5] *C.* 2 *de longi temporis praescriptione* 7, 22.

[6] *L.* 7 *C. Th. de liberali causa* 4, 8.

[7] *Tom.* I *pag.* 408.

versteht unter dem ersten Titel folgendes: Der natürliche Vater kauft das Kind von seinem Herrn los; unter dem zweiten: er vertauscht es mit einem Ersatzsklaven. Für den dritten Titel unterstellt er, daß der Herr der Sklavin selbst mit dieser eine Geschlechtsverbindung eingegangen und ein Kind gezeugt habe. Der Titel bestehe nun darin, daß er seinem eigenen sklavischen Kinde ein *peculium* zu freiem Eigentum überweise.

Pothier[1] versteht unter dem dritten Titel dasselbe wie Gothofred, weicht aber von ihm in bezug auf die beiden ersten ab. Nach ihm kauft der Sklave selbst sich von seinem Herrn los; er selbst gibt seinem Herrn einen Ersatzsklaven.

Cuiaz[2] führt als Titel an die Freilassung, den Loskauf von der Sklaverei, die Übertragung eines Ersatzsklaven und die *peculii remissio plena*. Was versteht er unter dem letzteren? Der Ausdruck *remissio peculii* hat nur dann einen vernünftigen Sinn, wenn wir folgendes annehmen: Der Sklave verzichtet zugunsten seines Herrn auf sein Pekulium, das ihm von seinem Vater gegeben wurde. Ist dies seine Auffassung, so weicht er von Gothofred ab. Nicht der Herr, sondern ein Dritter wäre der Vater des Sklaven.

Unterholzner[3] schließt sich unbewußt an Cuiaz an, wenn er im letzten Titel den Fall erblickt, daß der Sklave seinem Herrn sein Pekulium statt eines Lösegeldes überläßt. So wenig wie Cuiaz drückt er sich darüber deutlich aus, von wem der Sklave das Pekulium erhalten habe. Um einen vernünftigen Sinn seiner Auffassung zu erhalten, müssen wir annehmen, daß der Sklave das Pekulium von seinem Vater, nicht von seinem Herrn erhalten habe.

Für die Auffassung Gothofreds spricht der Umstand, daß das Gesetz selbst auf den Fall hinweist, daß der Herr mit der eigenen Sklavin eine Geschlechtsverbindung eingeht und mit ihr Kinder erzeugt.[4] Es darf jedoch nicht verschwiegen werden, daß das Gesetz diesen Fall nur erwähnt, um die Bedeutung des Rechtsatzes hervorzuheben, daß das Kind aus illegitimer Geschlechtsverbindung dem Stande der Mutter folgt.[5] Gegen seine Auffassung spricht aber folgendes Bedenken: Wenn der Herr selbst der leibliche Vater des Sklavenkindes ist und er die Absicht hat, es der Freiheit zuzuführen, so ist doch der natürliche und direkte Weg dazu die Freilassung. Die *lex Aelia Sentia* würde hier nicht im Wege stehen. Eine unfeierliche Freilassung würde als Titel zur Ersitzung der Freiheit genügen.[6]

---

[1] A. a. O., *lib.* 40, *tit.* 12, *art.* II § 2, *not.* e, *pag.* 86.

[2] *Paratitla lib.* VII, *tit.* 22, *pag.* 464 C—D.

[3] Verjährungslehre, 2 Bd., § 291, S. 397.

[4] . . . . *etsi herilem lectulum ancilla ascenderit, non liberorum domino, sed servorum partum suscipiat.*

[5] . . . . *iure enim communi maternam condicionem natum sequi necesse est.*

[6] S. oben § 9 S. 49[1].

Cuiaz und Unterholzner können für sich den Parallelismus der Fälle in Anspruch nehmen. Nach ihrer Auffassung erhält der Herr in allen drei Fällen eine Abfindung, sei es im Kaufpreis, sei es im Ersatzsklaven oder im Pekulium. Zweifelhaft ist aber, ob man in der späteren Kaiserzeit von dritter Seite auch Sklaven ein *peculium* zuwenden konnte, ähnlich wie den Hauskindern.[1] Nehmen aber Cuiaz und Unterholzner an, daß das Pekulium, welches dem Herrn überwiesen wird, von diesem selbst stammt, dann könnte von einer wirklichen Entschädigung keine Rede sein. Aus diesen Gründen kann ich mich weder der einen, noch der anderen Auffassung anschließen.

Die nähere Betrachtung der Stelle führt uns auf die richtige Lösung: Es heißt: *cum neque redemptio ex servitute neque vicarii traditio servuli vel peculii adsignatio etc.* Die *peculii adsignatio* ist also nicht ein selbständiger Titel, der den beiden anderen gleichgeordnet wird, sondern die eine Alternative des zweiten Titels. Dieser kann entweder bestehen in der *traditio servuli vicarii* oder in der *peculii adsignatio* des Ersatzsklaven, m. a. W. er kann entweder darin bestehen, daß man ins Eigentum des Herrn einen Ersatzsklaven überträgt oder in sein Vermögen dessen Pekulium. Bei dieser Auffassung ist der Parallelismus der Titel gewahrt und die Bedenken, welche der Meinung Cuiaz' und Unterholzners entgegenstehen, beseitigt. Man kann aber auch den dritten Titel so verstehen, daß der Sklave das von ihm selbst erworbene Pekulium dem Herrn überweist, sich also selbst aus der Sklaverei loskauft. Der dritte Titel wäre dann mit dem ersten nahe verwandt. Der Unterschied bestände nur darin, daß im ersten Falle der natürliche Vater das Lösegeld bezahlt, im dritten der Sklave selbst.[2]

Konstantin spricht gleich am Anfange seines Gesetzes von der Verkündung eines anderen Gesetzes, welches die 16jährige Frist zur Ersitzung der Freiheit eingeführt habe. Der Gedanke, daß er damit die *lex Aelia Sentia* meine, ist abzuweisen, trotzdem man sich dafür auf *fr.* 16 § 3 *qui et a quibus manum.* 40, 9, verbunden mit der Inskription, stützen könnte.[3] Es ist vielmehr wahrscheinlich, daß Konstantin ein Gesetz im Auge habe, das er selbst vor kurzem erlassen hatte und worin er das ältere Recht in bezug auf die Ersitzungsfrist abänderte, das Justinian aber wieder herstellte, indem er die das ältere Recht enthaltenden Gesetze: *fr.* 16 § 3 *qui et a quib.* 40, 9 und *c.* 2 *de longi temporis praescript.* 7, 22 in sein Gesetzbuch aufnahm und das konstantinische Gesetz durch Nichtaufnahme beseitigte. Eine Interpolation im *fr.* 16 § 3 *cit.* anzunehmen, ist nicht erforderlich; es enthält eben das ältere Recht.

---

[1] *C.* 6 und *c.* 8 *de bonis quae liberis in potest. constit.* 7, 61, sog. *peculium adventicium irregulare.*

[2] S. oben § 15. Über die Bedeutung des Wortes *adsignatio* vgl. *vocabularium p.* 265, *vers.* 10 *adsignare*] = *attribuere A. ut eius fiat cui adsignatur.*

[3] Gl. M. Gothofred, a. a. O.

In der *c.* 2 *de longi temporis praescript.* 7, 22 spricht Diokletian nur von 20, nicht von 10 Jahren. In der Tat hat diese Stelle schon seit den Glossatoren zu der Streitfrage Veranlassung gegeben, ob unter Anwesenden ein Zeitraum von 10 Jahren zur Ersitzung der Freiheit genüge, oder ob 20 Jahre unter allen Umständen erforderlich seien.[1] So sagte Martinus, daß der Sklave, der sich als Freier aufführe, auf Grund eines gerechten Titels nach 20 Jahren römischer Bürger werde, gleichgültig, ob die Verjährung unter Anwesenden oder Abwesenden stattfinde. Ein 10jähriger Besitz der Freiheit genüge nicht. Andere dagegen stellten die Behauptung auf, wer sich auf Grund einer *ratio iusta* 10 Jahre unter Anwesenden als Freier aufführe, werde römischer Bürger. Cuiacius[2], Gothofredus[3] und Pothier[4] nehmen ohne weiteres Bedenken an, daß die in der *c.* 2 *de longi temporis praer.* genannten 20 Jahre *inter absentes* gemeint seien. Auch Unterholzner ist der Ansicht. Er sagt: „Die vorher angeführte Digestenstelle (*fr.* 16 § 3 *qui et a quib. man. liberi non fiunt* 40, 9) gestattet aber keinen gegründeten Zweifel.“ Trotz dieser gewichtigen Autoritäten ist aber Martinus zuzustimmen und zwar aus folgenden Gründen: Weder die Digestenstelle (*fr.* 16 § 3 *cit.*) noch das Gesetz Konstantins unterscheiden zwischen Anwesenden und Abwesenden, also muß angenommen werden, daß Diokletian auch nicht unterschieden hat. Und warum? Gerade bei der Ersitzung der Freiheit ist jene Unterscheidung kaum durchzuführen, beim herrenlosen Sklaven gar nicht und beim gewaltunterworfenen nur sehr schwer, weil sowohl der Herr wie auch der Sklave ihren Aufenthaltsort fortwährend ändern können. Besonders aber wird dies beim Sklaven der Fall gewesen sein. Anders verhält es sich mit der Ersitzung von Rechten an Grundstücken, wo der Standort des Grundstückes und damit auch der Wohnort des Ersitzenden immer unverändert bleibt.

Kann nun ein herrenloser Sklave auf Grund der *c.* 2 *de longi temporis praescr.* die Freiheit ersitzen? Die Frage können wir nur dann bejahen, wenn es möglich ist, für ihn einen Rechtstitel zu konstruieren, ein *iustum initium praescriptionis.* Als Rechtstitel können die in der *l.* 7 *C. Th. de lib. causa* genannten nicht in Betracht kommen, da sie auf den besonderen Fall zugeschnitten sind, daß ein Sklave, der aus der Verbindung eines Freien mit einer fremden Sklavin hervorgegangen ist, die Freiheit ersitzen soll. Drei weitere Titel zählt Ulpian in *fr.* 12 § 2 *de liberali causa* 40, 12 auf: *Potest et servus sine dolo malo in libertate morari, ut puta testamento accepit libertatem, quod nullius momenti esse ignorat, vel vindicta ei imposita ab eo, quem dominum esse putavit, cum non esset, vel educatus est quasi liber, cum servus esset.* Die beiden ersten Titel passen nicht für den herrenlosen Sklaven. Der im nichtigen

[1] Rogerius Beneventanus, *de dissensionibus dominorum opusculum, ed.* Haubold, *Lipsiae* 1821.

[2] A. a. O.

[3] A. a. O.

[4] A. a. O., *not.* b.

Testament Freigelassene wird Sklave des gesetzlichen Erben; der vom unrichtigen Herrn *vindicta* Freigelassene bleibt Sklave des richtigen Herrn. Wie ist es aber, wenn der Sklave *vindicta* vom richtigen Herrn, aber ohne Einwilligung des Nießbrauchers freigelassen wird, ist dies nicht ein richtiger Titel für den herrenlosen Sklaven nach Beendigung des Nießbrauchs? Die Frage ist zu verneinen, denn der gute Glaube ist ausgeschlossen, selbst wenn der herrenlose Sklave im Rechtsirrtum sich befindet. Es dürfte auch hier der Satz gelten: *iuris ignorantiam in usucapione negatur prodesse.*[1]

Der dritte Titel aber könnte ihm zur Ersitzung der Freiheit dienen. Nehmen wir an, daß aus der dauernden Geschlechtsverbindung eines Freien mit einer herrenlosen Sklavin ein Kind hervorgeht. Dies ist nun unzweifelhaft ein herrenloser Sklave, denn es folgt dem Stand der Mutter. Wenn nun das Kind von seinen Eltern als freies aufgezogen wird, dann könnte es auf Grund dieses Titels in 20 Jahren die Freiheit ersitzen, falls es sich im guten Glauben befindet.[2]

Aus dieser Untersuchung geht hervor, daß die ordentliche Ersitzunng mit ihren beiden Voraussetzungen des Titels und des guten Glaubens dem herrenlosen Sklaven nur in einem einzigen Falle die Aussicht eröffnet, zur Freiheit zu gelangen.

II. Außerordentliche Ersitzung der Freiheit. Das römische Recht kennt eine Verjährung von 30 und eine solche von 40 Jahren.[3] Pothier erklärt es nun für glaubhaft, daß ein Sklave, der 30 Jahre ohne Titel im Besitze der Freiheit gewesen sei, sich auf die 30jährige Verjährung stützen könne.[4] Es läßt sich jedoch nicht nachweisen, daß die 30jährige Verjährung zum Schutze einer persönlichen Rechtsstellung eingeführt wurde, so daß auch Feststellungsklagen des Personenstandes ihr unterworfen waren. Die Worte des berühmten Gesetzes von Theodosius II. aus dem Jahre 424 lauten freilich ziemlich allgemein; trotzdem aber machen sie den Eindruck, daß sie sich nur auf Vermögensklagen beziehen wollen.[5] Dafür spricht, daß die Einteilung der vermögensrechtlichen Klagen *in actiones, in rem* und *in personam* im Gesetze zweimal vorkommt. Schon im ersten Satze erscheinen die *actiones in rem,* eingeteilt in *actiones in rem speciales* und *universales,* und die *actiones personales.* Im zweiten Satze erscheinen als Repräsentanten der *actiones in rem* die *rei vindicatio*: *sed si qua res postuletur* und

---

[1] *Fr.* 4 *de iuris et facti ignorantia* 22, 6. Die Quellen enthalten einen konkreten Fall, in welchem der im Besitze der Freiheit befindliche Sklave nicht im guten Glauben ist; es ist der Fall des *servus fugitivus*: *C.* 1 *de longi temporis praescriptione* 7, 22.

[2] S. auch oben § 29 S. 193[5].

[3] Vgl. *tit. Codicis de praescriptione triginta vel quadraginta annorum* 7, 39.

[4] *Pandectae Justinianeae lib.* 40, *tit.* 12, *art.* II, § 2 *in fine tom.* III, *pag.* 87.

[5] *L. unica pr. C. Th. de actionibus certo tempore finiendis* 4, 14.

die *actio confessoria: vel ius aliquod postuletur*, und neben der allgemeinen *actio in personam: vel persona qualicumque actione pulsetur* erscheint die *actio rei persecutoria: vel persona persecutione pulsetur.*[1]

Dagegen erließ Kaiser Anastasius im Jahre 491 ein Gesetz, welches ausdrücklich persönliche Rechtszustände durch Ablauf von 40 Jahren und damit auch Feststellungsklagen des Personenstandes erlöschen läßt[2] und andererseits dem 40jährigen Besitz einer persönlichen Rechtsstellung, also auch der Freiheit, Schutz und Sicherheit verspricht.[3] Es kann daher keinem Zweifel unterliegen, daß ein herrenloser Sklave die Freiheit erwerben kann, wenn er auch ohne Titel und guten Glauben während 40 Jahren unangefochten im Besitze der Freiheit sich befand. Das anastasische Gesetz war also für den herrenlosen Sklaven, der vorher in der Gewalt eines Herrn stand, eventuell vorher ein Freier war[4], von größter Wichtigkeit; es schuf für ihn, falls er sich in den Besitz der Freiheit setzte, die sichere Aussicht, nach Ablauf der Frist von 40 Jahren die Freiheit zu erwerben.

Zum Schlusse sei noch auf eine Möglichkeit hingewiesen, daß ein geborener herrenloser Sklave die Freiheit durch Verjährung erlangt, Nehmen wir an, eine herrenlose Sklavin wird von der Mitwelt als freigeboren angesehen und stirbt.[5] Nach ihrem Tode wird während eines Zeitraums von 5 Jahren keine Personenstandsfrage gegen sie erhoben. Dann hat ihr als herrenloser Sklave geborenes Kind die Freiheit erworben und wird darin auf Grund eines Senatsbeschlusses geschützt.[6]

---

[1] Vgl. Gaius IV, 7; vgl. auch Unterholzner, Bd. 1, S. 60, *n.* 59.

[2] *C.* 4 § 1 *de praescriptione* XXX, *vel* XL, *annorum* 7, 39: *nullumque ius privatum vel publicum in quacumque causa in quacumque persona, quod praedictorum quadraginta annorum extinctum est iugi silentio, moveatur.*

[3] *C.* 4 § 2 *eod tit.*: *sed quicumque super quolibet iure, quod per memoratum tempus inconcussum et sine ulla re ipsa illata iudiciaria conventione possedit, superque sua condicione, qua per idem tempus absque ulla iudiciali sententia simili munitione potitus est, sit liber et praesentis saluberrimae legis plenissima munitione securus.* Ebenso Unterholzner, a. a. O., Bd. 1, S. 64, *n.* 63; Bd. 2, S. 389 u. 398.

[4] S. oben §§ 4—7.

[5] *C.* 8 *ne de statu def.* 7, 21 findet hier keine Anwendung, denn sie bezieht sich auf einen Sklaven, der auf der Flucht verstorben ist.

[6] Vgl. *c.* 6 *pr. ne de statu def.* 7, 21 und *C.* 7 *eod. tit.*: *status tuus ex praescriptione, quae ex senatus consulto emanat, protectus est.* Vgl. *tit. Dig.* 40, 15: *ne de statu defunctorum post quinquennium quaeratur*; *tit. Cod.* 7, 21. Cuiacius meint, daß das *S. C.* unter Marc Aurel erlassen worden sei auf Grund vom *fr.* 1 § 3 *eod. tit.* und Capitolinus: Julii Capitolini, *Marc. Antoninus Philosophus* 10: *de statu etiam defunctorum intra quinquennium quaeri iussit*; vgl. *paratitl. in lib.* VII, *tit.* 21, *pag.* 463 *C.*

Wort- und Sachverzeichnis.

Die großen Zahlen bedeuten die Seiten, die kleinen die Noten, die fettgedruckten die Hauptstellen.

Abbüßung (der Strafe) 154.
Abführung 114.
Absicht 144, 148, 169, 195.
Abwesender 194, 197.
Abwesenheit (notgedrungene) 114[4], 126[4].
accusatio 91[6], 164.
Accusationsverfahren 164.
accusator 141[3].
Acker 156[1].
actio 163.
actio ad exhibendum 150[1].
actio adiecticiae qualitatis 87.
actio aquae pluviae arcendae noxalis 123[2].
actio arborum furtim caesarum noxalis 123[3].
actio civilis 107[9], 122.
actio communi dividundo 128[1, 3], **130**[1].
actio de albo corrupto noxalis 125[4].
actio de effusis vel deiectis noxalis 124, 125[1].
actio de pauperie 119[2].
actio de peculio 108[3], 123, 158; *ordinarii* 108[3].
actio de posito vel suspenso noxalis 125[2].
actio de sepulchro violato noxalis 125[3].
actio de servo corrupto 136; *noxalis* 126[1].
actio doli 38, 41, 122; *noxalis* 123[7].
actio emti 38[2].
actio ex recepto 124[17].
actio ex stipulatu 38[2], 41, 117[3].
actio funeraria 100[2], 115, 116[1].
actio furti 71, 122[7]; *noxalis* 103[4], 106[7], 122[4], 129; *nec manifesti noxalis* 122[4]; *concepti noxalis* 122[5], 123[4]; *oblati noxalis* 122[6].
actio honoraria 99[5].
actio in factum 38, 41; *noxalis* 124[10, 11, 12, 13].
actio iniuriarum 88[13], 122[7]; *noxalis* 123[5].
actio in personam 98[5], 106, 198; *personalis* 198.
actio in rem 98[5], **106**[3], 113[5], 198; *in rem specialis universalis* 198; *in rem scripta* 131[4].
actio iudicati **117**[3].
actio legis Aquiliae 89, 157[2]; *directa* 103[4]; *noxalis* 123[1], 129.
actio mixta 38.
actio negotiorum gestorum contraria 48[2].
actio noxalis 103 fg., 108; *directa* 103[2, 4], 104, 107[2], 113, 116, 118[1], 122 fg., 127, 131[2], 132; *praetoria* 107[2], 109[5], 113[4], 123, 129, 131[6], 132; *vicarii nomine* 108[3], 109.
actio noxalis praetoria 109[5], 113[4], 132.
actio perpetua 136[1].
actio pigneraticia directa utilis 86[6].
actio Publiciana 168[2].
actio quod metus causa noxalis 124.
actio reddenda est 86[6].
actio redhibitoria 96[2, 4].
actio vi bonorum raptorum noxalis 123[6].
actus 24 fg.
adfectus 139.
adfinitas servilis 95.
adlegatio 150[6].
adprehendere 178 fg.
Adprehendent 180[4].
Adprehension 71, 72, 158, 159.
adsertio libertatis 54, 63, 90[4].
adsertor 77.
adsignare 196[2].
adsignatio peculii 194, **196**.
adulterium 165.
aedilis plebis cerealis 91[2].
aeger 139.
Ärar 169[2].
aerarium populi Romani 169[2].
Äsculap 68[6].
Aktor 28 fg.
Akzeptilation 83[5].
Alimentation 48[2].
Alimentationskosten 51, 62[8].
Alimentationsschuld 51.
Alimente 48.
Alimentenlegat 13.
Almosengeben 188.

Alter 69, 70, 177, 187.
Altersgrenze 42, 43.
Alumna 50[4].
Amt 100, 189.
Aneignungsrecht 167.
Anerkenntnis 21[6].
Anerkennung 87.
Anfrage 182.
Angeber 169fg., 171[1], 187.
Angebot 182.
animadversio 64[2], **67**.
animus domini 69[3]; *domandi* 12.
Ankläger 91, 141[3], 146[2], 150[5], 171[2].
Anklage 89, 91[6], 95[8, 9, 11, 12], 138, 139, 141[4], 144, 146, 148, 149, 151, 171[2], 179.
Anklagefähigkeit 148[2]; Anklageschrift 146[2]; Anklageverfahren 146; Anklagezustand **145**, 146[2].
Annahme 182.
annus utilis 132.
Anschauung (naturrechtliche) 96.
Anschuldigung 93.
Anspruch 21, 61, 117[8], 127[2], 143.
Anstifter 135.
Anteil 128[8]; (am Miteigentum) 129.
Antrag 149, 151.
Anwesender 194, 197.
Arbeit 156[1], 161; öffentliche 165[2], 188.
Arbeitshaus 145[6].
Arbeitsleistung 110.
Arbeitsstrafe 154[4].
Arbeitszwang 155[2].
Arena 143[4].
Arglist 123[7], 126.
Armut 113[4], 126[4], 151.
Arrogationsvertrag **181**.
Arznei 69[1].
Arzt 153.
Asylrecht 92[2].
asylum 134.
auctoratio 26.
auctoratus 26; *militiae* 45.
auctoritas 162[6].
auctorieren 45.
Aufenthaltsort 197.
Aufkündigung 148[3].
Aufnahme 52[6], 53, 100, **183fg.**
Aufwand 100.
Aufwendungen 100.
Aushungerung 92.
Auslagen 49[2].
Auslegung 96[2].
Auspeitschung 143[3], 153.
Ausschlagung 84.
Ausschließlichkeit 172[3].
Ausschwören 98[8].
Aussetzung 52fg., 183[3].

Bäderdiebstahl 189[7].
Beamter 137, 138, 188.
Bedingung 75, 76[1], 84[10], 92[7], 134; (harte) 135[1], 136[8], 137, 190.
Befehl 90, **104**[4]; des Statthalters 154; des Prätors 163, 168, 178.
Befugnis 84, 94, 117[8], 120, 126[1, 4], 129, 131, 137, 138, 139, 151, 184; öffentliche 131[1]; gesetzliche 134[3].
Begnadigung 14.
Begräbnis 100, 162[5].
Begräbnisplatz 26.
Begräbnisstätte 162[9].
Behandlung (unzüchtige) 133[9], 134[1], **136**[7]; (grausame) 140[3].
Behörde 90, 167, 187.
Bekämpfung (der Prostitution) 137.
Beklagter 90, 117[8], 126[4], 127, 128.
Belastung 82.
Beleidigung 88; (leichte, schwere) 165.
Belohnung 93, 94, 167, 171.
beneficium cessionis 128.
Berater **133**[8].
Bereicherungsklage 84[1].
Bergwerk 10, 74, 156[3].
Bergwerksarbeit 11, 74, 137[4], 153, 154, 156[3].
Bergwerksstrafe 14[3].
Berufung 92[1], **152**, 164.
Beschenkter 180.
Beschimpfung 88.
Beschränkung (der Hinrichtung) 139.
Beschwerde 93, **134**.
Beschwerderecht **92**.
Besitz 68, 70, 90, 106[4], 110, 126[2]; juristischer 178; der Freiheit **160**[6], 163, 192, 193.
Besitzer 113[2], 182; gutgläubiger, bösgläubiger 118.
Besitzergreifung 167.
Besitzerwerb 178fg.
Besitzung 90, 182.
Bestrafung 109, 136[2], 152.
Bettelei 187fg.
Bettelgewerbe 187fg.
Bettler 187fg.
Betrug 22, 38.
Betrugsklage 127[4].
Beurkundung 185, 186[1].
Beweis 127[2], 152[1], 173[6], 187[3, 5], 193.
Beweisgrund 94[5].
Beweislast 192, 193.
Bewerber 170[2]fg.
Bezahlung 90, 189.
Bildsäule 135[3].
Billigkeit 128, 129.
Bischof 137, 186.
Blut 60[2].
Blutschande 95[7].
Blutsverwandtschaft 95, 96.
bona caduca 169[2], 171.
bona vacantia 169[2], 170[1], 171.
bona proscriptorum 171[2].
Bordell 137, 138.

Bordellhalter 138.
Bösgläubigkeit 36.
Brandmarkung 157[6].
Bürge 85, 86[1], 109, 110[6], 112, 114, 117[4], 164.
Bürgenstellung 114[4], 150, 151.
Bürger (römischer) 156, 157.
Bürgerrecht (römisches) 94[2], 135[5], **191**[4,6].
Bürgschaft 110[6], 151.

calumnia 65.
capitis deminutio 15[2]; (*maxima*) 157[7].
carcer rusticus 156[1].
carere dominio 76[4].
castrensis sacri palatii 173[2].
causa iusta manumissionis 49fg., 77.
causa legibus cognita 140[3, 4].
causa occidendi 140[3].
cedere parte 130[1].
cessio (*in iure*) 50, 96[1], 106[2].
Charakter 87; (relativer) 79fg.
Chirurg 136.
Christ 137.
coercere 134[2].
cognatio naturalis 162; *servilis* 95.
cognitio extraordinaria 89, 90[1].
collectio 53fg., 183fg.
collegia tenuiorum 100, 162.
colligere 185.
condemnatio **117**[7].
condemnare 69[1].
condicio dura 135[1].
condictio furtiva 122[7].
condictio f. noxalis 122[7], 123[2].
condictio indebiti 104[2].
conductio impia 138.
confessio 77.
coniux 94[3].
competere 172.
competitio 172.
competitor 172, 173.
consilium 77.
consistere 91[6].
contradictor iustus 193.
contubernium 48, **96**, 162.
crimen calumniae 157[4].
crimen census 91[4].
crimen extraordinarium 136[2].
crimen falsae monetae 91[5].
crimen maiestatis 91[6].
culpa 102.
cura 4.

damnatus ad gladium 143[4].
damnum iniuria datum 129[4].
datio noxae 100[1].
decemviri 39.
deditio noxae 103.
defensor 102[2], 137[4].
deferre 91[6].
Dejection 90[5].
Dekurio 27, 28.
delator 169fg.; *insb.* 171[2].
Delikt 51, 76, 87; (privates, öffentliches) 100, 102[5], 115, 117[3], 120, **125**[2], 127, 128, 129, 143, 163, 168, 177.
Deliktsfähigkeit 87; (passive) 88, 166.
Deliktsklage 127[6], 128.
Deliktsobligation 85[11], 159.
Delinquent 105, 106, 110, 111, 112, 115.
Deportation 15[2], 93[2], 120[7], 141[1]; *in insulam* 135[4].
Deportierter 93[2].
Dereliktion 46fg., 49fg., 51fg., 100, 158, 161, 176fg.
Derelinquent 180[4].
Detention 110[1].
Detentor 111[1].
Diebstahl 70, 103[4], 113[2], 115, 123, 129, 131[1], 132[6], 178.
Diebstahlsklage 113[2].
Diener 26[4]; (der kaiserlichen Kammer) 173[3].
Dienerschaft (des Kaisers) 173[1].
Dienst 45, 182.
Diensteid 99.
Dienstleistung 2, 4, 57, **99**.
Dienstverhältnis 45.
Dienstvertrag 138 (gottloser); auf Lebenszeit 181[1].
Dienstzeit 56[6] (geringe); angemessene **57**.
dies utilis 95[10].
Diözese 156[1].
divisio summa 1, 3, 80[6].
dominium 14.
donatio dando, promittendo, liberando 181[1].
Doppelhaftung (des Herrn) 103.
Doppelnatur (des Sklaven) 82.
Dosbestellung 34, 36.
Dotalhaftung 103[4].
Dotalsache 35.
Duktionsverfahren 71[3], 76, 106[2], **115**[4], 126[4].

eculeus 145[2].
edictum perpetuum 136[1].
Edikt (klaudianisches) 177[1].
Ehebrecherin 149[1].
Ehebruch 26, 95[11], 120, 141[4], **147**, 149.
Ehehindernis 95, 162[2].
Ehre 45.
Eid **98**[6, 7, 8], 99, 126, **127**.
Eigentum 16, 34, 36, 37, 46, 48, 49, 62, 70, 71, 76, **82**, 84, 105, **106**, 156[3], 161, 167, 179, 181; (im objektiven Sinn) 17, 18; quiritarisches, bonitarisches) 106[2], 114, 129, 163[2], 168, 178.
Eigentumsanteil 129.
Eigentumsbruchteil 83[3].
Eigentumserwerb 71[1], 126[1], **178**fg.

Eigentumserwerbstatbestand 72.
Eigentumsklage 2.
Eigentumsverlust 73; prätorischer 76[2].
Eigentümer 83, 84, 126; (bonitarischer) 168[4], 178.
Eindringling 90.
Eingeweide 59.
Einrede 90, 98[2, 6]; (der allgemeinen Arglist) 126, 149.
Einsperrung 147.
Einteilung 18; (gajanische) 1, 2, 3, 4, 5, 80.
Einteilungsprinzip 3.
Einwendung 149[4].
Einwilligung 97, 98[1], 100, 180, 190.
Enteignung 93[3].
Enteignungsrecht 137[3].
Entführung 94[3], 191[5].
Entgelt 99.
Entmannung 136.
Entschädigung 93[3]; (gerichtliche) **192**.
Entschädigungspflicht (des Staates) 93[6].
Entstehungstatbestand 9, 10, 11, 16, 18, 37, 46fg., 69, 73, 76[9].
Erbe 12, 75, 84, 158, 159, 161.
Erbeinsetzung 12.
Erblasser 16.
Erbpacht 96[2].
Erbrecht 27[1].
Erbschaft 16, 17, 76[1], 83, 84, 158, 159 (ruhende); 169[2] (ledige).
Erbschaftssklave 17, 85, 158[6], 159.
Erbteilungsklage 128.
Erdbeben 165.
ergastulum 145[6], **156**[1].
Erlaßvertrag 83.
Erlöschen (des Nießbrauchs) 75[5], 90[2].
Ermächtigung 128.
Ermordung 97[2].
Eroberung 100[1].
error iuris 39.
Ersatz 128.
Ersatzsklave 61[3], 66[9], 96[2], 195, **196**.
Ersitzung 88[12]; (der Freiheit) **194**fg.
Ersitzungsbesitzer 96[2].
Ersitzungsfrist 196.
Erwerb 82, 84, 93, 161, **190**fg.
Erwerber 59, 65.
Erwerbsfähigkeit 83[1], 85.
Erwerbsgeschäft 8[3].
Erwerbstatbestand 9, 59, 62.
Erwerbstätigkeit 160.
Erziehungskosten 49.
Eunuch 136.
Eviktion 41.
evitare iudicium 113[6].
exauctoratio 45.
exauctoratus 45.
exceptio doli 123[7]; *doli generalis* 126.
exceptio pacti conventi 98[5].
exhibere 109[3].
exigere 108[1].
eximere 108[1].
exportare 135[1].
expositio 46fg.

facultas coemendi 137; *repetendi* 110[4].
Fähigkeit 13, 85, 100; personale 81, 82.
familia 146.
familiaris 96.
Familie 82, 178.
Familienbeziehungen 94[7].
Fechtschule 74, 143[4].
Fechtspiel 26.
Fechtspieler 26.
Feind 14, 15.
Fessel 151, 153, 154, 156[1], 164.
Fesselstrafe 164, 165, 189.
Festnahme 173.
Feststellung (gerichtliche) 174, 192.
Feststellungsklage 193, 198, 199.
Feststellungsverfahren 175.
Feuersbrunst 165.
fideicommissum tacitum 171[2].
Fideikommiß 84.
fideiussor 85, 86.
fides bona 36, 40; *mala* 40.
Fischer 27.
Fiskus 11, 12, 48, 55, 153, 167, **168**fg., 189, 194.
Flamme 144.
Flucht 174, 199[5].
Fluß 102[5].
foedus 15.
Folter 133[1].
Folterbank 145[2].
Folterqualen 147.
Folterung 144[6], 147[5], 157, 165.
Forderung 84[10].
Formula **106**, 117[7]; (*in factum concepta*) 125[4], 126, 129, 130[1].
Formularprozeß 106[2].
Freier 1, 10, 18, 20, 21, 22, 24, 26[5], 27, 28[7], 29, 30, 32, 46, 74, 84, 95, 99, 123, 145, 146, 153, 154, 160, 161, 165, 193.
Freigebigkeit 170[2]; (kaiserliche) 182.
Freigeborener 20, 43, 174[2].
Freigeborensein 43.
Freigelassener 16, 20, 24, 53, 74, 77, 85, 86, 99, 105[2], 123[2], 160, 161, 174, 181, 182, 185[3]; (jugendlicher) 190, 194, 195; (unfeierlich) 198.
Freiheit 11, 14[3], 20, 21, 28[3, 4], 29, 30, 31, 32, 35, **37**, 38, 43, 44, 45, 46, 48, 50, 53, 70, 87, 88, 89, 93, 94, 96, 137, 138, 160, 161, 167, 183, 190fg.; fideikommissarische 36; latinische 191[4, 6]; vollkommene 191[4].
Freiheitsbesitz 196.
Freiheitserklärung 89[4, 5], 90, 193.
Freiheitsersitzung 167.
Freiheitserwerb 18.

Freiheitsklage 90.
Freiheitsprozeß 31, 32, 35, 90, 102[5], 137[2], 138, 167, **192** fg.
Freiheitsstrafe 30, 38, 133, 153, 154
Freiheitsvertrag 88, 90.
Freiheitsvertreter 90[4], 193.
Freilasser 1[2].
Freilassung 16, 35, 43, **48**, 50, 53, 76, 77, 85, 86, 89, 90, 95, 96[6, 7, 8], 99, 104, 156, 174[2], 190[5], 194, 195.
Freilassungsakt 99[3].
Freilassungsgrund 77.
Freilassungsrecht 99.
Freilassungswille 161.
Freistätte 134.
Freiwerden 193.
Fremdenpolizei 188.
Fremder 100[1].
Freundschaft 14[7].
Freundschaftsvertrag 14[7].
Friedensschluß 15.
Frist 193, 196, 199.
Fruchtbaum 189[5].
Furcht 178.
furiosus 124[17].
furtum 70.

Gastwirt 124[17].
Gebrechlicher 147[1].
Geburt 18, 82, 177, 187.
Gefangener 15, 50.
Gefangenschaft 14, 15[2].
Gefängnis (ländliches) 156[1].
Geisteskranker 85.
Geistlicher 137.
Geizhals 25[5].
Geld 88, 117[8], 177; (falsches) **94**, 191; des Sklaven 97[4], 101[9], 133[7], 134[4], 155[2], 160[4].
Geldbelohnung 93[3].
Geldeswert 177.
Geldstrafe 100, 102, 108, **117**, 123; (arbiträre) 124, 127, 128, 133[7], 138[1].
Geldsumme 88.
Geleit (sicheres) 175[8].
Gelübde 97, 98, 162.
Gemeindebehörde 143[4].
Gemeindesklave 143[3].
Gemeinschaft, eheliche 96; vertraglose 127, 128.
Gemeinschaftsteilungsklage 128, 129[4].
Generalklausel 170.
Genossenschaft (geistliche) 100[6], 162[12, 15].
Gericht 105, 109, 110, 115, 124[9], 130, 139, 164, 175.
Gerichtsbarkeit (häusliche, staatliche) 132[3], 143[3].
Gerichtsferien 151[4].
Gerichtsverfahren 115.
Gesamtgläubigerschaft 33.
Gesamtschuld 107.
Geschäft 28, 185.
Geschenk 175[7].
Geschenknehmer 175[7].
Geschlecht (weibliches) 126[4], 156, 184.
Geschlechtsverbindung 12[7], 28, 94[8], 161, 194, 195; (dauernde) 198.
Geschworener 141.
Gesetz (anastatisches) 199.
Gesetzgeber 172.
Gesetzgebung 139.
Geständnis 147.
Gestellung (gerichtliche) 110[6], 127[5], 150.
Gestellungspflicht 110.
gestio actus 32.
Gesuch 94, 172[4].
Getreide 91.
Gewalt 82; tatsächliche 116[3], 125[5], **126**, 127[5], 129.
Gewaltfreier 4.
Gewaltsverhältnis 181; (rechtliches, tatsächliches) 182.
Gewalttätigkeit 97, 132[4].
Gewaltunterworfener 4.
Gewerbe 27, 187.
Gewerbetreibender 27.
Gezeichneter 156[1].
Gift 144[6], 147[5].
Gladiator 25, 26, 45, 143[4].
Gläubiger 85[2], **86**[8], 117[8], 152[5], 183[8].
Glaube (guter) 31, 32, 58, 130; (böser) 88, 186, 192, 198, 199; (christlicher) 137.
Gold 138[1].
Goldstück 125.
Gote 53.
Gottheit 97.
Grab 125[3].
Grabstelle 100[6], 162[15].
Grausamkeit 104.
Grundeigentümer 170[2], 182.
Grundherr 170, 175.
Grundhöriger 170, **174**, 175.
Grundsteuer 170, 174[3], 182.
Grundstück 84, 124, 170[1], 197; verlassenes 174[3], 182.
Gut (höchstes) 45.
Gutgläubiger 33.
Gutgläubigkeit 32, 33.

Haft 155.
Haftung 85, 103[5], 107, 118[2], 119, 177[4].
Handel 54 fg., 185 fg.
Handelsverkehr 38.
Handlung, heilige 98[6]; schikanöse 121[4]; verbrecherische 132[3].
Handlungsfähigkeit 81, 85, **157**, 158; (des herrenlosen Sklaven) 161.
Handwerker 27[4].
Hauptschuldner 86[1].

Haus 27, 28, **69**, 133[4], 134[4].
Hausgericht 139, 141[2].
Hausgerichtsbarkeit 122[2], 132 fg., 141, 164.
Hausgesinde 146[6].
Hausherr 164.
Hauskind 20, 24, 101[4], 146[5], **185**.
Haussklave 146[6].
Haussohn 82[6], **119**, 120[1], 146.
Hausstrafrecht 133.
Haustier 82.
Haustochter 37.
Hausvater 119[3].
Heimat 176[1], 188[6].
Heimlichkeit 133.
Henker 142[3].
hereditas (*iacens*) 16, 17, 73; (*vacans*) 73.
heres necessarius 17.
Herrenlosigkeit 168, 169.
Hingabe (unentgeltliche) 54; an Zahlungsstatt 117[2], 125[7], 126[1, 4], 127[6], 131[1].
Hinrichtung 120, 134[2], 139; (eigenmächtige) 140[2], 141[1].
Hinrichtungsart 142[1].
Hinrichtungsrecht 120, 121[7], 122.
Hochverrat 91[6].
Höchstbetrag 123.
homines (*sub fideiussore facti*) 110[6].
Hungernlassen 134[1].
Hungersnot 53.

iactus missilium 72, 176.
impetratio 173[6].
impubes 124[17].
Infamie 44.
infantia (*nascens*) 60[1].
infirmitas 105[6].
Ingenuität 45.
ingenuus 1[2], 191.
initium iustum 194, **197**.
iniuria 129[4].
in iure cessio 50, 96[1], 106[2].
in ius vocatio 116.
inquilinus 175.
Inquisition 133
Insel 93[2], 120, 135.
insidia 146[7].
Institut 176.
Institutionen-System 5.
intentio 106[5, 6, 7], **107**, 117[8].
inter absentes 197.
interdictum momentariae possessionis 90[6]; *noxale* 124; *quod vi aut clam noxale* 124[5]; *unde vi* 90; *noxale* 124[4].
interdictus 126[17].
Interesse 38[2], 90, 91, 136[1], 154[4]; wirtschaftliches 177[4].
interpretatio iuris 122[7] am Ende.
interrogatio in iure 116[3].
Invalidität 177.
Irrtum 154[4], 155[2].
iudex 108[1].
iudicatus 51.
iudicium fiduciae 101[9].
iudicium imperio continens 52[1].
iudicium legitimum 52[1].
iudicium noxale 117[8]; *directum* 116, 117[8], 119[3], 120, 125, 129, 163[1], 164, 168.
iudicium praetorium 113; (*sine noxae deditione*) 125[7], 129[2], 163[1].
iudicium publicum 164.
iudicium rescindens, rescissorium 126[4].
iudicium utile 125[6].
iurata operarum promissio 99[3].
iura civilia 81.
ius belli 147.
ius civile 2, 3, 14, 39[1], 80, 125[6], 191[2].
ius distrahendi 61[4].
ius gentium 2, 3, 14, 80.
iusiurandum in iure delatum 98[3].
ius naturale 94 fg.
ius nudum Quiritium 106, 168[5].

Jagd 27[7], 120.
Jäger 27[7].
Jungfrau 94[3], 191.

Kästchen 183[3].
Käufer 22, 23, 24, 33, 41, 90[4], 137[2], 155, 165, 189.
Kammer (kaiserliche) 173.
Kampf (mit wilden Tieren) 139, **143**[4], 156.
Kapitalstrafe 136.
Kapitalverbrechen 138.
Kapelle 188.
Kassenverwalter 89[1].
Kastration **136**[3].
Kauf 20[7], 33, 41, 134 189[1].
Kaufkontrakt 1[2].
Kaufpreis 22[5], 24, 30, 33, 54, **56**, **60**, 189[3], 196.
Kaufsumme 87.
Kettenstrafe 153, 164.
Kinderhandel 54 fg.; (geheimer) 185; (offener) 186[3].
Kinderraub 186[2].
Kindesabtreibung 68.
Kindesalter 146[9].
Kindesaussetzung 18[4], 183 fg.
Kirche 188.
Klage 98[6], 103; direkte 108, 123, 126[4]; selbständige 128, 138[5]; auf Privatstrafe 41, 128[6]; auf Rückzahlung 86; auf Freilassung 89; auf Wiedererlangung des Besitzes 90.
Klagenkonkurrenz 104.
Klagerecht 95[10].
Kläger 106[2], 117[8], 126[4], 128; (siegreicher) 194[3].

Kleidungsstück 138[3].
Knechtschaft 56.
Kognitionalverfahren 141, 146, 164, 165.
Kollegium 100.
Kolonat 183[3] (ewiges).
Konfiskation 136[5].
Konfusion 76[1].
Konkubine 183[3].
Konstantinopel 188.
Konsumption der Klage 108[1].
Konsumptionskonkurrenz 108[1], 128[5].
Kontrakt 108[2], 159, 160, 166.
Kontraktsobligation 85[10].
Kontraktschuld 159.
Kornwucher 91.
Körper 25, 119[2], 187.
Korrealobligation 107.
Korrealschuldner 107.
Krankheit 69, 70, 105[6], 177.
Kreuzigung 141[1].
Krieg 14[7], 79.
Kriegsgefangenschaft 191.
Kriegsrecht 14, 16.
Kriegszustand 14[7].
Kriminalklage 42.
Kuppler 26[6], 37.
Kupplerin 183[3].
Kurator 100[5], 104[5].

Länderei 182.
Landesrecht 21.
Landesverrat 91[6].
Landwirtschaft 188.
lanista 26.
Last (wirtschaftliche) 177.
Latinität 94[2, 3].
Latinus 74, 77, 157.
Latinus Junianus 75, 160[6], i. f. 190[2].
Leben 82, 120.
Lebender 83.
Lebensmittel 53.
Lebensverhältnis 148[3].
Lebenszeit 181, 192.
Legat 83.
Legatar 12, 17, 18.
legatum per vindicationem 85.
leges iudiciorum publicorum 140, 151.
Legis actio 75.
Legisactionenprozeß 106[2], 151[1].
legis actio sacramento 39; *in rem* 77; *per manus iniectionem* 115[5].
Leibesfrucht 50, 68.
Leibesstrafe 133[6].
Leichnam 119, 120.
Leistung 85.
lex Aelia Sentia 195, 196.
lex Anastasiana 21.
lex Cornelia 141.
lex Cornelia injuriarum 145[16].
lex imperfecta 100.
lex Julia et Papia Poppaea 169[2], 170[3].
lex Julia de vi privata 145[8], 146.
lex Junia 160[6] *inf.*
lex perfecta 21.
lex Petronia **139**[3], 140[2], 143[4].
lex Pompeia de parricidiis 145, 146[1].
lex Remmia 157.
liber 1[2], 174.
Libertenkind 185.
Libertinität 191[1].
Libertinus 1[2].
Libertus 174[2], 191.
libertus dediticius 79.
litis contestatio 85[9], 107, 108[1], 118, **126**[3], 136[6, 7].
locatio conductio rerum 45.
locus religiosus 99[8], 100[1].
Lösegeld 58, 195, 196[2].
Lösungssumme 109.
Losgekaufter 5[1].
Loskauf 19[5].
ludus 143[4].
ludus venatorius 11, 156.
Lüge 131[6].

Magistrat 163.
mancipatio 50, 83, **159**, 161.
mancipium 2, 4, 80.
mancipium rusticum 174[3]; *vagum* 171, **174**.
Mandat 45.
Mandant 40.
Manumissio mortis causa 75: *inter amicos* 75; *vindicta* 74, 75, 77.
manus 3, 4, 80.
manus iniectio **168** fg. (des Fiskus).
Markt 66.
mediastinus 89[1].
Meineid 127[4].
Meineidiger 127[4].
Mensch 1, 2, 40, 175.
Menschenfleisch 53.
Menschenklasse (verächtliche) 26[6].
Merkmal 20 fg.
metallum 11, 14, 156.
Militärrecht 45.
Minderjährigkeit 114, 126[4].
Missetat 59.
missilia 72.
Mißverständnis 69.
Mitbesitz 24[3].
Miteigentum 24[3], **88**, 128.
Miteigentümer 83, 127, 128, 129.
Mitgenosse 129.
Mitgift 183[3].
Mitglied 100, 162.
Mitwissenschaft 102, 103[4], 104[4], 107.
Mitwisser 103[2], 107[1], **128**.
Mörder 93, 141.
Mord 68, 89, 104, 120, 121[5], 139, 140[4], 141, 144, 147.
Mordbegriff 144[1].

Mordgesetz 68, 89[3], 139[4], 140[2], 141, 144[1], 166.
Mordversuch 147.
Münzer 94[2], 191.
Münzfälschung 91[5].
Munizipalgesetz 45.

Nachkommenschaft 66[6].
Nachlaß 84, 160[6].
Nagel 119[5].
Nahrung 138[3].
Nahrungsmittel 138[3].
Naturalobligation 85, **86**, 159.
Nichtausübung 163.
Nichtschuld 86[8].
Nießbrauch 16, 33, 36, 74, 82, 85, 110, 118, 161, 163, **190**.
Nießbraucher 52, 75, 82, 110, 138, 161[7,8], 163, **190** fg.
nomen latinum 15.
Not (echte) 155 fg.
Notar 28[8].
Novation 99[1].
noxa 50, 51, 52.
noxae deditio 52, 127.
Noxalklage 103[1], 122[6,7]; (zivilrechtliche, amtsrechtliche) 123; neue 127[5]; (unechte) 123[2], 128, 129, **130**[1].
Noxalprozeß 109[3].
Nutzung 82.

Obersklave 108.
Objekt 12[4], 141[4].
obligatio naturalis 86.
Obligation (alternative) 108.
Offizialverfahren 146, 164.
Offizier 97[1].
Okkupant 17, 176[4] fg.
Okkupation 17, 49, 51[1], **159**, **176** fg., **183** fg.
Okkupationsmöglichkeit 176.
onerosus 139.
operae liberales 45.
opus metalli 11, 156.
opus publicum 155[2].

pactio libertatis oder *pro libertate* 88[8].
pactum naturale 88[10].
parens 56, 62.
parricidium 95[12], 165[11].
Parteifähigkeit 89, 90, 91.
participatio pretii 32, 35.
Patron 20.
Patronat 96[8].
Patronatsprivileg 12[7].
Patronatsverhältnis 1[2].
peculium adventicium regulare 196[1].
Pekuliarangelegenheit 123[7].
Pekulium 12, 40, 84[8], 85, 86[7], 87, 94, **100**, 108, 123[7], **158**, 195, 196.
peregrinus dediticius 156[2], 157[1].
persecutio 163.
Person (juristische) 16, 17.
persona sui iuris 80.
persona tributaria sive colonaria 174[2].
Personenstand 185, 187, 198, 199.
Personenstandsfrage 192, 199.
Persönlichkeit 13, 81[7], 82[8], 157, **181**; verantwortliche 115.
Petent 172 fg.
Petition 170 fg.
Petitor 169 fg.
Pfand 86, 153[4].
Pfandbesitz 152[5].
Pfandgläubiger 52, 110, 111[2], 115, 152[5], 168.
Pfandrecht 14, 34, 76[6], 86, 114, 118, 137, 168.
Pflegemutter 183[3].
Pflicht 97, 100, 102, 112.
placitum 88[11].
plebeius 174[2].
plus petitio causa 117[8].
poena cullei 121[6].
poena dupli 38.
poena vinculorum 153[3], **154**[2], 189.
possessio ficta 110.
possessio libertatis 160[5].
possessionem libertatis consequi 160[5]; *in possessionem libertatis esse* 160[5]; *morari* 160[5].
postulator 172.
potestas 4, 14, **109**[7], 110; *patria* 2, 54, 59, 62[2], 63, 66[6]; *dominica* 2, 59, 62[2], 110, 182, 185.
praefectus praetorio 138[1].
praefectus urbi 89, 187.
praeses 90, 165.
praescriptio longi temporis 85[6].
Prätor 51, 77 fg., 86[6], 87, 89[5], 90, 101[9], 106[2], 111, 114, 120, 123.
Prävention 18.
Preis 21 fg., 28[4], 135[2].
Prekarist 110.
Privatdelikt 41, 101, 104, 109, 166.
Privateigentum 93[6].
Privatgefängnis 156[1].
Privatklage 166.
Privatsklave 100.
Privatstrafe 39, 127.
Privatstrafklage 39, 40.
Privatstrafprozeß 119, 120, 142[3], 168.
Privatstrafverfahren 104[6], **114**, 127, 167, **168**.
Privaturkunde 136[6].
probatio iustae causae 77.
proclamatio ad libertatem 20 fg., 193.
prodigus 124[7].
proditor **187** fg.
Professor 152.
Prokonsul 92[6], 111, 163.
Prokulianer 17, 70, 71, 72, 127[5].

Prokurator 12, 40, 172[1].
promissio 117[4], 151; *iurata operarum* 99[3].
pronuntiatio 192, 193.
Prostitution 90, **136**, 137.
Provinz 28, 89[6], 90, 92, 134, 150, 188.
Provinzialrecht 219.
Provinzialstatthalter 89, 121[1], 134, 135, 136, 153, 154.
Prozeß 101, 113[6], 116, 128.
Prozeßfähiger 105[4].
Prozeßführung 112[5].
Prügel 144.
Prügelstrafe 115, 154.
Pupill 103[1].

quadruplator 171[2].
quaesitor 188.
quaestio 145[4].
quaestus publicus 187.
quaestiones publicae 141[3].
Quasidelikt 125[2].
Quasikontrakt 108[2].
Querel 141[3].
querela inofficiosi testamenti 26.

ratio iusta 196.
Raub 129, 131[1], 164.
Reaktion (staatliche) 133; (der Gesetzgebung) 137.
Realität (geistige) 79[1].
Rechnungsführung 132[6].
Recht (subjektives) 2[4], 48[4], 68, 73[2], 97; (zwingendes) 21, 136[6]; (weltliches) 100[1]; (mosaisches) 144.
Rechtsanschauung 186.
Rechtsfähigkeit 15; (im engeren und weiteren Sinne) **81, 117, 157**[7].
Rechtsfolgen 75, 78, 100.
Rechtsgedanke 42.
Rechtsgeschäft 83, 108; (sakrales) 97; (einseitiges, zweiseitiges) 99, 123[7], 124[14].
Rechtsgeschichte 53.
Rechtshilfe **152** fg., 153.
Rechtsinstitut 80[2].
Rechtsirrtum 39, 198[1].
Rechtskraft 11.
Rechtsminderung 82.
Rechtsmittel 152, 194, 197.
Rechtsordnung 17, 83.
Rechtspflege 141[2].
Rechtssatz 42, 43, 44, 82, 112, 153, 157, 183[1], 195.
Rechtsstellung 79, 82, **100**, 161, 198, 199.
Rechtssubjekt 17.
Rechtsverhältnis 79, 179; (personales) 1, 2, 3, 5, 54, 62, 66[2], 67[1, 3], **79**, 80, 84, 94, 175; (negativ personales) 48, 95[4]; (absolut und relativ personales) **80**; (niederes und höheres) 100; (subjektives) 17; (objektives) 2[4], 9, 17, 73[2]; (obj. universelles) 17, 161; (dingliches, obligatorisches) 98[5].
Rechtsübertragung 49.
Rechtsverletzung 129[1].
Rechtswidrigkeit 133.
Rechtswirkung 31[7].
Rechtszustand 199.
rector ordinarius 175.
recusare iudicium 113[6].
redemptio a servitute 196.
redemptus 51.
Redlichkeit 88.
Regreßklage 128, 129[1]
Reichsrecht 21.
Reichsuniversität 47[8].
Reisender 124[17].
Relat 98[7].
Relegation 93[2], 133[6], 145[9]; (*in insulam*) 135[4, 7].
religio 98[6].
Repräsentant 102, 198.
repudium 148[3].
res illicita et inhonesta 58.
res mancipi 6, 72, 82.
res nullius **17**.
res religiosa 100[1].
restitutio in integrum 126[4].
Restitution 49, 191.
Restitutionsgrund 116[4], **126**[4].
reus 88[7].
revocatio in servitutem 194.
Rezeption 124[17].
Richter 93, 94, 102, 112, 126, 129[1], 152.
Riemen 146[9].
robur 63[2], 185[2].
Rom (Stadt) 187, 188.
Rückfall 31, 39.
Rückforderungsklage 86.
Rückzahlung 86.
Rute 145, 146[9].

Sabinianer 70, 71, 127[5].
Sache 6, 13, **82**, **102**[2], 125[2], 176 fg.; herrenlose 6, 18, 50, 176[7]; vermachte 17.
Sachbeschädigung 103[4], 124[6], 129, 130, 131[1].
Sakralrecht 81, **97** fg., 162[4], 163.
sanguinolentus 59 fg.
satisdatio 112[4].
Schaden 102, 119, 120, 125[2], 168.
Schadenersatz 102, 104, 124, 128, 129[1], 157[3].
Schadensprozeß 113, 118.
Schadenssumme 101[9].
Schadenzufügung 118[3].
Schauspiel 26.
Schauspieler 25 fg.
Schändlichkeit 89.

Scheidung 147[8], 148[3].
Scheingeschäft 185.
Schenker 180.
Schenkung 34, 36, **72**, 180; von Hauskindern 58; translative, konstitutive, restitutive 181.
Schiedsrichter 133.
Schiffbruch 165.
Schiffer 124[15, 16, 17].
Schmähschrift 88, 93[3].
Schuhmacher 27.
Schuld 51, 86[8], 101, 102, 103[4], 117[8], 128[2], 183[3].
Schuldfrage 152[6].
Schuldknecht 51, 101, 183[3].
Schuldknechtschaft 50, 101[9].
Schuldner 86[8], 117[8].
Schuldnerin 102.
Schutz 173[3].
Schutzherr 102.
Schwägerschaft 95.
Schwert 143[3, 4].
Schwertermensur 143[4].
Schwur 98, 99.
S. c. Domitianum 193[6].
secare 136[4].
Selbstmörder 26[6].
Selbstmord (des Herrn) 147[4]; (des Sklaven) 94 D.
Selbstverkauf 21.
Selbstverstümmelung 94 D.
Senator 27.
Senatsbeschlüsse 139, 140, 142[1], 146[2], 151, 193, 194, 199[6].
sententia ingenuitatis 192.
serviens bona fide 159[1].
servitus iusta **15**.
servitus poenae 14[3].
servulus vicarius 67[8].
servus actor **26** fg., 33; *adscripticius* 174; *exportandus* 135[1], 138[5]; *fisci* 12, 73, 81[6]; *fugitivus* 198[1]; *hereditarius* 16[7], 73, 157[3]; *poenae* 10, 11, 13, 74[2], 161[5]; *publicus* 13, 29; *vacans* 73, 161[5]; *vicarius* 61[8].
Sicherheit 110, **117**[4], 151.
Sicherheitsleistung 112.
Sichverkaufen lassen 39.
Sitte (blutige) 60[2]; (gute) 186[2].
Sklave, öffentlicher 28; gemeinschaftlicher **129**[4]; verschnittener 134[4].
Sklavenbesitzer 140[2].
Sklavenehe 94.
Sklavenhändler 37, 38.
Sklavenhalter 143[3].
Sklavenobligation 86[6].
Sklavenstand 80[2].
Sklavensträfling 156[1].
Sklavenstrafen 155[2], 156.
Sklavenstrafprozeß 151[4].
Sklavenstrafrecht 183[6], 165, 189.
Sklavenzwinger **156**[1].
Sklavin (prostituierte) 136[8].
Soldat 94, 97[1], 191[6].
Solidarobligation 107.
Solutionskonkurrenz 103[2], 108[1], 128[6], 129[2, 3].
Sonderrecht 76.
Sparsamkeit 138.
spectacula cruenta 143[4].
Spießgesell 37.
Sponsion 110[6].
spurius latinus 12[7].
Staat 11, 12, 14[7], 15, 16, 63, 82, 91, 93, 97, 132[6], 145, 150, 151, 152[6], 153[1, 2], 155, 167, 191.
Staatsangehörigkeit 93[2].
Staatsgesetz 132[6].
Staatsländerei 96[6].
Staatssklave 11, 74[2], 101.
Stadtbeamter 137[4].
Stadtpräfekt 90, 92, 121[1], 134, 135, 149, 153.
Stätte (geweihte) 99[8].
Stallwirt 124[15, 17].
Stand 169 fg., 175, 187.
Standbild 114[4].
Statthalter 175.
Statusklage 43.
Stein 144[6].
Stellung (personale) **14**; sklavische 28[6].
Stellionat 42.
Steuerhinterziehung 91[4].
Steuerpächter 130, **131**.
Stifter 26[6].
stipulatio 72, 85[2], 99, 117[4, 8], **158**, 159, **180**, 181, 182.
stipulatio duplae 38[2].
Stipulationsform 99[3], 110.
Stipulationsklage 117[3].
Stock 145[6].
Strafart 153[1].
Strafdrohung 19 fg., 37; (öffentliche, private) 121[4], 134[3].
Strafe 12, 39, 67, 68, 74[2], 93[2], 101, 103, 108, 117, 121, 126, 135, 139, 145, 146, 152[6], 153, 157, 168; göttliche 97.
Strafensystem 155[2].
Strafgesetz 37, 38, 42, 43, 134[3], 139, 143, 146.
Strafgericht 151[1].
Strafgerichtsbarkeit 82, 152.
Strafmittel 155[2].
Strafnorm 19 fg., 42, 43.
Strafprozeß 91, 141[4], 150[4], 151, 157.
Strafrecht (privates, öffentliches) 132 fg.; (öffentliches) 81[2, 3], 164.
Strafrechtspflege 164
Strafrichter 152[1], 165.
Strafsklave 11 fg., **165**[3], 169, **191**.
Strafsumme 103, 104 fg., 117[8], 163[2].
Strafurteil 11.
Strafverfahren 151[3].
Strafvollstreckung 153, 164.

Straße 188.
Streit 116.
Streitfrage 70, 118, 127[5], 151, 197.
Stufenleiter 101.
Stummer 188.
Subjekt 2[4], 81.

Täter 20fg., 103, 104, 108, 118, 139, 140.
Täterschaft 143.
Tätigkeit (sklavische) 27, 45.
Tanzspiel 26.
Tat 107, 119.
Tatbestand 11, 16, 17, 18, 19, 25, 30, 31, 47, 62, 125, 145, 161, 167, 168, 182, 186, 189; freiwilliger, notwendiger 73fg., **83**; verbrecherischer 20, 22fg., 33, 34.
Tatbestandsfall 18.
Tatbestandsmerkmal 21, 22, 31, 32, 34, 60[3], 62.
Tatbestandsverbindung 31[6], 32[1], 62[1], 74[1].
Tatsache **161**.
Teilhaber 127, 128.
Teilung 96[2].
Teilungsklage **129**[1, 4], **130**[1].
Tempel 68[9], 92.
Tempelraub 189.
Tendenz (der Gesetzgebung) 65.
Testament 12, 15, 84, 91, 100, 162[15], 169[2], 198.
testamenti factio activa 12, 27; *passiva* 84[3], 101[1, 2, 3, 4].
Testamentsunterdrückung 91[1].
testatio 48[3].
Testator 84, 96[2], 190.
Testierfähigkeit 54.
Tier 118[4], 119[2], 122[1, 2]; wildes 139, 142, 143[3], 156.
Tierhetze 144.
Titel 195, 196.
titulus pro emptore 88[12].
Tod 10, 14[3], 16, 17, 82, 84, 108, **118**, 119[2], 156[3], 192, 199.
Todesart 119[4].
Todesstrafe 133[5], 140[4], 141[4], 142[2], 165[8].
Todesurteil 141.
Todeswürdigkeit 140[4], 162.
Tötung 64, 67; vorsätzliche 89[2], 97; willkürliche 138, 139; eigenmächtige 140[2]; ungerechtfertigte 140[3], 143; widerrechtliche **166**.
Totschlag 113[2].
Tradition **159**, 161.
traditio ad incertam personam 72, 83.
traditio vicarii servuli 194, 196.
Träger (von Rechtsverhältnissen) 2[4], 3, 81[7], 82[6].
Trennung (der Ehegatten) 96.
Treue (des Sklaven) 97.
tributarius 175.
tutela 4.
Tutor 40, 104[5].

Übernahme 61, 76.
Übertragung 61.
Unfreier 1fg.
Universalfideikommissar 40.
Unmöglichkeit (rechtliche, tatsächliche) 126[1].
Unschuldsbeweis 150[6].
Unsitte 37.
Untergangsmöglichkeit 167.
Untergangstatbestand 9[4], **167**fg.
Unterhalt 69, 185, 188.
Unterhaltskosten 62[2].
Unterhaltspflicht 63[5].
Untersklave 108.
Unterstützungsgenossenschaft 100.
Unterstützungsverhältnis 152[4].
Untersuchung 93, 152.
Untersuchungsverfahren 147; (amtliches) 149[2].
Unterwerfungsvertrag 181.
Untreue 90.
Unvererblichkeit (der Klagen) 131[6, 7].
Unvertilgbarkeit (der Freiheit) 37.
Unzucht 93[1], 134[1].
Urkunde 60, 165, 185[6], **186**.
Urteil 76, 92[1], 119, 121, 122, 154, 175, 193.
Urteilsspruch 192, 193.
Urteilssumme 122.
usucapio 40, 85.
Usufruktuar 74fg.
Ususfrukt 34, 74, 75, 76.
uxor 94[3].

vadimonium facere 117[4].
Vatermord 95[12].
Veräußerung 82.
Veräußerungsrecht 83.
Verbalobligation 83.
Verbannung 93, 133[6], 136[5], 137[4].
Verbannungsurteil 135.
verberare flagellis 143[3].
Verbindlichkeit 88, 97, 117[3].
Verbindung (geschlechtliche) 197.
Verbot 121.
Verbrechen 39, 41, 95, 97, 120; (schweres) 87[5], 91, 93[6], 104; (todeswürdiges) 140[4], 142, 144, 145, 150, 151, 157, 172, 178, 191.
Verbrecher 151; geborener 177.
Verbüßung 154.
Vereinbarung 90.
Vererblichkeit (der Klagen) 131[4].
Verfahren 90[2], 112, 115, 117, 133, 149[4]; Vollendung des Verfahrens 126[3]; außerordentliches 145[10], 165[7].

Verfasser 93[3].
Verfolgung (strafrechtliche) 138, 191.
Verfügung 84; letztwillige 66[6].
Verführung 129[4].
Vergehen 93, 122, 132.
Vergessenheit 191[5].
Verhandlung (gerichtliche) 133[3], 150.
Verheimlichung 191[5].
Verhör 133[1]; peinliches **147**.
Verjährung 18, 109[5], **132**[1,2], 148[8,9], 197, **198**.
Verjährungsfrist 182[3].
Verkauf 31, 32, 34, 134[4], 135[1], 154, 185[6], 189.
Verkäufer 21, 22, 23, 33, 34.
Verkaufter 22, 27, 28[4,6], 31, 33, **41**, 66.
Verkehr 87[7], 88, 93[3], 160.
Verlassenschaft 73.
Verletzter 76, 103fg., 115, 122, 191.
Verletzung 129.
Verlusttatbestand 75, 76[7].
Vermächtnis 84.
Vermögen 23, 28, 29[3], 66[6], 73, 82, 87, 88, 93, 136[3,5], 137[4], 145, 171, 178, 196.
Vermögen (des Sklaven) 87 V, 137[3]; tatsächliches **161**[3].
Vermögensfähigkeit 54, **87**[7].
Vermögensklage 198.
Vermögensrecht 93[2].
Vermögensvorteil 23.
Verpfändung 34, 35[1], 36; (von Hauskindern) 58.
Verpflegung (schlechte) 133[9], 135[3]; geizige 138[2].
Verpflichteter 106[5,6,7].
Verpflichtung 96[1], 97; (bürgerliche) 99[7], 112, 131, 138[3], 163[2], 189, 165.
Verpflichtungsfähigkeit 85[8], 87[1].
Verräter 26[4].
Verrichtung (ohne Ausbildung) 27[8], 89[1].
Verschulden 118.
Verschwörung 152, 164[4].
Versprechen 97[8], 99, 151.
Versuch 93[1].
Verteidiger 115[5], 163.
Verteidigung 52, 76, **105**, 110[5], 112, 115, 117, 150, 151, 152, 163, 164, 168.
Verteidigungsberechtigter 112.
Verteidigungspflicht 106[3], 108, 109.
Verteidigungsverpflichteter 115.
Verteilung 91.
Vertrag 21, 87, 88, 98[6], 117[8], 124[17], **181**, 183[3].
Vertretener 40.
Vertreter 40, 100, 112, 115, 133[1].
Verurteilter 142, 172.
Verurteilung 10, 11, 12, 74[2], 117[6,7], 120, 122, 141[2], 142[3], 148, 154[6], 157, 165, 168.
Verwahrung 110.
Verwaltung (des Vermögens) **28**, 29, 98.
Verwandtenmord 95.
Verwandtschaft 95[1].
Verweisung (aufs Land) 133.
Verzicht 74[8], 152[5], 190.
Veteran 172[9].
Viehdiebstahl 154, 183.
vincula 155; *publica* 151[3], 155[2]; *temporaria* 155[2].
vindicatio 184.
vindicatio ex possessione libertatis in servitutem 48, 192, 193.
vindicatio in libertatem 77, 90, 138.
vindicatio rei 198.
vir clarissimus 172.
vocatio (in ius) 116.
Vogelfänger 27[7].
Volk 193.
Volksaufwiegler 152, 164[4].
Volksbelustigung 143[4], 156.
Volksbeschluß (petronischer) 139[6].
Volksfesthinrichtung 139[5], 140[1], 141[1], 142[1].
Volkswirtschaftslehre 89[1].
Vollendung (des Verfahrens) 126[3].
Vollstreckung (der Strafe) 154, 155[1], 164.
voluntas occidendi 144.
Vorgesetzter 89[1].
Vorführungsverfahren 163[2].
Vorverfahren 192, 193.

Waffe 144.
Wahl 129, 138, 142.
Wahlrecht 85.
Wegegerechtigkeit 86.
Weihe 97[7].
Wetterdach 125.
Widersacher (richtiger) 193.
Widerruf 56fg.
Widerrufsrecht 66.
Wiederherstellung 57.
Wille (des Sklaven) 83, 181; (des Herrn) 97, 153[3].
Willensbestimmung 83.
Willenserklärung 83, 161.
Willenspotenz 17.
Willkür (schrankenlose) 138.
Winzer 26[4].
Wohnsitz 150, 197.
Wohnung 138[3].
Wohnungsverhältnis 138[3].
Wortformel 127.
Wortlaut 130[3].

Zahlung 99[1], 104, **105**, 117[8], 126[5], 153.
Zeichen (eingebranntes) 156[2].
Zeitgenosse 188.
Zeitraum 197, 199.

Zensur 133.
Zeugnis 94[5].
Zeugnisfähigkeit (des Sklaven) **94**.
Zivilklage 99.
Zivilobligation 86.
Zivilprozeß 89, 91, 138.
Zivilrecht 94, 111, 145.
Zivität 11, 15[2], 44.
Züchtigung 134, 143, 145[4].
Züchtigungsmittel 145.
Züchtigungsrecht 134[2], 135, **143**, 164.
Züchtigungsstrafe 143.
Zurechnungsfähigkeit **38**, 102.
Zurückschieben 98[7].
Zusage (eidliche) 99.
Zuschieben 98[7].
Zuschlag 57[5].
Zuspruch (gerichtlicher) 187.
Zustand (personaler) 85[6].
Zuwendung 83.
Zwang (psychologischer) 143[2].
Zwangsarbeit 153; häusliche **154**[5]; öffentliche 154[3], **155**[2].
Zwangsarbeitsstrafe 154.
Zwangsenteignung 92.
Zwangsmittel 92[7].

Verzeichnis der behandelten Quellenstellen.

AMMIANUS MARCELLINUS,
Rerum gestarum 28, 18 S. 27[7].
APOLLINARIS SIDONIUS, C. SOLLIUS,
Epistolae 5, 19, 2 S. 174.
APULEIUS,
Metamorphosen 2, 23 S. 26[4].

B. G. B.
§ 166 S. 40[5].
§ 679 S. 48[2].

CAPITOLINUS JULIUS,
M. Antoninus Philosophus 10 S. 199.
CASSIUS, DIO
60, 13 S. 97.
CATO,
De re rustica 5 S. 133.
CICERO,
Topica 7, 32 S. 38[3].
pro Caecina 33, 97 S. 39[3].
34, 99 S. 44.
pro Cluentio 53, 147 S. 38[3].
pro domo 29, 77 S. 21[2].
29, 78 S. 39[3].
epist. ad fam. 10, 32 S. 26[3].
de nat. deor. 3, 30, 74 S. 38[3].
de officiis 1, 42, 150 S. 26[3].
3, 14, 60 S. 38[3].
de legibus 2, 19, 48 S. 169.
CLEMENS ROMANUS,
Epist. ad Corinthios 1, 55, 2 S. 22.
Codex Justin.
1, 3, 20 S. 173.
1, 4, 24, S. 46; 54; 56.
2, 45 S. 20.
3, 28, 11 S. 27.
3, 33, 15 S. 85.
3, 33, 17 S. 85.
3, 38, 11 S. 96.
3, 42, 2 S. 150.
4, 42, 1 S. 136.
4, 43, 1 S. 57; 58.
4, 43, 2 S. 59; 65; 66.

Codex Justin.
4, 56, 1 S. 90; 137.
4, 56, 2 S. 137.
5, 4, 16 S. 62; 63.
6, 1, 6 S. 160.
6, 2, 21, 1 S. 129.
6, 35, 12 S. 146.
6, 38, 4, 1b S. 130.
7, 6, 1, 4 S. 90.
7, 13, 1 S. 94.
7, 13, 2 S. 93; 94; 191.
7, 13, 3 S. 94; 191.
7, 13, 4 S. 94; 191.
7, 14, 2 S. 21.
7, 14, 6 S. 22; 32.
7, 15, 1 S. 74; 75.
7, 16, 1 S. 58.
7, 16, 5, 1 S. 22; 44.
7, 16, 10 S. 21; 44; 58.
7, 16, 16 S. 20; 42; 44.
7, 16, 22 S. 21.
7, 16, 24 S. 21.
7, 16, 39 S. 21.
7, 18, 1 S. 19; 22.
7, 18, 1, 1 S. 36.
7, 21, 6 S. 199.
7, 21, 7 S. 199.
7, 21, 8 S. 199.
7, 22, 1 S. 198.
7, 22, 2 S. 194; 196; 197.
7, 39, 4 S. 199.
7, 61, 6 S. 196.
7, 61, 8 S. 196.
7, 72, 5 S. 169.
8, 5, 2 S. 90.
8, 46, 3 S. 121.
8, 46, 10 S. 43.
8, 50, 20, 2 S. 56.
8, 51, 2 S. 64; 67; 186.
8, 51, 3 S. 46; 54; 66; 67; 187.
9, 2, 2 S. 105; 150.
9, 2, 13 S. 146.
9, 4, 3 S. 156.
9, 5, 1 S. 156.
9, 8, 4 S. 45.

Codex Justin.
9, 9, 11 S. 149.
9, 9, 23 *pr.* S. 95.
9, 9, 25 S. 149.
9, 12, 8 *pr.* S. 146.
9, 12, 8, 1 S. 132.
9, 14, 1 S. 144; 145.
9, 16, 7 S. 68.
9, 17, 1 S. 121.
9, 18, 7, 1 S. 145.
9, 24, 1 S. 94; 191.
9, 40, 3 S. 173.
9, 41, 1 S. 91.
9, 45, 1 S. 111.
9, 47, 6 S. 154; 155.
9, 47, 10 S. 153; 154; 155.
9, 47, 11 S. 74.
10, 10, 4 S. 169.
10, 14, 1 S. 173.
11, 26, 1 S. 188.
11, 41, 6 S. 137.
11, 41, 7 S. 66.
11, 44, 1 S. 143.
11, 48, 3 S. 176; 182.
12, 45, 1, 1 S. 94.
12, 49, 1 S. 145.
Codex Theodosianus
2, 25, 1 S. 95; 96.
3, 2, 1 S. 172.
3, 3, 1 S. 55; 57.
4, 8, 6 S. 121.
4, 8, 6 *pr.* S. 21; 37; 44; 59.
4, 8, 6, 1 S. 23; 24; 44.
4, 8, 6, 2 S 20; 24; 43.
4, 8, 7 S. 18; 61; 162; 194; 195; 197.
4, 10, 2, 1 S. 171.
4, 12, 3 S. 12.
4, 12, 6 S. 22.
4, 14, 1 S. 198.
4, 15, 1 S. 172.
4, 22, 1 S. 90.
4, 22, 4 S. 90.
4, 43, 1 S. 121.
5, 3, 1 S. 172; 173.
5, 7, 2, 1 S. 57; 58.
5, 8, 1 S. 174.
5, 9, 1 S. 46; 53; 54; 61; 62; 63; 184; 185.
5, 9, 2 S. 46; 54; 63; 64; 185; 186.
5, 10, 1 S. 59; 60; 61; 65; 185.
7, 13, 8 S. 156.
7, 18, 4 S. 94; 191.
8, 5, 17 S. 74.
9, 1, 14 S. 146.
9, 3, 3 S. 156.
9, 6, 3 S. 171.
9, 10, 4 S. 74.
9, 11, 1 S. 156.
9, 12, 1 S. 144; 145.
9, 12, 2 S. 145.
9, 14, 1 S. 68.
9, 15, 1 S 121.
Codex Theodosianus
9, 17, 1 S. 74.
9, 18, 1 S. 74.
9, 21, 2 S. 93; 94; 191.
9, 24, 1, 4 S. 94; 191.
9, 35, 1 S. 45.
9, 40, 2 S. 156.
9, 40, 3 S. 156.
9, 42, 17 S. 171.
9, 42, 23 S. 172.
10, 1, 5 S. 175.
10, 8, 4 S. 172.
10, 9, 3 S. 172.
10, 10, 8 S. 175.
10, 10, 20 S. 171; 174.
10, 10, 25 S. 174.
10, 10, 27, 6 S. 172.
10, 10, 29 S. 172; 173.
10, 10, 30 S. 169; 171; 172.
10, 10, 31 S. 172.
10, 10, 33 S. 172; 173.
10, 10, 34 S. 173.
10, 12, 1 S. 170; 171; 174.
10, 12, 2 S. 74; 169; 170; 171; 174; 175; 176.
10, 12, 2, 5 S. 11; 14; 73; 169; 170.
10, 14, 1 S. 173.
10, 14, 2 S. 173.
11, 1, 12 S. 170; 171; 174; 176; 182.
11, 3, 2 S. 174.
11, 27, 1 S. 60; 63.
11, 27, 2 S. 63.
12, 1, 6 S. 74.
12, 1, 159 S. 28.
12, 1, 178 S. 28.
12, 1, 179 S. 28.
12, 1, 181 S. 28.
13, 3, 1 S. 153.
14, 18, 1 S. 187.
15, 8, 1 S. 136; 137.
15, 8, 2 S. 136.
15, 12, 1 S. 26.
15, 12, 2 S. 26.
16, 5, 40, 7 S. 74.
Collatio leg. Mos. et Rom.
1, 2, 2 S. 141.
1, 3, 2 S. 138.
2, 3 S. 101.
2, 7 S. 144.
3, 2 S. 143; 144.
3, 3, 1 S. 92.
3, 3, 1—4 S. 134.
3, 3, 3 S. 135; 136.
3, 4, 1 S. 144.
4, 3, 2 S. 26[7].
4, 8 S. 122.
4, 12, 7 S. 149.
8, 4, 2 S. 141.
9, 2, 2 S. 27[2].
11, 2, 1 S. 154.
14, 2 S. 74.

Corpus iuris canonici
c. un X de infantibus et languidis expositis 5, 11 S. 67[2].

Digesta
1, 2, 2, 32 S. 91.
1, 2, 2, 53 S. 72; 91; 127.
1, 5, 5 *pr*. S. 82; 100.
1, 5, 5, 1 S. 19.
1, 5, 13 S. 105.
1, 5, 18 S. 14.
1, 5, 21 S. 19; 43.
1, 6, 1, 1 S. 82.
1, 6, 1, 2 S. 134; 140; 143.
1, 6, 2 S. 92; 93; 134; 136.
1, 8, 1 *pr*. S. 16[7].
1, 12, 1 *pr*. S. 92; 135.
1, 12, 1, 1 S. 90; 92; 93; 181.
1, 12, 1, 3 S. 93; 135.
1, 12, 1, 5 S. 141; 149; 165.
1, 12, 1, 8 S. 93; 135.
1, 12, 2, 1 S. 65[2].
1, 18, 21 S. 27.
2, 1, 7, 1 S. 125
2, 1, 7, 3 S. 105; 125; 165.
2, 1, 12 S. 134; 143; 145.
2, 4, 4, 3 S. 95.
2, 4, 9 S. 89.
2, 7, 1 *pr*. § 1 S. 124.
2, 7, 5, 3 S. 124.
2, 8, 6 S. 110.
2, 9, 2, 1 S. 106; 109; 110; 112; 113; 114; 115; 116; 117; 178.
2, 9, 3 S. 111; 163.
2, 10, 1, 5 S. 124.
2, 10, 2 S. 124.
2, 14, 7, 18 S. 158.
3, 2, 1 *pr*. S. 157.
3, 2, 13, 7 S. 135.
3, 2, 14 S. 52.
3, 3, 46, 2 S. 112.
3, 4, 1 *pr*. S. 134.
3, 5, 21 S. 48.
3, 5, 33 S. 48; 65.
3, 6, 9 S. 157.
4, 2, 16, 1 S. 124.
4, 3, 1, 1 S. 38.
4, 3, 7, 8 S. 88.
4, 3, 9, 4 S. 117; 123.
4, 3, 21 S. 127.
4, 3, 22 S. 127.
4, 5, 3, 1 S. 82.
4, 5, 2, 3 S. 145.
4, 6, 22 S. 48.
4, 6, 28, 5. 6 S. 126.
4, 9, 1 S. 125.
4, 9, 3, 3 S. 117.
4, 9, 3, 4 S. 124.
4, 9, 6 S. 124.
4, 9, 6, 1 S. 123.
4, 9, 7, 1 S. 124.

Digesta
4, 9, 7, 4 S. 124.
4, 9, 7, 6 S. 124; 132.
5, 1, 53 S. 88; 89; 91; 160; 181.
5, 1, 67 S. 88.
5, 3, 25, 5 S. 179.
6, 1, 27 *pr*. S. 48[3].
6, 1, 80 S. 106.
6, 2, 6 S. 168.
6, 2, 7, 17 S. 179.
7, 1, 12, 5 S. 179.
7, 1, 15, 2 S. 138.
7, 1, 17, 3 S. 166.
7, 1, 21 S. 83; 101; 161.
7, 1, 68 *pr*. S. 82.
7, 6, 5, 4a S. 161.
7, 9, 5, 3 S. 82.
9, 1, 1, 16 S. 118; 119.
9, 2, 2, 2 S. 82.
9, 2, 7, 8 S. 136.
9, 2, 8 *pr*. S. 136.
9, 2, 11, 10 S. 166.
9, 2, 12 S. 166.
9, 2, 23, 4 S. 132.
9, 2, 23, 9 S. 89; 138.
9, 2, 27, 1 S. 129; 130.
9, 2, 27, 3 S. 110; 113.
9, 2, 27, 11 S. 123.
9, 2, 44, 1 S. 87; 102.
9, 2, 45 *pr*. S. 87; 102.
9, 3, 1 *pr*. S. 125.
9, 3, 5 S. 125.
9, 4, 2 S. 123.
9, 4, 2, 1 S. 87; 103; 104; 115; 128.
9, 4, 4, 2 S. 87.
9, 4, 3 S. 87; 102; 103.
9, 4, 4 S. 87; 102.
9, 4, 4 *pr*. S. 103.
9, 4, 4, 2 S. 103; 108.
9, 4, 4, 3 S. 108.
9, 4, 5 S. 52; 128.
9, 4, 5 *pr*. S. 128[1].
9, 4, 5, 1 S. 103; 107; 131.
9, 4, 6 S. 87; 104; 105.
9, 4, 7 S. 109.
9, 4, 7 *pr*. S. 131.
9, 4, 8 S. 24; 52; 106; 128; 129.
9, 4, 11 S. 113.
9, 4, 12 S. 113; 125.
9, 4, 13 S. 113.
9, 4, 15 S. 107.
9, 4, 16 S. 107; 125.
9, 4, 17 S. 128.
9, 4, 17 *pr*. S. 105.
9, 4, 17, 1 S. 111.
9, 4, 19 *pr*. S. 123.
9, 4, 19, 1 S. 110.
9, 4, 19, 2 S. 103; 108; 109.
9, 4, 21 *pr*. S. 71; 112; 117; 125.
9, 4, 21, 1 S. 52[1]; 113; 130.
9, 4, 21, 2 S. 125.
9, 4, 21, 3 S. 109; 116.

Digesta
9, 4, 21, 4 S. 127.
9, 4, 21, 6 S. 127.
9, 4, 22 *pr.* S. 110.
9, 4, 22, 1, 2 S. 110.
9, 4, 22, 3 S. 109; 110; 111; 112; 116; 117; 129.
9, 4, 22, 4 S. 125; 127.
9, 4, 26, 2 S. 107; 113; 125; 129.
9, 4, 26, 4 S. 107; 116; 118; 126.
9, 4, 26, 5 S. 125; 126; 131.
9, 4, 26, 6 S. 52[3]; 76; 106; 111; 114; 115; 126; 168.
9, 4, 27 *pr.* S. 76; 111; 163.
9, 4, 27, 1 S. 52; 163.
9, 4, 28 S. 113; 168.
9, 4, 29 S. 52[1]: 106; 113.
9, 4, 30 S. 111; 112.
9, 4, 32 S. 114.
9, 4, 33 S. 52[1]; 76; 106.
9, 4, 38, 1 S. 46; 70; 71; 163; 168; 177.
9, 4; 39 *pr.* S. 125; 129.
9, 4, 39, 1 S. 111; 114; 126.
9, 4, 39, 3 S. 126.
9, 4, 39, 4 S. 118.
9, 4, 41 S. 129.
9, 4, 42, 1 S. 107; 118.
9, 4, 42, 2 S. 131; 132.
9, 4, 43 S. 76; 106; 109; 116.
10, 2, 8, 1 S. 179.
10, 2, 16, 6 S. 130.
11, 1, 7 S. 126.
11, 1, 8 S. 126.
11, 1, 16, 1 S. 126.
11, 1, 20, 1 S. 106.
11, 3, 1 *pr.* S. 136.
11, 3, 5, 3 S. 124.
11, 3, 13 S. 136.
11, 3, 14, 2 S. 124; 129.
11, 3, 14, 7 S. 123.
11, 4, 2 S. 160.
11, 6, 3, 6 S. 124.
11, 7, 2 *pr.* S. 99; 162.
11, 7, 31, 1 S. 100.
11, 7, 36 S. 100.
12, 1, 41 S. 20; 85; 158.
12, 2, 20 S. 98.
12, 2, 21 S. 99.
12, 2, 23 S. 98.
12, 2, 24 S. 98.
12, 2, 25 S. 98.
12, 4, 3, 5 S. 88[4].
12, 5, 13 S. 86.
12, 6 13 S. 86; 104.
12, 6, 19, 1 S. 86.
12, 6, 44 S. 86.
12, 6, 65, 9 S. 87.
13, 1, 4 S. 122.
13, 1, 10 S. 179.
13, 1, 15 S. 122.
13, 7, 11, 6 S. 179.

Digesta
13, 7, 24, 3 S. 136; 137; 152.
14, 2, 2, 8 S. 179.
15, 1, 3 *pr.* S. 16; 17; 85.
15, 1, 7, 5 S. 84.
15, 1, 9, 7 S. 94.
15, 1, 23 S. 108.
15, 1, 32 S. 126.
15, 1, 40, 1 S. 138.
15, 1, 41 S. 81.
15, 1, 50, 2 S. 85.
15, 3, 20 S. 65.
16, 2, 17 S. 91.
16, 3, 1, 30 S. 158.
16, 3, 27 S. 94.
17, 1, 8, 4 S. 139.
18, 1, 34, 6 S. 108.
18, 1, 42 S. 142.
18, 1, 56 S. 137.
18, 7, 1 S. 135.
18, 7, 6 *pr.* S. 135; 136; 137.
19, 1, 43 S. 89.
20, 1, 10 S. 179.
21, 1, 17, 12 S. 92; 134.
21, 1, 17, 19 S. 135.
21, 1, 35 S. 96.
21, 1, 39 S. 96.
21, 1, 40 S. 96.
21, 1, 43, 6 S. 139.
21, 2, 21, 3 S. 179.
22, 1, 28, 1 S. 82.
22, 2, 2 S. 48.
22, 5, 7 S. 94.
22, 5, 13 S. 157.
22, 6, 4 S. 198.
23, 1, 7 *pr.* S. 48.
23, 2, 8 S. 95; 162.
23, 2, 14, 2 S. 95; 162.
23, 2, 14, 3 S. 95; 162.
23, 2, 56 S. 95; 162.
24, 2, 2, 1 S. 148.
25, 2, 1 S. 133.
25, 2, 21, 1 S. 104.
25, 3, 5 S. 65.
25, 3, 5, 16 S. 96.
25, 4, 1, 1 S. 50.
25, 4, 4 S 64.
27, 6, 9, 1 S. 105; 124.
28, 1, 8, 4 S. 10; 11; 12; 101;
28, 1, 16 *pr.* S. 84.
28, 1, 20, 1 S. 51.
28, 2, 11 S. 121.
28, 3, 6, 5 S. 15; 19; 23; 24; 44; 45.
28, 3, 6, 6 S. 10; 11; 12; 14; 101.
28, 3, 6, 7 S. 15.
28, 5, 31, 1 S. 16[3].
28, 5, 35, 3 S. 133.
28, 5, 65 S. 16[7]; 18[3].
29, 2, 25, 2 S. 12; 101.
29, 2, 25, 3 S. 10; 11; 12; 101.
29, 5, 1, 7 S. 146.
29, 5, 1, 12, 13 S. 97.

Digesta
59, 5, 1, 15 S. 147.
29, 5, 1, 18 S. 97.
29, 5, 1, 21 S. 97.
29, 5, 1, 22 S 147.
29, 5, 1, 26 S. 146.
29, 5, 1, 27 S. 146.
29, 5, 1, 28 S. 147.
29, 5, 1, 30 S. 97; 147.
29, 5, 1, 33 S. 146.
29, 5, 3, 6 S. 147.
29, 5, 3, 7—11 S. 139; 147.
29, 5, 3, 15 S. 135.
29, 5, 6, 3 S. 141.
30, 50 *pr.* S. 83.
30, 53, 3 S. 141; 143.
30, 96, 1 S. 169.
30, 116, 3 S. 16.
31, 82, 2 S. 84.
32, 34, 2 S. 85.
32, 39, 1 S. 48.
32, 41, 2 S. 29; 96.
32, 82, 2 S. 84; 85.
32, 99, 1 S. 27.
33, 2, 17 S. 179.
33, 3, 5 S. 84.
33, 7, 12, 7 S. 95; 96.
33, 8, 8, 5 S. 88.
33, 8, 16 S. 102; 108.
34, 4, 21 S. 84.
34, 8, 3 S. 11; 12; 13; 101.
35, 1, 44 *pr.* S. 84; 85.
38, 1, 2, 1 S. 99.
38, 4, 7 S 48.
38, 9, 1 *pr.* S. 169.
39, 2, 7 *pr.* S. 112.
39, 2, 9, 4 S. 112.
39, 2, 10 S. 112.
39, 2, 13 S. 112.
39, 2, 15 S 112.
39, 2, 17 *pr.* S. 124.
39, 2, 17, 3 S. 124; 132.
39, 2, 22 S. 112.
39, 2, 45 S. 106.
39, 3, 6, 7 S. 123.
39, 4, 1, 6 S. 125; 131.
39, 4, 2 S. 131.
39, 4, 3 S. 131.
39, 4, 16 *pr.* S. 27.
39, 4, 16, 1 S. 142.
40, 1, 4 *pr.* S. 88.
40, 1, 4, 1 S. 87; 88; 160; 181.
40, 1, 5 S. 155; 160; 181.
40, 1, 5 *pr.* S. 89; 90; 97; 142; 153.
40, 1, 6 S. 88; 160.
40, 1, 15 S. 75.
40, 2, 20, 3 S. 96.
40, 4, 6 S. 76.
40, 5, 10, 2 S. 36[3].
40, 5, 26, 7 S. 89.
40, 5, 44 S. 89.
40, 5, 51, 4 S. 89.

Digesta
40, 5, 51, 7 S. 89.
40, 5, 51, 9 S. 89.
40, 7, 25 S. 135.
40, 8, 2 S. 46; 68; 70; 106; 177.
40, 8, 6 S. 137.
40, 9, 16, 3 S. 194; 196; 197.
40, 12 s. § 4; § 6; § 7.
40, 12, 7 *pr.* S. 22.
40, 12, 7, 1 S. 22.
40, 12, 7, 2 S. 22; 33fg.; 37.
40, 12, 7, 3 S. 24.
40, 12, 7, 5 S. 192; 193.
40, 12, 10 S. 160; 193.
40, 12, 12, 1 S. 160; 193.
40, 12, 12, 2 S. 197.
40, 12, 14 *pr.* S. 38; 39.
40, 12, 15 S. 20.
40, 12, 16 S. 39; 40.
40, 12, 17 S. 40.
40, 12, 18 S. 38; 41.
40, 12, 19 S. 38; 41.
40, 12, 20 *pr.* S. 38; 41.
40, 12, 20, 2. 4 S. 21; 38; 41.
40, 12, 22 S. 40; 41; 42; 43.
40, 12, 23 *pr.* S. 16; 19; 30; 33fg.; 42; 43; 44; 74.
40, 12, 23, 1 S. 34.
40, 12, 23, 2 S. 36.
40, 12, 27, 1 S. 192.
40, 12, 28 S. 160.
40, 12, 29 S. 45.
40, 12, 33 S. 22; 30.
40, 12, 37 S. 21[7]; 26[5]; 44.
40, 12, 38, 1 S. 90[1].
40, 12, 40 S. 43[2].
49, 12, 41 S. 160.
40, 12, 44 S. 99.
40, 13 s. § 4.
40, 13, 1 *pr.* S. 20[6]; 22[6].
40, 13, 1, 1 S. 20[7]; 22[6].
40, 13, 3 S. 20[5]; 44.
40, 13, 4 S. 22[1]; 24[3]; 32[2]; 36[2].
40, 13, 5 S. 22[1]; 24[3].
40, 14, 2 *pr.* S. 19[4]; 43.
40, 15, 1, 3 S. 192; 199.
40, 16, 1 S. 193; 194.
40, 16, 2 S. 193.
40, 16, 3 S. 194.
41, 1, 5, 6 S. 179.
41, 1, 14 S. 179.
41, 1, 34 S. 16.
41, 1, 37, 3 S. 83.
41, 1, 37, 5 S. 83; 161.
41, 1, 40 S. 20.
41, 1, 45 S. 83.
41, 2, 1, 1 S. 179.
41, 2, 1, 5 S. 159.
41, 2, 1, 10 S. 179.
41, 2, 1, 16 S. 159.
41, 2, 1, 21 S. 179.
41, 2, 4 S. 179.

Digesta
41, 2, 24 S. 178.
41, 2, 38, 2 S. 179.
41, 2, 49 S. 161.
41, 2, 51 S. 178.
41, 3, 4 S. 179.
41, 3, 7, 22 S. 179.
41, 3, 28 S. 85.
41, 3, 41 S. 179.
41, 3, 47 S. 179.
41, 4, 2, 14 S. 88.
41, 4, 7, 4 S. 179.
41, 4, 9 S. 88.
41, 7, 1 S. 70.
41, 7, 2, 1 S. 70; 71.
41, 7, 8 S. 46; § 9; 183.
42, 1, 4, 8 S. 117.
42, 1, 6, 1 S. 117; 125.
42, 4, 5, 3 S. 112.
43, 1, 5 S. 124.
43, 5, 3, 8 S. 179.
43, 8, 5 S. 123.
43, 16, 1, 12. 15 S. 104.
43, 16, 1, 15 S. 124.
43, 16, 1, 22 S. 90.
43, 16, 3, 11 S. 104.
43, 17, 3 *pr.* S. 24[3].
43, 24, 7, 1 S. 124.
43, 24, 11, 7 S. 104.
43, 24, 13, 5 S. 16; 18.
43, 24, 14 S. 124.
43, 33, 1, 1 S. 179.
44, 4, 4, 17 S. 123.
44, 4, 5, 3 S. 29[3].
44, 5, 2 *pr.* S. 98.
44, 7, 5, 5 S. 125.
44, 7, 14 S. 87; 101; 159; 160; 166.
44, 7, 20 S. 104; 160.
44, 7, 56 S. 123.
45, 1, 54, 1 S. 83.
45, 1, 76 *pr.* S. 85.
45, 1, 96 S. 141; 143.
45, 1, 104 S. 88.
45, 1, 141 *pr.* S. 85.
45, 3, 1 S. 181.
45, 3, 5 S. 83.
45, 3, 16 S. 158; 159.
45, 3, 20 S. 182.
45, 3, 28, 3 S. 83.
45, 3, 33, 1 S. 182.
45, 3, 34 S. 20; 182.
45, 3, 36 S. 17; 46; 70; 71; 72; 158; 161; 178fg.
45, 3, 39 S. 83; 84.
46, 1, 8, 8 S. 108.
46, 1, 16, 4 S. 86.
46, 1, 21, 2 S. 85; 86.
46, 3, 69 S. 117.
46, 3, 95, 9 S. 179.
46, 4, 8, 2 S. 83.
47, 2, 17 S. 132.
47, 2, 43, 12 S. 129.

Digesta
47, 2, 43, 5 S. 70.
47, 2, 48 S. 179.
47, 2, 62 *pr.* S. 106; 129; 130.
47, 4, 1, 7 S. 89
47, 5, 1, 2 S. 124.
47, 5, 1, 5 S. 117; 124.
47, 7, 1 S. 123.
47, 7, 7, 5 S. 123.
47, 7, 7, 6 S. 123.
47, 7, 11 S. 123.
47, 9, 1 S. 105; 165.
47, 9, 4, 1 S. 145.
47, 10, 5, 11 S. 93.
47, 10, 9, 3 S. 165.
47, 10, 15, 35 S. 88; 166.
47, 10, 15, 44 S. 88; 89.
47, 10, 17, 4 S. 123.
47, 10, 17, 7 S. 104; 123; 160.
47, 10, 17, 9 S. 129.
47, 10, 45 S. 145; 165.
47, 11, 5 S. 136.
47, 12, 3 *pr.* S. 125.
47, 12, 3, 11 S. 105; 125.
47, 12, 4 S. 100.
47, 22, 3, 2 S. 100; 162.
48, 1, 9 S. 105; 150.
48, 1, 11 S. 150.
48, 1, 13, 1 S. 150.
48, 2, 5 S. 95; 141; 146; 148; 149; 165.
48, 2, 6 S. 143.
48, 2, 7, 4 S. 109; 150.
48, 2, 12, 3 S. 101; 146.
48, 2, 12, 4 S. 95; 145; 146; 165.
48, 2, 13 S. 91.
48, 2, 17 S. 151.
48, 3, 2 *pr.* S. 151; 152; 164.
48, 3, 2, 1 S. 114; 151.
48, 3, 2, 2 S. 109; 111; 150.
48, 3, 5 S. 151.
48, 3, 14, 5 S. 48[3].
48, 4, 4 *pr.* S. 151.
48, 4, 7, 2 S. 91.
48, 5, 2 *pr.* S. 148.
48, 5, 4 S. 148.
48, 5, 12 S. 95.
48, 5, 12, 6 S. 148.
48, 5, 12, 10 S. 147; 148; 149.
48, 5, 25 *pr.* S. 142.
48, 5, 30, 5 S. 148.
48, 5, 34 *pr.* S. 147.
48, 8, 1, 2 S. 89; 138; 166.
48, 8, 1, 3 S. 144.
48, 8, 2 S. 121.
48, 8, 4, 2 S. 165; 166.
48, 8, 5 S. 94.
48, 8, 6 S. 136.
48, 8, 11, 2 S. 139; 141; 152.
48, 9, 1 S. 121.
48, 9, 5 S. 120.
48, 10, 1 *pr.* S. 48[3].

Digesta
48, 10, 7 S. 91.
48, 10, 9, 3 S. 48[3].
48, 10, 15, 3 S. 104.
48, 11, 7, 2 S. 179.
48, 12, 1 S. 91.
48, 16, 16 S. 151.
48, 18, 1, 27 S. 92.
48, 18, 17, 3 S. 74.
48, 19, 2, 1 S. 135.
48, 19, 4 S. 93.
48, 19, 7 S. 155.
48, 19, 8, 4. 8 S. 11.
48, 19, 8, 11 S. 11.
48, 19, 8, 12 S. 11; 14; 74; 154; 156.
48, 19, 8, 13 S. 154; 155.
48, 19, 9, 5 S. 48.
48, 19, 10 S. 142; 143; 145; 153; 154; 155; 165; 189.
48, 19, 12 S. 10; 11.
48, 19, 16, 3 S. 146.
48, 19, 17 *pr.* S. 11; 12.
48, 19, 17, 1 S. 15.
48, 19, 19 S. 152; 164.
48, 19, 28 *pr.* S. 93.
48, 19, 28, 1 S. 93.
48, 19, 28, 6 S. 14.
48, 19, 28, 16 S. 165.
48, 19, 29 S. 10.
48, 19, 33 S. 74; 155.
48, 19, 34 *pr.* S. 153; 154; 155.
48, 19, 36 S. 11.
48, 19, 38, 4 S. 97; 132; 142; 153; 155; 181.
48, 20, 1 S. 11.
48, 20, 5 *pr.* S. 10.
48, 22, 4 S. 93.
49, 1, 15 S. 152; 164.
49, 1, 16 S. 152; 164.
49, 14, 12 S. 11[1]; 12[2, 9].
49, 14, 15, 1 S. 171.
49, 14, 15, 3 S. 171.
49, 14, 18 S. 172.
49, 15, 5, 2 S. 14[6]; 16[2].
49, 15, 22 *pr.* S. 14[5].
49, 16, 6 S. 97.
49, 16, 6, 6 S. 144.
49, 16, 13, 5 S. 111.
50, 12, 2, 1 S. 98; 162.
50, 13, 5, 3 S. 156.
50, 16, 17, 1 S. 169.
50, 16, 42 S. 165.
50, 16, 115 S. 178.
50, 16, 174 S. 101.
50, 16, 215 S. 116.
50, 17, 22 S. 81.
50, 17, 32 S. 81; 94.
50, 17, 50 S. 87; 102.
50, 17, 109 S. 87; 102.
50, 17, 110, 2 S. 103.
50, 17, 110, 4 S. 126.
50, 17, 156 *pr.* S. 106.

Digesta
50, 17, 157 S. 128.
50, 17, 157 *pr.* S. 87; 104; 160.
50, 17, 169 S. 128.
50, 17, 169 *pr.* S. 87; 104.

Dionys
20, 5 S. 133.

Dositheanum fragmentum
5 S. 160; 161.
11 S. 74; 75.

Festus
17, 13 S. 25.

Gaius
I, 9 S. 1; 2; 3; 5; 80.
I, 10 S. 4.
I, 12 S. 4.
I, 13 S. 143; 156; 157.
I, 14 S. 79; 157.
I, 15 S. 16; 96.
I, 18 S. 48; 50; 53; 77.
I, 19 S. 49; 50.
I, 22 S. 75.
I, 39 S. 96.
I, 48 S. 1; 2; 3; 4; 5; 80.
I, 49 S. 3[4]; 4.
I, 50 S. 6.
I, 52 S. 2[5]; 3[3]; 4; 6; 80; 82.
I, 53 S. 92; 120; 135; 136; 140.
I, 55 S. 4, 82.
I, 121 S. 179.
I, 140 S. 102.
I, 142 S. 1[2]; 4[1] 5; 80.
II, 12 S. 2.
II, 13 S. 2.
II, 14 S. 2. 50[2].
II, 22 S. 50[2].
II, 91 S. 161.
II, 92 S. 161.
II, 150 S. 169.
II, 195 S. 17[2].
II, 200 S. 17[2].
II, 286a S. 169.
III, 56 S. 75; 161.
III, 78 S. 169.
III, 94 S. 14.
III, 96 S. 99.
III, 119 S. 86.
III, 164 S. 161.
III, 165 S. 161.
III, 167 S. 83.
III, 189 S. 115; 123.
III, 190 S. 122.
III, 191 S. 112.
III, 199 S. 26; 51.
III, 213 S. 138.
III, 222 S. 166.
III, 224 S. 123.
IV, 4 S. 123.

Gaius
IV, 7 S. 199.
IV, 9 S. 38; 157.
IV, 16 S. 179.
IV, 21 S. 115.
IV, 42 S. 130.
IV, 46 S. 124.
IV, 48 S. 2[2].
IV, 53b S. 117.
IV, 75 S. 101.
IV, 79 S. 102.
IV, 80 S. 119.
IV, 81 S. 119.
IV, 98 S. 112.
IV 101 S. 112.
IV, 102 S. 112.
IV, 103 S. 52
Gaius von Autun
82 S. 119.
83 S. 119.
85 S. 119; 120.
86 S. 121.
87 S. 122.
Gellius,
Noctes Atticae 5, 14, 27 S. 139.
5, 19, 13. 14 S. 96.

Heil. Schrift,
Exodus 21, 20. 21 S. 144.

Institutiones Justin.
1, 3, 2 S. 2.
1, 3, 4 S. 14; 19; 22; 39; 82; 100.
1, 6, 5 S. 96.
1, 8, 1 S. 82.
1, 8, 2 S. 92; 135; 136; 140.
1, 11, 12 S. 96.
1, 16, 1 S. 19[4]
2, 1, 46 S. 72.
2, 9, 3 S. 83; 84; 85.
2, 14, 2 S. 16.
2, 19, 4 S. 84
3, 17 *pr.* S. 1'6; 161.
3, 17, 3 S. 83.
4, 1, 12 S. 132.
4, 3, 6 S. 136.
4, 3, 11 S. 89.
4, 4, 3 S. 88.
4, 4, 7 S. 27.
4, 6, 13 S. 39.
4, 8, 2 S. 101.
4, 8, 3 S. 50; 51; 56; 101.
4, 8, 4 S. 122; 123.
4, 8, 5 S. 103; 116.
4, 8, 7 S. 105.
4, 11, 1 S. 112.
4, 12, 1 S. 131.
4, 17, 1 S. 117.
4, 18, 6 S. 121.

Juvenalis,
Sat. 6, 216 S. 27.
8, 192 S. 25.
11, 79 S. 156.
14, 24 S. 156.

Kidduschin
73[b] S. 183[3].

Lampridius,
Alexander Severus 46 S. 173.
Lex Julia municipalis
113 S. 27; 45.
Lex Romana Burgundionum
15 S. 110.
Livius 37, 10 S. 26[4].

Manilius,
Astronomicon 5, 346 S. 26.
Menander,
Heros; Perikeiromene; Georgos S. 183[3].

Novella Leonis
59 S. 22; 45.
Novellae Justin.
22, 12 S. 46; 69.
130 S. 188.
142, 1 S. 136.
142, 2 S. 136.
153 *pr.* S. 65; 67; 68.
153, 1 S. 46; 54; 177; 187.
Novella Theodosii
18 S. 138.
Novellae Valentiniani III
31, 2 S. 96.
Novellae Valentiniani III
31, 3 S. 96.
33 S. 55; 56; 58.

Papyri
S. 183.
Paschasius Diaconus,
De spiritu sancto 2, 4 S. 158.
Paulus,
Sentent. rec.
I, 15, 1 S. 117.
I, 21, 10 S. 100.
II, 19, 6 S. 94.
II, 21, 6 S. 20[4].
II, 21, 7 S. 20[1, 2].
II, 21, 9 S. 20[3].
II, 26, 8 S. 149.
II, 31, 37 S. 110.
III, 5, 3 S. 146.
III, 5, 4 S. 147.
III, 5, 5 S. 147.

Paulus,
Sentent. rec.
III, 5, 6 S. 146.
III, 5, 7 S. 147.
III, 5, 8 S. 147.
III, 6, 29 S. 11[1].
III, 8, 24 S. 10[3].
IV, 8, 24 S. 14[1].
V, 1, 1 S. 43[4].
V, 3, 5 S. 189.
V, 7, 3 S. 161.
V, 13 S. 171.
V, 17, 2 S. 155.
V, 18, 1 S. 154; 189.
V, 18, 2 S. 154.
V, 19, 1 S. 189.
V, 20, 6 S. 189.
V, 22, 2 S. 74.
V, 23, 1 S. 141.
V, 23, 5 S. 144.
V, 23, 16 S. 141.
Petronius
30, S. 133.
53 S. 133.
Plautus,
Persa S. 37.
4, 9, 10 S. 37[3].
Poenulus 1, 2, 148 S. 99.
Rudens; *Cistellaria*; *Casina* S. 183[3].
Plinius,
Epistolae 31, 40 S. 13; 14.
66, S. 63.
Historia naturalis 14, 3 S. 26.
17, 1, 7 S. 123.
Plutarch,
M. Cato maior XXI S. 133[3].

Quinctilian,
Declam. 296 S. 142.
Institutiones 5, 10, 9 S. 26[1].
6, 2, 35 S. 26[1].
10, 2, 11 S. 25.

Sallustius,
Bellum Catilinae 4, S. 27.
Seneca,
De beneficiis
3, 21 S. 138.
Seneca,
De beneficiis
3, 22 S. 133.
Epistolae 80, 4 S. 160.
Sueton,
Vita Claudii c. 25 S. 69; 139.
Nero 10 S. 171.
Spartianus Aelius,
Vita Hadriani 18 S. 140; 147; 156.
Strafgesetzbuch
§ 263 S. 22; 38.

Tacitus,
Annal. 3, 25 S. 171.
3, 28 S. 171.
14, 42 S. 160.
Terenz,
Heautontimorumenos; *Eunuchus* S. 183[3].
Tertullian
1, 87, 23 S. 186.
Theophilus,
Paraphrase
1, 3, 4 S. 19; 22.
1, 16, 4 S. 158.
1, 16, 10 S. 95.
3, 17 S. 158.

Ulpianus,
Fragmenta
1, 12 S. 75; **76**.
1, 19 S. 74.
19, 7 S. 179.
19, 18 S. 82.
19, 21 S. 161.
20, 17 S. 12; 101.
28, 7 S. 169.
Inst. Vind. 4 S. 106[4].
Disp. fr. Argentoratense II, 1a S. 126.

Varro,
De lingua latina 6, 4 S. 25.
Valerius Maximus
6, 9, 8 S. 26[4].
Vaticana fragmenta
57 S. 85.
71b S. 161.
92 S. 106.

Verzeichnis der angeführten Schriftsteller und Werke.

Affolter, F., Intertemporales Privatrecht. Erster Teil, Leipzig 1902. Zweiter Teil, Leipzig 1903. Veit & Comp.

— Das System des *Code civil*; ersch. in der Rheinischen Zeitschrift für Zivil- und Prozeßrecht, 1. Jahrg., S. 479—481.

— Das Fruchtrecht; ersch. in Fischers Abhandlungen zum Privatrecht XXI, 1.

— Das römische Institutionen-System, sein Wesen und seine Geschichte. Heidelberg, Berlin u. Leipzig 1897.

— Wesen und Arten der objektiven Rechtsverhältnisse im römischen Recht und im deutschen bürgerlichen Gesetzbuch. Grünhuts Zeitschrift Bd. 36.

d'Arnaud, Georgius, *De iure servorum. Leovardiae* 1744.

— *De his qui pretii participandi caussa sese venumdari patiuntur. Leovardiae apud Gulielmum Coulon* 1744.

Azo, *Corpus iuris civilis prudentum responsa caesarumque rescripta complectens. Lugduni* 1600.

Barbeyrac, Jean, *Le droit de la guerre et de la paix par Hugues Grotius. Nouvelle traduction à Leide* 1759. 1te. Aufl. *Amsterdam chez Pierre de Coup* 1724 u. 1729.

Baron, Geschichte des Römischen Rechts. Berlin 1884.

Bartolus, *Bartoli a Saxoferrato omnium iuris interpretum Antesignani Commentaria. Venetiis* 1602.

Beck, Casp. Achat., *De novellis Leonis liber singularis. Hallae* 1779.

Becker, Wil. Ad., Handbuch der römischen Altertümer. Leipzig 1843 fg.

Bekker, E. J., System des heutigen Pandektenrechts. Weimar 1886.

Beneventanus Rogerius, *De dissensionibus dominorum ed.* Haubold. *Lipsiae* 1821.

Böcking, Ed., Pandekten-Grundriß eines Lehrbuchs des gemeinen auf das römische Recht gegründeten Civilrechts. 5. Aufl. 1861.

Brinz, Al., Lehrbuch der Pandekten. Erlangen 1857 u. 1860.

Bruns, Carl Georg, Die Besitzklagen des römischen und heutigen Rechts. Weimar 1874.

Burchardt, G. Chr., Grundzüge des Rechtssystems der Römer. Bonn 1822.

Bynkershoek, Cornelius van, *Opera omnia. Lugduni Batavorum* 1767.

— *Opuscula. Halae* 1729.

Capella, Martianus, *Franciscus Eyssenhardt recensuit. Lipsiae* 1864.

Cohn, Max, Beiträge zur Bearbeitung des Römischen Rechts. Berlin 1880.

Contius, Anton, *Notae ad libr. quattuor instit. opera omnia. Parisiis* 1616.

a Costa, Janus, *Commentarius in institutiones. Lugduni Batavorum* 1744.

Cuiaz, *Jacobi Cuiacii Juris consultorum nostri saeculi principis opera omnia. Lugduni* 1614.

Erman, H., *Servus vicarius, l'esclave de l'esclave Romain. Lausanne* 1896.

Faber, Anton, *Jurisprudentiae Papinianeae scientia. Lugduni* 1607.

— Peter, *Liber semestrium secundus. Lugduni* 1598.

Finestres et de Monsalvo, Joseph, *Commentarius in Hermogeniani iuris epitomarum libros* VI. *Cervariae Lacetanorum* 1757.

Fornerius, Rudolph, *Rerum quotidianarum libri* in Otto, *Thesaurus iuris Romani* II.

Frank, R., Das Strafgesetzbuch für das Deutsche Reich, erläutert von Dr. R. Frank.

Funk, F. H., *Patres apostolici. Tubingae* 1901.

Gentilis Scipio, *Opera omnia. Neapoli* 1765.

Gothofredus, J., *Codex Theodosianus cum perpetuis commentariis Jacobi Gothofredi. Iterum recognita.* J. D. Ritter. *Lipsiae* 1736.

— *Opera minora. Lugduni Batavorum* 1733.

GRADENWITZ, O., Natur und Sklave bei der *Naturalis Obligatio.* Festgabe für SCHIRMER 1900.

HEINECCIUS, *Comm. ad legem Juliam et Pap. Popp. Amstelaedami* 1731.
HILLIGER, OSWALD, *Donellus enucleatus auctore Osvaldo Hilligero. Jenae* 1610.
HÖLDER, Institutionen des römischen Rechts. 3. Aufl. Freiburg i. B. 1893.
HOTOMAN, FRANCISCUS, *Commentarius institutionum iuris civilis. Lugduni* 1588.

KARLOWA, OTTO, Römische Rechtsgeschichte Bd. 1, 1885; Bd. 2, 1901. Leipzig, Veit & Comp.
KUNTZE, Cursus des römischen Rechts, Leipzig 1869.

LENEL, OTTO, Das *Edictum Perpetuum.* Leipzig 1883. Zweite, verbesserte Aufl. Leipzig 1907.
LIPSIUS, *Justi Lipsi opera omnia. Antverpiae* 1637.

MANZANO, FRANCISCUS RAMOS DEL, *De venditione liberi hominis*, s. MEERMAN, *Thesaurus tom.* VII.
MAREZOLL, THEODOR, Über die bürgerliche Ehre. Gießen 1824.
MEERMAN, *Thesaurus iuris civilis et canonici. Hagae-Comitum* 1753.
MITTEIS, LUDWIG, Reichsrecht und Volksrecht in den östlichen Provinzen des römischen Kaiserreichs. Leipzig 1891.
— Römisches Privatrecht bis auf die Zeit Diokletians. Bd. 1. Leipzig 1908.
MOMMSEN, THEODOR, Bürgerlicher und peregrinischer Freiheitsschutz im römischen Staat. Festgabe für GEORG BESELER. Neuabgedruckt in Juristische Schriften. Bd. 3. Berlin 1907.
— Römisches Strafrecht. Leipzig 1899.
MURETUS, ANTON, *Opera omnia. Lugduni Batavorum* 1789.

OLYMPIODORUS, Auszug aus seiner Geschichte des weströmischen Reiches in *Photii bibliotheca ex rec. J. Bekkeri. Berolini* 1824.

PACIUS, JULIUS, *Opera theorica. Lugd.* 1567.
— *Enantiophanon seu legum conciliatarum centuriae decem, editio novissima. Lugduni* 1643.
PERNICE, Labeo.
— Sakralrecht, Sitzungsberichte der Berliner Akademie der Wissenschaften. Bd. 2, 1886.

PETITUS, *Obs. ad leges Atticas.*
PIGNORIUS, LAURENTIUS, *De servis et eorum apud veteres ministeriis commentarius. Amstelodami* 1674.
POTHIER, R. J., *Pandectae Justinianeae. Lugduni* 1782.
PUCHTA, G. F., Cursus der Institutionen. Leipzig 1842.

RAEVARDUS, JACOBUS, *Coniectaneorum libri* III. *Helmaestadii* 1660.
ROMANUS, CLEMENS, in *Patres apostolici ed* F. H. FUNK, *vol.* I.
RUDORFF, Römische Rechtsgeschichte. Leipzig 1859.

SAVIGNY, FRIEDRICH KARL VON, System des heutigen Römischen Rechts. Berlin, Veit & Comp. 1840—49.
SCHEURL, W., Lehrbuch der Institutionen. 8. Aufl. Erlangen 1883.
SCHMIDT von Ilmenau, Der Freiheitsprozeß der Virginia in Zeitschr. für geschichtl. Rechtswissenschaft. Bd. 14. 1818.
SCHMIDT, R. A., Das Hauskind *in mancipio*; Programm zu der von der Juristenfakultät zu Leipzig veranstalteten Feier des hundertjährigen Geburtstags FRIEDRICH KARL VON SAVIGNYS.
SCHULTING, ANTON, *Jurisprudentia vetus anteiustinianea. Lugduni Batav.* 1717.
SEUFFERT, L. v., Der Loskauf von Sklaven mit ihrem Geld. Festschrift, Gießen 1907.
SOLORZANO PEREIRA, JOHANN DE, *De Indiarum iure sive de iusta Indiarum occidentalium Inquisitione, Acquisitione et Retentione, editio novissima. Lugduni* 1672.
SOZOMENUS, SALMONES HERMIAS, *Historia ecclesiastica ed.* HENRICUS VALESIUS. *Parisiis* 1668.

VINNIUS, ARNOLD, *Commentarius Institutionum imperialium. Editio postrema. Norimbergae* 1726.
VOIGT, MORITZ, Das *ius naturale.* Leipzig 1858.
— Römische Rechtsgeschichte. 1. Bd. Leipzig 1892. 2. Bd. Stuttgart 1899.
VOSSEN, ARNOLD DIEDERICH A, *Juridicum inaugurale de servis sine domino. Lugduni Batav.* 1760.

ZIMMERN, Das System der römischen Noxalklagen 1818.
ZOSIMUS in *Corpus scriptorum historiae Byzantinae ex recog. J. Bekkeri. Bonnae* 1837.

Verzeichnis benutzter Ausgaben von Klassikern, Wörterbüchern und Sammelwerken.

Acta *conciliorum et epistolae decretales ac constitutionum summorum pontificum tom. primus conciliorum collectio regia maxima studio P. Ioannis Harduini. Parisiis* 1715.

AELIANUS CLAUDIUS, *Claudii Aeliani varia historia, epistolae, fragmenta ex recog.* HERCHERI.

AMBROSIUS, *Ambrosii opera studio et labore monachorum* S. MAURI 1690.

ATHENAGORAS in: *Corpus apologetarum christianorum saeculi secundi ed.* OTTO.

AUGUSTINUS, *Opera. Parisiis* 1689.

BRUNS, *Fontes Iuris Romani Antiqui edidit Carolus Georgius Bruns.*
Ed 6[ta] *cura Theodori Mommseni et* OTTONIS GRADENWITZ. Freiburg i. B. u. Leipzig 1883.
Septimum edidit O. GRADENWITZ. *Tubingae* 1909.

CICERO, Ausgabe v. ORELLI.

Corpus glossariorum latinorum ed. GOETZ *et* GUNDERMANN.

Corpus Inscriptionum Latinarum consilio et auctoritate academiae regiae Borussicae editum. Seit 1863.

Corpus Iuris Civilis, Ed. stereotypa.
Institutiones recognovit PAULUS KRUEGER.
Digesta recognovit THEODORUS MOMMSEN.
Editio stereotypa undecima.
Institutiones recognovit PAULUS KRUEGER.
Digesta recognovit THEODORUS MOMMSEN, *retractavit* PAULUS KRUEGER.
Codex Iustinianus recognovit PAULUS KRUEGER.
Novellae recognovit RUDOLFUS SCHOELL *absolvit* GUILELMUS KROLL.

Corpus Iuris Germanici ed. WALTER.

FESTUS *ed.* O. MUELLER 1839; s. auch BRUNS, *Fontes* Bd. 2.

FORCELLINI, Lat. Lexicon.

HEUMANNS Handlexicon, neu bearbeitet von E. SECKEL. 9. Aufl. Jena 1907.

I*urisprudentiae Anteiustinianae quae supersunt ed.* PH. EDUARDUS HUSCHKE, *editio* 5[ta] *Lipsiae* 1886; *ed.* 6[ta] besorgt v. E. SECKEL u. B. KUEBLER. Leipzig 1908.

LACTANTIUS, *L. Coeli Firmiani Lactanti opera omnia* in *Corpus scriptorum ecclesiasticorum latinorum.*
— *Luc. Coel. L. Firmianus Divinarum institutionum libri* 7.

LENEL, OTTO, *Palingenesia Iuris Civilis.* Leipzig 1889.

MERGUET, Lexicon zu den philosoph. Schriften CICEROS.

MIGNE, *Patrologiae cursus completus accurante* J. P. MIGNE. *Series graeca et latina.*

OTTONIS, *Thesaurus iuris Romani tom.* I bis IV. *Lugd. Bat.* 1725—29; *tom.* I—V. *Traj.* 1733—35.

PASCHASIUS DIACONUS, *De spiritu sancto,* s. MIGNE, *Patrologia* Bd. 62.

PAULYS Realencyclopädie der klassischen Altertumswissenschaften, neubearbeitet von GEORG WISSOWA.

PLAUTUS, *Macci Plauti comoediae recensuit* FRIEDERICUS RITSCHELIUS. *Lipsiae* 1892.

PLUTARCH, *Plutarchi Chaeronensis moralia rec.* GREGORIUS N. BERNARDAKIS. *Lipsiae* 1891.

PRUDENTIUS, *Aurelii Prudentii Clementis carmina, ed* A. DRESSEL. *Lipsiae* 1860.

TERTULLIANUS, *Opera, ed.* REIFFENSCHEID *et* WISSOWA.

TERENTIUS, P., *P. Terenti comoediae, ed.* KLOTZ.

Thesaurus linguae latinae.

Vocabularium iurisprudentiae Romanae iussu Instituti Savigniani compositum.

Zeitschrift für geschichtliche Rechtswissenschaft, herausgegeben v. SAVIGNY, EICHHORN u. GÖSCHEN-KLENZE-RUDORFF. Berlin 1815—1850.

Metzger & Wittig, Leipzig.

www.ingramcontent.com/pod-product-compliance
Lightning Source LLC
LaVergne TN
LVHW060623300926
849162LV00008B/1699